王卫平 主编

昆山史纪

苏州大学出版社

图书在版编目（CIP）数据

昆山史纪／王卫平主编．—苏州：苏州大学出版社，2021.10
ISBN 978-7-5672-3620-2

Ⅰ.①昆… Ⅱ.①王… Ⅲ.①昆山—概况 Ⅳ.①K925.34

中国版本图书馆 CIP 数据核字（2021）第 190590 号

书　　名：	昆山史纪
主　　编：	王卫平
责任编辑：	冯　云　杨　柳
装帧设计：	吴　钰
出版发行：	苏州大学出版社（Soochow University Press）
社　　址：	苏州市十梓街 1 号　邮编：215006
印　　刷：	苏州工业园区美柯乐制版印务有限责任公司
网　　址：	www.sudapress.com
邮购热线：	0512-67480030
销售热线：	0512-67481020
开　　本：	880 mm×1 230 mm　1/32
印　　张：	12.875
字　　数：	334 千
版　　次：	2021 年 10 月第 1 版
印　　次：	2021 年 10 月第 1 次印刷
书　　号：	ISBN 978-7-5672-3620-2
定　　价：	58.00 元

图书若有印装错误，本社负责调换
苏州大学出版社营销部　电话：0512-67481020
苏州大学出版社网址　http://www.sudapress.com
苏州大学出版社邮箱　sdcbs@suda.edu.cn

目　录

001　第 一 章　始有斯民

013　第 二 章　赵陵古国

027　第 三 章　鹿城春秋

046　第 四 章　市镇林立

062　第 五 章　丝路扬帆

086　第 六 章　吾土吾风

108　第 七 章　玉出昆冈

131　第 八 章　玉山雅集

154　第 九 章　雅韵渊源

189　第 十 章　元音绝续

214　第十一章　天下兴亡　匹夫有责

240　第十二章　博学于文　行己有耻

264　第十三章　震川文章

281　第十四章　布衣风骨

295　第十五章　丹青巨子

312　第十六章　匠心雅趣

336　第十七章　娄江新潮

353　第十八章　近代先声

376　第十九章　红旗飘飘

403　后　记

前言

昆山的历史源远流长,文化积淀深厚,先辈们勤于学习、善于思考、勇于创新,创造出别具一格的地域文化。这里诞生了"天下状元第一家",唐朝的归氏家族"一门五状元",成为中国科举史上的佳话。这里既有顾瑛才情妙丽、文采风流的雅集唱和,又有顾炎武"保天下者,匹夫之贱,与有责焉耳矣"的豪迈抗争。徐氏兄弟"皆以鼎甲致位通显",文以载道,名噪一时;王韬积极推动中西文化交流,明确提出维新变法思想,推行君主立宪政制,振聋发聩。范成大跻身南宋"中兴四大诗人",反映民生疾苦的田园诗含蕴深广,感情真挚;归氏子孙归有光,古文成就足可与"唐宋八大家"比肩;魏良辅改良昆曲,风靡全国,以至于"四方歌曲必宗吴门"之说,成就了昆山"戏曲之乡"的地位。状元、院士交相辉映,名士、俊彦代不乏人,更有布衣之士朱柏庐撰《治家格言》,成为清代以来家喻户晓、脍炙人口的家训经典。现代昆山人,秉持先人勤劳、善思、创新的传统,锐意进取,在改革开放中勇立潮头,取得丰硕成果,创造新的辉煌。

只有了解昆山的昨天,才能理解昆山的今天。

让我们从头说起……

第一章 始有斯民

太湖地区考古文化发展序列为马家浜文化（约前5000—前4000年）、崧泽文化（约前3900—前3300年）、良渚文化（约前3300—前2200年）。①

在生产力低下的全新世早期，人类居住地一般选择在水源附近或丘陵缓坡地带，生活受海平面、湖泊、河流等水体变化影响显著。② 考古资料表明，目前除2010年在江苏省泗洪县海拔32米处发现的顺山集遗址外，在苏北和苏南地区均未发现新石器文化遗址。研究认为，这是全新世早期高海面造成的。

2013年，人们在位于昆山市锦溪镇的白莲湖取土时发现牡蛎壳层，牡蛎壳数量丰富，保存完好，单个个体巨大，长达40厘米以上。牡蛎壳体在美国BETA实验室进行碳-14测年，年龄为（6 610±30）年（校正年龄为7 230年）。研究结果表明，牡蛎壳层形成于7 230年前，其所含的牡蛎与有孔虫群落

---

① 中国大百科全书总编辑委员会《考古学》编辑委员会、中国大百科全书出版社编辑部编：《中国大百科全书·考古学》，中国大百科全书出版社1986年版，第300、486、271页。

② 朱诚、郑朝贵、吴立等：《长江流域新石器时代以来环境考古》，科学出版社2015年版，第458—463页。

显示：此时为水动力相对较弱的半咸水潟湖环境。① 这说明7 000年前太湖平原还不适宜人类生活。

迄今为止，太湖平原还未发现可以用来佐证的距今约6 500年的文化遗址。有关学者通过对江苏省278处新石器时代遗址统计研究认为：距今4 000—6 000年分布于三角洲平原的遗址的数量和比例一直呈上升趋势，这表明随着三角洲的发育，长江三角洲平原逐渐成为人类适宜生存的地区，从而扩大了本地区人类居住的范围。②

昆山历史悠久，文化底蕴深厚，境内有20多处史前文化遗址，其中，比较重要又经过科学发掘的遗址有绰墩山、赵陵山、少卿山、朱墓村、姜里等。这些遗址的发掘成果，为我们认识昆山史前先民的生产、生活和社会结构等方面提供了第一手实物资料。

那么，昆山是什么时候开始出现人类活动的呢？早期的人类是怎样生活的，又给我们留下了什么文化遗存呢？

一、昆山人与稻作起源

距今约6 500年，随着海水逐渐退去，人类从高地下到平地，太湖平原出现人类活动。先民们在平地上开垦出一块块田地，开始种植水稻。

昆山绰墩遗址第五、六次发掘，一共发现马家浜文化时期水田遗迹64块。这些水田开口在考古发掘所划分的第九层文化层下，打破原生土，呈现为长条形、圆角长方形或不规则形等多种形状的坑（田），而坑与坑之间所保留的原生土为田

---

① 郭启梅、李保华、王伟铭等：《昆山白莲湖牡蛎层年代及古环境初探》，《微体古生物学报》2014年第2期，第148页。

② 朱诚、郑朝贵、吴立等：《长江流域新石器时代以来环境考古》，科学出版社2015年版，第463-466页。

埂，由几块到几十块田相串联，田块之间有水口连通。另有一些与田块相配套的如水沟、水塘、水井或蓄水坑等，这些均为水田的灌溉系统。①

绰墩遗址发现的水田，不仅从考古学的角度，诸如形状、结构与地层叠压关系及出土遗物等，证实是人工开挖的史前水稻田遗迹；而且还通过土壤剖面分异、黏粒移动、孢粉学特征、植硅体分布、土壤有机质核磁共振谱和土壤磁化率的变化等理论和技术，对水稻田进行科学界定，其结果显示：遗址史前水稻田的土壤剖面已有耕作层、犁底层、心土层、母质层的分异；史前水稻田孢粉和水稻植硅体与现代水稻的孢粉学特征具有一定的相似性，而每克（干）土中水稻植硅体均超过5 000颗等。②

绰墩遗址水稻田编号S27、S46、S42内经淘洗都发现碳化米粒，特别是在编号S27内淘洗出碳化米粒1 000多颗，并发现菱角、红蓼等植物及种子。

有关学者对遗址出土的碳化米粒进行比较研究认为："在古人类刚刚开始栽培野生稻时，栽培的不是栽培稻而是野生稻。"③ 人类行为介入野生稻的繁育后，人类的收获、播种等行为使野生稻的繁殖形式由多年生变成一年生，以适应人类的栽培行为。④ 一般而言，水稻经历了由野生稻到栽培稻的演化过程。起初人类利用野生稻，进而选用其中较优的品种进行人工栽培。因此，在野生稻向栽培稻进化的过程中，稻谷粒型经

---

① 丁金龙：《马家浜文化时期水田与稻作农业》，《嘉兴学院学报》2010年第5期，第22-23页。
② 曹志洪：《中国史前灌溉稻田和古水稻土研究进展》，《土壤学报》2008年第5期，第786页。
③ 汤陵华：《绰墩遗址稻作遗存鉴定与植硅体分析》，苏州市考古研究所编著：《昆山绰墩遗址》附录八，文物出版社2011年版，第329-333页。
④ 汤陵华：《绰墩遗址的原始稻作遗存》，《东南文化》2003年增刊1，第46-49页。

历了从野生稻的粒型小、变异小，向粒型多样化、变异幅度大的过渡，再成为粒型大、变异小的栽培稻。漫长的演变过程，改变了野生稻的原始特性，使其向栽培稻进化。

那么，马家浜时期水田是如何开辟出来的，又是如何耕种的呢？有学者结合考古发现、文献记载、现代民族学志材料等分析，认为史前时期水田稻作农业可能长期存在两种耕作方式，即踏耕和火耕水耨。

踏耕是以牛或人下田将泥踩烂，使其适合水稻生长的一种耕种方式。同时也有学者认为：若以考古学资料来分析，在史前时期长江下游地区稻作区动物踏田的农业是存在的，而早期稻作并不是人为有意驱使某一类动物下地踩踏出一块耕作土地。长江下游地区的水稻种植始于直接利用野生麋鹿践踏过的沼泽泥地撒上种子……早期水稻田在原生土面上。原生土，即考古地层上称为"生土"的层面，"生土"属于自然沉积，生土表面的土质一般是不松软的，直接使用工具耕作较难，只有经过动物踩踏成泥浆后，才可以种植。① 在绰墩遗址发现不少麋鹿角，其中，编号 S16 的水田内还发现一件用麋鹿角做的工具。周边如草鞋山、常州圩墩、嘉兴马家浜、河姆渡等遗址均发现麋鹿角或以麋鹿角制作的工具，而且数量比较多。例如，河姆渡遗址鹿角达 1 400 余件，麋鹿角占三分之一。② 由于麋鹿数量多，在成群麋鹿踩踏过的沼泽泥地，开辟出一片农田来种植水稻，再开挖水沟、蓄水坑等水利灌溉系统，基本可以保证水稻的生长。

"火耕水耨"是另一种耕种方式。有学者通过对绰墩遗址水田的表土层的孢粉和水稻植硅体的分析表明，在水稻植硅体浓度较高的史前稻田与现代稻田的孢粉学特征具有一定的相似

---

① 陈晶：《麋鹿的奉献——新石器时代的骨角工具》，《故宫文物月刊》第 309 期，第 1-12 页。
② 陈晶：《麋鹿的奉献——新石器时代的骨角工具》，《故宫文物月刊》第 309 期，第 2 页。

性：禾本科花粉（水稻）占主要优势，但其他水生植物花粉（香蒲等）含量则很少。这说明先民在水稻耕作过程中可能已经进行了一定的清除杂草的劳作。① 例如，水稻成熟时先用手或骨（石）镰收获稻穗，然后在田间用火将稻草和水生杂草的秸秆和种子一起焚烧，这就是所谓的"火耕"，以便使来年土壤肥沃，种植方便，同时还杀灭了水生杂草。春天直播或用骨耜点播稻种前，引水淹田，使土壤表层软化，再以脚踏或驱牛入田"踏耕"。其起源可能受自然界一些动物如象、麋鹿在沼泽泥地踩食植物后造成的烂糊现象的启发，江苏沿海一带在公元 4 世纪时还有农民利用麋鹿踩食过的烂糊地播种水稻的习惯。② 在稻苗生长期间维持一定深度的淹水层，为水稻生长发育创造良好的环境，同时也可以抑制或杀灭旱生杂草，这就是所谓的"水耨"。③ 现代有些少数民族地区，农业生产还保留刀耕火种的方法，只要烧掉矮树，清理出小块土地，在耙平的灰烬中播种即可。例如，宋代范成大在《石湖集》十六《劳畲耕（并序）》诗序中描写南方耕畲情形："畲田，峡中刀耕火种之地也。春初斫山，众木尽蹶。至当种时，伺有雨候，则前一夕火之，藉其灰以粪；明日雨作，乘热土下种，即苗盛倍收，无雨反是。"④ 土壤是一种有机体，肥力最好的是它的表土层，这是因为田地上的枯枝落叶与根茬主要在表土层，是许多土壤微生物的食物来源，而深挖多耕会使土壤的性质变化，导致土壤有机质含量下降、肥力减退。为此，日本在 20 世纪

---

① 李春海、章钢亚、杨林章等：《绰墩遗址古水稻土孢粉学特征初步研究》，苏州市考古研究所编著：《昆山绰墩遗址》附录二，文物出版社 2011 年版，第 287 页。

② 游修龄：《稻作史论集》，中国农业科技出版社 1993 年版，第 61 页。

③ 曹志洪：《中国史前灌溉稻田和古水稻土研究进展》，苏州市考古研究所编著：《昆山绰墩遗址》附录一，文物出版社 2011 年版，第 268-269 页。

④ 范成大著，富寿荪标校：《范石湖集》，上海古籍出版社 2006 年版，第 217 页。

60年代研究提出了稻田免耕，20世纪70年代进行推广。我国从20世纪80年代开始推广。① 从而证明马家浜文化时期人类所采用的耕种方法，是切实可行的。

绰墩遗址马家浜水田土，经中国科学院南京地理与湖泊研究所湖泊沉积与环境重点实验室碳-14年代测定：水田土壤的有机质距今6 240年。据此可以认为，绰墩遗址种植水稻的人类是迄今所知最早的昆山人；水稻田是先民留下的最早的文化遗存。而且绰墩遗址发现的水田有与之相配套的灌溉体系，如水沟、水口、蓄水坑（水井）。蓄水坑的功能，既可积蓄天然水，又可开采利用地下水。太湖平原地下水位高，水资源丰富，地表下不到1米就会出现地下水。

而人类生活离不开水。在远离水源或缺水时，每当下雨，人类自然会想办法去接水，如利用盆、罐等工具接取雨水，或挖坑等来储存水，于是蓄水坑便成了最初的水井。在考古发掘中，坑与井有所区分，一般而言，圆形的坑，依据坑壁垂直或相对垂直及较深者，定名为"水井"；相反，斜壁较浅者，定名为"灰坑"。其实，史前人类在生活或生产过程中，对井与坑的区分并不是如此明确。为此，研究人员只能依据其所处位置及功能来确定是水井还是灰坑。在绰墩遗址居住区发现的蓄水坑，所蓄水大多为生活水源，而在遗址水田内发现的蓄水坑，其性质为灌溉水源，并通过水口、水沟进入水田。在绰墩遗址发现的6 000年前马家浜文化时期的水稻田，是目前中国（包括草鞋山遗址发现的水田）最早带有灌溉系统的水田。为此，有学者认为，长江流域尤其是下游地区水井先于黄河流域出现的一个重要原因，可能就是基于农业灌溉的需要。② 由此

---

① 王介章：《我国传统农业中的精耕与免耕》，《农业考古》1987年第2期，第11页。

② 钱耀鹏：《略论中国史前农业的发展及其特点》，《农业考古》2000年第1期，第107页。

可以证明，昆山是中国稻作农业的起源地与栽培稻的发源地之一。不仅如此，在昆山姜里遗址还相继发现马家浜文化与崧泽文化时期的水田，在朱墓村遗址发现良渚文化时期的水田。类似的发掘成果说明，昆山是中国发现史前系列水田最完整的地区之一。

二、史前建筑与先民生活

水稻田的出现使社会经济从渔猎经济逐步向农耕经济转化，人类开始从动荡不定的渔猎生活过渡到以农业为主的定居生活，因而与此相关的人类居住建筑开始出现。马家浜文化是长江下游三角洲平原最早的原始文化，绰墩遗址一共发现马家浜时期居住址三座（编号 F7、F13、F15），其中，编号 F7 保存比较完整，其平面呈长方形，南北宽 5.6 米、东西长 6.8 米，分居住和厨房两部分。[①] 编号 F13 平面形状呈圆形，结构为浅地穴式，东西直径 2.85 米、南北直径 2.93 米、深 0.96 米，南面有一台阶，分两级阶梯下入室内。屋顶用芦苇、竹席或草束覆盖，屋内以内含稻谷壳的红烧土铺垫地面来防潮，屋外开水沟排水等，以适应南方水乡地区的环境。草鞋山遗址内马家浜文化时期的居住遗迹有柱洞、木桩和木板。木桩竖立在地面上，应该是房屋的柱子，其中，最高的一根约 1.5 米，有的木桩下面垫有一至两块木板。在木桩周围发现印有芦苇痕迹的烧土块、草绳捆扎的草束、芦苇、簟席等。[②] 此时建筑已采用木结构，而且已经广泛采用榫卯结构技术。距今 7 000 年左右的河姆渡文化出现以架空基座为特征的干栏式建筑长屋。在

---

① 丁金龙：《江苏昆山绰墩遗址》，国家文物局主编：《2000 中国重要考古发现》，文物出版社 2001 年版，第 10 页。
② 南京博物院：《江苏吴县草鞋山遗址》，《文物资料丛刊》1980 年第 3 期，第 1—24 页。

出土的1 000多件木构件中，数量最多的是各种形状的桩木，其次是木板和圆木，还发现一些带有榫卯的木构件，都是垂直相交的榫卯部件。榫头的种类有梁头榫、柱脚榫、燕尾榫、双凸榫、柱头刀形榫、双叉榫和带销钉孔的榫等。① 其中，两件榫头截面长宽比例为4∶1，符合受力要求，结构科学，被后世称为"经验截面"。可见，当时的建筑水平已相当进步。

这一时期遗址内出土的遗物以牛鼻耳罐、瓮、盘（盆）、钵等器形为主，这些器具都与定居生活及农业经济有关。瓮、罐是盛水或装粮食用的；盘（盆）、钵等器具，据有关学者研究认为：陶钵是盛米饭归个人使用；陶盘（盆）是装副食的"菜盆"，装盛公用的菜肴以佐主食。② 另外，遗物内还发现有甑，这种甑与稻作农业关系密切。三国谯周的《古史考》中有"黄帝作釜甑"，又有"黄帝始蒸谷为饭"的记载，说明甑是用来蒸饭的。马家浜文化时期还出土较多陶釜与炉条。陶釜是炊器，外表都有烟炱痕，河姆渡出土的陶釜底部残片，有几块存有被烧焦的米粒残渣，其米粒痕清晰可辨。可见，陶釜是烧煮食物的炊器。炉条是把五六根圆柱形或圆角方形的陶条组合在一起，整器呈长方形，四角为圆角，两端中间朝上的一面各有一个把手，可以吊起悬挂在架子上。这种器形是专门用来烤肉类等食品的，是目前太湖流域发现的最早用于专门烤食物的器具。绰墩遗址中同时出土大量动物遗骸，在编号S16水田内出土一件鹿角，研究人员鉴定其为麋鹿；在编号H10坑内不仅出土大量陶片，还发现大鹿角与鹿头骨及牙床等；在编号H14坑内出土腰沿釜、豆、盘（盆）、红衣陶罐，另有较多兽骨，常见有猪、龟等骨头，并出土骨针、陶球及禽骨、鱼骨，

---

① 陈万里主编：《潮起东南——河姆渡文化图录》，浙江摄影出版社2018年版，第57页。
② 陈文华：《新石器时代饮食文化的萌芽》，《农业考古》1999年第1期，第215页。

经火烤后呈蓝色；在编号 H128 坑内出土一具完整动物骨架，可以推测与当时人类饲养动物有关。这些鹿、猪等动物皆是先民们烤的主要"野味"。绰墩遗址的发掘资料生动展现了昆山先民们居住与生活的场景。在马家浜文化时期，先民们以种植水稻为主，以渔猎与采集为辅。编号 H14 坑内出土的骨针、编号 M87 中出土的陶纺轮等，结合草鞋山遗址编号 T202 中发现的 3 块碳化的纺织物残片（经上海市纺织科学研究院、上海市丝绸工业公司鉴定，认为纤维原料可能是野生葛藤，织物为纬线起花的螺纹织物），可以推测昆山先民们当时纺线（麻）缝制兽皮作为"衣裤"来遮体与御寒。绰墩遗址还出土马家浜时期墓葬（编号 M73），人骨经鉴定为壮年女性，其头部脑后发现一件象牙梳，象牙梳应该是插在头发内的，说明当时的女性开始束发。当然，可能女性那时还不太重视装饰美观，主要是为了便于行动，如收割稻子、采集、炊煮、制陶等。

马家浜文化开始出现公共墓地，说明村落已达到一定的规模，出现了管理者。当时盛行俯身葬及头向北的埋葬习俗。绰墩遗址中还发现崧泽文化时期的 3 座居住址（编号 F4、F8、F14），有 34 座墓葬集中在一处，墓地中心排列着成人墓，周围为儿童墓。成人墓头向以南为主，均有随葬品，儿童墓头向不一，大多没有随葬品。葬式均为仰身直肢，头向南。虽然崧泽文化承袭马家浜文化而来，但在埋葬方式上明显区别于马家浜文化时期俯身葬及头向北的习俗。

绰墩遗址发展到了良渚文化时期，由村落发展为聚落，活动范围扩大，其文化堆积在整个遗址中心区都有分布。考古发现居住址 9 座（编号 F1、F2、F3、F5、F6、F9、F10、F11、F12），住址形状有长方形、圆形；建筑结构有平地起筑式、半地穴式、干栏式。其中，编号 F11 是浅穴式建筑，其墙体是建筑堆积层堆筑完成后，室内部分下挖而形成浅地穴式结构，四周高出部分为墙。墙高等于浅地穴的深度，即 0.1~0.2 米，然后在墙内立柱直至生土。在建筑堆积层上先下挖形成居住面，再铺垫木板、芦苇编织物等。芦苇编织物是用2根1厘米或1根2厘米长的芦苇压扁后（约有9片）交叉编织成席，其经纬各宽5.5~6厘米。这种编织物用于室内铺垫，也为屋顶建筑材料。从编号F11的发掘情况来看，其堆积可分为三层，最下面一层为建筑堆积层，纯黄土，无包含物，厚20~40厘米。中间一层为使用堆积层，是当时人类活动留下的生活堆积，厚5~10厘米。其中，在东北部发现有芦苇编织物，在芦苇编织物上发现有陶豆、陶鼎残片，在芦苇编织物下发现有木板、木炭等，此处估计为睡觉的地方。在室内西北部发现一块大砺石，西南进门处有一堆陶片，器形有鼎、豆、罐、黑皮陶宽把杯、漆木杯等，此处可能为餐饮的地方。另外，在室内西部还发现有竹篾编织物，其内发现稻谷，由此推测此处应是存放粮食的地方。而最上面的一层为废弃堆积层，厚10~20厘米。考古发现有大面积编织物，覆盖在北排柱洞上及室内，据研究推测，该编织物估计为倒塌的屋顶。[1] 值得一提的是，室内发现的芦苇编织物，表面平整光滑，类似现在的芦席。在芦苇编织物上发现当时人生活用的泥质黑皮陶宽把杯、漆木杯，其中泥质黑皮陶宽把杯（编号F11②：5），鸭嘴形流，筒形腹，矮圈足，外表油黑发亮，通体饰鸟纹，菱形网格状内刻满鸟形图案，几十只鸟大小各异，线条细若发丝，但又异常清晰流畅，鸭嘴形流下及圈足上饰有稻穗状纹。肩至下腹附有一个宽把，上有40多根泥条贴面。这是目前苏州出土的最为精美的良渚陶器之一。另一件漆木杯（编号F11②：7）器表涂有漆，外红内黑，形似碗，圆弧腹，附有一个把手，圈足底，环绕腹部有一周圆圈纹。漆木杯外面为朱红漆，是目前在苏南一带发现的最为精美的良渚漆器之一。从其房屋的结构、内部空间的分配、外部的环境、出土的遗物等方面来看，房屋的主人不会

---

[1] 苏州博物馆、昆山市文物管理所、昆山市正仪镇政府：《江苏昆山绰墩遗址第一至五次发掘简报》，《东南文化》2003年增刊1，第19页。

是良渚文化时期社会的普通平民,应该是社会的贵族阶层。①

良渚文化时期,先民们充分利用苏南特有的竹子、芦苇等自然物为建筑材料。不仅绰墩遗址(编号F6)被发现在土墙基槽内置木棍、芦苇等,用作墙骨来增强墙体牢固度,另外,少卿山遗址(编号F1)也发现有类似的墙体结构。其用2根芦苇并排为经线,5根芦苇并排为纬线,经纬交叉编织为墙骨,其中,经线一上一下错开,同层经线间隔2~3.5厘米,纬线间隔30厘米,共有三排,经线竖插入土内20~30厘米,并每隔一定间距竖立木柱,以固定芦苇编织的墙体,在墙体内外抹上5~6厘米厚的含稻草、砻糠的泥土,即"木骨泥墙"。抹泥不仅可以起到加固作用,还可以御寒和防火。② 在绰墩遗址的居住址(编号F2)内还发现埋有整只动物的编号H5的坑,可以推测这与建造房子时奠基有关。

这一时期的人类不仅利用自然环境,而且开始为生存改造环境。在聚落四周开挖环壕,并开挖一条6~9米宽、东西向的河道与环壕连接;住址建造在河道的两岸,为防止发大水时冲毁堤岸,堤岸先用红烧土块堆筑,或用黄土堆筑,然后打满密密麻麻的木桩进行加固。两岸居民往来有渡船作为工具。在河道内发现一个长1.1米、宽0.7米、厚0.23米左右的大木块,经南京林业大学鉴定,其材质为二针松,体积0.177 1立方米,干重94.4千克,浮水力82.7千克(极限)。在当时,大木块被视作渡河的工具。大木块一端为垂直面,另一端为38度的斜面,其斜面类似船头而便于靠岸。在大木块中心有一个象鼻孔把手,把手的作用据推测为:在象鼻孔内拴上绳,

---

① 林留根:《绰墩遗址良渚文化聚落与晚期良渚文化遗存》,《东南文化》2003年增刊1,第69页。

② 苏州博物馆、昆山市文化局、千灯镇人民政府:《江苏昆山市少卿山遗址的发掘》,《考古》2000年第4期,第96-97页。丁金龙:《苏州地区新石器时代居住址及相关问题之探析》,蒋赞初主编:《南京大学历史系考古专业成立三十周年纪念文集》,天津人民出版社2002年版,第98页。

把绳分开固定在两岸树上，然后来回拉绳摆渡过河。① 昆山在20世纪七八十年代还保留这种渡河的方法。渡河工具大木块的材质为松树，后人也常用此材料做船，如《诗经·国风·卫风·竹竿》，即有"淇水滺滺，桧楫松舟"之句。

距今约6 200年，在昆山这片土地上已经出现人类从事种植水稻的活动。绰墩遗址不仅发现较多的马家浜文化时期的水田，而且皆是带有灌溉系统的水田，这或许是中国最早带有灌溉系统的水田之一。通过对水田内出土的碳化米粒的检测，证明是栽培稻，说明昆山是中国稻作农业的起源地与栽培稻的发源地之一。伴随着稻作农业一起出现的还有水井，水井不仅是马家浜文化时期水田的灌水源，也是当时人类定居生活的水源。

随着稻作农业的出现，人类开始定居。绰墩遗址从马家浜文化时期至良渚文化时期，一共发现15座居住址。房子结构从简易单一发展到功能多元。房子建筑结构的变化与社会经济的发展、人口的增长及村落的规模相关。这些建筑构成原始聚落的核心。一些灰坑、水井与墓葬及大量的遗物，反映了聚落内居民的各种活动与生活场景。这些文化遗存构成了聚落的整体，展现出昆山史前社会的一角。

---

① 丁金龙、萧家仪：《绰墩遗址新石器时代自然环境与人类活动》，《东南文化》2003年增刊1，第96—97页。

第二章 赵陵古国

良渚文化时期太湖流域分布有不少聚落群,根据现已公布的考古发掘资料,良渚文化聚落群主要有莫角山、福泉山、赵陵山、寺墩等聚落群。这些聚落群基本上环绕太湖的南部、东部、北部和西北部分布。

位于太湖东部的赵陵山聚落群包括赵陵山、张陵山、少卿山、绰墩山、草鞋山、姜里、朱墓村等遗址,主要分布在昆山境内。

一、赵陵山遗址概貌

赵陵山遗址,由当地文物部门在20世纪70年代末调查发现,20世纪80年代初至21世纪初,江苏省、苏州市、昆山市文物部门进行多次考古调查发掘,确定了遗址的范围与性质。

1990年,南京博物院、苏州博物馆、昆山市文物管理委员会联合组成考古队进行第一次考古发掘,随后又于1991年、1995年先后进行第二、三次发掘。通过调查与发掘,确定遗址总面积约16万平方米,其中心区域有一土墩,为一平面呈东北—西南走向的长方形覆斗状台形山体,东西长约110米,南北宽约80米，总面积约10 000平方米，高程约10.5米，周围有古河道环绕。遗址的下层为崧泽文化层，中层为良渚文化层，其中心部位是人工堆筑的大型祭台，厚约4米，东西长约60米，南北宽约50米，面积约3 000平方米。祭台南部发现面积达70~80平方米的区域，堆积有两层红烧土层，各厚30~50厘米，自北向南倾斜，应与原始宗教礼仪有关。

其中，比较重要的是在良渚文化层中出土的一批墓葬，在其内发现了一些与文明相关的迹象。例如，在两个大墓的墓坑北面，埋有两具并列的婴儿骨架，骨架之间覆置一只用于祭祀的大红陶鼎；又如，在高土台西北部外围埋葬有19座小墓，经鉴定墓主多为青少年。这些墓葬不仅埋葬头向不一，无随葬品，也没有墓坑；而且人骨半数下肢被砍去，有双腿被捆绑的，还有仅见人头、无头人架、身首异处等人骨。① 这些迹象均与祭祀有关。

与之不同的是，分布在祭台之上和周边的60余座墓葬，不仅有长方形墓坑，大多又有外施赭色颜料的葬具，而且排列有序，层次分明，还有较多随葬品。研究结果表明，赵陵山遗址在良渚文化时期曾经是一处人工堆筑的祭台，之后又用作埋葬显贵人物的墓地。

迄今为止，太湖流域这类"山""墩"，经考古发掘确认是良渚文化人工营建的高土台已超过百处。江苏有草鞋山、张陵山、高城墩、罗墩、绰墩等；上海有福泉山、亭林、广富林等；浙江有反山、瑶山、汇观山、荷叶地、达泽庙、佘墩庙、普安桥、大坟塘、文家山、新地里、仙坛庙等。这种人工营建的高土台墓地，预示着良渚文化时期特殊的埋葬制度。随葬品中钺、琮、璧等礼器的出现，不仅可以确定良渚文化贵族墓主

---

① 张之恒：《良渚文化聚落群研究》，徐湖平主编：《东方文明之光——良渚文化发现60周年纪念文集（1936—1996）》，海南国际新闻出版中心1996年版，第240页。

的身份，还可以反映当时的社会结构和宗教观念，以及证实良渚文明"古国"的出现。

二、赵陵山聚落分析

良渚文化聚落群的一个重要特征是每个聚落群中都有一个作为政治中心的中心聚落，同时已有专门的贵族大型墓地，一般位于大型祭台之上。赵陵山遗址也不例外，具备高土台、祭台与贵族墓葬等要素，应为一处中心聚落。

1. 高土台、祭台、墓葬

（1）高土台

高土台建筑早期经过三次大规模营建与扩建：第一次，在垫土层的基础上人工堆筑长约100米、宽约65米、厚达3米，台面面积约6 500平方米的五花土台（台Ⅰ）[①]；第二次，对早期高土台（台Ⅱ）面积进行扩大并增高；第三次，对整个高土台（台Ⅲ）进行大规模覆土、增高。

（2）祭台与相关遗迹

祭台在第一次高土台堆筑时开始形成。在对高土台的增筑和扩建过程中，祭台被不断地用多种颜色的土质（褐土、粉黄土）覆盖、扩大与增高。考古发掘表明，祭台在稍晚时期至少经过两次营建。早期祭台大致呈东北—西南向长方形，长约19米，宽约10.5米，面积约200平方米。

随着祭台的形成，在台体的南部集中分布有圆形、长方形的灰坑，坑内大多有烧土、碳粒等包含物，或放置大型陶罐、大口缸。然而，不论是开口在第四层下的墓葬，还是开口在第三层下墓葬的墓坑上部，都发现有近似圆形的器物坑。这些坑均与祭祀有关。在晚期祭台南坡发现大量曾经被人为切割过的

---

① 南京博物院编著：《赵陵山——1990~1995年度发掘报告（全2册）》，文物出版社2012年版，第34、39页。

兽类肢骨、大量的陶片层；其上部直接被一大片块状的红烧土构筑的遗迹所叠压，该遗迹还叠压着大墓（编号M77）。在一大片块状的红烧土堆积面上还发现排列有一定规律的柱坑，经推测可能为一处东、北、西三边立柱的建筑基址，在此建筑基址内发现两具并列的婴儿骨架（编号M68、M69），骨架之间放有一件大陶鼎。因建筑基址位于祭台南面不远处，周边并未发现生活类堆积物，所以可以判断建筑基址与墓葬（包括陶鼎）皆与祭祀有关。

（3）墓葬

赵陵山聚落高土台上墓葬分第四层下、第三层下、第二层下、第一层下等，其与环太湖地区大多数高土台墓葬分布规律一致，大部分位于祭台西面、高土台的西部。墓葬与高土台的关系大致为：第一阶段开始营建堆筑高土台基础；第二阶段通过两次大规模对高土台的覆土扩建之后，开始在高土台上埋设墓葬；第三阶段通过对高土台更大规模的覆土扩建之后，高土台上埋设的墓葬逐渐增多。其中，后两个阶段的高土台与墓葬的埋入紧密相关。第四层下墓葬的相对年代应在三次高土台的营建之后，为崧泽文化最晚阶段到良渚文化早期；第三层下墓葬的相对年代从良渚文化早期中后段，直到良渚文化中期早段；第二层下墓葬的相对年代为良渚文化中期；第一层下墓葬属于良渚文化中期晚段至晚期偏早段。①

2. 聚落与中心聚落

良渚文化聚落形态呈现出多层次、级差式的规模，有专家推断，莫角山遗址为良渚文化时期的一座台城，是当时整个良渚文化社会的政治中心、宗教中心、经济中心和军事中心，属于良渚文化社会的一级聚落。遗址和聚落的规模次于莫角山遗址的，如上海市福泉山遗址，江苏省昆山市赵陵山遗址、常州

---

① 南京博物院编著：《赵陵山——1990~1995年度发掘报告（全2册）》，文物出版社2012年版，第248-260页。

市寺墩遗址，等等，为二级聚落；再次一级的为三级聚落，如浙江省杭州市荀山遗址、吴家埠遗址等，是良渚文化社会最底层的聚落遗址。①

聚落内有祭台、墓葬及居住址等，如江苏省吴江区龙南遗址良渚文化聚落，以古河道为中心，两岸屋舍隔河相望，河岸有踏步和防止河水浸溢的护墙，共发现房址14座，灰坑20个，墓葬17座，水井1口，河道、路各1条。绰墩遗址良渚文化聚落主要也是以河道为中心，分布在河道两岸的居住址有9座、河道1条、祭台1个、灰坑39个、水井10口、墓葬9座等。有专家认为，从绰墩遗址总面积达40余万平方米的规模、遗址中心区也发现有祭台及贵族墓葬等情况来分析，绰墩遗址当属于二级聚落群中的中心聚落之一。② 赵陵山遗址与绰墩遗址同为二级聚落群中的中心聚落。

首先，赵陵山遗址人工堆筑的祭台，不仅从良渚文化早期一直延续到良渚文化晚期，延续时间近千年，而且祭台面积达3000平方米，这在二级聚落中，祭台面积相较而言是最大的。例如，福泉山良渚文化祭坛，南北长7.3米、东西最宽处5.2米，面积不到40平方米。③ 绰墩遗址良渚文化祭台，东西长约10米、南北宽约6米，面积仅60平方米。

其次，赵陵山遗址祭台上埋葬有用作祭祀的"牺牲"，不仅有牲畜，还有"人牲"。这种现象，在其他遗址中也有发现。如少卿山遗址，在良渚高土台北部边缘斜坡上，发现3个

---

① 严文明：《中国文明的一个重要源头》，良渚博物院编：《严文明论良渚》，科学出版社2020年版，第18—19页。林留根：《绰墩遗址良渚文化聚落与晚期良渚文化遗存》，《绰墩山——绰墩遗址论文集》，《东南文化》2003年增刊1，第65页。

② 林留根：《绰墩遗址良渚文化聚落与晚期良渚文化遗存》，《绰墩山——绰墩遗址论文集》，《东南文化》2003年增刊1，第65页。

③ 上海市文物管理委员会编著，黄宣佩主编：《福泉山——新石器时代遗址发掘报告》，文物出版社2000年版，第64页。

埋有动物骨架和人头骨的土坑（编号H1、H2、H5），其中，编号H1、H2所埋骨架与编号H5所埋完整的人头骨方向一致，均朝向高土台。显然，这些遗迹与当时在高土台上所进行的祭祀活动有关。① 这种现象，在其他遗址中较为少见。此外，赵陵山遗址的一些圆形、长方形的灰坑内仅有烧土、碳粒等包含物，以及红烧土堆积、大陶鼎等与祭祀相关的遗迹。这同样在少卿山遗址也有发现，在良渚文化时期的高土台上发现不少被打破的坑，如编号H4内仅出土玉珠数粒，而不见其他遗物；还有一些坑的填土中仅含红烧土颗粒及黑灰土而无遗物。② 姜里遗址出土的良渚文化时期的高土台共有两座（土台2、土台3），其中，土台2上面发现燎祭留下的灰堆遗迹达12处。其过程大致为堆筑完成高土台后，先进行燔柴燎祭，然后在台上埋葬死者。

关于祭祀的形式与方法，后期文献都有详细记载，如《尔雅·释天》云："祭天曰燔柴，祭地曰瘗埋。""瘗埋"是祭地的形式，如《礼记·郊特牲》孔颖达疏："地示在下，非瘗埋不足以达之。"又如《礼记·祭法》："燔柴于泰坛，祭天也。"疏云："谓积薪于坛上，而取玉及牲置柴上燔之，使气达于天也。"另外，还有一种祭祀方式，如《风俗通义·祀典》云："社者，土地之主，土地广博，不可遍敬，故封土以为社而祀之，报功也。"从广泛的土地崇拜发展到土地神的祭祀，其方法是用土堆筑一个高土台，为土地之祖，作为后人的祭祀对象，而在高土台上又埋有祖先的墓，成为后人祭祖的地方，所以要"报功也"。据此，赵陵山遗址祭台上发现的灰坑内存烧土、碳粒等包含物及部分红烧土等均可能与燔柴祭天有

---

① 苏州博物馆、昆山市文化局、千灯镇人民政府：《江苏昆山市少卿山遗址的发掘》，《考古》2000年第4期，第38页。

② 苏州博物馆、昆山市文化局、千灯镇人民政府：《江苏昆山市少卿山遗址的发掘》，《考古》2000年第4期，第47-48页。

关。所埋的"人牲"、大量的兽骨等，可能与祭地有关。开始只是祭祀土地之主，因为祭台是从高土台建筑的伊始便存在的。特别是整个高土台又经过了两次大规模扩建，此时与之相关的遗迹应该是位于祭台南部的一组灰坑，但这个阶段仍未见墓葬的埋入。经过对祭台面用不同颜色的土大规模覆盖之后，才开始有墓葬的出现，此后数量再逐步增多。[1]

《赵陵山——1990~1995年度发掘报告（全2册）》的编著者认为，如此复杂的前期堆筑过程似乎表明：早期高土台和祭台与墓葬间的关系可能并不是我们想象的那样关系紧密，或在此时高土台和祭台转向更重要的功能——墓地的标示物。所谓标示物，应该就是土地之主。由于祭台与高土台同步扩建，当高土台上第二次覆土完成后，祭台上才开始逐步埋有墓葬。因此，赵陵山遗址的祭台开始只是用来祭祀土地之主，随着墓葬的埋入才有了祭祖的功用，特别是编号M77墓葬的埋入，围绕此大墓出现了一系列的祭祀遗迹，如黑灰面堆积、红烧土堆积和建筑基址及相关灰坑等。

关于编号M77墓葬的等级，可以从已知的良渚文化时期墓葬的情况进行判断。根据随葬品的组合、数量多寡及精美程度，良渚文化时期的墓葬可以分为三种规格，分别为：大型墓，以玉器为主，有较多的玉质礼器，另有较多的石质生产工具和少量陶器；小型墓，以陶器为主，有极少量的玉器和石质生产工具，无玉质礼器；介于大型墓和小型墓之间的，即中型墓。[2]

赵陵山遗址良渚文化时期墓葬以编号M77为主墓，其墓坑长3.3米，宽1.1米，墓内发现彩绘葬具痕迹，随葬器物达111套（组），共157件，其中，玉器就有123件，包括大石

---

[1] 南京博物院编著：《赵陵山——1990~1995年度发掘报告（全2册）》，文物出版社2012年版，第250页。

[2] 邹厚本主编：《江苏考古五十年》，南京出版社2000年版，第126页。

钺、玉琮、象牙镯等，显然属于大型墓葬。玉礼器是象征着贵族们的身份、地位、权力的主要指示物，而钺是掌握军权的象征。M77墓葬中出土石钺达15件，有的尚未开刃（编号M77：70），这也显示其特殊的礼仪性。

"人牲"或"殉人"所涉及的墓葬有编号M56、M57、M82、M68、M69，以及埋葬在高土台西北外围的19座小墓。目前考古界有不同的看法：赵陵山遗址第三次发掘领队陆建方在其撰写的《江苏昆山赵陵山遗址第一、二次发掘简报》中认为，上述几座墓葬均是"人牲"并可分成四种类型：墓内人牲，如编号M56、M57墓中所见；墓外人牲，如编号M82；墓群人牲，如编号M68、M69；高土台的人牲，如丛葬群。由此他认为，"围绕赵陵山的高土台，良渚人通过墓葬的中心区和非中心区；主要墓和附属墓；祭祀区和人牲，十分清楚地把人分成了四个不同的阶层"①。但北京大学教授张弛的看法与其不同，根据编号M56南端葬具外有一具散乱人骨，编号M57相同部位同出一个儿童头骨与一件陶器，编号M4墓主脚下与陶器一道发现的有三个人头骨（其中两个是儿童的头骨），编号M5北部有两个人头骨和一堆肢骨，以及"丛葬群"中的编号M11脚下也有一个人头骨（编号M12）等情况分析，他认为这些与其他随葬品一样属于个人财富。而且丛葬群人骨多有缺失、破碎和移位等现象，这种情况应是墓主生前征伐械斗造成的创伤，当然，也有可能是属于某种葬俗。因此，赵陵山西北部的丛葬群与良渚其他地方的墓葬并没有很大的区别，而更可能是一处小型墓地，它的年代发掘简报指出其是属于比较晚的，很可能是赵陵山土墩大墓地被封盖后才埋到这里的，

---

① 江苏省赵陵山考古队：《江苏昆山赵陵山遗址第一、二次发掘简报》，徐湖平主编：《东方文明之光——良渚文化发现60周年纪念文集（1936—1996）》，海南国际新闻出版中心1996年版，第36页。

并没有祭祀的对象。①

综合上述材料,赵陵山遗址有超大型的祭台,与延续近千年不间断的祭祀活动及埋葬显贵人物的墓地等,完全可以被确认为一处二级聚落群中的中心聚落。

三、赵陵山聚落反映的社会与权力

原始社会的社会组织经历了原始群和氏族公社两个发展阶段,是人类历史上第一个社会形态。有社会,必有组织,从而衍生出社会权力。社会权力"通常被划分为四种权力形式,即经济权力、意识形态权力、政治权力和军事权力,四种权力的互动、角力和演进导致社会的转型和新体制的出现"②。在史前社会初期生产力极其低下的情况下,人类无力单独同自然界进行斗争,为谋取生活资料必须共同劳动,实行平均分配产品,其中,分配产品的人应为最初的掌权者。随着人口的增长、生产力的提高和社会的发展,出现了不同的权力形式。所有这些推测均需要借助考古材料来加以说明。如通过对良渚文化墓葬的研究,有学者将苏浙沪一些重要遗址或墓地所发现的数百座良渚文化墓葬,根据随葬品的品类组合、数量多寡和精美程度,划分为大型墓、中型墓与小型墓;又根据三种墓在某一墓地出现的不同组合关系,将良渚文化的墓地分为甲、乙、丙三大类。③另有学者通过墓葬随葬品、墓葬位置、社会背景并结合史料来确定墓主的社会权力形态,例如,反山、瑶山大墓,墓主随葬石钺意味着掌握军权,随葬琮、璧意味着掌握宗

---

① 张弛:《社会权力的起源——中国史前葬仪中的社会与观念》,文物出版社 2015 年版,第 207-208 页。
② 张弛:《社会权力的起源——中国史前葬仪中的社会与观念》,文物出版社 2015 年版,第 1 页。
③ 邹厚本主编:《江苏考古五十年》,南京出版社 2000 年版,第 216 页。

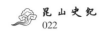

教权,这两种都随葬则表明兼有两种权力。①

由此大致可以确认,赵陵山遗址为一处比较强大的宗族墓群,其中,良渚大墓编号 M77 随葬器物包括大石钺、玉琮、象牙镯等。显然墓主为既掌握宗教权又掌握军权的显贵,在主宰社会的那部分人中的地位居尊。这是"因为在良渚文化社会中,军权尚未高于神权,两者在社会的位置基本上处于同等地位。这点亦可从他们同居一墓地的事实中得到说明。在军、神权力于社会上具有基本同等地位的情况下,自然握着这两方面权力的人,地位才能居于仅握军权或神权者之上"②。

此外,在编号 M77 随葬品中有一件玉饰件,其整体呈月牙形,自上而下排列为鸟、兽、人,象征空中动物(天)与陆地动物(地)合体,人(祖)与天地动物合体。《礼记·郊特牲》中有谓,"万物本乎天,人本乎祖",因此这样的图案表现的实质是对天、地、祖先的崇拜。从祭天、祭地、祭祖,到天人合一、天地合一。良渚文化出土的玉制人像和动物像,作为原始宗教的遗物,既是原始宗教观念的崇拜对象物,也是原始宗教活动过程中的巫术法器。③ 这件玉饰件在《江苏昆山赵陵山遗址第一、二次发掘简报》上定名为"玉插件",从"出土于石钺编号 M77:70 下端,叠压石钺编号 M77:73,部分显露于编号 M77:70 孔部"的现场位置,可以判断此玉插件应该与石钺(柄)接插相连,而石钺上恰巧留有朱砂印痕,可确定原绑缚装有柄。两件器物组合代表军权与法器两种权力,进一步佐证了墓主身份。

---

① 良渚博物院编:《张忠培论良渚》,科学出版社 2019 年版,第 2-14 页。
② 张忠培:《良渚文化的年代和其所处社会阶段——五千年前中国进入文明的一个例证》,《文物》1995 年第 5 期,第 57 页。
③ 邹厚本主编:《江苏考古五十年》,南京出版社 2000 年版,第 131 页。

四、赵陵山遗址与周边遗址的关系

良渚文化时期的高土台及其内涵不仅是权力与地位的象征，同时也显示出聚落的大小与分布情况。而高土台的形成主要有两种形式：一是原地已是稍高的史前遗址，高土台营建在遗址之上，如草鞋山、绰墩山、福泉山等；二是在空旷的平地上搬土营建高土台，如反山、荷叶地等。这些均是完全用泥土营建的高土台，顶部台面埋葬一批良渚文化时期的墓葬。赵陵山遗址的形成属于前一种形式。周边相同类型的遗址，除了草鞋山遗址与绰墩遗址之外，还有少卿山遗址、姜里遗址等。这些遗址大致反映出昆山及周围地域良渚文化时期聚落的分布情况，其中，草鞋山遗址与绰墩遗址都属于大型聚落遗址，不仅有祭台与随葬玉琮、玉璧等礼器大墓，还有与生活相关的遗迹，如居住址、河道、水井、灰坑等。不过赵陵山遗址在良渚文化时期没有发现人类居住址与生活堆积，只有祭台与墓地。那么这些墓主生前居住在哪里呢？尤其是那些显贵人物的居住地在哪里呢？2010—2013年，由苏州市考古研究所主持发掘的姜里遗址似乎给出了答案。该遗址位于赵陵山遗址南面2 000米左右，通过两次发掘，考古人员发现马家浜时期的水田、房址、灰坑，崧泽文化时期的墓葬，良渚文化时期的房址、灰坑、墓葬，等等。[①] 值得注意的是，该遗址面积目前虽然仅剩9万平方米，然而史前文化堆积从马家浜文化时期开始，历经崧泽文化时期，直至良渚文化早中期，说明这一区域的先民最早在姜里遗址范围内活动，从马家浜文化时期开始种植水稻，一直延续到崧泽文化时期，随着人口的增加，村落规模也随之扩大。而赵陵山遗址，根据2008年、2011年的两次

---

① 苏州市考古研究所、昆山市文物管理所、昆山市张浦镇文体站：《江苏昆山姜里新石器时代遗址2011年发掘简报》，文物出版社2013年版，第4—24页。

考古钻探，明确遗址范围不仅限于中心土台，应包括为中心土台与土台周边平地两部分。按钻探得到文化层的分布状况，以土山为中心，周边100米的半径以内均有丰富的文化堆积。[①]实际遗址文化堆积远不止上述范围，南面一直可以到达村庄以外。以前调查时南面由于河（塘）、路及建筑物等阻碍无法延伸，不过有人认为赵陵山遗址与姜里遗址应该为一个遗址，或者说是一个聚落两处不同功用的遗址，如赵陵山遗址在崧泽文化晚期开始堆筑土台，姜里遗址也发现崧泽文化晚期堆筑的土台，只是姜里遗址的土台上建造房址，而赵陵山遗址的土台上堆筑祭台与墓葬。特别是良渚文化时期，姜里遗址发现两处祭台及与祭祀相关的12处灰坑，以及多座房址，另发掘出长8.2米、宽1.2~1.4米、厚0.1~0.2米呈带状的红烧土。红烧土带为南北走向，南面延伸到房外。类似的红烧土堆积还发现多处，这些红烧土堆积可能是规模较大的建筑基址。另有3座确定为房址，编号为F6、F7、F8，房址的建筑基础为红烧土。据此推测，从崧泽文化晚期开始，姜里遗址已经扩大到赵陵山遗址的范围，形成一个大的聚落中心。只是在使用功能上，赵陵山遗址为主要祭祀场所与贵族墓地，姜里遗址为居住区与普通族人的墓地。这种情况一直延续到良渚文化中期之后。后来可能是战争原因或宗族纷争，姜里遗址中的良渚文化逐渐消失，而出现赵陵山土台外围的丛葬群。

　　类似的遗址还有朱墓村遗址。该遗址平面大致呈长方形，长约470米，宽约300米，总面积约14万平方米。通过发掘确定遗址是由四座土台（分为Ⅰ至Ⅳ区）为主体形成的聚落布局。土台之间相距250~270米。Ⅰ区，朱墓墩位于遗址东部，与Ⅱ区土台相距250米左右，为一个长约80米、宽约60米、高出地表约3米的土墩，面积约5 000平方米。通过发掘

[①] 南京博物院编著：《赵陵山——1990~1995年度发掘报告（全2册）》，文物出版社2012年版，第16页。

确定该土墩为良渚文化时期人工堆筑的祭台与高土台墓地，土台呈圆角长方形，长约60米、宽约40米，总面积约2 400平方米。Ⅱ区，位于遗址东南部，土台呈长方形，长约27米、宽约17米，底部长约35米、宽约28米，土台底部总面积约1 000平方米，四周环河；另发现良渚文化时期的水稻田遗迹、居住址、灰坑、墓葬等。Ⅲ区，位于遗址东北部，与Ⅱ区南北相对。土台长约55米、宽约45米，总面积约2 500平方米；在土台上发现良渚文化时期的墓葬22座。Ⅳ区，位于遗址西部，与Ⅱ区、Ⅲ区土台呈"品"字形分布。土台南侧和西侧均被现代河道破坏，残长约25米、残宽约20米，面积大于400平方米；发现10块水田、1个池塘、1座房址及22座墓葬；另有编号K3、K5的遗址，可能是与制陶有关的炼泥坑及作坊。

通过发掘与研究，朱墓村遗址的四座土台之间关系与功能划分表现为：土台Ⅰ至Ⅳ，均位于第五层下（工地统一地层），遗址地处沼泽平原，在生土层上普遍覆盖有一层黑色自然土层，表明这里原为沼泽地，四座土台均堆筑在此层黑土上。Ⅰ区，朱墓墩土台面积约2 400平方米，据考古发掘表明，此土台为埋葬贵族的高土台墓地，同时也是用于祭祀的祭坛。遗憾的是，土台顶部已被破坏。Ⅱ区，为居住与稻作农业区，先民们开挖河道规划2万平方米左右的村落，并开辟水田种植水稻及堆筑土台。该区面积最大，有四条河道环绕，为整个聚落中心区，也为贵族居住区。Ⅲ区，原为居住、作坊、稻作区，后变为普通族人墓区。Ⅳ区，遗存主要为墓葬，有10座墓葬，也为普通族人墓区。①

朱墓村遗址的发掘材料为我们认识赵陵山遗址与姜里遗址的关系与功能的划分，提供了实物依据。

---

① 苏州市考古研究所、昆山市文物管理所：《江苏昆山朱墓村遗址发掘简报》，《东南文化》2014年第2期，第39-56页。

距今约 6 200 年,马家浜文化时期的先民们已经开始在昆山这片土地上居住与生活,并逐步形成一个个村落。此时的村落均是独立的,相互间还没有"领导与被领导"的关系。代表这一时期的遗址还有绰墩山、少卿山、姜里、红峰村、东河等遗址。之后,村落逐渐扩大,到良渚文化时期,不仅原有的居址范围继续发展,还出现新的聚落,如赵陵山、朱墓村、太史淀、庙墩、葛墓村、龙滩湖、南石桥、荣庄、正北等聚落。依据遗址的规模与内涵,大致以绰墩山、赵陵山、姜里、少卿山、朱墓村为中心聚落群,其余遗址分别附属。当然,中心聚落之间也有大小、强弱之分,大的、强的聚落兼并小的、弱的聚落,且在兼并过程中逐步发展到古国时代。

距今约 5 300 年,中原地区的仰韶文化、北方地区的红山文化及稍后的长江下游的良渚文化先后进入高于部落之上的、稳定的、独立的古国时代……各地区古国则选择了不同的发展道路或演进模式。中原地区的仰韶古国表现的是以军权和王权结合为基础并突出王权的道路,红山古国则选择了神权道路,良渚古国选择的是由军权、王权和神权相结合并突出"神权"的道路。以"神权"为核心的演进模式是崇尚祭祀奢华、耗费社会财力"竭泽而渔"式的发展,后续发展动力显然不足。① 这就是良渚文化时期古国最后衰亡的原因。

---

① 李伯谦:《中原地区在中国文明形成过程中的地位与作用》,2018 年 8 月 18—19 日,在郑州举行的"中国古代文明文化进程模式研讨会"上的主题发言,www.sohu.com/a/250980761-199807。

第三章 鹿城春秋

早在新石器时代,昆山地区已有先民在此繁衍生息。进入阶级社会以后,昆山历经变迁,留下了丰富的历史遗迹和文化名胜。

一、疆域变迁

春秋时期,昆山称"娄邑"。娄邑之名的由来,有两种说法:一说因娄江经此地而入江;另一说阖闾时姑苏城东门为娄门。春秋战国时期,娄邑曾先后属吴、越、楚三国。秦始皇二十四年(前223年),秦灭楚,改邑称县,易娄邑为疁县,属会稽郡,县治在今昆山市东北。秦二世三年(前207年),改疁县为娄县。西汉时期,娄县曾先后隶属荆国、吴国、江都国、会稽郡。王莽建国元年(9年),改县为治,称"娄治"。

东汉光武帝建武十一年(35年),又将县名改回娄县。汉顺帝永建四年(129年),析会稽郡置吴郡,领县十三,娄县属吴郡。此后历三国、两晋及南朝宋、齐,县名、郡属皆沿袭不变。

南朝梁天监六年(507年),析吴郡置信义郡,分娄县置信义县,属信义郡,余下的娄县部分仍属吴郡。信义,后因方言音讹,有"真义""进义""精义""精谊""畯义"等名,中华人民共和国成立后,定名为正仪,今为昆山市正仪镇。

南朝梁大同二年(536年),分信义县置昆山县,仍隶吴郡,县治在今上海市松江区西北小昆山之北。昆山之名,源于当时县境内的昆山。昆山又名天马山,在今上海市松江区西北。此时昆山县的县境比今天的昆山市要大,除了现在的昆山市辖区之外,还包括今天的太仓市、上海市嘉定区及松江、青浦二区的部分地区。

隋开皇九年(589年),改吴郡为苏州,废信义郡、信义县、昆山县,两县地归苏州。开皇十八年(598年),复置昆山县,属苏州。

唐天宝十年(751年),分昆山县南部、嘉兴县东部、海盐县东北部置华亭县(今上海市松江区)。此时,昆山县的县治在今昆山市玉山镇畔的马鞍山南。

五代至元初,昆山先后属中吴府、中吴军、平江军、苏州、平江府、平江路。

元元贞元年(1295年),因户口增多,升昆山县为昆山州,仍隶属平江路。延祐元年(1314年),昆山州移州治于太仓,后又移还旧治。至正十六年(1356年),张士诚取平江路,改称"隆平府",昆山属隆平府。次年,张士诚降元,隆平府复为平江路,昆山仍属平江路,县治移至城内的孟氏故宅。至正二十七年(1367年),改平江路为苏州府,昆山仍属之。

明洪武二年(1369年),降昆山州为县,仍属苏州府。弘治十年(1497年),析昆山新安、惠安、湖川三乡建太仓州。余下的昆山县仍属苏州府管辖(其范围已与今昆山市基本吻合)。

清雍正三年(1725年),分昆山县西北部置新阳县,两县同城分治。新阳县,以境内新阳江得名。咸丰十年(1860年),太平天国攻取昆山、新阳两县,为避南王冯云山讳,改昆山名昆珊,两县同属太平天国苏福省。同治二年(1863

年），太平军撤退后，复名昆山，与新阳县同属苏州府。

1912年1月，昆山、新阳二县合并，仍称"昆山县"。中华人民共和国成立后，昆山先后属华东军政委员会苏南苏州行政区专员专署和苏州专员公署。1983年年初，江苏省实行市管县体制，昆山县属苏州市。1989年9月，昆山撤县设市（县级）。

二、历史地名

（一）鹿苑

相传春秋时期，吴王寿梦喜爱打猎，曾在今昆山市玉山镇西南一带（旧称"卜山"，今昆山红峰新村）一带豢鹿狩猎，故昆山有"鹿城""鹿苑"之名。据弘治《昆山志》载，元朝时还曾在卜山下发现唐朝卜将军墓，其地环境"森森古柏，宛转龙岗。孤云垂盖，日月悬光"①。另据学者研究，卜将军是唐朝西河人，名唤卜珍，据昆山市文物管理所所藏《大唐卜将军记》碑刻记载，卜珍生于唐肃宗至德元年（756年），卒于唐敬宗宝历元年（825年），享年六十九岁。卜珍因有战功，遂以节度使的身份镇守昆山。②

（二）武城、巴城、金城、度城、摇城等城塞

武城、巴城，位于今昆山市巴城镇。吴王阖闾在位时，为加强防卫，抵御东夷等外敌的入侵，在唯亭以东的上江（古娄江）、中江（秦前已堙废）、下江（吴淞江）地区筑起武城、巴城等12个城塞。实际上，武城、巴城等城塞在当时主要充当军事堡垒。后来随着吴、越等国先后灭亡，武城、巴城等城塞逐渐丧失了军事堡垒的功能，演变为居民村落。武城，又称"南武城"。近年来，在昆山市巴城镇武神潭村发现了武城遗

---

① 顾潜：《昆山志》，江苏广陵书社2014年版，第26页。
② 归潇峰：《昆山卜将军信仰的初步考察》，《苏州科技大学学报（社会科学版）》2017年第3期，第67—68页。

址,考古工作者发现遗址的设计者运用阴阳八卦的原理,结合湖畔的地形、地貌,精心构筑了一座"卦形"军事防御水寨。更有学者指出,武城的设计者正是著名军事家孙武,当年阖闾为表彰孙武的功绩,将新建的城塞命名为武城。

金城,相传为春秋时吴王所建。2008年,在昆山市花桥镇(今花桥经济开发区)陆巷村发现了金城遗址。自发现以来,截至2016年3月,已发掘的遗址面积约1 000平方米,共发现汉代墓葬11座,考古学家由此判定目前发现的金城遗址应为汉代遗址。而传说中的"吴王建金城"的吴王,可能指的是西汉初年的吴王刘濞。

度城,位于今昆山市淀山湖镇。相传春秋时期,吴国曾以度城、金城、瓦城构建起三足鼎立的防御体系。

摇城,位于今昆山市周庄镇。相传春秋时期,该地是吴王少子摇和汉越摇君的封地。

由此可见,汉以前昆山的城塞大抵兴起于吴王阖闾前后,即公元前6世纪末至公元前5世纪初。最初,城塞是作为防御堡垒而出现的,后来才逐渐演变为居民村落。

三、水利变迁:修筑、疏浚至和塘

宋朝以前,从苏州到昆山只能走水路,俗称"昆山塘"。昆山塘水面宽阔,又无堤岸,给当地百姓的出行和生活带来了许多困扰。故从唐朝起,便不断有治理昆山塘之议,但终因经费不足而未成功。

北宋至和二年(1055年),时任昆山主簿的丘与权力陈治理昆山塘有五大好处,"一曰便舟楫;二曰辟田野;三曰复租赋；四曰止盗贼；五曰禁奸商也"①。丘与权还立下军令状，"事或不成，愿以身塞责"②。在昆山知县钱纪、苏州郡守吕居简的大力支持下，修筑计划获得朝廷的批准。是年初冬，工程正式动工。

据丘与权撰写的《至和塘记》记载，工程进展得十分顺利。原本计划一个多月的工程，结果十九天便竣工了。工程除修建堤岸外，还建造了桥梁52座，两岸植榆树、柳树57 800株，河中又种茭蒲、芙蕖，实现了河、堤、路、桥的综合配套，为治理昆山的水患做出了重要贡献，为昆山的进一步发展奠定了基础。因工程完成于至和二年，故以至和为名，改昆山塘为至和塘。自此之后，至和塘在历代不断得到修缮和完善。

北宋嘉祐六年（1061年），两浙转运使李复圭、昆山知县韩正彦对至和塘进行了大规模的整修，史称至和塘"益加完厚"，百姓免于水患。两年后，嘉祐八年（1063年），朝廷再派兵士修至和塘岸。此次修筑，与军事的调配有关。

北宋熙宁三年（1070年），朝廷诏书天下，征集理财省费、兴利除弊的良策。时任广东主管机宜文字的昆山人郏亶遂上奏朝廷，提出治理苏州水田的主张。在奏书中，郏亶认为"天下之利莫大于水田，水田之美莫过于苏州"。但自唐以来，苏州的治水、治田仍存在六个问题，即所谓的"六失"。针对"六失"，郏亶提出"辨地形高下之殊，求古人蓄泄之迹"等六条举措，即所谓的"六得"。郏亶认为，只有"去六失，行六得"，才能真正解决好苏州的水利问题。随后，郏亶又上"治田利害大概"七条，从地域差异和地形特点等角度对苏州

---

① 金吴澜、李福沂修，汪堃、朱成熙纂：光绪《昆新两县续修合志（一）》卷五《水利》，《中国地方志集成·江苏府县志辑16》，江苏古籍出版社1991年版，第78页。

② 金吴澜、李福沂修，汪堃、朱成熙纂：光绪《昆新两县续修合志（一）》卷五《水利》，《中国地方志集成·江苏府县志辑16》，江苏古籍出版社1991年版，第78页。

的水利加以分析。① 郏亶的建议得到朝廷的认可,特别是得到宰相王安石的采纳。北宋熙宁五年(1072年),郏亶调任司农寺丞,后又提举两浙水利。郏亶到任后,征发役民兴修水利,以实践自己的治水主张。翌年,因工程浩大,民多逃役,以及受到朝堂上反对派的攻击,郏亶被罢免。回到家乡后的郏亶,在自己的家宅旁开辟了一块名为"大泗瀼"的水田以实践自己的治水理论,后收获颇丰。于是郏亶再次上书陈述自己的治水理论,终获认可,被任命为司农寺丞等职。郏亶之子郏侨对水利建设亦有所贡献。

南宋淳熙六年(1179年),发运使魏峻疏浚至和塘。据提举郏霖《重修昆山塘记》记载,至和塘自北宋至和二年(1055年)修建起来,已近一百三十年,"虽旧迹尚存",但已呈现年久失修之状,"狐鼠凭恃,乘其干涸",不利于百姓使用。此次修缮工程"始于季春,成于孟夏","不越四旬而竣事",昆山当地富户纷纷捐资助力,"凿浅通窒,障狂植溃",工程取得了良好的效果。②

至明代,当地政府又多次率官民加筑、整修至和塘。较重要的有明弘治十年(1497年),提督松江等处水利工部主事姚文灏疏浚至和塘。姚文灏曾负责治理浙江、江苏等地水患,著有《浙西水利书》。此次工程东自新洋江口起,西至九里桥,凡长四千九百六十五丈。③ 次年,提督、水利工部郎中傅潮继续疏浚至和塘及昆山、嘉定两县的泾浦。明万历三十九年(1611年),昆山知县祝耀祖进一步加筑至和塘,共修堤岸二

---

① 金吴澜、李福沂修,汪堃、朱成熙纂:光绪《昆新两县续修合志(二)》卷四十五《艺文三》,《中国地方志集成·江苏府县志辑17》,江苏古籍出版社1991年版,第126—135页。

② 金吴澜、李福沂修,汪堃、朱成熙纂:光绪《昆新两县续修合志(一)》卷五《水利》,《中国地方志集成·江苏府县志辑16》,江苏古籍出版社1991年版,第81页。

③ 一丈约3.3米。

十三里①,史称"利民往来,民德之,建祝公祠于界浦东"②。明万历四十三年(1615年),昆山知县陈祖苞疏浚至和塘。工程从侯潮馆起至十五淹止,全长二十四里。

  清朝,对至和塘的各段亦曾多加疏浚。清雍正九年(1731年),新阳知县程光铺修筑至和塘。此次修筑的至和塘在义镇西南一带。乾隆四十年(1775年),疏浚至和塘城内段,许墓塘西至留晖门止。嘉庆二十四年(1819年),疏浚留晖门内至和塘,至半山桥西止。两年后,又疏浚宾曦门内至和塘,至半山桥西止。同治十二年(1873年)冬,昆山县人席元禧等奏请疏浚东西至和塘,工程全长四百余丈。

  可见,自北宋至和二年修建起,至和塘在历代都曾被疏浚、加固、完善,它是昆山市民生活的重要组成部分,在昆山的社会生活与经济活动中扮演着重要的角色。

四、昆山城墙

  昆山城墙的修建,似乎最早可以追溯至唐末五代时期。据《资治通鉴》记载,唐光化元年(898年),吴越国将领顾全武在攻打昆山时,曾引水灌城,最终守城的秦裴因"城坏食尽"而降。可见当时昆山应有城墙,只是城墙的规模估计不大,故各类方志文献中并未对当时城墙的具体情况有所记载。宋朝时,昆山城以竹木为栅,这在当地的一些地名中仍可见端倪,如在后来昆山城迎薰门(旧称)东南门内有南栅湾之名,宾曦门(旧称)东门内有北栅湾之名。

  昆山城墙的正式修建当始于元末至正年间。修建城墙的直

---

① 一里为500米。
② 金吴澜、李福沂修,汪堃、朱成熙纂:光绪《昆新两县续修合志(一)》卷五《水利》,《中国地方志集成·江苏府县志辑16》,江苏古籍出版社1991年版,第85页。

接原因是抵御当时起兵反元的方国珍对昆山的侵扰,主修者则是当时昆山的知县费复初。费复初,字克明,生卒年不详,元末明初东平路寿张(今属山东省阳谷县)人,是一位受到昆山人民爱戴和尊敬的父母官。元至正十七年(1357年),方国珍的部队刚一撤退,费复初便正式开始了昆山城墙的修建工程,虽然受当时条件所限,费复初修建的是土城,但规模也相当可观。据光绪《昆新两县续修合志(一)》卷一《城池》记载,城墙"周一十二里二百七十六步①,凡二千二百九十九丈,高一丈八尺②"③。筑城的同时,沿城墙开城壕,引娄江水灌入。城墙共立东、西、南、北、东南、西南六座城门。这座东起护城河,西起仓基河,南起正阳桥,北至马鞍山北麓的城墙基本奠定了昆山城墙的基础,后世昆山城墙的增筑与修葺,都是在元城墙的基础上进行的。

明弘治四年(1491年),时任昆山知县的杨子器在城门上修建城楼。杨子器,字名父,号柳塘,浙江慈溪人。杨子器是明成化年间进士,曾任昆山知县、常熟知县,后官至河南左布政,所在皆有官名。他修造的六座城楼,取名都十分典雅:东曰宾曦,西曰留晖,南曰朝阳,北曰拱辰,东南曰迎薰,西南曰丽泽。明嘉靖五年(1526年),时任副都御史的昆山陆家浜人周伦以昆山"县滨海要地,且寇盗屡发,民数惊恐"为由,奏请朝廷修筑砖城。明嘉靖八年(1529年),昆山知县郭楠在宾曦门外置水关一座,上有门楼三间,匾曰"天风海涛"。明嘉靖十七年(1538年),曾官至礼部尚书兼文渊阁大学士的昆山人顾鼎臣再次向朝廷奏请修石城于昆山。于是,在郡守王仪等地方官员的主持下,在原有土城的基础上,砌以砖石。工程

---

① 一步约1.3米。
② 一尺约0.3米。
③ 金吴澜、李福沂修,汪堃、朱成熙纂:光绪《昆新两县续修合志(一)》卷一《城池》,《中国地方志集成·江苏府县志辑16》,江苏古籍出版社1991年版,第23页。

始于明嘉靖十八年（1539年）二月，竣工于明嘉靖十九年（1540年）五月，历时一年有余。新修的城墙周围计长二千三百八十七丈，高二丈八尺。城墙共有旱门六座，水门五座，雉堞四千五百八十七垛，护城河仍如元城墙之旧。高大而坚固的新石城在十四年后的明嘉靖三十三年（1554年），保护了昆山的百姓免遭倭寇的毒手。是年，因得罪严嵩而被调为昆山知县的祝乾寿，率领昆山军民以昆山城为依托，顽强抗击倭寇四十六天，并最终击退倭寇。倭寇退后，祝乾寿即刻对城墙进行增筑。又因东、南、北三隅相去旷远，新修城楼三座，昆山城的城防得到进一步的完善。此后，万历十八年（1590年）、崇祯八年（1635年），昆山城墙都曾得到修葺。

据光绪《昆新两县续修合志（一）》卷一《城池》记载，从顺治直至光绪年间，历任昆山知县对昆山城墙多有修葺。清光绪二年（1876年），昆山知县金吴澜、新阳知县钮承筵因当时"东西水旱城门及迎薰、丽泽二门城垣坍塌，拱辰门水关不通舟楫，宾曦门外上积巨石横驾（架），木植毁折，出入甚危"[1]的现状，自捐廉钱对昆山城墙进行了较大规模的整修工作，并拆卸了城墙上的危石。光绪二年的这次整修，可以说是昆山城墙的最后一次较大规模修葺。

进入民国时期，随着昆山城市的发展及现代战争手段的不断变化，城墙保境安民的作用日益衰微。民国十一年（1922年），为开辟城厢马路，朝阳、丽泽两座城门被拆除。翌年，又将迎薰门连同朝阳、丽泽三段城垣一起拆除，并填塞护城河，筑为街道。此后，昆山尚存的城墙也被陆续拆除，至20世纪60年代初，昆山城墙已被完全拆除。

---

[1] 金吴澜、李福沂修，汪堃、朱成熙纂：光绪《昆新两县续修合志（一）》卷一《城池》，《中国地方志集成·江苏府县志辑16》，江苏古籍出版社1991年版，第26页。

五、明朝昆山的城内格局

明人周世昌所纂的《重修昆山县志》等志书对昆山城市有较为详细的记载,这为我们了解城内布局情况提供了依据。

1. 县治

位于城内的孟氏故宅,主要建筑有正堂三间三轩;穿堂三间;后堂三间;架阁库五间(在正堂东);两廊共四十一间(在正堂左右);知县衙(在正堂后);县丞衙二(分在正堂东北、西北);主簿衙(在正堂西);典史厅(在正堂西);典史衙(在正堂东);县尉司(在县治南);吏员房舍五十间(在东廊后);狱房一所(在仪门外西偏);县圃(在县治东偏)。

2. 学校

位于县治西南二百九十步。唐大历九年（774年），大理司直王纲为县令，在县东文宣王庙旁建立学校，此为昆山县学之始。至五代时期，文宣王庙和县学皆毁于兵火。北宋雍熙四年（987年），学校在原址上重建。北宋元丰四年（1081年），学校毁于风雨。元祐初年，学校迁至县治西南。此后历任知县对学校多有扩建和修葺。如南宋淳祐初年，建成学斋六间，分别为居仁、由义、教忠、履信、致道、成德。元元贞元年（1295年），昆山县升为昆山州后，学校设教授一员。明洪武二年（1369年），学校设教谕一员、训导两员，分东、西两斋，东曰"居仁"，西曰"由义"。成化十九年（1483年），巡按御史张淮见学校因年久失修而"颓弊滋甚"，遂购地拓基，重修学校。新学校的主要建筑有殿一（大成殿）、堂三（明伦、育贤、退省）、斋二（居仁、由义）。后又建尊经阁于学校内。万历三年（1575年），巡按御史邵陛、昆山县令申思科对殿、堂、斋、阁等建筑加以重修，并增筑殿前露台。经此次重修、增筑，学校的主体建筑有大成殿三间、两庑十二间、启圣庙一间、神库一间、明伦堂三间、育贤堂一间、退省堂三间、居仁斋一间、由义斋一间、尊经阁一间、敬一五箴亭一座、进士举人岁贡题名碑三座、仓库一座、泮池一座、射圃八亩①、教谕廨一间、训导廨一间、仪门三间、儒学门一间。此外，还有学田七百六十亩，用于资助贫寒之士。

3. 坊、巷

志书曾提到昆山旧有四坊，但其具体位置，南宋时人已无从稽考。故南宋淳祐《玉峰志》、明正德《姑苏志》、明万历《重修昆山县志》等志书在介绍昆山的街坊时，都从南宋淳祐年间昆山的坊、巷修建开始。当时，昆山县令项伯泽捐金劝民，建坊凡三十四。坊成后，由主簿吴坚书扁。这三十四坊的修建，成为昆山城市发展史上的一件大事。今以万历《重修昆山县志》为依据，录明时尚存的坊名及区位如下：

三十四坊：登平坊（在县治东仓巷内）；进贤坊（在县西南醋库巷内）；齐礼坊（旧名近民坊，在县治西南）；日新坊（在县治南，前新街）；宣化坊（在平桥北，正统中知县吴昭移建陈老桥北即平政坊，故址今名尚书坊）；通德坊（在县西南，酒坊桥西）；娄丰坊（在县治东北，北栅）；原俗坊（在县东南，陈老桥东）；德润坊（在县东南，后市桥南）；惠政坊（在西寺巷内）；武宁坊（在县西南，平桥西）；平政坊（在县治南，陈老桥北）；又新坊（在县治南，后新街）；太平坊（在县东北，太平桥）；春和坊（在县治东南，平桥东）；宝信坊（在县东南，宝月桥南）；安荣坊（在县东南，姚家巷）；道德坊（旧名览德坊，在县治东）；兴贤坊（旧名成达坊，县西南学东）；登春坊（在县治南，平桥东南）；明德坊（在县治南，后市巷西）；安定坊（在县东北，安定桥西）；积善坊（在县东南，南库桥南）；贵德坊（在县东南，通

---

① 一亩约 666.7 平方米。

关桥东）；儒学坊（在县东南，茅家桥东）；富德坊（在县东南，甫库桥北）；余庆坊（在县东南，莼菜桥东）；片玉坊（在县南，陈老桥西）；兴仁坊（在县东南，东城桥北）；玉镇坊（在县西，鳌峰桥南）；荣锦坊（在甫库桥南）；朝宗坊（在县东南，南栅湾）；迎恩坊（在西栅）；忠正坊（在赵忠简府前，今废）。①

除三十四坊外，明时昆山共有二十巷：

东城巷（在县东南，东城桥北）；东会巷（在县东，州桥北）；金童巷（在县东南，唐家桥南）；潘家巷（在县东，旌孝坊内）；后市巷（在县东南，明德坊东）；醋库巷（在县西南，进贤桥北）；秦家巷（在县东北，旌孝坊内）；东寺巷（在县东南，通阓桥东）；柴巷（在县北，半山桥南）；郁家巷（在县西南，片玉坊内）；杨编箕巷（在县东南，春和坊北）；姚家巷（在县东北，安荣坊北）；西寺巷（在县西南，景德寺前）；弓手巷（在县西南，西寺巷东）；北仓巷（在县东北，仓桥南）；李侍御巷（在县东南，通阓桥北）；州厅巷（在县东南，贵德坊东）；顾二耆巷（在县东北，太平桥内）；陈卖羊巷（在县东北，太平桥西）；邓家巷（在县西南，进福桥南）。②

三十四坊、二十巷的格局，基本构成了明朝万历年间昆山的城内格局。

---

① 周世昌：《重修昆山县志》卷一《坊巷》，《中国方志丛书·华中地方·第四三三号》，台湾成文出版社 1983 年版，第 94—95 页。
② 周世昌：《重修昆山县志》卷一《坊巷》，《中国方志丛书·华中地方·第四三三号》，台湾成文出版社 1983 年版，第 96 页。

六、工商业中心的形成

淳祐《玉峰志》等志书中曾提到昆山最早的两个集市：一个叫都场，另一个叫永安。可惜当时已不能确定它们的具体位置。

南宋时，昆山有两个集市：一个叫市心，另一个叫后市。市心在宝月桥的南面，后市在后桥的西面。

至明朝时期，昆山的集市中心转移到县西北的半山桥一带。正德《姑苏志》载：半山桥在县西北隅，民居辐辏，朝夕为市。半山桥市的繁荣景象，也出现在文人们的笔下，如顾鼎臣的父亲顾恂便有诗云："彩虹高驾炫晴霞，壮观昆城百万家。四海波涛通浩荡，半山车马斗繁华。势摇坤轴金鳌重，影落泉宫玉练斜。我欲乘流从此去，银河深处泛灵槎。"① 诗中所写，虽不免渲染铺陈，却可见当时繁荣景象之一斑。

半山桥，最初由昆山知县芮翀修于明永乐九年（1411年），至天顺五年（1461年），因连日降雨水涨，导致桥梁断裂，遂由昆山人归克爱负责重修事宜。原先半山桥全由木制，此次重修，乃改木梁为石梁。重修事毕后，邑人郑文康专门撰写《重修半山桥记》一文以为纪念。文中以平实的笔法记录了半山桥市在昆山百姓日常生活中的重要性和当日的热闹景象：若夫九乡之民，近者数十里，远者百余里，所需菜粟、布帛、鸡豚、薪刍、果蔬、茶盐之类，以其所有，易其所无者，咸趋桥而为市焉。此民庶饱暖安定养生送死所系，其要如此。②

---

① 转引自吴奈夫：《评康熙〈昆山县志稿〉》，《中国地方志》1994年第5期，第69页。

② 金吴澜、李福沂修，汪堃、朱成熙纂：光绪《昆新两县续修合志（二）》卷四十三《艺文一》，《中国地方志集成·江苏府县志辑17》，江苏古籍出版社1991年版，第146页。

半山桥市的繁荣，还推动了桥东西两侧东塘街、西塘街的发展。至清朝初年，这里成为高官显贵们的聚居之地，如"昆山三徐"——徐乾学、徐秉义、徐元文的宅第便在东塘街、西塘街之上。

半山桥市的繁荣，是多种因素共同作用的结果。其一，交通便利是促成集市繁荣的首要条件。半山桥横跨至和塘，是城内重要的交通枢纽。水路经至和塘，可从留晖门至宾曦门。陆路无论是去名胜马鞍山还是去往县衙等官署都十分方便。其二，半山桥附近官署聚集，除昆山县治外，桥西有宁海驿（后改为府官馆）和水利分司等机构。这些官署、衙门所带动的消费需求也推动了半山桥市的繁荣。综上所述，半山桥市在明清时期已成为昆山的政治、经济中心。

七、城区战事

（一）抗倭

倭寇之患，起于明朝初年。至嘉靖中叶，因明王朝政治腐败、武备废弛，倭患遂愈演愈烈，荼毒东南地区达二十余年之久，直至嘉靖末年才被剿灭。地处苏南的昆山，亦深受倭寇之侵扰，在此过程中，昆山军民以城墙为依托，英勇地抗击倭寇的侵略，谱写了可歌可泣的爱国篇章。

据光绪《昆新两县续修合志（二）》卷五十一《纪兵》及嘉靖三十五年（1556年）胡宗宪任总督督办浙江军务时令人主编的《筹海图编》等文献记载，倭寇对昆山发动的规模最大的一次入侵出现在嘉靖三十三年（1554年）。

是年四月，三千余名倭寇在闽浙海盗的引导下，自松江青浦陆家浜进逼县境。随后百余艘倭寇的船只乘午潮在新洋江口登陆，在东门外玉虹桥纵火焚烧民居。数日之间，城外民居被焚者十之有九，百姓被杀者以万计。随后，倭寇又屡次试图攻破城门而入，但均被守城军民击退。

面对严峻的敌情，到任昆山知县仅一个月的祝乾寿立即组织军民守城。倭寇将昆山城团团围住后，为向苏州府求援，祝乾寿募死士"持蜡书浮水而行"，终于在八天后将书信送至巡抚、巡按之手。哪知前来救援的都指挥梁凤，先是畏葸不进，后在催督后进至昆山三里桥，即望倭寇而溃逃，反倒使倭寇得到了军中的火器和船只。得到火器和船只的倭寇攻城更急，昆山城危在旦夕。知县祝乾寿为激发军民抗倭之士气，一边亲率乡宦登上城楼御敌，一边派生员张光绍等人发动百姓共同抵抗。昆山军民的同仇敌忾终于击退了倭寇，并斩杀其渠魁二大王。败退的倭寇，在退至刘家河时，被张魁率领的军队追击，遭斩杀四百四十余人。

归有光在《昆山县倭寇始末书》中对此次战事的基本情况，特别是倭寇对昆山百姓造成的伤害有具体的统计，"自四月初七日至五月二十五日，孤城被围凡四十五日。临城攻击，大小三十余战……其六门并攻，被杀男女五百余人，被烧房屋两万余间，被发棺冢计四十余口，是皆就耳目之所睹记者言之。其各乡村落，凡三百五十里境内，房屋十去八九，男妇十失五六，棺椁三四，有不可胜计而周知者"①。由归氏"皆就耳目之所睹记者言之""有不可胜计而周知者"的叙述可知，此次倭寇入侵的规模及对昆山百姓的荼毒是极大的。

在此次倭寇入侵中，昆山周边各县亦遭倭寇攻打，但昆山是倭寇进攻的重点，因为倭寇认为昆山是"州县适中之地，欲据为巢。故苏州各县皆被攻围而攻昆山尤急"②。可见在倭寇眼中，昆山是一块战略要地。因此，昆山的这次成功抗倭，不仅使昆山城免遭倭寇之毒手，还挫败了倭寇以昆山为据点，

---

① 归有光：《震川先生集》，上海古籍出版社1981年版，第183页。
② 金吴澜、李福沂修，汪堃、朱成熙纂：光绪《昆新两县续修合志（二）》卷五十一《纪兵》，《中国地方志集成·江苏府县志辑17》，江苏古籍出版社1991年版，第281页。

逐渐蚕食周边地区的企图,可以说给倭寇的入侵计划以当头一棒。昆山的这次抗倭,也在明朝嘉靖年间的抗倭史上留下了重要的一笔。

(二)抗清

在清军入关南下的过程中,江南地区的士大夫和军民们拒绝向清军投降,积极开展抗清斗争,展现了坚强不屈的民族气节。在此背景下,昆山人民亦用自己的热血,挥洒出可歌可泣的抗清画卷。

清顺治二年(1645年),清军在攻下南京后,传檄文至昆山劝降。知县杨永言弃官而走,县丞阎茂才则遣使投诚,被清廷任为知县。阎茂才担任知县后,严明剃发之令,昆山城内民情汹汹。此时,陆世镗、陆世钥在陈墓镇(今昆山市锦溪镇)发动起义。受此鼓舞,昆山城内百姓群起杀死阎茂才,重立明朝旗帜,推举王佐才为主帅。昆山的抗清斗争由此展开。

王佐才,字南阳,昆山人。曾官至狼山副总兵,军事经验丰富。此时,已经六十多岁的王佐才虽致仕家中,却时刻关心着时局,被众人推举为主帅后,王佐才申明约束、治城守具,并发檄文于附近州县。七月初五日,清廷集大军,携大炮、巨舰进至昆山城西门。而此时城内的义军不足一千人,双方力量悬殊。是日,清军架设浮桥攻城,王佐才在城上指挥抵抗,射杀清军将领一人、马卒二十余人。次日,清军炮击昆山西城。城墙被毁后,清军入城,王佐才率义兵进行巷战,矢尽力竭而死。清军入城后,进行了残酷的屠城,昆山军民死难者达数万人。光绪《昆新两县续修合志(二)》卷五十一《纪兵》记载道:"总计城中人被屠戮者十之四,沉河堕井投缳者十之二,被俘者十之二,以逸者十之一,藏匿幸免者十之一。"①

---

① 金吴澜、李福沂修,汪堃、朱成熙纂:光绪《昆新两县续修合志(二)》卷五十一《纪兵》,《中国地方志集成·江苏府县志辑17》,江苏古籍出版社1991年版,第282页。

可谓惨烈。

除王佐才外，在昆山人民抗清的斗争中，还涌现出了许多誓死不屈的义士。屈大均的《皇明四朝成仁录》专列《昆山死义传》一卷以记其言行。其中计有朱集璜、周室瑜、陶琰、陈大任、吴其沆等义士。而朱集璜、陶琰二人就义后流传下来颇具传奇色彩的故事，正是昆山人民对二人深切缅怀的真实写照。

朱集璜，字以发，昆山人，岁贡生。王佐才任主帅后，朱集璜偕吴其沆、顾炎武等分任守御，积极参与到昆山的抗清斗争之中。清军入城后，朱集璜被执，大骂不屈而死。陶琰，字圭稚，号圭峰，昆山鸡鸣塘人，与朱集璜相友善，曾率乡勇三百人驰援昆山。至中途而听闻昆山城已陷，遇朱集璜之仆人，询问后得知朱集璜不愿离城，仍在城中，乃感慨道"以发其死矣"。是夜，回到家中的陶琰自缢而亡，死前在衣裾上写道："生为明人，殁为明鬼。"家人将其葬于祖墓之侧。不数日，朱集璜的灵柩亦至，时人言："朱断断，陶植植，生同年，死同日，生同学，死同穴。"① 后一旁水池有荷花一茎两花扶疏而起，被传为一段佳话。

（三）抗日

在长达 14 年的抗日战争中，无论是在沦陷前还是沦陷后，昆山军民始终坚持抗日，为中华民族最终赢得抗日战争的胜利，做出了重要的贡献。

早在 1932 年淞沪抗战时，日军为切断中国的交通线，便对昆山发起过空袭，位于京沪铁路上的青阳港大桥被炸毁。1937 年淞沪会战时，日军第二次炸毁了青阳港大桥。同时对昆山发动多次空袭，炸毁房屋百余所。1937 年 11 月 14 日，已占领上海的日军沿京沪铁路西进，向昆山进攻。11 月 15

---

① 屈大均：《皇明四朝成仁录》卷七《昆山死义传》，《明代传记丛刊·名人类38》，台湾明文书局 1991 年版，第 548-549 页。

日，昆山被日军占领。

沧陷后的昆山，并没有放弃希望。在中国共产党的领导下，昆山人民纷纷成立抗日团体，开展了英勇不屈的抗日斗争。

1. 昆山东部地区

昆山夏驾桥人陶一球在1939年8月创立了昆山第一支由中国共产党领导的抗日武装，当地群众把它称为"陶一球部队"。陶一球部队及随后的"联抗部队"① 在昆东地区积极抗击日伪力量，先后开展了杨二房突围、箓葭浜杀敌、莫家湾伏击等多次战斗。1940年，中共昆（山）嘉（定）县委、中共昆（山）嘉（定）青（浦）中心县委先后在昆山兵希成立，昆山人民的抗日斗争有了更加坚强的党的领导，并初步形成了以兵希为中心，东至安亭、南至吴淞江、西至青阳港、北至太仓塘的昆东抗日游击根据地。

2. 昆山北部地区

昆山北部地区是在中共苏州县委的领导下开展抗日武装斗争的。1940年，昆北地区先后建立了中共任（阳）石（牌）区委、区政府，积极开展民运工作及打击日伪、土匪活动。1941年，中共任石区委书记张天雄、指导员宋雨农、石牌乡乡长沈祥骥及区公所干部陈金保、林松和朱德富等7人先后被日军逮捕。被捕后，张天雄等7人坚贞不屈，最终英勇就义。1991年，为纪念烈士，缅怀先贤，昆山市巴城镇竖立了"七烈士英勇就义纪念碑"。此外，1940年6月，新四军江南抗日救国军第三支队在巴城镇的大凤湾村与日军400余人展开了激战，击毙、击伤日军30余人，江军、周涵康、孙岳等7名新四军战士不幸牺牲。大凤湾村的战斗打击了日军的嚣张气焰，鼓舞了江南地区的抗日热情。

---

① 全称是鲁苏皖边区游击总指挥部直属纵队、鲁苏战区苏北游击指挥部第三纵队司令部。

3. 昆山南部地区

在抗日战争时期，昆南淀山湖地区是连接浦东抗日游击区与苏常太抗日游击根据地的桥梁，因此在战略上十分重要。1940年10月，中共淞沪中心县委、昆山县常备队、新四军江南抗日救国军淞沪游击纵队先后在大慈（今昆山市张浦镇大市）成立，同时还组建了农民抗日救国会、青年抗日救国会、妇女抗日联合会等群众性抗日团体，逐渐形成了以大慈为中心的昆南淀山湖抗日游击根据地，并成为苏南抗日游击根据地的一个重要组成部分。

在中国共产党的领导下，昆东、昆北、昆南先后建立起革命政权和革命武装，昆山人民在共产党的领导下，开展了英勇的抗日斗争，用自己的鲜血与生命，推动了抗战胜利的早日到来。

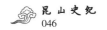

第四章 市镇林立

　　市镇①是江南经济和社会发展的重要窗口和载体之一。自两宋到明清，江南地区一直为全国财富的渊薮之地。在苏州、杭州、南京这样的中心城市周边，拱绕着数量众多、星罗棋布的市镇。市镇既与县城、府城相区别，又和农村不同，介于它们之间。

　　市镇是江南民众的日常生活场所，有着丰富浓郁的水乡风情。市镇的分布和地理格局总是和水道、河湖有关，住户的日常起居、生产活动也离不开水，因此江南市镇居民的生活图景和经济生活都呈现出鲜明的水乡特色，并影响着人们的生活观念和方式。

一、昆山市镇的发展历程

　　自宋元时期起，江南地区的市镇开始竞相涌现，史书中出

---

① 我国早期的市侧重商业功能，既在城市之中，如唐代长安城中的西市和东市，又在城市之外，如处于农村地区的草市；而镇最早则为军事驻地。唐宋以前，"有商贾贸易者谓之市，设官将禁防者谓之镇"（乾隆《吴江县志》卷四）。唐宋以后市镇合一，成为居民生活和贸易的地点，"贸易之所曰市，市之至大者曰镇"（康熙《嘉定县志》卷一）。高承：《事物纪原》卷七《州郡方域部》，"地要不成州而当津会者，则为军，以县兼军使；民聚不成县而有税课者，则为镇，或以官监之"，中华书局1989年版，第358页。

现了诸多村市、草市、墟、会、市的记载。随着这些临时或定期的集市规模的扩大，官府加以征税，市镇随之成型。直到南宋中期以后，东南地区农村聚落稠，草市多，聚落萌发为草市，草市成长为市镇，初步形成乡间市场网。除此之外，唐和五代时期一些军队的驻扎点，也常被称为"镇"或"藩镇"，后来其军事功能被取消，但经济功能仍保留了下来，并逐渐蜕变为市镇。一般而言，郊外居民所聚谓之"村"，商贾所集谓之"镇"；贸易之所曰"市"，市之至大者曰"镇"。

北宋末年，迁都临安（今杭州市）的南宋朝廷，与屡屡南下的金人展开了激烈的抗争，在包括昆山在内的江南地区留下了很多战争遗痕。韩瓶流行于南宋和元朝时期，是当时军队的盛酒器，相当于今天的啤酒瓶（一说为汲水工具，相当于军用水壶），因韩世忠部队中曾广泛使用这种瓶而称"韩瓶"（岳飞部队也曾广泛使用，也称"岳瓶"）。清代泰州学者夏荃的《退庵笔记·韩瓶》描述此类古瓦器道，"古瓦瓶，长身，两头微锐，浑沦如冬瓜，近瓶口布列四小耳"；又"瓶可容酒斗许，长身便于负，四小耳以贯索者。质颇粗重，酒尽则弃之，故至今多也"。[①] 韩瓶在苏北、苏南，尤其是宋军与金人鏖战处，都有出土，分布较为广泛。上海嘉定区的封浜镇，据称南宋时韩世忠曾驻军于此，1977年也出土过一批韩瓶。昆山的度城、锦溪等地施工开挖地基时，也经常会挖出韩瓶。位于淀山湖镇西6 000米处的昆山市文物保护单位度城，据称韩世忠曾在此屯兵抗金，中华人民共和国成立初期，还能收集到许多韩瓶。20世纪90年代，昆山市锦溪镇政府在圣堂浜西段建造圣荡浜新村时，就挖出不少铜镜、韩瓶等文物，现存于昆山市文物管理委员会。

---

① 夏荃著，徐进、周宏华、李华校注：《退庵笔记校注》，凤凰出版社2011年版，第159-160页。

韩世忠是与岳飞齐名的抗金名将。[①] 南宋建炎三年（1129年）七月，金军分四路大举南侵。主力由金太祖完颜阿骨打第四子完颜宗弼（即兀术）率领，长驱直入，连克建康（今南京市）、临安等地。建炎四年（1130年），兀术攻陷平江府（今苏州），"兵自盘门入，劫掠官府民居子女金帛、廪库积聚，纵火延烧，烟焰见二百里，凡五昼夜。至三月朔出阊门，士民得脱者十之二三，而迁避不及遭杀者十之六七"[②]。时任浙西制置使的韩世忠原本驻守镇江，兀术南下时，韩世忠向朝廷请求留驻青龙镇（时称通惠镇，今上海青浦区青龙镇），并将主力东移至今上海一带，准备等金军力疲时再行出击。韩世忠前军驻青龙镇，中军驻江湾，后军驻长江的出海口（当为吴淞江的入海口），并督造战船，训练水师。

这里的江湾，原本是隶属昆山县的一个盐场，据《宋会要辑稿·食货二十二》记载，北宋时江湾盐场的产量不高，居平江府各盐场之末，而到南宋时江湾盐场的盐产量占平江府的48%以上。[③] 加上江湾位于青龙镇下游，逐渐成为新兴小商埠，宋高宗时期，"诏于平江昆山县江湾浦量收海船税"[④]，指对海船征收商税。韩世忠屯兵于此，也说明江湾地理位置的重要性。[⑤] 到南宋后期，江湾成为水军基地，且制盐业一直兴

[①] 一般韩岳并称，如陆游《剑南诗稿》卷三十四《感事》称："堂堂韩岳两骁将，驾驭可使复中原。"当代学者、宋史专家王曾瑜则指出：韩世忠反对乞和，力主抗金，是很值得称道的。但如仅从指挥才能和军功而论，显然不如岳飞、吴玠等人。参见王曾瑜：《和尚原和仙人关之战述评》，《当代著名学者自选集·王曾瑜卷：凝意斋集》，兰州大学出版社2003年版，第146页。

[②] 曹允源等：民国《吴县志》卷五十三《兵防考一》，《中国地方志集成·江苏府县志辑11》，江苏古籍出版社1991年版，第875页。

[③] 《宋会要辑稿·食货二十二》记载诸路盐额，江湾场仅"八十八贯八百八十七文"，少于福山场、广安场、木渎场、梅里场等，上海古籍出版社2014年版，第6471页。

[④] 马端临：《文献通考》卷十四，中华书局1986年版，第147页。

[⑤] 参见王曾瑜：《宋代的上海》，《锱铢编》，河北大学出版社2006年版，第215页。

盛，但未设镇或市。

兀术占领杭州，南宋军民抵抗强烈，兀术又担心韩世忠断其后路，于是在南宋建炎四年（1130年）二月北撤，三月在镇江被韩世忠的部队截住，鏖战两个月，韩世忠逼得力竭粮竭的金军狼狈北回。锦溪还流传着韩世忠赠予百姓战鼓的传说。相传抗金名将韩世忠和夫人梁红玉在黄天荡与金军大战数月，迫使兀术北逃。后韩世忠凯旋至上海，经过锦溪时停船过夜，为感谢锦溪百姓的热情犒军，遂将黄天荡大战时夫人梁红玉击鼓助威的战鼓留在当地，后演变为明清时仍存在的锦溪八景之一——"谯楼鼓声"。

再如周庄镇，"向属村落，自金二十相公南渡来此，稍为开扩。至沈万三父沈祐，从南浔徙于东垞，始辟为镇"①。据史书记载，北宋元祐年间，信奉佛教的周迪功郎②，将庄田200亩捐赠给全福寺作为庙产，地方百姓感其恩德，将这片田地命名为"周庄"。但周庄地区一直仅为村落，到靖康二年（1127年），金二十相公随宋高宗南渡，居贞丰里，周庄地区的人烟才逐渐稠密。

到明清时期，昆山地区的市镇日益增多，并趋于繁荣。

明代昆山县有4市：半山桥市、周市、陆家浜市、红桥市。5镇：丘墟镇、泗桥镇、石浦镇、安亭镇、蓬阆镇。

---

① 章腾龙撰，陈勰增辑：嘉庆《贞丰拟乘》卷上，《中国地方志集成·乡镇志专辑6》，江苏古籍出版社1991年版，第402页。在江南地区，一个市镇的创立往往与大姓有关，如学者指出，"在常熟、嘉定、昆山、太仓等州县，很多市镇系由一大姓创立，并由该大姓掌控市镇的支配权"。参见吴滔：《赋役、水利与"专业市镇"的兴起——以安亭、陆家浜为例》，《中山大学学报》2009年第5期，第97-110页。

② 迪功郎是宋代官制中较低的一个品阶，仅为从九品寄禄官，非实际职务。光绪《周庄镇志》立有周迪功郎的小传，"宋周迪功郎，佚其名字。吾镇自迪功郎收获置庄于此，遂成大聚落，故名周庄。元祐元年，迪功郎及妻章氏舍宅为全福寺。其余事实无考矣"。参见陶煦：光绪《周庄镇志》卷四《人物》，《中国地方志集成·乡镇志专辑6》，江苏古籍出版社1992年版，第545页。

清代前期昆山县有 3 市：半山桥市、吴家桥市、陆家浜市。9 镇：石浦镇、千墩镇、安亭镇（与嘉定县合辖）、泗桥镇、蓬阆镇、吴家桥镇、杨及泾镇、张浦镇、朱家角镇（南属青浦县）。

另外，新阳县有 2 市：周市、集街市。4 镇：丘墟镇、真义镇、石牌镇、巴城镇。① 另据地方志载，清代乾隆、同治时期昆山县的市镇有 11 个，光绪时期有 25 个；乾隆、同治时期新阳县的市镇有 4 个，光绪时期有 10 个。

据学者考证，明清苏州市镇的发展，在明代嘉靖至万历年间进入第一个高潮，清代乾隆年间进入第二个高潮，光绪年间进入第三个高潮。昆山也是如此。这得益于江南地区日益发达的工商业，江南地区成为全国的商品生产中心，同时也是最大的原材料输入区，其中，倚借河湖之便利的市镇的作用和贡献应是不可否认的。正因为如此，包括昆山在内的江南市镇既是经济重地，承担着全国范围内苛重的赋税，也是人文渊薮，人才辈出，世代为宦的簪缨望族、农桑力田的素封之家不绝如缕。

1949 年以后，昆山的知名市镇有巴城镇、周市镇、玉山镇（属昆山市区）、陆家镇、张浦镇、千灯镇、锦溪镇、周庄镇、花桥镇、淀山湖镇。其中，具有一定代表性的是周市镇、锦溪镇和周庄镇。

二、至和塘对昆山市镇的作用和影响

周庄本为荒村，南宋时北人南下，侨居于此，人烟渐密。周庄，原称贞丰里，因周姓捐地为庙产而改名。元末沈万三家

---

① 以上为学者统计，参见樊树志：《明清江南市镇探微》，复旦大学出版社 1990 年版，第 67-89 页。刘石吉：《明清时代江南市镇之数量分析》，《明清时代江南市镇研究》，中国社会科学出版社 1987 年版，第 142 页。

族自南浔迁居周庄，周庄"始辟为镇"，属苏州府长洲县。明王朝建立后，朱元璋对江南实行钳制政策，苏州首当其冲，大批富豪或籍没家产，或强制迁徙（昆山人顾瑛等）。作为巨富的沈万三家族的财产也被籍没，周庄迅速衰落，不再成为市镇。① 到明末清初，周庄逐渐恢复元气，清康熙年间重新成为苏州府长洲县的重要市镇之一。雍正三年（1725年）析置元和县后，改属元和县。光绪《周庄镇志》卷一《界域》载，"前明，迁肆于后港，镇西多坟墓，鲜民居"，到"康熙间，东西二栅俱成阛阓"。②

太湖平原在两宋时期得到全面开发。在太湖湖堤和平原水网尚未构成完整体系以前，太湖平原很容易遭受水涝之苦。北宋前期，从苏州府城到昆山，仍然没有陆路。北宋仁宗嘉祐年间，苏州通往昆山的堤路才告筑成。据沈括的《梦溪笔谈》载："苏州至昆山县凡六十里，皆浅水无陆途，民颇病涉。久欲为长堤，但苏州皆泽国，无处求土。嘉祐中，人有献计，就水中以蘧蒢、刍藁为墙……不日堤成，至今为利。"③

沈括的记载较为简单，明代地方志的记载则更为详细："至和塘，自县治西达于娄门，凡七十里，通连湖瀼，皆积水无陆途，甚为民患，由唐以来不果修筑。宋皇祐中，发运司建议命舒倅、王安石，相视绘图以献，亦不果行。至和二年，主簿丘与权始陈五利，力请兴作，如其不成，愿以身塞责。既而

---

① 沈万三是元末苏州地区富甲江南、闻名遐迩的一位富商，明初其家族后裔仍然兴盛，至朱元璋在位后期遭籍没。（参见潘群：《沈万三姓名籍贯考》，《东岳论丛》1992年第5期，第100-106页。顾诚：《沈万三及其家族事迹考》，《历史研究》1999年第1期，第65-84页。）
② 陶煦：光绪《周庄镇志》卷一《界域》，《中国地方志集成·乡镇志专辑6》，江苏古籍出版社1992年版，第477页。
③ 沈括著，胡道静校证：《梦溪笔谈校证（上）》，上海古籍出版社1987年版，第475页。

知县钱公纪复言之，乃率役与工，始克成塘，遂以年号为名。为桥梁五十有二，以泄横冲之水，以济来往之人，至今为利。是后屡加修筑，互见水利条。"①

上述记载说明，至少在宋代前期，从苏州到昆山，北邻阳澄湖，南通松江水，还有古娄江流经，由于没有堤岸，水面宽阔，交通颇为不便。北宋至和二年（1055年），在深感交通不便的地方官昆山知县钱纪和主簿丘与权的主持下，开筑昆山塘，完工后，以开工时的年号为其命名，即至和塘。而至和塘的修筑办法，据沈括的记载，可称为"泽国取土法"，就是以江南常见的芦苇、禾秆编席为墙。这条至和塘及其两旁的堤路，成为苏州通往昆山的水陆两途。至和塘筑成后，使得昆山县与府城苏州及其周边地区的联系更加便捷，极大地促进了昆山地区的经济和社会发展。此后，至和塘屡经疏浚，明代改称"娄江"，其名称一直沿用至今。

至和塘的修筑，从一个侧面见证了太湖平原在两宋时期的全面开发。

人们常常说，太湖平原上的景观是河道纵横、河网密布，诚然如此。但是，江南地区这种纵横交错的河道网络并非是自然形成的，而是人工挖掘而成的，横向为塘，纵向为浦，异于大河冲积三角洲上自然形成的树杈状河道。沈括所描述的"苏州皆泽国"，正是太湖平原水乡风貌的生动写照。而至和塘的修筑，也是江南地区开挖的无数塘浦、港溇的其中之一。②

---

① 刘兆祐主编：《崇祯开沙志·万历重修昆山县志》卷二，台湾学生书局1987年版，第222页。
② 开发太湖平原必定从治理水患开始，包括修筑沿太湖的整圈堤坝，挖土筑堤又会形成河塘，塘一般是与太湖湖岸平行的，所以叫作"横塘"或"横港"，纵向的排水渠道则称为"溇"或港，如此形成纵横交叉的"横塘纵溇"体系。

在这张太湖沿岸溇渎位置示意图①（图4-1）上，可以清晰地看到环绕太湖的湖堤已经贯通大半个太湖，太湖西部、南部、东南部周边的横塘纵浦系统已经形成完善体系。"至和塘，自昆山西至苏州，计六十余里。今其南北两岸，各有大浦十二条，是五里而为一纵浦之迹也。"② 太湖平原的四面被太湖、长江、东海和杭州湾所包围，在沿江的江堤、沿湖的湖堤

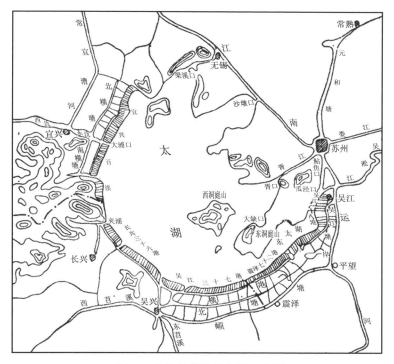

图 4-1　太湖沿岸溇渎位置示意图

---

① 转引自中国农业科学院、南京农业大学中国农业遗产研究室太湖地区农业史研究课题组编著：《太湖地区农业史稿》，农业出版社 1990 年版，第 59 页。
② 范成大撰，陆振岳校点：《吴郡志》，江苏古籍出版社 1999 年版，第 275 页。

和沿海的海塘尚未修筑之前，地势低平的平原极易被洪水或潮水所淹没。而正是从宋代开始，包括昆山在内的江南人工水利系统逐渐形成规模，最终形成河道纵横、水网密布的壮丽景观，江南也随之成为人间天堂。

三、昆山市镇的水乡生活场景

江南水乡的主要特征之一就是河道纵横交叉，内河行船是这一地区交通运输的重要手段。因此，多数市镇都在河道畅通，即交通便利的地方夹河为市，镇的形状、走向也依河展开，市廛也在河道两边或跨河桥畔，形成江南水乡市镇。

市镇夹河为市，是指市镇布局大多围绕一条主要市河展开。市镇的规模小一点，就是一河一街，规模大一点就形成一河二街，即上下塘，或者两河呈丁字形、交叉形、十字形等。各类店铺商肆沿河而设，再向纵深发展。如旧属昆山、今划上海嘉定区的安亭镇，明清时期"居民以南、北两桥为市"[①]，"南北有二市，俗以北市为大安亭，南市为小安亭，皆以桥为市。市中贸易，必经牙行，非是，市不得鬻，人不得售……黎明而集，日中而散"[②]。这些市镇，规模大小各有差异，但都是附近乡民上镇出售农副产品和购买日用品的区域性经济集散中心。如学者所指出，"在江南，有的街道仅一根扁担的宽度，有的宽至三米；有的一河一街，有的一河二街（上下塘），有的两河交织，街道呈十字形，有的东西南北还有小市（栅市）。以开设的商铺计，有的仅数十家，有的多至数百家、近千家。它们深入腹地（'乡脚'），有的广达二三十里，少

[①] 陈树德：嘉庆《安亭志》卷一《缘起》，《中国地方志集成·乡镇志专辑3》，上海书店出版社1992年版，第340页。

[②] 陈树德：嘉庆《安亭志》卷三《风俗》，《中国地方志集成·乡镇志专辑3》，上海书店出版社1992年版，第345页。

的则仅是附近四五里。但有一点是相同的，它们都是附近乡民上镇出售农副产品以及购买日常用品的农村经济集散中心"①。

如周庄镇，镇内河道呈井字形分布，并形成八条长街。全镇依河成街，桥街相连。深宅大院重脊高檐，河埠廊坊过街骑楼，临河水阁古朴幽静，水陆码头沿岸散布，临街商铺鳞次栉比，形成典型的江南小桥流水人家之景。在周庄镇的四角，设有栅门，河道则为水栅。这是江南较大的市镇普遍设置的一种安全举措。栅门或水栅门朝启晚闭，以保障镇区街道、商店和民居的安全。周庄镇外同样河湖密布，镇为泽国，四周环水。港汊纷歧，湖河联络。咫尺往来，皆须舟楫。河湖中又长满芦苇水草，遮天蔽日，外人如果没有向导，很容易迷途。正如镇志上所载，苟无乡导，则波浪迷途，荚芦蔽岸，一经深入，莫辨东西。因此，太平天国后期，自李秀成1860年攻克苏州府城，到1863年又被李鸿章攻陷，前后历时4年之久，而周庄镇"独未被扰，盖以天然险要，守之较易故也"②。

又如锦溪镇，同样四面环水，分别紧邻淀山湖、澄湖、五保湖、矾清湖和白莲湖，整个古镇周边河汊港湾密布。锦溪在北宋时就已经得名，南宋孝宗时期改称"陈墓"。相传南宋绍兴元年（1131年），时为皇子的赵眘（即后来的宋孝宗）驻兵锦溪，他所宠爱的一位陈妃命殒于锦溪，为纪念这位妃子，锦溪改名"陈墓"，所筑陈妃墓为水冢，四面环水，充分说明了锦溪的水乡风格。水边还建有莲池禅院，寺僧念经，为之超度。今天在禅院内还能看到一棵龙柏和一棵古松，据传也是宋孝宗命人所植。至1982年，经江苏省人民政府批准，陈墓复名为"锦溪"。③ 由于湖荡密布，石桥也联袂相接。锦溪现有

---

① 王家范：《明清江南的"市镇化"》，《明清江南史丛稿》，生活·读书·新知三联书店2018年版，第198—199页。
② 陶煦：光绪《周庄镇志》卷二《公署》，《中国地方志集成·乡镇志专辑6》，江苏古籍出版社1992年版，第494页。
③ 锦溪分属长洲、昆山两县管辖，1952年由吴县划入昆山。

古桥 26 座，最早的建于宋代，形式多样，有平桥、单孔桥、多孔桥、半桥、双桥、十眼桥等。锦溪还有"走三桥"的习俗，天水桥、丽泽桥、鸿福桥，几乎形成一个等边三角形，新婚夫妻走一遍，意为日子幸福美满。锦溪桥多，正是杜荀鹤的《送人游吴》中所言"君到姑苏见，人家尽枕河。古宫闲地少，水巷小桥多"的真实写照。

再如千灯镇古名千墩镇，是昆山市又一个历史悠久的古镇。镇上有三座古桥联袂而筑，分别呈现宋、明、清的时代特色，包括西侧的鼋渡泾桥、中间的恒升桥、东侧的方泾浜桥，号称"三桥邀月"。千灯镇石浦南两千米处还有一个歇马桥村，在历史上也曾经繁华一时，称为"歇马桥镇"。据当地人称，此镇因韩世忠的部下曾在这里养憩战马而得名。

四、市镇的工商业与管理

俗话说"上有天堂，下有苏杭"，苏州、杭州是明清时期江南经济和社会发展的中心。① 这些中心城市地理位置优越，行政级别较高，商业贸易活动频繁，手工业生产也相对发达，但数量相对较少。以经济繁荣富庶、文化积淀深厚闻名全国的江南，不可能仅靠几座中心城市支撑。在这些中心城市的背后，拱绕着数量众多、星罗棋布的市镇。昆山境内的工商业市镇也是其中的重要组成部分。

这些工商业市镇散布乡村之间，既与县城、府城相区别，又和农村不同，介于城市和乡村两者之间，其地理位置或许并不优越，更无行政级别，却以专业的手工业生产取胜，其产品远销全国各地，甚至拥有一些府、县级城市都无法比拟的经济规模和经济总量。在很大程度上，明清苏州乃至江南地区的繁

---

① 范成大撰，陆振岳校点：《吴郡志》，江苏古籍出版社 1999 年版，第 669 页。

荣正是依托这些数量众多、经济力量雄厚的工商业市镇的。江南市镇一般为工商业市镇。各市镇大多有各自擅长的生产特色和经营领域,并形成了一定规模的专业分工格局,这既和各市镇的地理位置和传统文化有关系,又是随着商品经济发展、市镇之间的经济合作和交流日益密切的结果。

江南在唐宋时期是全国重要的粮食生产基地,素有"苏湖熟,天下足"之称。明清时期有"湖广熟,天下足"之说,表明该地区的农作物结构不再以粮食为主,经济作物蚕桑和棉花的种植比重大为增加,这正反映了明清江南城镇发达的手工业对原料的需求。由于民众不仅以食为天,还要有衣才能御寒保暖,故民众对丝、棉等服饰原料的需求量极大。江南地区的丝织业和棉纺织业相对发达,号称"衣被天下"。尤其是宋末元初黄道婆推广棉纺织技术和纺织工具,棉布业成为明清江南地区工商业市镇的重要支柱性产业,昆山的不少市镇都出产棉布。

周庄镇历经明初沈万三之难后,一度衰落,人口剧减,直到明末清初才恢复元气。清代康熙年间,东西栅也店铺林立。周庄镇的手工业以棉纺织业、竹器业、粮食业、水产业为主。今天的周庄镇贞丰街仍然存留了 12 个手工业作坊。其中,竹器业很有特色,包括竹器家具、竹器渔具和竹器日常用品。作坊店铺集中于镇上的篾竹埭,"比户以此为业,故名篾竹埭",行销周边各地。竹制器具用途极广,尤其是水乡地区的捕鱼业,籪、网、叉、钩等渔具的制作大多用竹,嘉庆《贞丰拟乘》卷上中称:为农者,为渔者,赖竹器供用尤急,然皆出于北栅,而朱天祥兄弟三人,造竹器称为独步,铜里(同里)、甪直、陈墓(锦溪)、金泽等镇各处摚贩,驰名久矣。① 还有从事粮食贸易的牙行,明初沈万三致富途径之一就是贩运作为生活必需品的粮食。又周庄镇靠近阳澄湖、淀山湖,水产

---

① 章腾龙撰,陈勰增辑:嘉庆《贞丰拟乘》卷上,《中国地方志集成·乡镇志专辑6》,江苏古籍出版社 1992 年版,第 405 页。

资源丰富,周边农家"以渔为业者多",鱼虾"四时不绝",大量集中于镇上出售,"东西二港,俱成列肆"。①

清代周庄镇及四周都是棉作地区,从事植棉、纺纱、织布的农家极多,四乡农家"以棉纱着浆理作经,卷于机轴,复以棉纱为纬,织成布"②,织成的棉布直接运到镇上售给布庄,再由布庄转售外地客商,号称"周庄布"。周庄布其实是土布,由木制织布机一梭一梭、精心编织而成,品种繁多,如绦布、棋子布、雪里青布等。在近代机器工业传入中国之前,这样的土布就是广大民众日常穿着的原材料。今天,周庄土布制作技艺已成为昆山市非物质文化遗产之一。

周市镇,又称"周墅镇",位于昆山、常熟、太仓三地的交界处,地理位置优越,人烟日益稠密,遂成市镇。周市镇的城隍潭村,潭多、荡多、湾多,潭潭相接、荡荡相通、湾湾相连,是个名副其实的水乡。今天的周市镇仍然保存着一条老街,以永安桥为中心,沿河南北两岸分布。其中收购麻缏、夏布的店铺有十余家,是周边昆山、太仓、常熟麻缏的主要集贸地之一,夏布则远销浙江、福建沿海一带。

陆家镇,古称"陆家浜",又称"菉葭浜",或因三国陆机、陆云曾客居于此而得名。这里水陆交通发达,如乾隆《菉溪志》卷四称"镇中诸水,横者纵者,皆有主名"。在明代正德初年形成陆家浜市,正德《姑苏志》卷十八《乡都》中称:"陆家浜市,去(昆山)县东南十二保木瓜浦,创于宣德初。"③之所以成市,在于商业兴盛,"客商货物咸自他郡而来",汇集周边货物,店铺林立,客商荟萃,号称"昆东首镇"。据

---

① 章腾龙撰,陈勰增辑:嘉庆《贞丰拟乘》卷上,《中国地方志集成·乡镇志专辑6》,江苏古籍出版社1992年版,第405、402页。

② 陶煦:光绪《周庄镇志》卷一《物产》,《中国地方志集成·乡镇志专辑6》,江苏古籍出版社1992年版,第493页。

③ 王鏊等:《姑苏志》卷十八《乡都》,台湾学生书局1986年版,第243页。

乾隆《菉溪志》和康熙《淞南志》记载，云集陆家浜市的客商，前来购买的商品主要是棉布。这种产自陆家浜市的棉布甚至有专门的俗称——"浜布"。当时的陆家浜市也以"地窄人稠"著称，由于四周皆良田，镇区难以向外拓展，"故俗号'寸金地'"。①

自两宋开始，江南地区就成为全国财富渊薮之地。在苏州、杭州、南京这样的中心城市周边，拱绕着数量众多、星罗棋布的工商业市镇。市镇介于县城、府城和农村之间，既富有水乡生活气息，又以专业的手工业生产为主，其产品通行全国各地。很显然，自宋代以来江南地区的富裕和繁荣，所凭借的正是包括昆山市镇在内的无数个工商业市镇，正是市镇经济共同撑起了江南的富庶形象。

1949年以后，由于受到计划经济的限制，江南地区市镇的商品经济功能大为萎缩。到20世纪80年代，昆山各市镇重新走上了振兴之路。如我国著名社会学家费孝通指出，20世纪末乡镇小型工业的发展，刺激了古老市镇的复苏和繁荣。在费孝通先生看来，江南地区人口密集，大量人口集中于中心城市，但仅靠大城市来吸纳人口是不够的。而且，城市过大会给生态环境、资源供应等方面带来更多问题和压力，因此市镇应该成为江南经济和社会发展的坚实基石。

一般而言，在市镇的行政管理方面，市镇由州、县统辖，例不设官，但由于商品经济相对发达或地处要冲，明清两朝就在一些人口众庶、财富麇集的工商业大镇设立一些行政机构，以加强管理。

从总体上看，"明清时期，江南地区的绝大多数市镇仍依传统的行政管理模式，接受州县级行政机构的直接管理。在此

---

① 诸世器：乾隆《菉溪志》卷四，《中国地方志集成·乡镇志专辑8》，江苏古籍出版社1992年版，第283页。

基础上，又有一些不同层次、不同类型的管理形式"①。具体的管理形式，则由巡检司负责治安，税课子局负责税赋，州县直接控制行政。明代的巡检司制度承自宋元，明初朱元璋下令在全国各布政司所属州县设立巡检司，设巡检、副巡检，俱为从九品，级别较低，主要负责地方治安，"主缉捕盗贼，盘诘奸伪。凡在外各府州县关津要害处俱设，俾率徭役弓兵警备不虞。初，洪武二年，以广西地接瑶、僮，始于关隘冲要之处设巡检司，以警奸盗，后遂增置各处"②。州县控制市镇行政的方式主要有委派县级副职，如县丞、主簿；一些工商业尤其是发达的少数市镇甚至还有府厅级副职，如同知、通判驻镇。

据正德《姑苏志》记载，长洲县所辖的陈墓镇设有巡检司，昆山县所辖四市五镇中，丘墟、泗桥、安亭、石浦四镇曾设税课子局或巡检司。安亭镇的税课局具有一定的代表性，清中期时分属嘉定和昆山的安亭镇当地人犹追溯称："吾安亭，《方舆纪要》《昆嘉二县志》俱载有税课局之设，明祖吴元犹沿不改，至嘉靖四十一年（1562年）奏革，则斯地之在汉时特以安亭名其地，迨设税课，又以镇系于安亭也。"③ 周庄既驻有军队，又设有巡检。乾隆《苏州府志》卷十九《乡都》载，当时大半属元和县的周庄镇"去县东南七十里，有千总驻防，其西南属吴江县，东属松江青浦县"④。清乾隆二十七年（1762年），江苏巡抚陈宏谋奏请设立周庄巡检司，负责周庄镇及周边的治安。据同治《苏州府志》卷二十一《公署》记载，周庄巡检司署后毁于清咸丰十年（1860年），即太平天

---

① 张海英：《明清江南市镇的行政管理》，《学术月刊》2008年第7期，第132页。

② 张廷玉等：《明史》卷七十五《职官志四》，中华书局1974年版，第1852页。

③ 陈树德：嘉庆《安亭志》卷一《缘起》，《中国地方志集成·乡镇志专辑3》，上海书店出版社1992年版，第340页。

④ 乾隆《苏州府志》卷十九《乡都》，清乾隆十三年刻本。

国战火。此外,明景泰二年(1451年),石浦巡检司从石浦镇移驻千墩镇。洪武三年(1370年),还设有巴城巡检司,初设置于高墟村,后移真义,雍正初被废,嘉庆初重建。

相比较而言,清代的县级副职,如县丞、主簿,驻市镇较为常见;而府厅级官员,如同知、通判,驻镇则较为少见,周庄就是其中之一。知县为正七品,佐官中,县丞正八品,设一人;主簿为正九品,无定员,分掌粮马、征税、户籍、缉捕等事。如清代甪直镇分属元和县、昆山县、新阳县三县,三县均在镇上设有县丞厅;吴县木渎镇驻有县丞;盛泽镇也于清乾隆五年(1740年)有吴江县丞移驻。知府为正四品;佐官同知为正五品;通判为正六品,无定员,分掌粮盐督捕、江海防务、河工水利、清军理事、抚绥民夷等事。知府佐官下驻到镇时,常设立分防同知署、分防通判署。明清时期,江南地区设府厅级官员驻镇管理的市镇。"主要有苏州府同里镇、吴县周庄镇、湖州府的南浔镇,地跨杭州、湖州二府的塘栖镇、沿海港口乍浦镇和地跨湖州、嘉兴二府的乌青镇。"① 如南浔镇驻有湖州巡粮通判,衙署在镇东栅大街;乌青镇驻有湖州府同知,衙署在镇上官人桥西。

---

① 张海英:《"国权":"下县"与"不下县"之间——析明清政府对江南市镇的管理》,《清华大学学报(哲学社会科学版)》2017年第1期,第151页。

第五章 丝路扬帆

2014年12月，习近平总书记视察江苏省时做出重要指示，江苏处于丝绸之路经济带和21世纪海上丝绸之路的交汇点上，要按照统一规划和部署，主动参与"一带一路"建设，放大向东开放优势，做好向西开放文章，拓展对内对外开放新空间。

习近平总书记的重要指示为昆山市主动参与"一带一路"建设指明了方向。2017年6月20日，埃塞俄比亚首个国家工业园阿瓦萨工业园正式运营。作为昆山市输送管理、输送项目、输送技术的"三输送"产物，阿瓦萨工业园不仅承载着这个非洲第二人口大国振兴经济的雄心壮志，也是昆山参与"一带一路"建设所结出的丰硕果实。

埃塞俄比亚前总理海尔马里亚姆在阿瓦萨工业园的开园致辞中，感谢中国土木工程集团有限公司和昆山开发区在埃塞俄比亚阿瓦萨工业园发展和管理方面做出的杰出贡献。海尔马里亚姆表示，埃塞俄比亚不仅是非洲第二人口大国，也是非洲年轻人最多的国家。中国公司在埃塞俄比亚发展自身的同时，也将给当地人民带来大量的就业机会。昆山市派驻阿瓦萨工业园援助管理的徐杨醉介绍，这是埃塞俄比亚开发规模最大的国家工业园，也是一座现代化轻纺和绿色产业园。阿瓦萨工业园目前厂房面积达到41万平方米。该工业园完全投产后，将为埃塞俄比亚创造6万个就业机会，每年出口创汇10亿美元。

昆山市与埃塞俄比亚的"结缘"始于2015年10月。当时，受中国开发区协会委托，昆山开发区原主任宣炳龙专程赴埃塞俄比亚传授经验，后又4次率昆山企业家赴埃塞俄比亚考察。谈到埃塞俄比亚为何选择与昆山市合作时，宣炳龙说："昆山开发区从无到有、从有到大、从大到高、从高到强，坚持改革开放、开拓创新始终贯穿其中，这也是开发区的主要精神。埃塞俄比亚就是看中了我们的这种发展模式，所以力邀我们去指导，帮助他们建设和开发工业园。"

此后，昆山市与埃塞俄比亚合作的步伐不断加快。2016年6月，江苏省发展和改革委员会与埃塞俄比亚国家投资委员会签署合作备忘录，支持昆山等有经济条件的开发区对埃塞俄比亚输出管理经验。同年11月，埃塞俄比亚8名管理人员应邀到昆山市接受为期一个月的培训。昆山市为他们定制了丰富的培训课程，大到工业园管理、基础设施布局，小到企业注册、变更，全程"手把手"辅导。

2017年4月，昆山开发区2名资深管理人员赴埃塞俄比亚，传授工业园运营和招商服务经验，2名昆山"海归"被派驻阿瓦萨工业园参与管理，组建了工业园一站式服务中心。同年5月，在"一带一路"国际合作高峰论坛期间，昆山市政府和中国土木工程集团有限公司又与埃塞俄比亚签署了共建德累达瓦国家工业园的合作备忘录，"昆山经验"在埃塞俄比亚得到进一步推广。

2017年10月，阿瓦萨工业园正式运营后，工业园第二批管理人员培训班在昆山市开班。11名学员在昆山市进行为期4周的理论学习和见习实践。为助力埃塞俄比亚工业园建设和发展，昆山市组织了6名在工业园管理运营方面有20多年经验的专业人士，组成了培训专家团，负责此次培训授课。

在一次与宣炳龙会晤时，埃塞俄比亚前总理顾问阿尔卡贝·奥克贝博士称:"埃塞积极参与中国'一带一路'合作,发展工业、增加就业,阿瓦萨工业园的开发要感谢昆山市的无私援助。埃塞基于阿瓦萨工业园探索出的'埃塞模式',将向全国9个工业园推广,并向世界推介招商。"因此,阿瓦萨工业园的正式运营只是开启了昆山市参与"一带一路"的序幕。凭借先进的技术和科学的管理经验,昆山将在"一带一路"中发挥更为重要的作用。

追溯历史可以发现,昆山市的海外贸易与对外开放有着悠久的传统。

一、"番商"沈万三及其家族

沈万三是元末明初江南地区最富传奇色彩的人物之一,关于其生平事迹的记载呈现出两个鲜明的特点:其一,记载丰富,但说法各异,甚至彼此矛盾,例如,《明史》对沈万三的三处记载便存在姓名、籍贯各异的情况;其二,真实的历史和虚构的故事相交织,例如,广为流传的沈万三为朱元璋修筑南京城的故事,本身是虚构的,但同时也与明初沈万三家族以财力襄助政府的史实相吻合。这种交织令沈万三这个历史人物既丰满、立体,又近乎虚幻而经不起推敲。这样的一位历史人物,自然引起了人们极大的兴趣。在此,有必要还原出一个真实的沈万三。

据统计,目前并无元代史料提到沈万三,而明清两代的正史、笔记、谱牒等提到沈万三的共计126种,其中,又以下列两篇墓志铭最为可靠。一篇是沈万四(沈万三弟)的孙子沈玠请刘三吾为父亲沈汉杰撰写的《故吴兴处士沈汉杰墓志铭》(以下简称《汉杰铭》),是文撰写于明洪武二十四年(1391年),收录在刘三吾《坦斋刘先生文集》中;另一篇是由卢充耘为沈万三的孙子沈庄(字伯熙)撰写的《故沈伯熙墓志铭有序》(以下简称《伯熙铭》),是文撰写于洪武二十一年

（1388年），墓碑出土于清道光年间，后收录于光绪《周庄镇志》中。

先择录《汉杰铭》的相关记载如下：

> 自予备官春坊词垣以来，日于班次拱听圣训，恒钱谷所暨必首称吴中沈氏。国初有万三公、万四公兄弟率先两浙户家输其税石者万，玉音嘉叹久之。复献白金为两者千五以佐用度……好语却之不得，乃俾任所意，造廊房楹者六百五十，披甲马军者千，务罄是金乃已，其诚至若此。嗣是厥家或被告讦，或旁累所逮，往往曲为肆宥……按状：汉杰之先吴兴人，家南浔。其大父祐，始徙今姑苏长洲之东蔡村，爱其水田膏沃，土俗忠朴，因家焉。人遂以其所在汙莱未田者归之。躬率子弟，服劳其间，粪治有方，潴泄有法，由此起富，埒于素封。恒谓二子："乐莫如兼济。"二子世遵先训，益大厥家。长讳富，字仲荣，即万三公；次讳贵，字仲华，即万四公。仲华二子：德昌其长，汉杰其次。汉杰复善相土之宜，徙家西之北周庄，读书勤生，寖广先业，在里中为人排难解纷，奔人之急甚己之急，乡里诵其有祖、父长者风。妣，邑中富室张氏，妇道母仪，甲乙是邦，先夫子二年卒，附葬其兆。二子：长即玠，娶龚氏；次琼，娶唐氏，皆簪缨族。二女：德宁，适吴江曹，为儒家子；妙智，赘张进，知绍兴诸暨县。孙男三：曰海，曰广，曰京华。孙女一：妙善，适曾坚，前黄陂县尹爌之子。皆玠出也。处士生元延佑（祐）庚申，卒以大明洪武辛亥五月十三日，寿五十有二。其月二十九日，葬于南兴隆荡之北。①

由《汉杰铭》可知，刘三吾在担任左赞善时，经常听朱

---

① 刘三吾：《坦斋刘先生文集》，《北京图书馆古籍珍本丛刊99·集部·明别集类》，书目文献出版社1998年版，第57-58页。

元璋谈起吴中沈氏。早在明初,"万三公、万四公兄弟率先两浙户家输其税石者万"①。后他们又主动献金以佐国用,被朱元璋婉拒后,用这笔钱为国家造了廊房,购置了军马。家族由此获得朱元璋的赏识和优容。

沈万三、沈万四兄弟的父亲沈祐原是吴兴南浔人,后迁居至"姑苏长洲之东蔡村"(今江苏省昆山市周庄镇东)。沈祐因耕田有方,开垦了大量的荒地,家族逐渐富庶兴旺起来,"由此起富,埒于素封"。沈祐有两子,长子叫沈富,字仲荣,即沈万三;次子叫沈贵,字仲华,即沈万四。明初称富者为万户,故沈富、沈贵兄弟被人称为沈万三、沈万四,三、四者盖为家族中的排行。又明初乡间呼人为五等,"哥、畸、郎、官、秀",秀是第一等,故沈万三又有沈秀、沈万三秀等名。

沈万四有两子,长子沈德昌,次子便是沈汉杰。沈汉杰时将家向西迁到了北周庄。沈汉杰继承祖父和父亲的遗风,家业进一步扩大。沈汉杰有两个儿子,长子为沈玠,次子为沈琼。沈玠有三个儿子,分别是沈海、沈广和沈京华。

沈汉杰生于元延祐七年(1320年),卒于明洪武四年(1371年)。古人结婚、育子通常比今人早,考虑到沈汉杰是次子,故假设沈万四于二十五岁生沈汉杰,则沈万四之生年约为元元贞元年(1295年),至明洪武元年(1368年),已七十多岁。

《汉杰铭》是沈万四的孙子沈玠请刘三吾为父亲沈汉杰所作的,故对沈万四一支记载颇详,对沈万三一支的记载则较为简略,《伯熙铭》正可以对此加以补充。现将《伯熙铭》的相关记载择录如下:

> 公讳庄,字伯熙,姓沈氏,苏人也。其先世以躬稼起家。曾大父祐,由南浔徙长洲,见其地沃衍宜耕,因居

---

① 刘三吾:《坦斋刘先生文集》,《北京图书馆古籍珍本丛刊99·集部·明别集类》,书目文献出版社1998年版,第57页。

焉。大父富,嗣业弗替,尝身帅其子弟力穑事,又能推恩以周急难,乡人以长者呼之。父旺,丰姿庞厚,有二子,长曰至,季即伯熙也……洪武十九年春,兄至以户役故,缧绁赴秋官,时伯熙亦获庋京师,适与兄同系狱……既而,伯熙先出,遂得疾甚,药莫疗,竟以其年五月二十一日卒于京,春秋四十。以是月二十七日,权厝于上元县之砺石冈。去年冬,兄子德全异榇归,未克葬。今始营新丘于长洲二十六都影村羔景字园之原,将卜以洪武二十一年十二月二十一日窆焉。伯熙凡两娶唐氏,俱无子,先卒;后娶郭氏,生男一人曰基,甫六岁。①

文中所说沈庄"先世以躬稼起家",曾祖父沈祐时由南浔迁至苏州,祖父沈富(沈万三)"嗣业弗替,尝身帅其子弟力穑事",又能帮助周围乡亲,故被人称为"长者"等情况,与《汉杰铭》中的记载相吻合,说明沈家确是一个由"躬耕起家"的家族。

沈富有子沈旺,沈旺有两子,长子叫沈至,次子便是沈庄。从《伯熙铭》中可见,明洪武十九年(1386年)沈万三家遭遇了一次变故。是年春,沈至因"户役"之故被关押在刑部,沈庄当时也正好获罪,兄弟二人一起被羁押。沈庄出狱后即得病,卒于是年的五月二十一日,寿四十,据此可推测沈庄生于元至正六年(1346年)。因沈庄之子沈基年仅六岁,故由沈至之子沈德全护送沈庄的棺木回苏。

另据元末明初长洲人王行所撰的《沈荣甫墓志铭》(以下简称《荣甫铭》),沈万三另有长子,名沈茂(字荣甫),生于元大德十年(1306年),卒于明洪武九年(1376年)。考虑到沈茂是长子,假设沈万三于二十岁时生下沈茂,则沈万三的生年当在元至元二十三年(1286年)左右。那么到明洪武元

---

① 陶煦:光绪《周庄镇志》卷三《冢墓》,《中国地方志集成·乡镇志专辑6》,江苏古籍出版社1992年版,第530-531页。

年（1368年）时，沈万三当在八十岁上下，而据上文所述，沈万四此时七十多岁，兄弟大概相差五至八岁。

综合上述两种材料，我们认为在明初时，沈万三、沈万四兄弟仍然在世，并以当地"长者"的身份在纳粮、佐助国用等事情上做了天下的表率而得到朱元璋的赞赏。当然沈万三、沈万四兄弟因年事已高，不可能也不需要亲自去操办纳粮等具体事宜，两位"长者"的作用在于为沈氏家族的后续发展营造了一个良好的政治环境。《汉杰铭》称"嗣是厥家或被告讦，或旁累所逮，往往曲为肆宥"，沈家家业遂不断壮大。可是这种"肆宥"必然将随沈万三、沈万四兄弟的离世和时间的推移而逐渐消亡。明洪武十九年（1386年），沈万三的孙子沈至、沈庄先后获罪入狱。但沈至、沈庄的入狱，我们以为这只是具体案件，并不是影响到整个家族命运的政治事件。原因如下：其一，沈庄入狱未久便被释放；其二，沈至、沈庄的子孙未受任何牵连；其三，沈万四的孙子沈玠在洪武二十一年（1388年）被授予户部员外郎，翌年，沈玠上表辞禄，文称"念臣一门，自国初到今，屡蒙恩宥，得保有妻孥田庐"①。可见沈万四一支亦未受到任何牵连。

有关沈万三家族后来的衰落，传统观点认为衰落的原因是沈氏家族牵涉进了明洪武二十六年（1393年）的"蓝玉党案"。以莫旦的弘治《吴江志》的相关记载为依据，许多学者认为《逆臣录》中所录籍贯为吴江的沈姓粮长、富户，如沈旺、沈德全、沈文矩等都是沈万三家族的子孙。换言之，沈氏家族最终是因政治而惨遭灭门之祸的。

但近年来也有学者对这一传统观点提出了质疑，认为《逆臣录》所录的沈姓粮长、富户并非沈万三一族，沈万三家族的衰落与"蓝玉党案"无关。他们的主要依据有两点：其

---

① 刘三吾：《坦斋刘先生文集》，《北京图书馆古籍珍本丛刊99·集部·明别集类》，书目文献出版社1998年版，第57页。

一，沈万三家族著籍长洲县，而《逆臣录》中所载的沈德全、沈文矩、沈旺等人均著籍吴江县，加上明初江南地区同名异人的情况又颇为常见；其二，距离"蓝玉党案"时间更早的隆庆《长洲县志》没有任何关于沈万三家族被族诛的记载，反倒是时间靠后的弘治《吴江志》对此有详细的记载。

总之，在尚无新的史料证实或否定沈万三家族因卷入"蓝玉党案"而被族诛的情况下，我们对沈万三家族衰亡的原因不妨以阙疑待之。

沈家财富的来源亦引起学界的广泛关注，但迄今未有定论，这里有必要稍做探讨。

首先，从《汉杰铭》《伯熙铭》的记载来看，沈家从沈万三、沈万四的父亲沈祐由南浔迁居苏州后，便以农业作为家族最重要的经济基础，经过沈祐和沈万三兄弟两代人的苦心经营，沈家在元朝时已经成为富甲一方的大地主了。

其次，虽然《汉杰铭》《伯熙铭》都未曾提到沈家有其他的经济来源，但在一些明清文献中，都有沈万三通过经商而使家族财富迅速扩大的记载。如明代人孔迩在其《云蕉馆纪谈》中说："（沈万三）尝为海贾，奔走徽、池、宁、太、常、镇豪富间，辗转贸易，致金数百万，因以显富。"① 又乾隆《吴江县志》："沈万三秀富甲天下，相传由通番而得。"② 历史学家吴晗在《元代的民间海外贸易》一文中据此说，苏州沈万三富豪之所以发财，是由于经营海外贸易。近年来，日本学者汪义正在其论文《新安沉船的历史意义与沈万三通番说》中，通过梳理元朝政府鼓励民间海外贸易的政策和当时中国与日本之间频繁的商贸，论证了沈万三"通番"的可能性。鉴于周庄所处的地理位置和元朝发达的海外贸易等情况，笔者也倾向

---

① 孔迩：《云蕉馆纪谈》，《丛书集成初编》，中华书局1985年版，第21页。
② 《吴江县志》卷五十六《旧事》，台北新文丰出版公司《中国方志丛书》影印原刊本，第1633页。

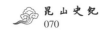

于认为沈万三家族曾通过海外贸易而获利。

最后,我们想补充的一点是,虽然沈万三家族曾通过海外贸易而获利,但海外贸易所获得的利润在沈家财富的积累中并不是主要的。不然的话,就很难解释为什么《汉杰铭》《伯熙铭》都未有一字提及海外贸易。而且从沈家在明初曾担任粮长、《汉杰铭》中说沈汉杰"读书勤生,寝广先业",以及《伯熙铭》说沈庄"好蓄书史奇玩,每清暇则出而陈之,坐若翁于堂上,俾家人具酒馔,伯熙与其兄献寿称觞,怡怡怿怿,一门之内,父子昆季蔼如也"① 等记载来看,很明显沈家对自身的定位是耕读世家而不是具有传奇色彩的大商人。

二、元朝海上丝绸之路的兴盛与昆山州刘家港的崛起

1. 古代海上丝绸之路的发展概况

古代海上丝绸之路是古代中国与外国交通贸易和文化交往的海上通道。法国汉学家沙畹最早提出了"海上丝绸之路"这个概念。海上丝绸之路的发展过程,大致可分为以下几个历史阶段。

(1) 从先秦到唐以前为形成期

形成期的海上丝绸之路,有东海和南海两条航线。

东海航线:早在殷周之际,便有箕子(商王文丁的儿子)至朝鲜,"教其民以礼义,田蚕织作"② 的记载。秦始皇为求长生不老药,遣徐福东渡至瀛洲。现在学者们一般认为所谓瀛洲便是日本。今天,在日本的佐贺县、和歌山县分别有徐福祠和徐福墓等纪念物。在福冈县出土的日本最早的丝织品也被认

---

① 陶煦:光绪《周庄镇志》卷三《冢墓》,《中国地方志集成·乡镇志专辑6》,江苏古籍出版社1992年版,第531页。
② 班固:《汉书》卷二十八下《地理志第八下》,中华书局1962年版,第1658页。

为与徐福东渡密切相关。据《日本书纪》记载，东汉建安四年（199年），一名自称秦始皇第十一世孙的中国人将蚕种自朝鲜半岛的百济传入日本。三国魏景初二年（238年），日本邪马台国（今日本九州岛东北部）女王卑弥呼遣使入见，魏明帝以精美丝织品相赠，这是中国丝织品传入日本的最早记载。南朝宋泰始五年（469年），中国派四名丝织和裁缝女工到日本传授技艺，日本开始出现吴服（今和服）。由上述记载可知，虽然东海航线尚未成为一条正式的商道，但丝织品已成为东海航线上重要的物品，中国的丝织品和养蚕缫丝技术也由此传入朝鲜和日本。

南海航线：早在汉武帝时期，南海航线便已经颇为繁荣了。据《汉书·地理志》记载，中国的商船从徐闻（今广东省湛江市徐闻县境内）、合浦（今广西壮族自治区北海市合浦县境内）等地出发，经南海进入马来半岛、暹罗湾、孟加拉湾，到达印度半岛南部和斯里兰卡等地区，用丝织品、黄金交换当地的香料等特产。至东汉时期，横贯亚、非、欧三大洲的丝绸之路已颇具雏形。中国商船将丝织品在印度出售后，印度商人再将丝织品运往波斯湾等地，由罗马商人销往欧洲各地。

（2）元明为鼎盛期

元明两代，海上丝绸之路达到鼎盛期。元朝时在泉州（国外人称"刺桐城"）、庆元、上海、澉浦四地设立专门负责海外贸易的市舶提举司（以下简称"市舶司"），泉州成为世界闻名的港口。我国的丝绸、陶器等商品，向东销往日本、朝鲜，向南销往东南亚、南亚，向西销往西亚乃至欧洲、非洲各国，同时这些地区的商品也源源不断地运往中国，古代海上丝绸之路达到鼎盛期。

东海航线：元朝时中国与日本、朝鲜的贸易更为频繁，规模也更大。而在明洪武二十六年（1393年）的一次贸易中，双方交换的商品分别是19 700多匹布和9 800多匹马。进入16世纪，西班牙在占领菲律宾后，为解决当地及西属美洲殖民地对丝织品等生活用品的需求,鼓励中国商人前往马尼拉经商。由此,另一条由广州启航,经澳门至菲律宾马尼拉港,穿越太平洋,到达墨西哥西海岸的新东方航线被开辟出来。据统计,直至18世纪末,在墨西哥的进口总值中,中国丝绸等商品占到了一半以上。随着这条海上丝绸之路的开通,墨西哥银圆(鹰洋)也大量流入中国,改变了当时中国产银不足的状况。

南海航线:元朝的南海航线在"广州通海夷道"的基础上又有新的发展。在到达波斯湾后,继续航行至今天的埃及首都开罗、索马里、坦桑尼亚等非洲地区。伴随着南海航线的不断发展,中国人对沿线国家和地区的认识也逐步深化。元末汪大渊撰写的《岛夷志略》一书,记载了海上丝绸之路沿线许多国家的地理气候、风土人情和珍奇特产,书中提到的国名和地区达到一百多个。有学者将这些国家和地区及各自交易的丝织品一一罗列后指出,"所列传入各国的丝绸,雄辩地说明:这条航线通到哪里,哪里就有丝绸贸易的交换,中国丝绸就传布到哪里"①。

明朝初年郑和的七次下西洋,将海上丝绸之路推向了鼎盛。郑和的船队到达过东南亚、南亚及非洲东海岸和红海沿岸的30多个国家和地区,郑和每到一地都以中国的丝绸、瓷器等物换取当地的特产,尤其是,他经常邀请各国使节一同随行来华访问。例如,郑和第六次返航时,随船队来到中国的使节便有16个国家之多。

自郑和下西洋后,明清两朝曾长期实行海禁政策,古代海上丝绸之路遂逐渐走向衰落。与此同时,伴随着西方大航海时代的来临,欧洲人逐渐成为世界海上贸易的主角。

2. 元代海上丝绸之路的兴盛

元朝政府早在攻灭南宋政权的同时,便着手组织海外贸易

---

① 陈炎:《略论海上"丝绸之路"》,《历史研究》1982年第3期,第172页。

了。元至元十四年（1277年），元朝政府沿袭南宋旧制，在泉州、庆元、上海、澉浦四地设立专门负责海外贸易的市舶司，并续用南宋负责海外贸易的官员，以期尽快使元朝的海外贸易走上正轨。从元世祖统治末年到至治二年（1322年），元朝的海外贸易曾经历了"五禁五开"，从每次以政治为由禁开到以经济为由复开的过程中，折射出海外贸易在元朝国民经济中的重要性。元英宗复开后，元朝的海外贸易一直延续到王朝灭亡为止。

元朝政府始终力图将海外贸易置于自己的严密掌控之下，为此设置市舶司专门管理海外贸易，同时制定市舶法作为市舶司行政执法的法律依据。据《元史》卷九十四《食货志二》记载，元朝的市舶法"大抵皆因宋旧制，而为之法焉"①。可见，元朝的市舶法是在宋朝市舶法旧制的基础上修订而成的，主要内容包括市舶司职责范围、泊船出海手续、禁运物资种类、抽税办法等，囊括了海外贸易的方方面面。在一艘商船从出海到回港卸货的整个贸易过程中，元朝政府对各个环节均严加管控。例如，出海前需要向市舶司申请，获得"公凭""公验"才能出海；正式出航前，市舶司官员要上船检查所载货物是否与所报货物相符、是否有违禁物品等；出海后，只能前往申报的地区进行贸易，如果违反上述规定，则被"拗蕃"，将遭到没收货物的处罚；返航入港前则需接受市舶司官员的检查并按货物的种类缴纳税收。

元代的海外贸易港口集中在东南沿海地区，重要的有泉州、广州、庆元、温州、杭州、昆山的刘家港等，其中，最著名的当属泉州。意大利旅行家马可·波罗和摩洛哥旅行家伊本·拔图塔都在自己的游记中提到泉州港，"印度一切船舶运

---

① 宋濂：《元史》卷九十四《食货志二》，中华书局1976年版，第2401页。

载香料及其他一切贵重货物咸莅往此港"①,"大舶百数、小船不可胜计"②。两位年纪正好差了半个世纪的旅行家,用他们的文字完整见证了元朝海外贸易的兴盛。

  元代人陈大震的《南海志》和汪大渊的《岛夷志略》是两部当时人有关元代海外贸易的重要文献。据学者统计,《南海志》和《岛夷志略》提到的海外地名分别有 142 个和 117 个之多,除去相重复的地名,两书共列地名 220 个。在数量上,约是南宋赵汝括《诸番志》所列 58 个地名的 4 倍,从中亦可见元朝海外贸易范围之一斑。从已经得到证实的地名来看,元朝海外贸易的范围,从中国东北至日本和高丽,向南则东起菲律宾诸岛,中经印尼诸岛、印度次大陆,西至波斯湾地区、阿拉伯半岛和非洲沿岸地区。

  元代通过海上贸易出口的商品,分为农产品和手工业品两大类。又因元政府多次禁止农产品出口,故在出口的商品中以手工业品为主。手工业品种类繁多,大抵包括纺织品、金属器物、陶瓷器、其他日常生活用品和文化用品等,有 100 多种。其中,包括元青花在内的瓷器已成为当时最畅销海外的商品之一。在元至治三年(1323 年)前往日本经商的新安沉船上,共出水了瓷器 20 691 件,除几件为当时日本、高丽的器物外,其余均为中国的瓷器,产地几乎涵盖了当时颇具代表性的中国窑场。值得一提的是,中国手工业品的传入,不仅为当地百姓的日常生活提供了丰富多样的产品选择,也推动了当地手工业生产技术的提升。例如,元代的青花瓷传入埃及后,埃及的工匠便开始使用当地的陶土仿造青花瓷。贸易总是双向的,在向国外售出商品的同时,中国也进口了大量的东西洋商品。有学

---

  ① 泉州市地方志编纂委员会编:《外国人在泉州与泉州人在海外》,海风出版社 2007 年版,第 16 页。
  ② 吴慧主编:《中国商业通史》第三卷,中国财政经济出版社 2005 年版,第 422 页。

者通过将记载于册的200多种进口商品加以分类后发现，宝货（奢侈品）和香货（香料和药物）是主要的进口商品。宝货包括象牙、珊瑚、玛瑙、水晶、珍珠等，香货则包括各类香料和药材，如产自香料之岛文老古（今印度尼西亚马鲁古群岛）的丁香和豆蔻、产自南印度的胡椒等。

元代海外贸易的兴盛是多种因素共同作用的结果。一是元朝政府可以从海外贸易中获得丰厚的经济利益。这种经济利益的来源主要有两大类。第一类是直接的税收，包括"抽分"和舶税钱两种。所谓"抽分"是指政府根据货物的种类，直接抽取一部分实物作为税收，最初的税率是"细货"十取一、"粗货"十五取一，后有所增加。舶税钱是"抽分"后再征税，税率通常为三十取一。两项相加，"细货"税率约为12.7%，"粗货"税率约为9.7%。第二类是"官本船"的收益。元朝时有一种制度，政府提供船只和资本委托个商经营，这类船只便被称为"官本船"，接受委托的个商被称为"斡脱"。"官本船"所获得的利润，由国家和"斡脱"七三分成。这两项收益成为当时政府财政收入的重要来源，时人称之为"军国之所资"。① 二是元朝海外贸易的兴盛与当时国内经济与国外经济存在互补性密切相关。这种经济上的互补性，元代人早已看到。《元典章》中曾记载皇帝的旨意："咱每这田地里无用的伞、摩合罗、瓷器家事、帘子，这般与了，博换他每中用的物件来……"② 这种经济上的互补性是海外贸易能够持续健康发展的根本原因。三是元朝统治阶层对海外奢侈品的崇尚也在一定程度上推动了元朝海外贸易的发展。

---

① 宋濂：《元史》卷一百六十九《贾昔剌传》，中华书局1976年版，第3972页。
② 熊寥：《中国陶瓷古籍集成：注释本》，江西科学技术出版社1999年版，第150页。

3. 昆山州刘家港的兴衰

在海上丝绸之路最为鼎盛的元明时期，时属昆山州的刘家港（今太仓市东浏河镇）是当时最为重要的港口之一，有"六国码头"之称。嘉庆《直隶太仓州志》曾记载其盛况："元初，藉朱司农营卜第宅，丘墟遂成阛阓，港汊悉为江河，漕运万艘，行商千舶，集如林木，高楼大宅，琳宫梵宇，列若鳞次，实为东南富域矣。"①

隶属昆山州的刘家港在元明时期的渐次繁荣，乃至成为名震一时的海港，是内外因共同作用的结果，可以说既是"时势造英雄"，也是"英雄扬时势"。

这里所说的"时势"，便要从元朝及明朝初年的政治、经济大局讲起。元朝初年，因黄河夺淮，导致京杭大运河部分航段中断，由江南向元大都（北京）的物资运输十分不畅，而当时大都的物资供应"无不仰给江南"。因此，如何找到一条更畅通、更迅捷的运输线，便成为摆在元朝统治者面前的一桩迫在眉睫之事。元世祖忽必烈想出的办法是通过海路，将江南的物资运至大都。因此，在江南地区兴建一个优良的海港理所当然地成为元朝政府的重点要务。时至明初，不仅京杭大运河未得到妥善修治，中亚帖木儿帝国的崛起更是将元朝时畅通的陆上丝绸之路阻断。因此，无论是国内的漕运还是海外的贸易，明初对海运的依赖较之元朝更甚。

当时汇入长江可供建港口的河流主要是娄江、松江与黄浦江。松江早在元朝末年便因河道淤积严重而不适宜建港。至于黄浦江，在明初时河道宽度仅三十余丈，不及今天黄浦江河道宽度的四分之一，亦不具备兴建大型港口的条件。因此，历史将目光投向了娄江下游的刘家港。

历史给了刘家港机遇，而刘家港良好的水文条件和得天独厚的地理位置，为它牢牢抓住了机遇。刘家港遂在中国的航运

---

① 王昶：《直隶太仓州志》卷三《封域》，清嘉庆七年刻本。

史上留下了浓厚的一笔。刘家港之所以具备建立海港的水文条件，与元及明初对刘家港河道的治理密不可分。元至元二十四年（1287年），政府决定开浚太仓入海的港浦，"宣慰使朱清通海运，循娄江故道，导由刘家港入海"①。明永乐元年（1403年），户部尚书夏原吉治理浙西水患时，采用了元代周文英提出的"掣淞入浏"的方案，凿吴淞江浦，疏昆山下界浦，掣吴淞江水，北达娄江。"复挑本县顾浦，南引江水北贯吴塘，亦由娄江入海。"② 经过修治后的刘家港河道，不仅河道宽阔、水流迅疾，而且因水流迅疾而"迅不受淤"，具备了兴建海港的水文条件。刘家港得天独厚的地理位置也是港口发展的重要因素。从水路上讲，刘家港可以通过娄江与太湖平原上密布的水道网相沟通，无论是去往苏州还是昆山、常熟等府县均十分便捷。嘉靖《太仓新志》中便曾提到一条由刘家港经水路到昆山、苏州的商路，"凡海船之市易往来者，必由刘家河泊州之张泾关，过昆山，抵郡城（苏州）之娄门"③。陆路方面，当时刘家港与太仓之间有官道相连，并与苏州的干道连接。通过便捷的水陆交通，刘家港可以使富饶的太湖平原成为其经济腹地。

从元朝至明朝初年，刘家港作为重要的海港，其功能主要体现在以下两个方面。

第一，海漕。元至元二十年（1283年），首支由刘家港起航，经海路的运粮船队到达元大都，据《元史·食货志》记载，经海路的船队最快不过10日便可以抵达大都。因其便捷，至元二十二年（1285年），元朝政府决定增造海船3 000艘。

---

① 上海通志编纂委员会编：《上海通志》（第1册），上海社会科学院出版社2005年版，第589页。
② 上海市地方志办公室、上海市嘉定区地方志办公室编：《上海府县旧志丛书·嘉定县卷1》，上海古籍出版社2012年版，第80页。
③ 转引自孙景超：《苏州状元谶背后的环境变迁》，《史学月刊》2008年第11期，第37页。

延祐年间，每年通过海漕运输的粮食达200多万石。天历二年（1329年），更增至352万石，可见运输规模呈增长之势。此后，直至明永乐十三年（1415年）大运河全线通航后，海漕才停止，前后延续130多年之久，成为当时沟通南北经济最重要的途径之一。

第二，海外贸易。元朝时，在刘家港设立市舶司，专门负责海船征榷贸易。刘家港港区从娄江入海口一直延伸到太仓城郊的南码头，当时刘家港与高丽、日本等国均有贸易往来，故有"六国码头"之称。元末明初的历史学家危素在其所著的《元海运志》中这样描写当时刘家港的盛况，"万艘如云，毕集于海滨刘家港"①。明朝永乐年间，刘家港因成为郑和下西洋的出发港而名噪一时。郑和等人立于刘家港天妃宫的《通番事迹碑》记载道："和等自永乐初奉使诸番，今经七次，每统领官兵数万人，海船百余艘自太仓开洋。"② 另据《明史》记载，郑和于明永乐三年（1405年）下西洋时使用的62艘大宝船，每艘船的长度约145米，62艘船首尾相连共计9 002米。再加上船队的其余船只，仅供郑和船队停泊的话，便需要码头岸线10 000米左右。无怪乎嘉靖《太仓新志》中如此描写刘家港的规模与盛况，"刘家大河径其南，七鸦绕其北。凡海船之市易往来者，必由刘家河泊州之张泾关，过昆山，抵郡城之娄门"③。

但是长期以来，我们对港口海外贸易情况的了解，主要停留在文字的描写与记载上，缺乏考古遗址的支撑，直到太仓樊村泾元代遗址的出现，才弥补了这一缺憾。太仓樊村泾元代遗址位于今苏州市太仓市城厢镇樊泾村小区西侧、上海西路北

---

① 危素：《元海运志》，转引自沈鲁民、陈蓓蓓：《太仓刘家港盛衰的历史轨迹》，《"郑和与海洋"学术研讨会论文集》1998年，第335页。
② 中国社会科学院历史研究所明史研究室编：《明史研究论丛（第十辑）》，故宫出版社2012年版，第116页。
③ 张寅：嘉靖《太仓新志》卷三，明崇祯二年刻本。

侧、致和塘南岸。自2016年1月中旬被发现以来，经过两年多的考古发掘，已探明的遗址范围约3万平方米，发现房址、道路、河道、灶台、水井、灰坑、灰沟、墙基、墓葬等各类遗迹430余处，以元代中晚期龙泉窑青瓷为主的各类遗物约150吨。根据出土的大量青瓷、遗址道路、水系、建筑基址等的特征，考古工作者们推定樊村泾元代遗址是元朝时期江南地区的一处瓷器贸易集散地及仓储遗存。①

遗址出土的瓷器情况具备以下四个特征：一是从出土的龙泉窑青瓷的数量上看，太仓樊村泾元代遗址是目前除龙泉青瓷窑址外，规模最大的一处龙泉窑青瓷遗存。二是除龙泉青瓷窑址外，出土的瓷器还来自江西景德镇窑、河北磁州窑、曲阳定窑、浙江金华铁店窑等，几乎囊括了当时中国主要的瓷器窑厂。三是95%以上的瓷器没有使用的痕迹，而部分器物仍带有烧制时使用的垫饼等窑具这一现象，更是说明了当时瓷器热销的景象。四是瓷器类型与韩国新安沉船、辽宁绥中三道岗沉船出水的瓷器存在一致性。

数量巨大、种类丰富、商品外销，这些特征不仅证实了太仓樊村泾元代遗址是元代刘家港一处重要的瓷器仓库，还以实物的形式呈现了当时港口的繁荣景象，为我们了解海上丝绸之路中的昆山提供了珍贵的素材。

郑和下西洋标志着刘家港发展的顶峰。明中期以后，刘家港逐渐衰落，不复当年的盛况，这是各种因素共同作用的结果。

首先，明中期以后，长江河口的河势发生变化，导致刘家港所在的河岸不断发生崩塌。清王昶的《直隶太仓州志》引

---

① 关于遗址的发掘及出土物的基本情况，参见浙江省博物馆：《元代瓷器贸易集散地——太仓樊村泾遗址》，《文明》2018年第4期，第136-149页。张志清、张照根：《江苏太仓樊村泾元代遗址》，《大众考古》2017年第12期，第16-17页。

张寅的《海塘论略》道:"州(太仓)滨海为利固大,而为害亦大,盖海水汹涌,沙岸崩圮,沧桑之变,岁且有之,故老相传,天妃宫已见三徙,每造黄册必开除坍海若干。"① 据学者研究,从明嘉靖至清顺治年间,刘河堡、张家行至刘河南城,宽度约三里半的河岸,先后崩坍入海,河岸崩塌的速度平均每年为 19 米,崩岸段沿岸的水深通常可达 30~50 米。② 这种崩塌的规模,超过了当时治理的水平,至清顺治年间,刘家港崩塌入海。

其次,明中期后,娄江宣泄不畅导致刘家港的河道日益淤积、变窄。明天顺二年(1458 年)至隆庆三年(1569 年),为解决太湖平原日益严重的泄洪、排涝问题,明朝政府对淞江河道先后进行了六次疏浚。淞江疏浚后水量渐增,导致娄江的水量随之变少,娄江水道淤积更为严重,进而造成刘家港河道水浅道窄,无法再停泊海船。

最后,内河航运的恢复与海运的停止,是刘家港衰落的经济背景。一方面,永乐十九年(1421 年)后,政府迁都北京。为解决京师每年包括四百万石粮食在内的大宗货物的运输问题,明朝政府将人力、物力和财力更多地投到对京杭大运河的治理上,从永乐至万历期间,多次对京杭大运河扬州至北京段进行治理。京杭大运河日益成为南北物资往来的大动脉。另一方面,郑和下西洋因经济耗费过大而遭到朝中大臣们的反对,成化九年(1473 年),大臣刘大夏等便上书说:"下西洋,费钱粮数十万,军民死且万计,纵得奇宝而归,于国家何益?"③ 再加上倭寇横行等原因,海运在明朝经济中的地位日益式微。

---

① 转引自林承坤:《古代刘家港崛起与衰落的探讨》,《地理研究》1996 年第 2 期,第 64 页。

② 林承坤:《古代刘家港崛起与衰落的探讨》,《地理研究》1996 年第 2 期,第 64 页。

③ 王天有、万明编:《郑和研究百年论文选》,北京大学出版社 2004 年版,第 48 页。

总之，在元至明初大兴海运的大背景下，刘家港凭借自身良好的水文条件和地理位置，成为当时最繁荣的海港之一。明中期后，随着海运的式微和自身水文条件的恶化，刘家港亦不复往日的繁荣。因海运而兴，随海运而衰，刘家港是数百年海运兴衰真实的见证。

三、费信《星槎胜览》所见西洋各国情状

费信，字公晓，昆山人，生于明洪武二十一年（1388年）。洪武三十一年（1398年），原本在太仓卫服役的兄长病逝，年仅14岁的费信遂代兄从军。此时，太仓已是重要的贸易港口，来自全国乃至世界各地的客商云集于此。费信一边服役，一边刻苦学习，从而具备了一定的文化修养和从事外交事务的能力。永乐七年（1409年），郑和第三次下西洋时，决定"简文采论识之士，颛一策书，备上清览"[1]。费信因通晓外事而"首预选"，担任船队"通事"，即翻译一职[2]，由此得以亲历郑和下西洋这一重要的历史事件。

费信随郑和及其船队一共出洋四次，时间从明永乐七年一直到宣德八年（1433年），时间跨度达24年。

第一次，永乐七年出发，随正使郑和前往占城（今越南南部）、爪哇、满剌加（今马来西亚马六甲州）、苏门答腊等国，永乐九年（1411年）回国。

第二次，永乐十年（1412年）出发，随郑和使团中的少监杨敏等前往榜葛剌（今孟加拉国）等国，永乐十二年（1414年）回国。

---

[1] 金吴澜、李福沂修，汪堃、朱成熙纂：光绪《昆新两县续修合志（二）》卷三十《文苑一》，《中国地方志集成·江苏府县志辑17》，江苏古籍出版社1991年版，第507页。

[2] 梁启超、陈兆弘均曾撰文，认为费信是回族，生于穆斯林世家，通晓阿拉伯语。

第三次,永乐十三年(1415年)出发,随正使郑和前往榜葛剌等国,并到达位于波斯湾的忽鲁谟斯国(今伊朗东南米纳布附近),永乐十四年(1416年)回国。

第四次,宣德六年(1431年)出发,随正使郑和再次抵达忽鲁谟斯国,宣德八年回国。

费信所担任的"通事"之职,除负责翻译外,另一项更为重要的任务便是"颛一策书,备上清览"。故光绪《昆新两县续修合志·费信传》记载道:信每莅番城,辄伏几濡毫,叙缀篇章,标其山川、夷类、物候、风习诸光怪诡事,以备采纳,题曰《星槎胜览》。① 可见,书的修撰早在费信下西洋的途中便开始了。宣德九年(1434年),费信回到家乡昆山后便开始系统撰写《星槎胜览》,后又经同乡周复俊做了"删析"后,在正统元年(1436年)正月正式刊行。

《星槎胜览》今有两卷本和四卷本两个版本。② 其中最早的是两卷本,分前集和后集,至于分前、后两集的原因,作者在两卷本的自序中做了说明:前集者,亲监自识之所至也。后集者,采辑传译之所实也。③ 也就是说,前集的内容来自作者的亲身探访,后集的内容则采录自他人的记载和转述。前集共录22个国家和地区,后集共录23个国家和地区,全书共计45个国家和地区。四卷本除分卷和少数条目不同之外,与两卷本基本相同。

《星槎胜览》一书记载的主要内容有:一是西洋各国的物产。西洋各国大多位于热带、亚热带,其物产与中国多有不同,故对各国独特的物产,费信多有留意。例如,《占城国》,

---

① 费信著,冯承钧校注:《星槎胜览校注》,中华书局1954年版,第507-508页。
② 关于《星槎胜览》的版本问题,可参见王杨红:《〈星槎胜览〉的版本、刊行及价值》,《国家航海》2015年第10辑,第147-157页。
③ 费信著,冯承钧校注:《星槎胜览校注》,中华书局1954年版,第10页。以下引用《星槎胜览》的内容,均用《星槎胜览校注》本。

记载占城国产"巨象、犀牛甚多,象牙、犀角广货别国"①,以及当地酋长对珍贵香料棋楠香尤为重视,差专人负责看管等。又如,《暹罗国》记载该国产罗斛香及"苏木、犀角、象牙、翠毛、黄腊、大风子油"②等。"龙涎屿"(今布腊斯岛)条,对当地龙涎香的获取和售价等情况有十分详细的介绍。二是西洋各国的经济特点。西洋各国经济情况各异,富有地方特色,与中国传统的农耕经济不同,故费信对此亦予以记载。例如,占城国"民以煮海为盐,田禾甚薄"③。苏门答腊国"田瘠少收……民下网鱼为生,朝驾独木刳舟张帆而出海,暮则回舟"④。忽鲁谟斯国"地无草木,牛、羊、马、驼皆食海鱼之干"⑤。三是西洋各国的社会制度与民情风俗。例如,占城国"男女椎髻脑后,花布缠头,上穿短布衫,腰围色布手巾。其国无纸笔之具,但将羊皮槌薄熏黑,削细竹为笔,蘸白灰为字,若蚯蚓委曲之状"⑥。又如,对暹罗国社会风俗的如下介绍和评论,"其酋长及民下谋议,百物出入钱谷,煮海为盐产。大小之事,悉决于妇,其男一听,可与牝鸡之鸣"⑦,鲜活地表现出一位中国传统士大夫对暹罗国女子决事风俗的惊诧。

《星槎胜览》对西洋各国物产、经济、社会制度、民情风俗的记载,其主旨大抵如其自序所谓"华夷之辨",即着眼于中国与西洋各国的差异,而物产、经济这些具体类目的设置,则脱胎自《史记》的《大宛列传》和《汉书》的《西域传》,可谓渊源有自。该书不仅是后人研究郑和下西洋的重要文献,

---

① 费信著,冯承钧校注:《星槎胜览校注》,中华书局1954年版,第2页。
② 费信著,冯承钧校注:《星槎胜览校注》,中华书局1954年版,第12页。
③ 费信著,冯承钧校注:《星槎胜览校注》,中华书局1954年版,第2页。
④ 费信著,冯承钧校注:《星槎胜览校注》,中华书局1954年版,第22页。
⑤ 费信著,冯承钧校注:《星槎胜览校注》,中华书局1954年版,第36页。
⑥ 费信著,冯承钧校注:《星槎胜览校注》,中华书局1954年版,第3页。
⑦ 费信著,冯承钧校注:《星槎胜览校注》,中华书局1954年版,第11页。

也是研究15世纪初亚非各国的珍贵史料。作为郑和下西洋的亲历者和记录者,昆山人费信亦因之成为时代的"弄潮儿",他的名字也将永远留在中国乃至世界的海运史上。

四、中国古代海上丝绸之路的衰落与西方资本主义海商的兴起

郑和最后一次下西洋结束于明宣德八年(1433年),此后明清两朝政府实行海禁政策,古代海上丝绸之路逐步萎缩,中国商人也逐渐退出了世界贸易的舞台。与此同时,随着西方新航路的开辟,西方资本主义海商逐渐成为世界贸易的主角,由此拉开了近代的序幕。

西方新航路的开辟,是14、15世纪欧洲经济、政治、宗教等多种因素共同作用的结果。欧洲资本主义经济的萌芽和商品经济的发展是新航路开辟的根本原因,欧洲商人迫切希望到海外开辟市场、追逐利润。而奥斯曼土耳其帝国在占领了巴尔干半岛和克里米亚等地区后,控制了中西方传统的商路,迫使欧洲商人去寻找一条新的商路。除经济原因之外,传播天主教、强化王权等都是新航路开辟的促成因素,而航海技术的发展、地圆学说的确立等科学技术领域的进步则为新航路的开辟提供了科学基础。

葡萄牙航海家迪亚士是新航路的先行者。迪亚士曾受葡萄牙国王若昂二世的委托探寻非洲大陆的最南端,以开辟一条通往东方的新航路。1487年8月,迪亚士率领船队从里斯本出发,沿非洲西海岸向南航行,并于1488年春到达非洲最南端好望角的莫塞尔湾。迪亚士的这次海上探险,使欧洲人第一次打通了大西洋和印度洋之间的海上通道,标志着欧洲人可以绕过奥斯曼土耳其帝国直接与亚洲各国进行海外贸易。

另一位葡萄牙航海家达·伽马在迪亚士发现好望角的基础上,正式开辟了从欧洲绕好望角到达印度的新航路。1497年7

月 8 日，奉葡萄牙国王曼努埃尔一世之命，达·伽马率领船队由里斯本出发，循着 10 年前迪亚士发现好望角的航线，走上了探索印度新航线之旅。经过近一年的艰苦航行，船队终于在 1498 年 5 月 20 日到达印度西南部的卡利卡特，从欧洲绕好望角到达印度的新航路由此被开辟。此后直至 1869 年苏伊士运河通航，这条新航线一直是欧洲与印度洋沿岸各国和中国进行贸易的主要航线。

与迪亚士、达·伽马同时代的意大利人哥伦布也是新航路开辟的先行者之一。与迪亚士经非洲南端前往印度的设想与实践不同，哥伦布根据地圆学说认为从欧洲向西航行便可以到达印度。哥伦布的设想随后得到西班牙王室的支持。1492 年 8 月 3 日，哥伦布的船队从西班牙巴罗斯港（今塞维利亚）扬帆西航，经过两个多月的航行，哥伦布到达中美洲加勒比海中的巴哈马群岛，并将该岛命名为"圣萨尔瓦多"，意为"救世主"。此后哥伦布又三次西航，先后到达古巴、海地、多米尼加、特立尼达和多巴哥等地，欧洲到美洲的新航路由此开辟。值得一提的是，哥伦布至死都认为自己所到的大陆就是印度。后来，一位意大利学者阿美利哥·维斯普西才向世人证明哥伦布所到达的是一块新大陆。这块新大陆便以阿美利哥的名字命名为"阿美利加洲"。

随着 15、16 世纪新航路的开辟，以西方商人为主导的世界贸易体系逐渐建立起来。它对西方的影响极为深刻，如在经济领域引起了西方的商业革命和价格革命，促进了西方资本主义的发展，在政治领域推动了资产阶级的兴起。但是与中国海上丝绸之路下各国公平贸易不同的是，西方海商的兴起从一开始就伴随着殖民侵略与不公平贸易，是资本主义向外扩张的组成部分。从中西不同性质的海外通商中，可见中国历来崇尚平等互利、互相尊重的对外交往原则。

第六章 吾土吾风

昆山是典型的江南水乡。这里气候温润,山水清嘉,物产丰富,是非常适宜人类生存的理想场所,由此形成了具备江南水乡特色的民间风情、乡土民俗。早在南朝时,佛教就传入昆山,后被广为传播,昆山成为佛法昌盛之地。道教在昆山同样拥有不可忽视的影响力,其中,又以东岳信仰和龙王信仰为代表。除了宗教信仰外,昆山还有着诸多体现农业社会生产和生活特点的民间风俗,如打春牛、吃讲茶、走三桥,以及为普通民众喜闻乐见的民间艺术形式——宣卷。

一、慧聚寺开佛宇之先

南朝是一个佛教广泛流传的历史时期。佛教为外来宗教,大约在两汉之际传入中国。① 据传东汉第二位皇帝汉明帝刘庄曾梦见金色神人,于是遣使入西域迎回佛陀,并在洛阳建立起中国第一座佛教寺庙——白马寺。汉光武帝之子楚王刘英,少

---

① 一般认为佛教传入中国内地的路线有两条:一是陆路,由中亚经新疆地区深入内地;二是海路,由斯里兰卡、马来半岛、越南到达广州。

时好结交游侠,"晚年更喜黄老,学为浮屠斋戒祭祀"①。汉灵帝时,丹阳人笮融督运广陵(今江苏省扬州市)、彭城(今江苏省徐州市)租赋时,在当地"大起浮图祠","令界内及旁郡人有好佛者听受道,复其他役以招致之,由此远近前后至者五千余人户"②,于是佛教从中原传入江淮地区,并进一步南下传入苏州,"自佛教被于中土,旁及东南,吴赤乌中,已立寺于吴矣"③。

东晋六朝的江南佛教处于学派师说阶段。佛教传入中国后不久,诸多高僧和学者集中精力于北方,致力佛经的翻译和阐释,西晋永嘉之后,大批僧人南下,佛教在长江流域得到进一步传播。南下僧人大多拥有较高的学识素养,玄释兼通,长于清谈,常与名士交往,得到了上层人士的普遍支持,并呈现出和中原地区不一样的面貌。例如,钱穆指出:"南方佛法则多由士大夫自由研习,他们多用纯哲学的探究,要想把佛教哲学来代替儒家思想,成为人生真理之新南针。他们大体都是居士而非出家的僧侣。因此,北方佛教常带'政治性',南方佛教则多带'哲学性'。"④ 江南早期的佛教界重视义理探讨,自由、平等探讨的气氛相对浓厚,经常在理论层面展开激烈争执,彼此驳难,由此形成各学派师说。

与中原相比,吴地生活环境安定,山温水软,风景秀丽,又有梁武帝萧衍等帝王崇信佛法,王珉、何胤等一时名流俱好佛经,由此建业(今江苏省南京市)成为长江流域乃至全国的佛教中心之一,荟萃诸多名僧,甚至能和北方的佛教重镇洛阳分庭抗礼。苏州地区同样是受到南下佛教高僧欢迎的隐居之

---

① 范晔:《后汉书》卷四十二《楚王英传》,中华书局1965年版,第1428页。
② 陈寿:《三国志》卷四十九《刘繇传》,中华书局1982年版,第1185页。
③ 朱长文撰,金菊林点校:《吴郡图经续记》,江苏古籍出版社1986年版,第30页。
④ 钱穆:《中国文化史导论》,商务印书馆1994年版,第144页。

所，也是长江流域的佛教中心之一，无论是人来人往的红尘闹市中，还是人迹罕至的寂静山林中，都不乏名寺名僧。

据文献记载，昆山最早出现的佛教丛林始于两晋之间，其中，有西晋末年建于今千灯镇东部的圣像禅院和东晋咸和二年（327年）黄门侍郎兼中书令王珉舍宅建于城区的景德教寺。① 此后，佛教在昆山地区的传播日益广泛。南朝梁时，统治者大力提倡佛教，广建佛寺，梁武帝在位的前九年间，昆山全县建佛寺达7座之多，包括建于梁天监二年（503年）的千灯镇延福寺、天监八年（509年）的巴城镇崇宁寺、天监十年（511年）的慧聚寺等。宋元时期，佛教在昆山地区进一步流传。明代昆山城区有景德教寺、慧聚寺、华藏讲寺、荐严资福寺四大寺院。据旧志统计，清代各种寺院多达百余处，但大多毁于太平天国战火中，后来有所恢复，到清末尚有僧寺78处、僧徒555人，尼庵12处、女尼44人。民国初期有部分庙宇改建为学校、公所，至1949年时仍有寺庙20余处、尼庵3处、僧徒约90人。

在昆山诸多佛教寺院中，慧聚寺是一座历史悠久、知名度较高的千年名刹。慧聚寺原位于昆山市马鞍山南，始建于梁代，2005年重建于昆山开发区杨树路，主寺区占地22亩。

天监十年，吴兴（今浙江省湖州市）沙门慧向大师来到玉峰山，见此地风景佳美，有隐居之志，遂决定建庙布道，化育一方众生。据光绪《昆新两县续修合志（一）》卷十一《寺观》记载，慧向大师居抱玉洞，起初谋建寺庙时，遇到困难，"忽有神现，请助千工。是夜，风雨骤至，人闻喑呜之声。迟明，殿基成，延袤一十七丈，高丈有二尺，因名'鬼

---

① 圣像禅院，又称"圣像教寺"，在昆山县城东南约35里。相传晋建兴二年（314年），有二石佛像逆水而来，光彩昼夜不歇，里人赵罕遂舍宅迎像，后敕赐"圣像"名。历代均有重修，最后毁于咸丰兵火。景德教寺，位于昆山城西，东晋王珉舍宅建，宋景德三年（1006年）僧庆銮奏赐"景德"之名。后毁于咸丰兵火。

垒台'"。不过这只是个传说。慧聚寺的建成，实际上是得到了梁武帝的大力襄助。据说慧向大师在金陵弘法时，梁武帝曾请他入宫，并拜其为师，所以梁武帝自然格外支持慧向大师的建寺之举。据地方志记载，在历史上以崇佛、甚至有佞佛之说的梁武帝"敕建寺"，并赐"田二顷，山一所，木千株"，恐怕这才是慧聚寺得以建成的主要原因。①

梁武帝不但提供物质援助，还命画家张僧繇作画于慧聚寺。张僧繇是南朝著名画家，曾任右军将军、吴兴太守，擅长人物画和宗教画，"画龙点睛"这一成语即出自他。② 张僧繇来慧聚寺后，在正殿两面的墙壁上画神像，柱子上画龙。由于张僧繇的名气较大，民间故事遂流传称柱上所画之龙逢阴晦天就会飞出，以至于鳞甲都呈湿润状，于是梁武帝又令张僧繇在龙柱上加画一把锁，使龙动弹不得。

慧聚寺落成后，擅风景之佳，范成大在《吴郡志》中记载："半叠石，半为虚阁，缥缈如仙府。他山佛宇，未有其比。山上下前后，皆择胜为僧舍。云窗雾阁，间见层出，不可形容绘画也。"③ 再加附会张僧繇画作的诸种传说，慧聚寺声名日显，所谓"南朝四百八十寺，多少楼台烟雨中"，慧聚寺当占其中之一。

名气日增的慧聚寺引得文人墨客纷至沓来，并争相题咏赞誉。慧聚寺殿堂中经台、钟台的匾额，就是南唐后主李煜所题。慧聚寺的文人题咏中，颇为著名的要数"山中四绝"。唐

---

① 金吴澜、李福沂修，汪堃、朱成熙纂：光绪《昆新两县续修合志（一）》卷十一《寺观》，《中国地方志集成·江苏府县志辑16》，江苏古籍出版社1991年版，第195页。

② 唐人张彦远的《历代名画记》载："金陵安乐寺四白龙，不点眼睛，每云：'点睛即飞去。'人以为妄诞，固请点之。须臾雷电破壁，两龙乘云腾去上天，二龙未点眼者见在。"参见张彦远：《历代名画记》卷七，浙江人民美术出版社2011年版，第120页。

③ 范成大撰，陆振岳校点：《吴郡志》，江苏古籍出版社1999年版，第519页。

贞元五至六年（789—790年），由于父亲曾任过昆山县尉，38岁的唐代诗人、以《游子吟》而为世人熟知的孟郊来到昆山。他一边写下《赠苏州韦郎中使君》，与当时的苏州刺史韦应物诗文唱酬；一边寻幽怀旧，瞻仰过慧聚寺后写下了著名的《苏州昆山惠聚寺僧房》："昨日到上方，片云桂石床。锡杖莓苔青，袈裟松柏香。晴磬无短韵，古灯含永光。有时乞鹤归，还访逍遥场。"① 随后，另一位唐代诗人张祜也留下一首《马鞍山慧聚寺》诗。到北宋皇祐元年（1049年），著名政治家、诗人王安石在昆山考察水利，乘兴登临慧聚寺，在寺中欣赏到这两位诗人的佳作后，诗兴大发，写下《昆山慧聚寺次孟郊韵》《昆山慧聚寺次张祜韵》。后人将这四首诗称为"山中四绝"。此外，元代的王冕、杨载，明代的高启、梁辰鱼等知名文士，也都为慧聚寺留下过诗词。

慧聚寺建成后，数度兴废，几经沧桑。唐武宗会昌年间，发起全国性的排佛、灭佛运动，慧聚寺也难逃劫运，幸而寺僧想方设法将四根龙柱悄悄藏匿，它们才得以保存下来。唐大中三年（849年），刺史韦曙复建慧聚寺，四根龙柱重归寺中，并建天王堂等，香火依旧，规模更甚于前。南宋年间，慧聚寺两遭火焚，所有轩、阁、亭、台等寺庙建筑，俱为瓦砾，包括张僧繇所绘龙柱、李后主所书匾额及名贤题咏的碑刻等，悉数被焚，无一幸存。此后宋元两朝，慧聚寺仍有寺僧加以修复。到明洪武三年（1370年），昆山知县呼文瞻在慧聚寺旧基建城隍庙；嘉靖十五年（1536年），知县杨逢春将永乐年间寺僧重建的法华堂改为祭祀地方名贤顾鼎臣的崇功祠。至此，慧聚寺已经消失。

如今，原慧聚寺仅余两处建筑，即东斋和法华堂，东斋已改作昆石馆，法华堂仍为顾鼎臣崇功祠。数百年间，这两座建筑屡经修复翻建，但位置和面貌仍大致保持原状。此外，今昆

---

① 《全唐诗》卷三百七十六，中华书局1980年版，第4220页。

山亭林园步玉峰石牌坊前,还有一块巨石,即慧聚寺正殿圆柱础石,呈正方形,长 130 厘米、高 55 厘米,圆柱直径 88 厘米。观此柱基遗石,可想见当年慧聚寺的雄伟壮观。

二、国一法师和日本茶道

日本茶道在世界上享有盛誉,世人只知道日本茶道源于中国,却不知道昆山人法钦禅师创立的径山寺,是日本茶道的重要源头。

法钦,俗姓朱,唐代吴郡昆山人,禅宗大师。法钦出身儒学世家,自幼勤读经史,性格温和,品位高雅,20 多岁通过乡试,28 岁上京赴试,途经丹阳,闻禅宗牛头宗代表人物鹤林玄素禅师之名,便前往拜谒,得其点化,于是出家为僧。玄素禅师亲自为他剃发,并预言称"此子异日大兴吾教,与人为师"。后法钦学禅有成,辞师南归,玄素禅师嘱其"乘流而行,逢径即止"。唐天宝元年(742 年),法钦云游至杭州附近,见东北方向有天目山余脉,问樵夫得知是径山,感悟玄素禅师之言,遂定为修行之所。前临海(今浙江省台州市临海市)县令吴贞慕法钦之名,"舍别墅以资之"。[①] 此后,法钦在当地日益知名。

唐大历三年(768 年),唐代宗亲书御诏,派遣内侍黄凤到径山,礼请法钦入京,并要求一路上所经州县开净院安置,地方官员不许谒见法钦,以免打扰其休息。法钦入京后,唐代宗经常"咨问法要,供施勤至",又累赏赐各类珍品,法钦皆婉拒不受,只布衣蔬食,保持着僧人"少欲知足"的本色,这令唐代宗更加敬重。之后,唐代宗手诏赐号"国一",故世称法钦为"国一禅师"。唐大历四年(769 年),法钦请归径

---

① 赞宁撰,范祥雍点校:《宋高僧传》卷九《唐杭州径山法钦传》,中华书局 1987 年版,第 210-211 页。

山，唐代宗厚礼饯行，还下诏杭州府于径山重建精舍，赐名"径山禅寺"。京城和苏浙一带的名公巨卿，归依者众多。晚年的法钦移驻杭州龙兴寺，贞元八年（792年）十二月，有疾在身的法钦"说法而长逝"，时年79岁。贞元九年（793年），唐德宗追谥法钦为大觉禅师；元和十年（815年），唐宪宗又赐其丰碑，称颂其事迹。

法钦禅法，承袭牛头宗，是牛头禅南移后的主要代表之一，或者说牛头禅发展到玄素与法钦时达到极盛，后来渐渐与东山法门合流，最后融入慧能南宗禅的洪流之中。玄素、法钦禅法的特点是寡言简默，李华在《润州鹤林寺故径山大师碑铭》中称"吾常默默，无法可说"，"道惟心证，不在言通"。①法钦禅师同样如是，李吉甫在《杭州径山寺大觉禅师碑铭并序》中称："性和言简，罕所论说，问者百千，对无一二。"②两位禅学大师之所以寡言少语，在于其认为道不可说，只可体会自悟，所以"其传也，无文字语言以为说；其入也，无门阶经术以为渐。语如梦觉，得本自心"③。有一则关于法钦禅师的公案（佛教禅宗前辈祖师的言行范例），"有僧问：'如何是道？'师（法钦）云：'山上有鲤鱼，水底有蓬尘。'"④鲤鱼不可能在山上，蓬尘也不可能在水中，意即不应该有这样的问题。换言之，道不可言说。不仅如此，道又是无处不在的，鲤鱼也好，蓬尘也罢，都是因缘际会而生，本身没有真实性，唯有道遍布空间，永存世上。

法钦所驻径山，属天目山脉，重峦叠嶂，流水潺潺，古木参天，绿荫匝地，环境极为优美。法钦手植茶树数株，"茶圣"陆羽又在径山脚下写出《茶经》一书。从此，径山又与

---

① 董浩编：《全唐文》卷三百二十，中华书局1983年版，第3247页。
② 董浩编：《全唐文》卷五百一十二，中华书局1983年版，第5207页。
③ 董浩编：《全唐文》卷五百一十二，中华书局1983年版，第5206页。
④ 《景德传灯录》卷四，成都古籍书店影印2000年版，第55页。《景德传灯录》中"法钦"作"道钦"。

茶叶结下深厚渊源，并对日本茶道产生了重要影响。

从历史上看，中国人饮茶的起源较早，有神农尝百草、借茶解毒的传说，但唐以前，饮者多为文人雅士，属于上层社会人士，如著名的竹林七贤等。自唐代陆羽《茶经》问世后，茶叶日益成为普通民众的日常饮用品。茶与禅宗僧人尤其有着不解之缘，是禅宗僧人打坐入定时的不可或缺之物。禅宗僧人参禅是每日的必修功课，但日日参禅，难免有困意，茶作为一种特别的饮料，饮用后可以神清气爽，于是逐渐成为禅宗僧人的必备物品之一。法钦在径山植下茶树，既采以供佛，又供僧人自饮，提神醒脑。茶本身具有清静淡泊、韵味隽永的特点，又与禅宗强调的洗尽尘心、回归本心正相呼应，于是茶禅一体、一味，由此形成著名的径山茶禅文化，迄今已经有1 200多年的历史。

宋代时，径山形成著名的径山茶宴，融合禅林清规，以兼具山林野趣和禅林高韵而闻名于世，既贯穿径山僧众的日常修行生活，又向礼佛者展示禅的精神和内涵。举办茶宴时，众佛门弟子围坐茶堂中，遵照茶宴顺序和佛门教仪，依次有点茶、献茶、闻香、观色、尝味、叙谊等环节。寺院住持亲自冲点香茗，以示敬意，称为"点茶"；寺僧们依次将香茗奉献给各位来宾，称为"献茶"；赴宴者接过茶后，打开茶碗盖细闻茶香，称为"闻香"；举碗观赏茶汤色泽，称为"观色"；之后启口，品尝茶之隽永，称为"尝味"；茶过三巡后，论佛诵经，谈事叙谊，称为"叙谊"。2011年5月，径山茶宴经国务院批准，列入第三批国家级民俗项目类别非物质文化遗产名录。2015年11月，经过仔细爬梳史料，并走访径山法脉传承的日本寺院，再经中国社会科学院专家的反复论证，径山禅堂首次恢复了径山茶礼。

径山茶宴还是中日两国文化交流的重要内容和主要载体，也是日本茶道的重要源头之一。

一般认为，茶叶于8世纪末9世纪初传入日本。805年，到唐王朝留学的日本高僧最澄将茶籽带回日本。815年，另一日本高僧空海在《空海奉献表》中，留下了钻研学问之余饮茶的记载。至1191年，高僧千光荣西从中国学成归国后，再度将茶籽带回日本，并著《吃茶养生记》一书，此后饮茶在日本士大夫和武士阶层中日益普及。千光荣西在江南时，就曾登临径山寺，并将天台山茶叶、茶籽带回日本。

1235年前后，日本佛教高僧大启禅师和圣一禅师曾至径山结庐憩息，研究佛学，并将径山茶的碾饮之法（"末茶"）和茶具（"天目碗"）传到日本。1259年，日本和尚来到中国，拜径山虚堂和尚为师，归国时将"径山茶宴"的做法和精神带回日本，据18世纪日本江户时代中期国学大师山冈俊明编纂的《类聚名物考》第四卷中记载：茶宴之起，正元年中（1259年），驻前国崇福寺开山南浦昭明，入唐时宋世也，到径山寺谒虚堂，而传其法而皈。① 在某种程度上，正是南浦昭明把"径山茶宴"的仪式和内涵带去了日本，才逐渐发展成为日本的茶道。

三、古刹新貌：华藏寺、延福寺、天福庵

今天昆山市的著名佛教古刹，除慧聚寺外，还有华藏寺、延福寺、天福庵等。

华藏寺，位于昆山市玉峰山，原名"华藏教院"，又名"般若教院"，为慧聚寺子院。北宋宣和年间，信法禅师将其中的叠浪轩改建为十方贤者讲寺，寺名也称"华藏讲寺"。明洪武十三年（1380年），僧大雅将华藏讲寺从马鞍山北麓移建于西山之巅，依山势而建，殿宇皆朝东。至永乐十年（1412年），僧宗易始建山门，万历二十二年（1594年），僧寂默重

---

① 参见康小兰：《史料实证：日本茶道源于中国杭州余杭区径山茶宴》，http://www.scio.gov.cn/hzjl/zxbd/wz/document/534321/534321.htm。

建山门和天王殿。康熙初又建，此后邑人屡毁屡建。清康熙四十四年（1705年）春，康熙皇帝巡幸马鞍山，并登文笔峰，作诗留题。后知县程大复将其址改建为"皇亭"。清代，华藏寺规模更胜于昔，成书于康熙年间的《百城烟水》形容称："玉峰怪石山曾伏，绿荫弥岭，台榭参差，而华藏寺岿然出矣。"① 到1860年，华藏寺毁于兵燹。

华藏寺后有一座凌霄塔，又名"至尊多宝塔"，一种说法是慧向大师建于梁代，另一种说法是始建于唐代。凌霄塔初建时为五层，明万历三十二年（1604年），僧寂默重修凌霄塔至七层，遂成"七级浮屠"，内有盘旋楼梯可供上下。元明清时，屡有修葺。清咸丰三年（1853年），凌霄塔遭受雷击，受损严重，塔顶掉落，仅存塔身，佛龛外露。民国二十三年（1934年），昆山县长彭百川会同国民党元老柏文蔚、曹亚伯（时居昆山）等，发动地方团体和士绅募集资金，重修凌霄塔、玉峰亭等。据《亭林园志》载，凌霄塔的重建工作颇为浩大，除中心塔柱、主干支柱，其余皆全部拆除重建，历时二年，民国二十六年（1937年）工程接近完成，红砖青砖，交替叠砌，青红杂陈，塔貌一新，然未及全部竣工，抗日战争爆发。② 日军侵华期间，凌霄塔均遭日机轰炸。到1958年，凌霄塔和华藏寺一起被拆除。

1992年6月，经昆山市人民政府批准，华藏寺易地恢复重建，选址于马鞍山南麓翠微阁③西，占地5亩，苏州寒山寺、西园寺、灵岩寺均捐资襄助。新华藏寺于1995年8月完工。1999年8月，昆山市人民政府鉴于亭林园的总体建设规

---

① 徐崧、张大纯纂辑，薛正兴点校：《百城烟水》卷六《昆山县》，江苏古籍出版社1999年版，第384页。
② 沈立新主编：《亭林园志》，西安地图出版社2006年版，第48—49页。
③ 翠微阁，原为宋代诗僧冲邈所居，冲邈别号翠微，著有《翠微集》，阁以号名。另外，翠微也有山色青葱轻淡之意，故各地以翠微命名者不少，如黄山的翠微峰、翠微寺及杭州灵隐寺对面的翠微亭等。

划，决定搬迁华藏寺，选址于亭林园西大门东。2001年10月，新建华藏寺竣工。新寺占地3 500平方米，投资达1 000余万元。寺院前有横跨在小河上的伯生桥，寺院楼宇呈现宋代建筑风貌，有天王殿、大雄宝殿、观音殿、地藏殿等建筑，规模宏大，金碧辉煌。

延福寺位于昆山市千灯镇，是昆山市历史最悠久的佛教丛林之一。延福寺在梁天监二年（503年）由千灯镇人王束舍宅捐建，僧从义开山建寺，时名"波若寺"。后梁开平二年（908年）寺院重修，后晋天福二年（937年），改称"波若寺"。宋大中祥符元年（1008年），宋真宗赵恒改赐名"延福教寺"。寺内有浮屠七级，也是梁时所建。① 宋时延福寺规模宏伟，共有禅房约1 000间，和尚多达800余名，寺中种植大量的银杏树，是有名的佛教圣地，前来烧香拜佛的香客络绎不绝。元末延福寺被毁，明初又重建，此后历代均有修葺。现存的建筑群，按中轴线排列依次为山门、天王殿、大殿和观音堂。两侧有厢楼，殿间有长生池、观间堂，后有石涧井。

天福庵位于昆山市花桥镇天福村。天福庵的得名有一段民间传说。据说三国时期，吴魏交战，曹操兵力强盛，孙权不敌，形势一度危急。孙权母亲焚香许愿，祷告上苍帮助吴国度过危险。后天降大雨，不习水性的曹军大败，吴国转危为安。孙权母亲遂在当地大兴土木，建造寺庙18间，供奉观音菩萨，因为是上天赐福，遂取名"天福庵"。此后，天福庵的名声日益彰显，方圆数十里的普通民众纷纷前来进香赶集，庵边的小村称为"天福村"，庵边的小镇称为"天福庵镇"，到元明时期规模日甚，磬声不歇。后世曾从庙后地下掘出4根高大的青石柱，可见当年天福庵规模之宏大。1920年，沪宁铁路上设立天福庵火车站，小镇一夜成名。到20世纪三四十年代，天

---

① 张鸿等：道光《昆新两县志》卷十《寺观》，《中国地方志集成·江苏府县志辑15》，江苏古籍出版社1991年版，第135页。

福庵镇老街上，仍有大小店铺近60家。

另外，据民国《昆新两县续补合志》载："天福庵在安亭乡，相传为广林寺遗址，有碍可考。粤寇之难，全市被毁，惟此庵独存。"① 安亭古属娄县（今昆山市），后划归上海，从安亭分出的花桥、蓬阆归属昆山。现天福庵仅存庙房4间。

四、张浦东岳庙及子庙群、白塔龙王庙

昆山地区最早的道院是北宋熙宁五年（1072年）建于城区卜山的月华道院，到南宋淳祐十一年（1251年），全县道观计有9处，影响较大者城区有清真观、灵应普照观、月华道院等，乡间有修真道院、胡真道院、石浦道院等。元代昆山的道院数量较多，但较大规模者仍为清真观。昆山道教属于正一派。民国时，全县有道院123处，师徒218人，其中仅数十人为出家道士，大多数道士为在家道士，以道士为职业，即以超度亡灵、消灾祛病等做法事为生。

虽然昆山地区的道教宫观数量不多，但依托道教的民间信仰在昆山地区可谓影响广泛，其中，以东岳信仰和龙王信仰为代表。

张浦东岳庙（姜里东岳庙），俗称"老庙"，位于昆山市张浦镇姜杭村的姜里潭边，主要祀奉东岳大帝，属于道教宫观。东岳指山东泰山，东岳为五岳之首，古称"岱宗"，东岳大帝就是泰山神，"泰山者，乃群山之祖，五岳之宗，天帝之孙，神灵之府也"②。由于泰山所在的齐鲁之地多为丘陵平原，泰山突兀而起，峻极高巍，在早期华夏文明中占有较为突出的

---

① 连德英修，李传元纂：民国《昆新两县续补合志》，《中国地方志集成·江苏府县志辑17》，江苏古籍出版社1991年版，第385页。
② 阙名、干宝、秦子晋：《绘图三教源流搜神大全（外二种）》，上海古籍出版社1990年版，第46页。

地位，被视为沟通天人的场所，是历代君王祭祀天地，即"封禅"之处。因此，东岳泰山神的地位在道教神仙谱系中较高，东岳大帝也成为中国民众普遍信奉的一位道教尊神。

张浦东岳庙始建于南宋乾道九年（1173年），由道士翟守真修建，至今已有800多年的历史。元大德元年（1297年）由河南行省右丞朱清重建，至正十二年（1352年）道士杨春泽再度修葺，后毁于火灾；明永乐年间由里人朱信重建，正统年间重修，嘉靖六年（1527年）道士张仲威重建；清顺治十年（1653年），再由里人捐资公建。原庙宇占地40多亩，壮观雄伟，内供奉东岳大帝、慈航道人、地藏王、灵官、财神、城隍、土地、八仙、十殿阎王等诸多神像。庙前原有台面达120平方米的一座戏台，临水而建，乡民可以在船上观看戏曲。1949年以后泥塑神像被毁；1957年戏台被拆，庙宇作为姜里大队副业生产场所；1963年庙宇被拆。1992年改建新庙一间，1998年经昆山市人民政府批准，于2000年修成正殿东岳殿。

张浦东岳庙称得上是江南水乡的道教圣地。江南地区的东岳庙分布范围广、数量多、密度高，对东岳大帝的信仰也流传至今，其中，昆山的东岳信仰颇具代表性。1958年前，昆山东岳庙有4处，现存3处，分别位于张浦镇、陆家镇、石牌镇三地。其中，张浦东岳庙是主庙。

依托东岳信仰，昆山地区形成了极具江南特色的庙会风俗。张浦东岳庙于每年的农历三月二十四至二十九举办庙会，以农历三月二十八日的东岳诞辰最为热闹，熙熙攘攘，舟楫云集，吸引周边众多民众赶赴参加，可以说是昆山地区最具影响力的民间信仰活动之一。清人顾禄在记述苏州地区岁时风俗的《清嘉录》卷三《东狱生日》中引《昆新合志》云："二十八日，东岳圣帝诞，各乡赛会。石牌、赵灵、车塘、更楼桥各乡民,舁神进香,男妇游观若狂。"① 每逢东岳诞辰,各乡镇上的东岳庙都要举行庆典活动,或抬像巡游,或唱戏酬神,香客和乡民络绎不绝,既极大地满足了民众祈福、驱邪、禳灾等宗教心理需求,又成为普通民众最重要的民间娱乐活动之一。

昆山东岳庙会的吸引力之强和辐射力之广,明清时期就已经显山露水。光绪《周庄镇志》卷四《风俗》载:三月二十八日,天齐王诞辰,东岳庙左演戏三日,近乡田作多停工来游,俗称长工生日。②"天齐王"是唐玄宗对东岳大帝的封号,"长工"指雇工、佃农,多为下层社会成员。每逢东岳诞辰,这些雇工、佃农即便停工也要前来烧香,以至东岳诞辰日俗称"长工生日",可见东岳信仰在民间社会的影响之深远。至2010年,昆山张浦镇、陆家镇、石牌镇三地的东岳庙会统一列入第三批苏州市非物质文化遗产名录。

白塔龙王庙,位于昆山市春晖路北侧,始建于明万历九年(1581年),至今已有400余年的历史。据记载,白塔龙王庙原在兵希镇(今昆山经济开发区)外,位于青阳港(旧称"新洋江")与娄江的交汇处,与龙王庙同时建造的还有俗称"白塔"(又称"望夫塔")的玉柱塔一座,故称"白塔龙王庙"。

此处水面开阔,浩浩渺渺,南宋时还出现了海潮,所以在此建起了龙王庙。昆山虽然近海,但原本无潮汐,两宋时期,昆山地区得到进一步开发,地方官不断整治坡岸、疏浚河道,青阳港和娄江成为大河,南宋时遂有海潮涌入。范成大的《吴郡志》称,昆山"自古无潮汐",到"绍兴中,始有潮至县郭"③,并可以直达县城。传说,南宋代淳熙中期,有异人诵谶预言:潮过夷亭出状元。夷亭即今唯亭,后来果然有大潮

---

① 顾禄:《清嘉录》卷三《东狱生日》,中华书局2008年版,第97页。
② 陶煦:光绪《周庄镇志》卷四《风俗》,《中国地方志集成·乡镇志专辑6》,江苏古籍出版社1992年版,第543页。
③ 范成大撰,陆振岳校点:《吴郡志》,江苏古籍出版社1999年版,第601页。

过夷亭，昆山于是涌现出毛澄、顾鼎臣、朱希周等状元。明嘉靖中，知县宋伊复在东门外建"候潮馆"，万历年间，邑人又建"玉柱塔"，于是有"白塔"之称。

民国元老陈果夫著的《中华风俗历》称：近代八月十八，海宁观潮，已经成为浙中一带的习俗，而且通称此日为潮生日或潮头生日……如松江在浦口观潮，常熟在釜山（即福山）观潮，昆山在新洋港（今昆山市青阳港）观潮，太仓在张泾观潮，璜泾在清殿或钱泾口观潮，平湖在乍浦观潮，等等，都是如此。海潮出现后，就顺理成章地建起了龙王庙，并形成了每年农历八月十八的"朝白塔"庙会。每逢庙会，海潮沿娄江上溯，滚涌而来，至白塔两河相交处，漩涡叠起、水流湍急，水势猛增。每逢此时，城中县衙官员、士大夫、仕女和众多百姓都前往观潮，还抬出神像会集，鼓乐喧天，形成昆山民俗"看潮头"，或称"朝白塔"。"白塔朝霞""亭馆秋潮"便成为昆山"玉峰八景"中的两大景观。① 此后，长江带来大量泥土，东南地区的海岸线日渐东移，内河航道则逐渐淤塞，至清康熙年间，海潮不复出现，"看潮头"成为故事，但观潮形成的庙会风俗得以保存下来，每年农历八月十八前后，香客云集，热闹非凡。

白塔龙王庙的玉柱塔早在清同治初年已被烧毁，而龙王庙在1949年前也已经破败不堪。2002年，由昆山市道教协会负责移地重建，2004年建成开放。新的白塔龙王庙占地面积6700平方米，坐北朝南，以明清时期的建筑风格为特点，庙内供奉有龙王、财神、文昌、药王、六十甲子、慈航道人等神像。白塔龙王庙现为昆山市道教活动中心。

---

① 陈柏雄：《白塔观潮》，昆山市政协文史征集委员会、昆山市文化馆编：《昆山文史》第12辑《昆山习俗风情》，内部资料1994年，第134页。

五、昆山民间习俗：打春牛、吃讲茶、走三桥

昆山历史悠久，据张浦赵陵山、正仪绰墩山等遗址考古发掘表明，昆山历史可以一直上溯到马家浜文化时期。春秋吴国时期，吴王在昆山麋鹿狩猎，故又名鹿城。这里水网密布，是典型的水乡，加上气候宜人，土地肥沃，数千年来，一代代的昆山人在这块土地上辛勤耕耘，在收获累累硕果的同时，也形成了自身独特的文化追求，表现为独具特色的民间习俗。昆山地区较为知名的民间习俗主要有以下三种。

1. 打春牛

打春牛是江南地区常见的民俗活动之一。众所周知，在中国传统社会中，农民的生活状况一直不容乐观，拥有极少的社会财富，即便是在所谓的盛世，农民终岁辛苦，耕耘不息，生活仅得温饱。但是，历代王朝一直号称"以农立国"，并以"重本抑末"为国策。因此，历代统治者都要举行一些重农的仪式，如清代帝王要举行规模盛大的"藉田"大礼，而在府县地方，"打春牛"就成为地方官重视农业的重要仪式之一。

打春牛民间习俗活动一般在每年春耕之前。苏州地区每逢"立春日，太守集府堂，鞭牛碎之，谓之'打春'。乡民竞以麻、麦、米、豆抛打春牛。里胥以春球相馈贻，预兆丰稔"①。清代每年立春前一天，昆山县令要到东南门外超化庵，新阳县令要到东门外候潮馆，分别举行迎春仪式。至少从表面上看，这一仪式是相当隆重的。县令事先要沐浴净身，更换干净的素服，带领其他官员和助手，步行到郊外；再率领当地乡民，上香叩首；待拜祀结束，让打扮成"芒神"的随行衙役扬鞭抽打供桌前一只塑好的泥牛或糊好的纸牛，这一举动意味着打去牛的懒惰，从此勤奋耕地，获得丰收。无论是泥牛还是纸牛，

---

① 顾禄：《清嘉录》卷一《打春》，中华书局2008年版，第36页。

都不经抽打，破裂后牛肚子中会流出预先装好的五谷，即象征五谷丰登，遍地丰收。

2. 吃讲茶

吃茶是江南地区极为流行的生活方式之一，也称"泡茶馆"。明清时期，随着商品经济的日益发展，茶楼成为各行各业交流信息、互通有无的中介场所，如苏州观前街上的三万昌茶楼就是米业商人及相关从业人员的汇聚之地，便于其洽谈生意或验米看样。热闹的茶馆还是文人阔论学术、报人获取信息的重要场所。不仅如此，江南地区的茶馆，还堪称民间社会的"民间法庭"，承担着调解民间社会矛盾的功能，所以市民百姓视茶馆为公开调解各类事务纠纷的重要场所和手段，这被称为"吃讲茶"。

吃讲茶民间习俗在苏州、上海地区一直沿袭至今。昆山地区旧时茶坊极多，如鸿楼、杏花楼、大观楼等，吃讲茶之风极盛。吃讲茶，顾名思义，就是一边在茶室吃茶，一边由发生争执的双方互讲道理，并选一位颇有名望之人当众评理或调解纠纷，最后由理屈词穷一方罚付全座茶资。吃讲茶涉及的事务，小到家庭、邻里间的纠纷，大到宗族、村庄、行业间的冲突。按照吃讲茶的规矩，矛盾两方会请来素来明白事理、享有社会声誉、双方都认可的颇有名望之人，一起围坐在八仙桌前，一边喝茶，一边倾诉，再由颇有名望之人慢慢调解，找出双方都同意的解决之道。当然，吃讲茶偶尔也会演变成暴力行为。1912年8月，省议员、昆山安亭人蔡璜倡议革除"庄书"①陋习，因触及庄书们的利益，昆山全县二百多名庄书乘蔡璜与好友在杏花楼喝茶时，借吃讲茶为名，对蔡璜大打出手。

随着时代变迁，昆山古镇上的茶馆日益减少，吃讲茶习俗

---

① 庄书指官府征收地方粮赋时所派出的书办，职责是缮造粮册、过立户名，清代地方官府对这类人员不给任何津贴，使得这类书办以各种名目和手段鱼肉、敲诈乡民。

也已经很少见到。2012年7月，位于周庄古镇景区南湖街上的南湖"吃讲茶"正式"开讲"。此后，周庄镇的祁浜、龙凤、全旺、双庙、复兴、高勇各村等都相继恢复了吃讲茶这一民间习俗，并注入新内涵，或者邀请人民调解员、基层法律服务工作者围绕百姓身边案例，向百姓普及遗产继承、遗嘱订立、赡养抚养、法律援助、妇女权益等法律常识，或者发动辖区艺术爱好者和业余剧团，利用锡剧、宣卷、评弹等艺术形式，围绕农村生活实际，表演各类地方剧目，等等。至此，吃讲茶这种有着鲜明地域特色的优秀传统习俗，被重新挖掘和保留下来，并被赋予新的时代精神。

3. 走三桥

走三桥是苏州地区的百姓表达祈福、驱灾和祝愿的民间习俗。走三桥这一民间习俗原针对女性，清人顾禄曾有记述："元夕，妇女相率宵行，以却疾病，必历三桥而止，谓之'走三桥'。案：长、元《志》皆载：'上元，妇女走历三桥，谓可免百病。'明陆伸《走三桥词》：'细娘分付后庭鸡，不到天明莫浪啼。走遍三桥灯已落，却嫌罗袜污春泥'……吴郡此风，此废今传。"[①] 此后，走三桥成为苏州普通百姓祛病消灾、祝愿祈福的节俗，凡婚嫁喜庆必走三桥，也称"走桥""游安""走平安路"，见于苏州多个地区。如苏州山塘古街的斟酌桥、望山桥、绣花桥，同里古镇的太平桥、吉利桥、长庆桥，太仓旧时有吉利、太平、安乐三桥，等等。

昆山属江南水乡，河道交叉，桥梁密布，走三桥习俗同样盛行。例如，昆山玉山镇，旧时在元宵节晚餐后，全镇的百姓就要出去走三桥。是时玉兔东升，天地皎洁，妇幼提灯出游，路上必定经过三座桥。按当地百姓的说法，这样可以逢凶化吉、消除百病。又如，昆山正仪镇，旧时在农历正月十五，全镇百姓家家出动，扶老携幼，外出观赏塔灯，同时路上一定要

---

① 顾禄：《清嘉禄》卷二《走三桥》，中华书局2008年版，第58页。

经过三座桥即称"走三桥",且一定要走过太平桥才能返回家里。因此,每逢元宵节,镇上热闹非凡,赏灯的、走三桥的络绎不绝,熙熙攘攘。时至今日,走三桥仍然是昆山百姓重要的民间习俗之一,甚至成为当地百姓嫁娶喜庆的必经流程之一。如锦溪河流桥梁众多,有"三十六座桥、七十二只窑"之称,其中的天水、丽泽、鸿福三座桥,呈"品"字形跨于交通河、锦溪河汇岔处,远望如一个等边三角形。镇上百姓,每逢喜事必走三桥,代表着百姓祈福的心态。如新郎新娘走三桥,预示婚后小两口生活幸福美满;宝宝满月走三桥,预示小朋友身体健康、少受病灾。

六、昆山民间艺术:锦溪宣卷

昆曲发轫于元末明初的昆山,在国内外闻名遐迩,但昆曲的爱好者大多是上层社会人士,称得上是"阳春白雪"。在民间社会,更为普通百姓喜闻乐见的民间曲艺是宣卷。木鱼声伴随丝竹声低吟浅唱,娓娓道来,一段段故事、一幕幕场景,江南那种独特古老而又富有乡土味的艺术气息扑面而来,令人难忘。

宣卷是宣讲宝卷的简称,原为佛教和其他宗教在向民间普及时,所采取的一种唱念形式,内容也主要与佛寺故事有关,因其唱腔优美逐渐流传于民间,成为一种民间说唱艺术形式。数百年来,宣卷在江南农村地区传唱不歇,影响日广,遍地开花,与各地的民歌音调、戏曲单调、曲艺音调相融合,形成各种富有地方特色的宣卷,成为江南民间社会中最受欢迎的民间说唱艺术之一。宣卷分为木鱼宣卷和丝弦宣卷两类,将唱曲和说表融为一体,以唱为主、说为辅,多为坐唱。木鱼宣卷仅用敲木鱼、打节拍押韵,后来也采用"响角"和"铃"作为伴音。木鱼宣卷后来发展到丝弦宣卷,用二胡、笛子、琵琶、扬琴、笙等丝弦乐器伴奏。

在江南地区有许多非常有名的宣卷,如江苏靖江宣卷、浙江四明宣卷、苏州同里宣卷等。各种宣卷的不同之处主要在于唱腔的差异,并采用各地方言,因此乡土气息浓厚,面貌也各不相同,但都表现出委婉流畅的江南水乡特点。明清时期,宣卷已经广泛流传于江南民间;1949年以后,宣卷在官方抑制下有所衰落;改革开放以来,宣卷的民间信仰功能和民间艺术形式得到政府认可,于是再度在江南民间社会中广泛流传。每逢喜庆或节庆时,主人家就雇请丝弦宣卷班子前去演唱,听众云集,这给农村文艺生活较为贫乏的农民带去了许多乐趣。

昆山宣卷属于苏州宣卷的一个分支,而且具有较为重要的地位。1960年前后,当时的苏州市文化局(今苏州市文化广电和旅游局)戏剧研究室曾从苏州郊区和各县农村征集到约280种、近800册宝卷,大多是宣卷艺人的传抄本,抄写自清道光至民国年间。20世纪80年代由《中国曲艺音乐集成》苏州市编委会编印的《中国曲艺音乐集成·江苏卷·苏州分卷(上、中、下)》正式出版,书中涉及对苏州宣卷的现状调查,并为9位宣卷艺人立传,其中,有6人的生平、师承或从演经历与昆山有关,如昆山籍艺人就有徐士英、张亭良、王秉中等。改革开放后,宣卷脱掉了"封建迷信"的帽子,不再受打压,于是重新在民间流传,尤其是在祝寿、喜庆、丧葬、庙会等场合或活动时,都会出现宣卷艺人的身影。1983年9月,昆山市文化馆组织部分乡镇的文艺演出队员排练了新创作的《天堂哪有人间好》,该曲目描摹了一众神仙下凡到江南百花村后,承包经营,发挥各自特长,几年间成了富裕户的故事。其风格诙谐夸张,笑料迭出,又对原曲调稍做改动,韵味更强,形式上改成由2名男演员主演、8名女演员帮腔,表演气氛颇为热烈。是年年底,这支文艺演出队参加苏州农村群众文艺创作节目会演时,获得好评;1984年4月,又被苏州市文化局选入中央宣传部、文化部(今文化和旅游部)邀请的赴京汇报演出队,在中南海怀仁堂演出11场,场场爆满,受到一致赞誉。

目前，昆山宣卷的代表之一是锦溪宣卷。锦溪人演奏宣卷，已经有200多年的历史，既有《玉连环》《秦香莲》《玉蜻蜓》《梁山伯与祝英台》等传统题材的"旧宣卷"，又有《摇起快船唱唱宣卷》《锦溪湖荡有名声》等反映时代社会风貌的"新宣卷"。演出时，在主人家客堂里并排摆放两张八仙桌，一位宣卷艺人坐在客堂中央的南端，手执木鱼或醒木，唱曲时敲打木鱼，说表时拍打醒木，其右端坐着伴奏艺人，左端坐着帮腔艺人，帮腔可男可女，开场时都要演奏《梅花三弄》等江南丝竹曲调作为静场。演出过程中，或男或女，或老或少，或哭或笑，或鸡鸣狗吠，绘声绘色，惟妙惟肖，再加上悠扬、独特的曲调和用本地方言的说表，地方气息非常浓郁，极为吸引观众。

2009年，锦溪宣卷被列入江苏省第一批非物质文化遗产名录扩展项目，2014年入选国家级第四批非物质文化遗产的保护名录，锦溪宣卷从此成为当地的一张文化名片。2012年10月，锦溪镇还以锦苑作为载体，成立了中国锦溪宣卷艺术馆，锦溪宣卷因此有了传承基地，人们不仅可以在这里进行宣卷剧本的搜集、整理、研究和创作，还可以培养宣卷人才。中国锦溪宣卷艺术馆收藏有大量的宣卷历史资料，宣卷表演厅里有不定期的宣卷表演。锦溪镇还连续举办了宣卷演唱交流会。2009年，锦溪镇举办了首届苏浙沪宣卷演唱交流会，江苏省无锡市、常州市、靖江市，浙江省嘉善县，上海市青浦区金泽镇，以及江苏省苏州市同里镇、甪直镇等地的宣卷班子联袂前来。2011年12月，第二届苏浙沪宣卷演唱交流会暨昆山市非物质文化遗产传承年文艺节目展演在锦溪镇开幕，苏浙沪的12支宣卷队伍在锦溪镇同场竞技，并就宣卷保护和传承进行了研讨。2013年，第三届苏浙沪宣卷交流演出活动在锦溪镇文体中心开幕，该活动有20支代表队参加。2016年，第四届苏浙沪宣卷交流邀请赛在锦溪镇举行，该比赛有14支代表队参加。如今，锦溪镇已经成为传承和弘扬优秀传统宣卷文化的一大基地，在收集整理传统剧本、创作新时代剧本、推动宣卷理论研究、创新宣卷表演形式的同时，还将宣卷与旅游业相结合，使得锦溪宣卷以一种全新姿态呈现在世人面前。

第七章 玉出昆冈

江左为天下文章渊薮,早有定论;苏州是文人集聚之地,已无异议。苏州下辖的昆山,是文脉相通之地,在历史的长河中奏响着绚烂的华章。自汉末到明清,在昆山成长的文人、到昆山吟哦的巨匠,不知凡几,文学史家不会轻易疏忽。从三国时期的陆氏、顾氏家族到近代汪之昌等作家,何止千百。我们无意于勾勒昆山一地的文学发展简史,然可以从几位典型的作家入手,不论是昆山人还是在昆山活动的文人,在他们咏叹昆山名胜古迹的华章中,可以窥视昆山文章诗词盛况之一斑。

一、陆机兄弟:"婉娈昆山阴"

昆山人文荟萃,俊才辈出,各类学科俱有卓越的名家及其造就的杰出成就。在文学方面,显然不能只根据原始歌谣或民间神话故事来探讨昆山文脉的缘起与发展脉络,至少在斯民聚居之际,即有原始的口头创作,只是存在历史的原因而没有被记载下来而已。加之昆山的行政区划和归属变化较大,从先秦时期的古娄邑到现代的昆山市,分合更名需要进行专门的探讨和描述。然而,不论是在春秋战国时期属于吴国管辖,还是后来归入越国,再并入楚国,其地理位置,大致就包括今天的昆山市全部，上海市松江区中西部、嘉定区和青浦区一部，太仓市南部。不可否认的是，从娄邑、娄县、昆山县到昆山市，相对稳定的建制和管辖范围可以帮助我们清晰地梳理其发展脉络。自南朝梁大同二年（536年）定名昆山县始，此后两百年间该地区相对稳定，县治就在昆山——一个历史悠久的集镇，即今天的上海市松江区小昆山镇。所以，以今天的小昆山镇为政治中心存在的娄邑、娄县、昆山县，是一个区域范围很大的县级行政区。唐天宝十载（751年），昆山县被拆分，设置华亭县，原昆山县的治所留给了华亭县，即今天的小昆山。而昆山县的县治则移到了马鞍山，即今天的昆山玉峰山，因形似马鞍而得名。这样叙述，是为了说明一个问题，即了解昆山的人文脉络，不能仅限于现代的昆山区域，还需要拥有历史的视野。从行政区划的变动可以看出，东汉后期、三国鼎立之际，这一带已经人才辈出，藏龙卧虎。孙吴政权灭亡之后，从这里走出了两位杰出的文学家——陆机和陆云，他们是早年的昆山文化标杆。

三国时期的孙吴政权并入西晋之后，至少国家出现了统一的局面，不再将一家一姓的成败存亡凌驾于国家民族的利益之上。但客观地讲，陆抗之子陆晏、陆景、陆玄、陆机、陆云，虽非承担政权存亡重任的军政人才，然陆机、陆云的文学才华与影响，亦可为陆家增光。

陆机，字士衡，西晋著名文学家、书法家。在孙吴政权时曾任牙门将。西晋太康元年（280年），吴亡时陆机年仅二十岁，遂退居故里，与弟陆云读书近十年。太康十年（289年），陆机、陆云兄弟来到洛阳，受到太常张华赏识，在公卿间热情揄扬，此后二人名声大振，时有"二陆入洛，三张减价"的说法。二陆是指陆机、陆云。三张是指张载、张协和张亢。文学史上介绍西晋太康文学，当时多称"三张二陆两潘一左"，"两潘"为潘岳、潘尼，"一左"为左思，可见两兄弟在文学史上的地位。陆机曾任平原内史、祭酒、著作郎等职，世称

"陆平原"。由于书生意气，又得到名流权贵的赞许，陆机、陆云兄弟俩便有些忘乎所以，从此就被卷入西晋政权内部的较量之中。直到张华遇害之后，兄弟俩才察觉到官场的危险，但此时已经身不由己。后因卷入"八王之乱"，兄弟俩遭到报复，被夷三族。

陆机"黄耳传书"的故事，流传甚广。相传陆机在洛阳，豢养了一只名犬，名叫"黄耳"，他对其非常喜爱。由于很久没有过问江南的家事，便笑着对狗说："我很久没有得到家乡的消息了，能不能为我送封信到吴地的家里呢？"狗像是听懂了似的，摇着尾巴叫出了声。于是陆机便写信，用竹筒装着，挂在狗的脖子上。狗沿路向南走，居然找到了陆机昆山的家中，家里人看到这条狗能够从洛阳跑到昆山，十分惊奇，便写了封回信，让狗返回洛阳。黄耳从取得回信到返抵洛阳，完成了一次长途传书，前后只用了二十多天。

文学史上的陆机，辞赋独步当世，诗歌亦入上品，论说得到时贤公认，书法更是一流。陆机诗文辞赋众多，两晋南北朝时期，文集至少有近五十卷。此后逐渐散佚，不见全璧。宋人著录，已称十卷，可惜这个十卷本《陆机集》也已失传。赖明代陆元大据以翻刻，合陆云文集，名《晋二俊文集》，保存了宋刻原貌，错讹亦一并继承。于是，后来者校正补辑就有了大量的工作。张溥编辑整理《汉魏六朝百三家集》所收《陆平原集》，也是依据陆元大本而来。对于陆机的文章，张溥在题词中评价甚高。今传本，以中华书局版金涛声点校本最为完备。

陆机是西晋重要的辞赋家，是以赋体文字张扬比喻事物的高手，他擅用赋体论文，是杰出的文艺批评家。其《漏刻赋》《羽扇赋》《思亲赋》等，多为短制，是典型的言情辞赋，即便是最长的《文赋》，也远不是汉大赋的体量。《豪士赋》《叹逝赋》的篇幅较长，亦不过千字。《瓜赋》一篇，可见陆机才情。《文赋》并序，则不仅是一篇文学作品，还是一篇赋体文论。

余每观才士之所作，窃有以得其用心。夫放言遣辞，良多变矣，妍蚩好恶，可得而言。每自属文，尤见其情。恒患意不称物，文不逮意。盖非知之难，能之难也。故作《文赋》以述先士之盛藻，因论作文之利害所由，他日殆可谓曲尽其妙。至于操斧伐柯，虽取则不远，若夫随手之变，良难以辞逮。盖所能言者，具于此云尔。

伫中区以玄览，颐情志于典坟。遵四时以叹逝，瞻万物而思纷。悲落叶于劲秋，喜柔条于芳春。心懔懔以怀霜，志眇眇而临云。咏世德之骏烈，诵先人之清芬。游文章之林府，嘉丽藻之彬彬。慨投篇而援笔，聊宣之乎斯文。

其始也，皆收视反听，耽思傍讯。精骛八极，心游万仞。其致也，情曈昽而弥鲜，物昭晰而互进。倾群言之沥液，漱六艺之芳润。浮天渊以安流，濯下泉而潜浸。于是沉辞怫悦，若游鱼衔钩而出重渊之深；浮藻联翩，若翰鸟缨缴而坠曾云之峻。收百世之阙文，采千载之遗韵。谢朝华于已披，启夕秀于未振。观古今于须臾，抚四海于一瞬。然后选义按部，考辞就班。抱景者咸叩，怀响者毕弹。或因枝以振叶，或沿波而讨源。或本隐以之显，或求易而得难。或虎变而兽扰，或龙见而鸟澜。或妥帖而易施，或岨峿而不安。罄澄心以凝思，眇众虑而为言。笼天地于形内，挫万物于笔端。始踯躅于燥吻，终流离于濡翰。理扶质以立干，文垂条而结繁。信情貌之不差，故每变而在颜。思涉乐其必笑，方言哀而以叹。或操觚以率尔，或含毫而邈然。

伊兹事之可乐，固圣贤之所钦。课虚无以责有，叩寂寞而求音。函绵邈于尺素，吐滂沛乎寸心。言恢之而弥广，思按之而逾深。播芳蕤之馥馥，发青条之森森。粲风飞而猋竖，郁云起乎翰林。

体有万殊，物无一量。纷纭挥霍，形难为状。辞程才以效伎，意司契而为匠。在有无而僶俛，当浅深而不让。虽离方而遁员，期穷形而尽相。故夫夸目者尚奢，惬心者贵当。言穷者无隘，论达者唯旷。诗缘情而绮靡，赋体物而浏亮。碑披文以相质，诔缠绵而悽怆。铭博约而温润，箴顿挫而清壮。颂优游以彬蔚，论精微而朗畅。奏平彻以闲雅，说炜晔而谲诳。虽区分之在兹，亦禁邪而制放。要辞达而理举，故无取乎冗长。

其为物也多姿，其为体也屡迁。其会意也尚巧，其遣言也贵妍。暨音声之迭代，若五色之相宣。虽逝止之无常，故崎锜而难便。苟达变而识次，犹开流以纳泉。如失机而后会，恒操末以续颠。谬玄黄之秩叙，故淟涊而不鲜。

或仰逼于先条，或俯侵于后章。或辞害而理比，或言顺而意妨。离之则双美，合之则两伤。考殿最于锱铢，定去留于毫芒。苟铨衡之所裁，固应绳其必当。

或文繁理富，而意不指适。极无两致，尽不可益。立片言而居要，乃一篇之警策。虽众辞之有条，必待兹而效绩。亮功多而累寡，故取足而不易。

或藻思绮合，清丽千眠。炳若缛绣，悽若繁弦。必所拟之不殊，乃暗合乎曩篇，虽杼轴于予怀，怵他人之我先。苟伤廉而愆义，亦虽爱而必捐。

或苕发颖竖，离众绝致。形不可逐，响难为系。块孤立而特峙，非常音之所纬。心牢落而无偶，意徘徊而不能掷。石韫玉而山晖，水怀珠而川媚。彼榛楛之勿翦，亦蒙荣于集翠。缀《下里》于《白雪》，吾亦济夫所伟。

或讬言于短韵，对穷迹而孤兴。俯寂寞而无友，仰寥廓而莫承。譬偏弦之独张，含清唱而靡应。

或寄辞于瘁音，言徒靡言而弗华。混妍蚩而成体，累良质而为瑕。象下管之偏疾，故虽应而不和。

或遗理以存异，徒寻虚以逐微。言寡情而鲜爱，辞浮漂而不归。犹弦幺而徽急，故虽和而不悲。

或奔放以谐和，务嘈而妖冶。徒悦目而偶俗，故高声而曲下。寤《防露》与《桑间》，又虽悲而不雅。

或清虚以婉约，每除烦而去滥。阙大羹之遗味，同朱弦之清氾泛。虽一唱而三叹，固既雅而不艳。

若夫丰约之裁，俯仰之形，因宜适变，曲有微情。或言拙而喻巧，或理朴而辞轻。或袭故而弥新，或沿浊而更清。或览之而必察，或研之而后精。譬犹舞者赴节以投袂，歌者应弦而遣声。是盖轮扁所不得言，故亦非华说之所能精。

普辞条与文律，良余膺之所服。练世情之常尤，识前修之所淑。虽浚发于巧心，或受蚩于拙目。彼琼敷与玉藻，若中原之有菽。同橐籥之罔穷，与天地乎并育。虽纷蔼于此世，嗟不盈于予掬。患挈瓶之屡空，病昌言之难属。故踸踔于短韵，放庸音以足曲。恒遗恨以终篇，岂怀盈而自足。惧蒙尘于叩缶，顾取笑乎鸣玉。

若夫应感之会，通塞之纪，来不可遏，去不可止，藏若景灭，行犹响起。方天机之骏利，夫何纷而不理。思风发于胸臆，言泉流于唇齿。纷葳蕤以馺遝，唯毫素之所拟。文徽徽以溢目，音泠泠而盈耳。及其六情底滞，志往神留。兀若枯木，豁若涸流。揽营魂以探赜，顿精爽于自求。理翳翳而愈伏，思乙乙其若抽。是以或竭情而多悔，或率意而寡尤。虽兹物之在我，非余力之所勠。故时抚空怀而自惋，吾未识夫开塞之所由。

伊兹文之为用，固众理之所因。恢万里使无阂，通亿载而为津。俯贻则于来叶，仰观象乎古人。济文武于将坠，宣风声于不泯。途无远而不弥，理无微而不纶。配霑润于云雨，象变化乎鬼神。被金石而德广，流管弦而日新。①

---

① 陆机著，杨明校：《陆机集校笺》，上海古籍出版社2016年版，第1—44页。

从《文赋》的论述内容来看，至少是陆机入洛多年之后所作，此时的他，不仅有丰富的创作实践，还与中原文学之士深入交往，更有对中原文风充分认识之后的体悟。所以，《文赋》是赋体的文论。而将文章与史学著述及哲学论著加以区分，进入文学自觉的境界，正是当时文人的一种取向。

首先，陆机有针对性地说明《文赋》的写作缘起，在于当时文士行文中往往词不达意，又缺乏韵味，只能依靠文辞的变化来卖弄才情，看似已经得到文章的真谛，其实这是一种对文章的本质缺乏认识、尚未完成文笔分流的现象。因此，陆机强调对于作文既要知之，又要能之。也就是说，《文赋》之作，所要解决的问题是如何在行文中做到意称物、文逮意，即文章写作中如何确切地表达客观事物、寄托作者的思想情感，以及适当地运用写作技巧。

其次，陆机根据文学创作的特点和文章写作的一般规律，梳理了创作的过程，以及这个过程中的各个要素。而文学创作的要素，陆机最重视的是艺术构思，这是文学创作中的前期储备，包括表达内容、情感孕育、对万物的观察、对人情的体悟，肯定了丰富的知识、高尚的情怀、凌云的志向和丰富的经验在文学创作中的作用。在创作过程中，陆机强调聚精会神、深思熟虑，笔下驱使万物，旁征博引，确切地表现出作者的思想情感。在具体写作上，陆机强调既要有高超的表现技巧，又要重视文辞的运用。不辞繁缛，不避华美，想象灵动，思绪纵横，意理清晰，体物浏亮。

尽管这只是陆机的个人之见，实际代表了魏晋时期文坛的主流观点，是从文笔之争到文笔分流的必然结果。即便对《文赋》片面强调艺术技巧的倾向，可以有所保留，但不能不说，这既是一篇总结前人创作经验、追求文学自觉精神、系统阐述文学创作过程主要元素的美文，也是魏晋辞赋中的极品。

陆机是西晋初年杰出的诗人，也是太康诗坛重要的作家。就现存的少量作品，可以清晰地看到陆机诗歌创作的演变轨迹：从孙吴灭亡到入洛出仕，主要表现其亡国之痛；从出仕西晋到遇害，充满着其对故土的深情眷恋。其中，不少作品道出了人生的苦闷与仕途的艰危，他本人似乎已经觉察到身边隐藏的危机与人生的悲剧。对于陆机的诗歌，刘勰有所微词："晋世群才，稍入轻绮，张、潘、左、陆，比肩诗衢。"① 陆机的诗歌，朴拙趣味中不乏故国情怀与内心的忧虑。《吴趋行》《赴洛道中作二首》《猛虎行》几首诗，反映出了陆机的真实情怀，也写出了其"功名无成，进退维谷的艰难处境"②。

陆机的散文，存世不多，《辨亡论》之作，将西汉贾谊的文气与魏晋的辞藻结合，颇有寄托。此外，陆机在中国书法史上，也有特殊的地位。所写《平复帖》，是现存最早的古人墨迹之一。根据启功先生的释文，书写的文字是"彦先羸瘵，恐难平复。往属初病，虑不止此，此已为庆。承使唯男，幸为复失前忧耳。吴子杨往初来主，吾不能尽。临西复来，威仪详跱，举动成观，自躯体之美也。思识□量之迈前，势所恒有，宜□称之。夏伯荣寇乱之际，闻问不悉"③。其文笔颇似陆机文章辞赋风格，可能是写给朋友的书信残片，仅存九行八十六字。除作者之外，还涉及三人：贺循，字彦先，陆机的朋友，体弱多病，恐难平复；吴子杨，曾经到过陆机的家，并未重视，这次要西行，复来相见，器宇轩昂，自有一种不同以往的壮美；夏伯荣，因为战乱而道路阻隔，没有他的消息。寥寥数语，对朋友的关切记挂之情，已然呈现。

相较于陆机，陆云的影响则有所不及。陆云，字士龙，六岁能文，与兄俱以才名，虽然文章表现手法不及陆机，但议论见识不在陆机之下。其进退出处，几乎与陆机一致。后来，陆

---

① 刘勰：《文心雕龙·明诗第六》周振甫今译本，中华书局1986年版，第60页。
② 金涛声：《陆机集》，中华书局1982年版，前言第3页。
③ 陆机著，杨明校：《陆机集校笺》，上海古籍出版社2016年版，第982-983页。

云也因卷入"八王之乱"而罹难,年仅四十二岁。陆云作诗,比较重视言辞藻饰,以短篇见长;陆云为文,旨意雅致,语言简练,感情诚挚,注重排偶。刘勰认为"士龙朗练,以识检乱,故能布采鲜净,敏于短篇"①,可见陆云的才气在写作中的重要性。

二、张翰的莼鲈之思

如果说"二陆"所代表的是一种进取用世,因"达则兼善天下"的选择而以悲剧收场,那么张翰的抉择则是一种明智的保全之法,堪称昆山文人隐逸文化的象征。

张翰,字季鹰,严格地说,他不是昆山人,与昆山的渊源要从他的父亲说起。张翰的父亲张俨,字子节,吴郡吴县(今江苏省苏州市)人,三国时吴国著名学者,博学多识,在周庄有房产。三国吴宝鼎元年(266年),张俨奉命与丁忠出使西晋,吊祭司马昭,不辱君命,"及还,俨道病死"②。其子张翰,寓居昆山周庄。孙吴灭亡时,张翰不到二十岁,有才情,善诗文,性格放纵豁达,时人比之为阮籍,号为"江东步兵",常往来于苏州与周庄之间。

相传,东吴灭亡之后,有一次张翰在阊门附近的金阊亭听到清越琴声,循声找去,原来是会稽名士贺循泊船于阊门下,在船中弹琴。陆机的《平复帖》中的"彦先",即此人。张翰此前和他不曾相识,但是两人一见如故,顿有相见恨晚的知音之感,不舍离去。当张翰得知贺循是去洛阳后,就临时决定也

---

① 刘勰:《文心雕龙·才略第四十七》周振甫今译本,中华书局1986年版,第423页。
② 陈寿:《三国志》卷四十八《吴书·三嗣主传第三》,岳麓书社1990年版,第923页。

随他一同前去洛阳，登船就走，连家人也没有告诉。①

到达洛阳之后，张翰为名流所知，荐举入朝。齐王司马冏执政，辟为大司马东曹掾。不久，张翰见祸乱方兴，以思莼鲈之味为由，辞官而归。张翰性至孝，遭母忧，哀毁过礼，年五十七卒。《晋书·张翰传》记载：翰因见秋风起，乃思吴中菰菜、莼羹、鲈鱼脍，曰："人生贵适志，何能羁宦数千里，以要名爵乎？"遂命驾而归，"时人皆谓为见机"。② 临行诗笔一挥，写下了著名的《思吴江歌》，于是中国的诗学中就多了一个"莼鲈之思"的典故：

> 秋风起兮木叶飞，吴江水兮鲈正肥。
> 三千里兮家未归，恨难禁兮仰天悲。③

这里的吴江，指的是吴淞江，苏州市昆山境内重要的水系，盛产鲈鱼、慈姑、红菱，均为江南美食。张翰赋诗寄意，也是一种真情流露。钟嵘将张翰与曹魏何晏，晋孙楚、王赞、潘尼并举，称"季鹰《黄华》之唱，正叔《绿繁》之章，虽不具美，而文采高丽。并得虬龙片甲，凤凰一毛，事同驳圣，宜居中品"④。

这首诗从内容到文辞，颇有"楚辞"意味，时间、地点、距离、感情，顺流而下，一气呵成。但其价值，不在于诗歌本身，而在于事件的影响极大，唐宋以后，诗人、词家多加以引用。辛弃疾在《水龙吟·登建康赏心亭》中写道："休说鲈鱼堪脍，尽西风，季鹰归未？"反用典故，表达的是诗人无家可归或有家不能回的心情。

---

① 刘义庆：《世说新语·任诞第二十三》卢嘉锡笺疏本，上海古籍出版社1993年版，第739页。
② 刘义庆：《世说新语·识见第七》卢嘉锡笺疏本，上海古籍出版社1993年版，第393页。
③ 潘勇选注：《汉魏六朝诗选》，河北大学出版社2006年版，第125页。
④ 钟嵘：《诗品》曹旭集注本，上海古籍出版社1994年版，第222页。

三、娄县县令祖冲之

南齐祖冲之是范阳遒县（今河北省涞水县）人，南朝宋元嘉六年（429年）生于南京。其祖父、父亲在朝廷做官，主要掌管基建工程。受家庭教育影响，祖冲之幼年爱好数学、天文、历法，精于计算。"冲之稽古有机思，宋孝武使直华林学省，赐宅宇车服。解褐南徐州从事、公府参军。始元嘉中，用何承天所制历，比古十一家为密。冲之以为尚疏，乃更造新法，上表言之。孝武令朝士善历者难之，不能屈。"① 祖冲之三十四岁任娄县县令，任职八年。此时的娄县县府所在地并不在今天的昆山市玉山广场附近，大约在集街一带，"今县东北三里，有村曰娄县，盖古县治也"②。娄县村，又称"娄下村"，在今天的昆山市娄苑路李园一带。在娄县的八年，是祖冲之精力旺盛、思维敏捷的八年。这八年间，祖冲之最大的成就，就是对圆周率的计算。相传，祖冲之在娄县县令任上，曾经遇到一个乡民告状，说地方上收税收高了，因为他家有一块田地，地方上按照两亩的面积收税，他认为这块祖传的耕地没有两亩，最多只有一亩半，请求重新丈量。祖冲之得知原委后，亲自察看，发现这是一块不规则的田地，北侧由于河水冲刷堤岸坍塌，呈弧形，肯定小于原来的面积。于是，祖冲之采用"割圆术"的计算方法，先将半圆形部分进行分割计算，得到了一个相对准确的面积，再将其与剩余的长方形部分相加，计算出这块土地应该是一亩二分，然后确定了按照一亩二分地的标准征收赋税。结合这一实践经验，祖冲之将圆周率的数值演算到 3.141 592 6 和 3.141 592 7 之间，早于欧洲一千多年。而其发源地，便在昆山。

---

① 《南史》卷七十二《列传第六十二》，中华书局1975年版，第1773页。
② 转引自杭颖主编：《昆山文史一百问》，学林出版社2013年版，第61页。

四、山中四绝

南朝以后，昆山的经济文化持续发展，风景名胜亦逐渐增多，引来了不少文人士大夫的吟咏。尤其是风光依旧的寺庙，往往成为南来北往士人的栖息之所。江南名镇甪直镇，因唐代诗人甫里先生陆龟蒙隐居于此而名扬天下。甪直镇上的保圣寺，建于梁天监二年（503年），文物古迹保存良好，有六朝造像石、唐代经幢、罗汉塑像塑壁、明代建筑天王殿，等等。保圣寺内的"斗鸭池""小虹桥""清风亭"，正是陆龟蒙的杰作。慧聚寺，也是这样一座人文历史悠久的寺庙，唐代以一首《游子吟》蜚声中外的诗人孟郊曾对其有过吟叹。孟郊，字东野，湖州武康（今浙江省德清县）人，出生、成长于昆山。虽然关于孟郊出生、成长地的记载多有龃龉，然而有两份重要的史料说明了孟郊与昆山的渊源。一是韩愈为孟郊撰写的墓志铭："先生讳郊，字东野。父庭玢，娶裴氏女，而选为昆山尉，生先生及二季酆、郢而卒。"① 二是范成大的考证："郊后长大，问其母身所生之地，母云：父任昆山尉时。"② 成人之后，孟郊云游四方，求取功名，四十六岁方考中进士，沉沦下潦，五十岁时出任溧阳县尉，并将母亲接到溧阳居住，写下了著名的《游子吟》："慈母手中线，游子身上衣。临行密密缝，意恐迟迟归。谁言寸草心，报得三春晖。"大约四十岁时，孟郊倦游思安，一度寓居苏州，重到昆山，寻访生地，瞻仰古迹，写下了著名的五律《苏州昆山惠聚寺僧房》：

---

① 韩愈：《贞曜先生墓志铭》，《四部精要·18·集部三》，上海古籍出版社1993年版，第183页。
② 范成大撰，陆振岳校点：《吴郡志》，江苏古籍出版社1999年版，第632页。

> 昨日到上方，片云挂石床。
> 锡杖莓苔青，袈裟松柏香。
> 晴磬无短韵，古灯含永光。
> 有时乞鹤归，还访逍遥场。①

慧聚寺，又作惠聚寺，位于今天的昆山市马鞍山南麓。南朝梁天监年间，武帝命高僧慧向所建，是南朝重要的佛教寺院。隋唐以降，几经兴废，最终毁于战火。孟郊之后，又有张祜访昆山，游览慧聚寺，并留下了吟咏《禅智寺》②：

> 宝殿依山险，临虚势若吞。
> 画檐齐木末，香砌压云根。
> 远影窗中岫，孤烟竹里村。
> 凭高聊一望，乡思隔吴门。③

北宋王安石来到昆山，游赏慧聚寺，与唐代的两位诗人进行了跨时空的唱和。《昆山慧聚寺次孟郊韵》：

> 僧蹊蟠青苍，莓苔上秋床。
> 露翰饥更清，风苃远亦香。
> 扫石出古色，洗松纳空光。
> 久游不忍还，迫迮冠盖场。④

《昆山慧聚寺次张祜韵》：

> 峰岭互出没，江湖相吐吞。
> 园林浮海角，台殿拥山根。
> 百里见渔艇，万家藏水村。

---

① 《全唐诗》卷三百七十六，中州古籍出版社1996年版，第2294页。
② 禅智寺，即慧聚寺。参见张福清、李岳：《浅读张祜〈禅智寺〉的题注问题》，《广州大学学报（社会科学版）》2008年第10期，第78页。
③ 《全唐诗》卷五百一十，中州古籍出版社1996年版，第3176页。
④ 王安石：《王安石全集》卷十三，吉林人民出版社1996年版，第122页。

地偏来客少，幽兴衹桑门。①

寺院向来梵音阵阵，清辉有余，诵经之声，宁静灵魂。这四首诗对于慧聚寺的描摹，已然灵动而充满智慧，有"山中四绝"之称。当年香火之盛，可以想见。

然而，不论孟郊、张祜，抑或王安石，不过是昆山的过客，远不如范成大在昆山的印记那样深刻。同样，昆山对于范成大，也是他人生腾飞的起点。

五、范成大："十年蛰伏终腾飞"

按照现代教育的序列，一个人从十八岁到二十八岁，十年时间，应该是读了本科、硕士、博士，也就是学术研究、学问功底形成的时间。在这个年龄段，南宋杰出的外交家、"中兴四大诗人"之一的范成大在做什么呢？他在昆山荐严资福寺读书。这就是说，在昆山的十年，正是范成大为学、为诗文、为官打基础的十年，也是范成大成为文学家、政治家、外交家最为关键的十年。

范成大，字至能，一字幼元，本是苏州吴县人，家住县南横塘石湖西岸，遗迹至今犹存。他的父亲范雩，字伯达，宋宣和六年（1124年）进士，官至秘书郎。母亲蔡氏，是蔡襄的孙女。蔡襄，字君谟，兴化军仙游县慈孝里赤岭（今属福建省仙游县）人，北宋名臣，历任龙图阁直学士、枢密院直学士、翰林学士、三司使、端明殿学士等职，曾出任福建路转运使，知泉州、福州、开封和杭州府事，卒赠少师，谥号"忠惠"。蔡襄是书法家、文学家、茶学家，书坛北宋"四大家"之一，与苏轼、黄庭坚、米芾齐名。蔡氏的外祖父是文彦博，北宋名臣，字宽夫，号伊叟，汾州介休（今属山西省介休市）

---

① 王安石：《王安石全集》卷十三，吉林人民出版社1996年版，第160页。

人，北宋时期著名的政治家、书法家，出将入相几十年，封潞国公，人称"文潞公"。可见，范成大的祖父、父亲并未显达，但社会背景、亲戚关系还是很强大的。可惜的是，范成大十四岁时母亲去世，父亲范雩也英年早逝，当时范成大年仅十八岁，还有四个未成年的弟妹。于是，作为长兄，他势必要承担起家庭的重任，维持生计，养育弟妹，根本没有为自己的前途做出长远的规划。可是，不久之后，范成大却到了昆山读书，这是为何？

范成大到昆山是有原因的。他的父亲范雩有一位好友叫王葆，字彦光，是昆山人，家境富庶且侠义。宋宣和六年（1124年）进士及第，与范雩是同榜进士。既是同榜，也是同乡，后成同事，两人关系极为亲密。王葆官至左朝请大夫，为官廉洁，学行俱高，潜心古道，精于《春秋》，教诱后生如亲子弟，不遗余力。经学家程迥、李衡等皆出其门下，官至宰相的周必大是王葆的女婿。面对好友范雩的儿子范成大即将沦为粗人，王葆很是担忧，所以将范成大及其两个弟弟、两个妹妹，一起接到昆山生活，同时严厉管束范成大，逼迫其读书，以成就举业。"子之先君期尔禄仕，志可违乎？"① 从此，范成大在昆山的荐严资福寺中常住，自号"此山居士"。但是，范成大并非心在此山。读书准备科考，成为范成大在昆山荐严资福寺的主要事业。荐严资福禅寺在县东三百步，后梁开平三年（909年）置为昆山福院，贞明五年（919年）三月重修。皇朝大中祥符元年（1008年）敕改惠严禅院，后有敕改今额，以奉成穆皇后香火，移额于大光庵。"寺有高御书'普照堂'匾，藏于御书阁法堂，曾旻为记。范石湖尝读书寺中，屡有诗，载《大全集》及《杂咏》。其后石湖读书处生紫藤，紫蔓

---

① 周必大：《资政殿大学士赠银青光禄大夫范公成大神道碑》，湛之：《杨万里范成大资料汇编》，中华书局1985年版，第112页。

可爱，名以'范公藤'，名公各有题咏。"①

在昆山，范成大完成了人生的华丽转身，也成就了一生功业的基础。

范成大在这里与弟弟、妹妹共同成长，两个弟弟相继成家，两个妹妹也先后嫁人。此时，他已完全承担起一个长子的责任。而范成大自己，刚开始并未树立远大的理想，而是在王葆的规约督促之下，才从少年成长为青年才俊。王葆是南宋初年从昆山走出来的杰出学者，"葆学行俱高，潜心古道，教诲后生，如亲子弟。沙随程迥受经于葆。出其门者后多成立，其学深于《春秋》，著有《集传》十五卷、《备论》二卷、《东宫讲义》三卷。葆于人物，鉴裁尤精。李衡布衣流落，一见，以女弟归之。周必大未仕时，亦妻以女。范成大早孤废业，葆喻勉切至，加以诘责，留之席下，程课甚严，后皆为名臣"②。可以说，由于王葆的引导、培养和悉心照顾，范成大兄妹方能顺利成长，范成大才能成为顶天立地的男子汉，在经学、文学诸方面得到全面发展，奠定了其成为著名的文学家、一代名臣的基础。

范成大在昆山，生存固然是最主要的，广交朋友，对于他的游赏、创作与学业甚至人生道路，也产生了积极而重要的影响。欲成为诗人，先必须有相应的学术文化功底和诗人的感悟能力，方能具有诗性，再加以诗人独有的表达能力，方能有所成；欲掌握诗人的学术文化功底、感悟表达能力，其前提必须是衣食无忧，只有在充足的物质条件下才有创造精神产品的可能。所以，范成大结交的这些诗友，至少是"衣食足，知荣辱"的朋友。对于生活上尚有些许困难的范成大来说，诗友为其提供一定的帮助势所必然。当然，父亲去世，并不意味着范成大兄弟姊妹的生活会陷入困境，毕竟他们有王葆的帮助，

---

① 凌万顷、边实：《淳祐玉峰志》卷下，续修四库全书696册，第565页。
② 于北山：《范成大年谱》，上海古籍出版社1987年版，第20页。

还有父母的遗产。根据范成大早年的诗歌推断，他们的生活虽然不算富有，但也不至于贫寒，因为其中几乎找不到他们为生计而叹息的诗章，即使说到生活上的艰难，亦非炊烟不继的窘况。例如，《除夜感怀》中有复杂的叹息："松楸百年哀，霜露终岁悲。天地岂汝偏，鬼神谅无私。孤穷罪当尔，我今怨尤谁？嗫绝梦自语，伶俜影相随。岂无一经传，政坐五鬼嗤。凿枘共龃龉，榛荆费耘籽。付畀踰丘山，奉承劣毫厘。生男九族欢，所愿作门楣。时命有大谬，生男竟何裨？匏瓜谩枵腹，蒲柳无新姿。蹙缩高颧颊，萧骚短髯髭。贫病老岁月，斗杓坐成移。晓风凄以惨，帘幕相纷披。月星炯我冠，雾雨泫我衣。焄蒿奉祠事，苦泪落酒卮。逝者日已远，生者日以衰。羸骖驾九折，日暮抱长饥。岐路正巉绝，耿耿谁当知？"① 诗中说到的贫穷，恐怕主要不是物质生活上的。范成大记录的是除夕祭祀的过程，当时他已经在石湖定居。这里有祖居的房产、土地，范成大往返于吴门石湖与昆山荐严资福寺之间，所要做的是管理祖产，以保障收益，同时从事相关的农事与习俗上的事务，如社事、家祭等。除夕夜，范成大感伤的是"五鬼嗤"。究竟有哪"五鬼"呢？即智穷、学穷、文穷、命穷、交穷五种"穷鬼"。其实，范成大一点也不穷。交游至少有诗社诸人，如李衡（彦平）、唐子寿（致远）、唐子光、乐备（功成）、张汉卿、潘时叙、马先觉（少伊）、项寅宾（彦周）、耿镃（时举）、钟孝国（观光）、石驹、石希颜、陈璧、卢申之，以及方外人士观老、范老等。是乐备将范成大拉进诗社的，马先觉曾写有《喜乐功成招范至能入诗社》一诗，即可证明此事。他们有足够的时间和精力从事雅集吟咏，在《昆山杂咏》中保留了不少作品。今本《昆山杂咏》，共二十八卷，系明俞允文编选。《四库全书总目》卷一百九十二称：宋嘉定中，龚昱尝辑《昆山杂咏》三卷，续集一卷。开禧中，知嘉定县事徐

---

① 范成大：《范石湖集》，上海古籍出版社 2006 年版，第 18 页。

挺之曾刊之县斋。至明王纶，又集近代诗歌百篇，附益其后，已非旧本。允文复溯晋、唐以来得数百篇，增为二十八卷，仍因旧名而别分十六类。然三人所选，混而为一。非惟龚本之初集、续集不可复考，即孰为龚选，孰为王选，孰为允文所增，亦未可复辨。二家之书遂亡，体例殊为未善也。① 虽不是最好的，但文献价值是不可替代的。

十年间，范成大也不是禁足在寺中读书，他频繁参与诗社活动，往返于昆山与吴中之间，回故乡料理房屋、田产，也是常态。否则，兄妹五人的生活如何落实？总不能全部依赖王葆接济或朋友救济。而且他数次离开昆山出游他乡，曾经到过临安（今浙江省杭州市）、建康（今江苏省南京市）、溧水、高淳、宣城等地，所谓"往来于昆吴之间（此后十年间大体如此），亦间有短期出游"②。临安是南宋君王的行在所，事实上的都城，是将来范成大主要的活动平台，有必要提前熟悉。建康是六朝旧都，人才荟萃，也是诗人参加科考的必经之地。范成大所作诗歌《南徐道中》，就是他赴建康参加省试途中的作品。溧水、高淳、宣城，虽说在建康附近，亦是风景颇佳的场所，但似乎与范成大求取功名关系不大，那他为何经常到这一带活动呢？原因有二：一是范成大的岳父家在宣城与溧水之间，此为范成大探亲的必由之路；二是范成大有个妹婿在这一带任职，他偶尔会探访。而往返昆吴之间，游赏临安、建康、宣城、溧水、高淳，他所到之处既有丘陵之俊伟，又有河湖之精妙，对于他的诗材，有不小的贡献。甚至，山灵水秀、温和民风、安逸民情，对于范成大诗风的形成，亦有一定的奠基作用。

《石湖诗集》的前四卷中的大量作品写于这一时期。十年间，范成大留存的诗篇将近二百首。其中，有他平淡生活的描

---

① 于北山：《范成大年谱》，上海古籍出版社1987年版，第21页。
② 永瑢、纪昀等编撰：《四库全书总目》，中华书局1965年版，第175页。

述,如《六月七日夜起坐殿庑取凉》《中秋卧病呈同社》;有他游赏道途的感叹,如《过松江》《过平望》《长安闸》《暮春上塘道中》《余杭道中》《半塘》《癸亥日泊舟吴会亭》等,抒发了诗人的羁旅情怀;有他与朋友间的唱和,如《和马少伊韵》《次韵汉卿舅》《次韵汉卿舅即事二绝》《次韵汉卿舅蜡梅二首》等;有体现人情世故与民生疾苦的诗篇,如《缫丝行》《乐神曲》《催租行》《田家留客行》等。范成大与农民之间休戚与共的情怀,早年已然根植。还有一些作品,如《题记事册》《题汤致远运使所藏隆师四图》等,体现了范成大不凡的鉴赏水平与再现能力,其深厚的学问与高超的人格相结合,发于吟咏而自见精神。当然,范成大如果只是一个乡间诗人,其作品充其量也只能保留一些在类似《昆山杂咏》之类的选本中,他也不可能成为"南宋四大家"之一。在那个年代或许只有取得功名,走上仕途,在南宋的政治舞台上留下辉煌业绩之后,方能与其才情相得益彰。

南宋绍兴二十四年(1154年),范成大进士及第,同榜进士中名家辈出,如尤袤、杨万里、曹冠、郑时中、秦埙、虞允文、徐梦莘(《三朝北盟会编》作者)等,状元是张孝祥。值得一提的是,这一年的进士特别难考,因为大量官员及其子孙参加科考,这批有特殊背景的人也成为受到特殊照顾的对象。当时有一个特定的选拔考试,叫作"锁厅试"。所谓锁厅试,就是现任官员报考,锁其官厅而赴试,合格了就有了科举出身,这往往挤压了正常科考的名额,相对容易成功,这是一种特殊的科举考试。而选上之后,现任官员得以晋升。宗室或官宦子弟,也喜欢参加这类选拔,合格就有资格参加礼部的会考,中进士比较容易。更有甚者,连主考官、同考官的确定,也出自这帮官员之手。南宋绍兴二十四年,因为秦桧的几个孙子同时参加,科考更是被精密安排,"秦桧奏以御史中丞魏师逊、权礼部侍郎兼直学士院汤思退、右正言郑仲熊同知贡举,吏部郎中权太常少卿沈虚中、监察御史董德元、张士襄等为参详官"①。而同年参加科考的官员子孙有多位，张孝祥之所以能成为状元，范成大、杨万里等人能够中进士，实在是因为他们自身拥有的真才实学，以及考官认真阅卷、公平选拔的结果。从此，范成大走上仕途，也离开了昆山。可以说，王葆是范成大的严师、长辈，昆山是范成大成长、成才的福地。蛰伏十年，范成大方能绍续父风，提升修为，成为人们论述两宋历史、政治、外交、文学、书法不能忽视的大家。

六、刘过：倦游老欲寄昆山

继范成大之后，南宋文坛另一位杰出的人物刘过，亦与昆山有特殊的渊源，并在昆山走完了人生的最后里程。

刘过，字改之，号龙洲道人，吉州太和（今江西省泰和县）人，长于庐陵（今江西省吉安市）。由于四次应举不中，他流落江湖之间，布衣终身。刘过曾受到陆游、辛弃疾等人的欣赏，亦与陈亮、岳珂等人交好。他力主伐金，希望能统一中原，以诗名闻名于江西。他的政治主张与词风均近于辛弃疾，时常抒发抗金抱负，用词俊致，思绪狂逸，与刘克庄、刘辰翁并称"辛派三刘"，有《龙洲集》《龙洲词》等传世。

刘过少怀志节，读书论兵，腹中自有千古，洞察古今治乱盛衰之变，也曾多次上书朝廷，力陈统一中原之大计。然其一生寥落，未能登上仕途，常年流落江湖，寄食公卿之间，生平事迹见于宋元人笔记之中，多为传言。唯有好友岳珂所载，比较准确。

当时辛弃疾担任浙东安抚使，署衙在今天的绍兴，与杭州相去不远。他知道身在杭州的刘过，才华过人，名气极大，就派人到杭州相请。可是，刘过恰好有事耽搁，不能即行。于

---

① 李心传：《建炎以来系年要录》卷一百六十六，中华书局1988年版，第2712页。

是，写了一首词向辛弃疾说明情况，并表示稍后来访。这首词就是代表刘过豪放风格的佳作《沁园春》，词曰：

> 斗酒彘肩，风雨渡江，岂不快哉？被香山居士，约林和靖，与坡仙老，驾勒吾回。坡谓："西湖，正如西子，浓抹淡妆临照台。"二公者，昔掉头不顾，只管衔杯。
>
> 白云："天竺去来，图画里峥嵘楼阁开。爱东西双涧，纵横水绕；两峰南北，高下云堆。"逋曰："不然，暗香浮动，争似孤山先访梅。"须晴去，访稼轩未晚，且此徘徊。①

据载，"辛得之大喜，致馈数百千，竟邀之去，馆燕弥月，酬倡鼍鼍，皆似之，逾喜"②。临别之际，辛弃疾赠钱千缗，希望刘过购置田产，安定生活。可是，刘过并未将田产、生活当回事，继续他浪迹江湖的生活。数年之后，刘过年过半百，知音、好友、忘年交纷纷老去，于是他准备结束漂泊的生活，安定下来。昆山，成为刘过的首选。来到昆山之后，刘过得到某个大户人家的关注与欣赏，与其女结合。从此，昆山成为刘过最后的栖息之地，不久之后去世，安葬于昆山。其墓在今天的昆山市马鞍山东麓。

七、元明时期多名家

一方水土，滋润万家。在元代，昆山的吟咏文章，世所瞩目，名家辈出。不论是在昆山成长的文人，还是寄居昆山的文豪，在元代的文学史上均有不小的建树。朱德润是探讨元代诗文不可忽略的大家，文质、瞿智、姚文奂、郭翼、郑东、马麟、郑采、陆仁、顾坚等人，均是元代知名的诗人，顾德辉是

---

① 唐圭璋：《全宋词》，中州古籍出版社1996年版，第1455页。
② 岳珂：《桯史》卷二，中华书局1981年版，第23页。

元末江南的文坛领袖。

到了明代,有"明文第一"的归有光;明清之际,有胸怀天下的顾炎武、"吴中三高士"之一的朱用纯,还有卢熊、朱吉、龚诩、郑文康等数十位诗文大家,为明清文学的繁荣贡献力量。尤其是晚明复社成立后,大量昆山文人参与其中。复社领袖张溥的诗友中,多位与昆山人王志庆唱和颇多。

王志庆,字与游,从小秉承家教,受到良好的儒学熏陶,与长兄志坚、仲兄志长,皆学有根底。明天启七年(1627年)中举,此后三上公车不第,即无意仕宦,以读书吟咏为乐。又因其家境富裕,有园庭池馆,他经常接待南来北往的文人骚客。复社领袖张溥到昆山活动,经常住在王志庆家中。张溥现存诗歌中,即有十八首诗与王志庆有关,或一起出游唱和,如《孟夏同孟朴、与游、孟宏访扶九,与游诗成,次韵》《登沈圣符蕊香阁次与游韵》;或在王志庆的家中饮酒赋诗,如《夏至前二日偕受先饮与游斋,夜半赋诗》《无近弟过与游斋同饮》;或赠别,如《送王与游北发》;或贺喜,如《贺与游子箴渝采芹》;等等。可见,王志庆在复社中的影响,不仅是复社在昆山的肱骨,还是复社领袖的诗友。可惜的是,他的《慎尔堂文稿》《慎尔堂诗稿》《丙园诗文稿》今皆不见,唯有《王与游诗稿》(稿本,不分卷)存世,今藏于上海图书馆。

八、龚自珍:"羽琌山馆三百墨"

从明末清初的顾炎武、归庄,到清末的胡蕴,昆山的学问名家与文学巨子,何啻数百。受历史因素的影响,大多数作家的诗文淹没于时间的长河之中。但有一些历史佳话和感人故事,仍流传于世。清初布衣朱用纯、学者徐秉义等人,正是一种精神的象征。而龚自珍与昆山的渊源,虽未"情定终身",亦足道说。

龚自珍，字璱人，号定庵，浙江仁和（今浙江省杭州市）人，清代思想家、诗人、文学家和改良主义的先驱者。早年，他受教于外祖父段玉裁，精于史学，但科场不利，两次参加乡试均落选。清嘉庆二十三年（1818年）参加乡试，始中举，因为主考官为著名汉学家高邮王引之，赏识其学问文章。龚自珍曾以举人身份任内阁中书，中进士后任宗人府主事和礼部主事等官职。他主张革除弊政，抵制外国侵略，曾全力支持林则徐禁除鸦片，政见与朝中保守派不合。四十八岁辞官南归，次年卒于江苏丹阳云阳书院。

龚自珍与昆山的渊源，始于道光五年（1825年）。是年十月，龚自珍做客昆山，为这一方水土深深吸引，遂从原礼部侍郎徐秉义后裔手中购得东塘街一所住宅，作为别墅。次年春，他便回北京做官了。

十四年后，道光十九年（1839年）四月，龚自珍辞官南归，回到杭州老家略作休息，便折回昆山，整修十多年前买下的徐氏住宅，取名为"羽琌山馆"，并自号"羽琌山民"。他在《己亥杂诗》中写道："明年俯看千树梅，飘摇亦是天际想。"[①] 龚自珍期待明年春天梅花盛开的景象，希望自己能同仙人一般，飘然于万花丛中。其欣喜的神态，荡漾于字里行间。龚自珍在昆山的羽琌山馆整修完成之后，年底即将妻儿从京师接到昆山，在羽琌山馆中团聚，并整理了多年来自己所写的七言绝句，共三百一十五首，总名曰《己亥杂诗》。龚自珍还在院子里种了许多梅树，因感于当时文人对梅花的审美鉴赏以曲为美、以欹为美、以疏为美的追求，联想到时局中对于人才的态度，写了一篇《病梅馆记》。龚自珍所开辟的病梅馆，如今已不复存在。而羽琌山馆的文化旅游价值和教育价值，亦尚待开发。

---

① 龚自珍著，夏田蓝编：《龚定庵全集类编》，中国书店1991年版，第383页。

第八章 玉山雅集

由顾瑛主持的元末玉山雅集,堪称中国文化史的传奇之一。在元末大动乱的年代,昆山的玉山佳处这一园林胜景中,汇集了东南地区重要的一群文士和艺术家,他们吟诗品酒、唱和酬答,泼墨挥毫、寄情书画,彼此间碰撞出耀眼的艺术火花。而雅集的主人顾瑛,更具有以商入贾的独特经历,正是他的慷慨、大度和宽容,才造就了玉山雅集的空前盛况,并引发了后人无尽的眷恋和感慨。

一、雅集的时代背景

元朝建立后,在政治制度方面实行行省制度,中书省为最高行政机构,又代表中央派驻地方,称为"行中书省",简称行省,从而进一步强化了中央对地方的掌控。经济方面,元代统治者没有受到传统王朝重农抑商理论的限制,非常重视商业贸易。成吉思汗对商人就很尊重,此后为元朝历代君主所效仿。元朝时期,最早来到大都(今北京)的欧洲人,不是官方使节,而是两个威尼斯商人。实际上,横跨亚欧的蒙古帝国对全世界的商人和贸易行为都保护有加。美国史学家斯塔夫里阿诺斯指出:由于蒙古帝国的兴起,陆上贸易发生了一场大变革。历史上第一次，也是唯一的一次，一个政权横跨欧亚大陆，即从波罗的海到太平洋，从西伯利亚到波斯湾，这为世界性的贸易提供了条件。他还引用14世纪中叶意大利一本小册子中描写的自顿河河口的塔那横穿中亚的商路，"来往于这条大道的商人们说，无论白天还是黑夜，在塔那到中国的路上行走，是绝对安全的"①。

在上述背景下，元代江南地区的商业发展迅猛，店肆林立、商贾众多，各种买卖盛行，城镇经济繁荣。元代江浙行省的人口密度已经高居全国之首，每平方千米约有91人，超过排名第二的江西行省约43人的一倍之多。② 苏州的人口密度更是直线上升，北宋太平兴国五年（980年）每平方千米约有4户，到元丰元年（1078年）升至约22户，南宋淳熙十一年（1184年）后期达到41户，元至元二十七年（1290年）再增至58户③，远超江南其他各府。原本隶属于苏州的昆山、常熟、吴江、嘉定四县，人口不断增加，元贞二年（1296年）皆升格为州。

与此同时，包括昆山在内的江南地区的海外贸易尤其发达。元朝时期，通过海路将江南地区的漕粮运往大都，巨额的粮食运输刺激了沿海城镇的发展，再加上元朝对海外贸易持开放鼓励的态度，使得当时的海外贸易飞速发展。刘家港时属昆山州，成为官粮起运点后，发展尤其迅猛。至正二年（1342年），朝廷在太仓境内设立市舶分司，负责海舶、外贸等管理工作，江南地区丰富的手工业品、粮食、果品等都可以通过海路北上或南下，太仓的刘家港也因此成为当时的著名港口，号称"六国码头"。元代泰州诗人马玉麟有一首《海舶行送赵克

---

① 斯塔夫里阿诺斯著，吴家婴、梁赤民译：《全球通史：1500年以前的世界》，上海社会科学出版社1988年版，第333页。
② 梁方仲编著：《中国历代户口、田地、田赋统计》，上海人民出版社1980年版，第185页。
③ 吴松弟：《中国人口史》第三卷，复旦大学出版社2000年版，第474页。

和任市舶提举》,生动描绘了当时海船林立、番贾云集的热闹场景,诗云:"玉峰山前沧海滨,南风海舶来如云。大艘龙骧驾万斛,小船星列罗秋旻。舵楼挝鼓近沙浦,黄帽唱歌鸣健艣。海口人家把酒迎,争接前年富商贾。蕃人泊舟各邀请,白氎缠头雪垂领。珊瑚光映文犀寒,荔子香生蔗浆冷。"① 番商辐辏江南的沿海港口,说明元代开辟了不少新的海上航路,海外贸易的总量也因此不断攀升。伴随着发达的海外贸易,江南地区涌现出一批巨富之家。最著名的沈万三家族,据称其致富的主要原因之一就是进行海外贸易,即"通番"。

如果说,沈万三家族只是以巨富闻名于世,那么江南地区还有一批富豪,他们不仅同样通过海外贸易获取了巨额财富,还广泛结交文人骚客、慷慨赞助文化艺术事业。元末由于政纲败坏,各地农民纷纷起义,元朝统治机构已经摇摇欲坠,一些士人不愿意卷入变幻莫测的政治斗争中,再加上江南地区商品经济发达,于是他们选择隐逸避世,以笔墨自娱,致力于诗歌、书法、绘画等创作。一些富豪也喜好结交文士,往往成为文人、艺术家的鼎力支持者和赞助者,进而形成一股士商互动风潮,如昆山人顾瑛、光福人徐达左、无锡人倪瓒、松江(今属上海市)人曹云西、太仓人陈彦廉、宜兴人王子明等富商周围都不乏文士拥簇②,尤以顾瑛、倪瓒、曹云西为首,"即所谓东吴富家唯松江曹云西、无锡倪云林、昆山顾玉山,声华文物可以并称,余不得与其列者是也"③。吴宽也有类似

---

① 郑元祐、马玉麟著,邓瑞全、陈鹤、童晓峰校点:《郑元祐集 马玉麟集》,吉林文史出版社2010年版,第232页。
② 倪瓒《清閟阁全集》卷十一称:"光福徐达左,构养贤楼于邓尉山中,一时名士多集于此。"陶宗仪《南村辍耕录》卷十《鼎作牛鸣》称:"(王子明)家饶于财,所藏三代蠡鼎,六朝以来法书名画,实冠浙右。"叶盛《水东日记》卷三《曹云西》称:"(曹云西)招邀文人胜士,终逍遥于嘉花美木清泉翠石间,论文赋诗,挥麈谈玄,援琴雅歌,觞咏无算,风流文采,不减古人。"
③ 柯良俊:《四友斋丛说》卷十六,中华书局1959年版,第136页。

说法:"元之季,吴中多富室,争以奢侈相高,然好文而喜客者,皆莫若顾玉山。"① 毫无疑问,以昆山人顾瑛主持的文人雅集的规模最甚,甚至顾瑛本人也是其中一个颇负才名的诗人。

值得一提的是,自中世纪后期起,西方社会中工商业的地位就日渐重要,它不仅刺激了工业革命的兴起,为社会创造了大量财富,更有助于契约自由、平等交换、诚信交易、保护产权等理念的形成,并逐渐成为整个社会的共识。西方社会也因此由中世纪农业社会步入近代工业社会。反观传统中国,历代王朝大多实行重农抑商政策,钳制民间工商业的发展,从道德伦理层面为商人阶层抹上一层贬义色彩,对社会生产生活所需且利润丰厚的行业如盐、铁等实行官营,控制严密、效率低下,其后果之一就是使得传统中国始终停留在财富匮乏的农业社会。然而正是在元王朝,东南沿海地区却呈现出商业繁盛、对外贸易频繁的活跃态势,给当地带来巨额财富,城市生活也显得活跃而富于生气。可以说,整个东南沿海在元代中后期呈现出一股勃勃生机,爆发出不弱于同时期世界其他民族的创造力。其中,顾瑛主持的玉山雅集就是典型。

二、顾氏家族和顾瑛

顾瑛,字仲瑛②,别号金粟道人,南朝大族后裔,生活于元末明初的昆山。顾瑛出身于官宦之家,祖父任职元朝怀孟路总管时,顾家开始定居苏州昆山界溪。顾瑛16岁就外出经商,

---

① 吴宽:《匏翁家藏集》卷五十一《跋桃源雅集记》,《景印文渊阁四库全书》第1225册,台北商务印书馆1986年版,第468页。

② 顾瑛在《明史》卷二百八十五《文苑传》作"顾德辉",钱谦益的《列朝诗集小传》也作"顾德辉",但《四库全书总目》卷一百六十八《玉山璞稿》称"瑛一名阿瑛,又名德辉,字仲瑛",顾嗣立《元诗选》亦持此说。本文采顾瑛之说。

在京师等地从事商业和田产买卖，获利颇丰，遂为吴中巨富。① 顾瑛的好友、元末四大画家之一的无锡人倪瓒这样称赞他："与能廓充先世之业，昌大其门闾，逍遥户庭，名闻京师。"② 顾瑛也曾自述："年十六干父之蛊，而遂废学焉，性好结客，常乘肥衣轻，驰逐于少年之场，故达官时贵靡不交识，然不坠于家声。"③ 这指的就是他经商的那段经历，即使在他渐渐由商转儒后，顾瑛对这段经历也依然念念不忘。其间，顾瑛积累了极为可观的财富，居昆山时，就已成为吴中屈指可数的富豪之一，家财之雄厚曾引起官府的注意，如元至正十四年（1354年），官府在娄江设立水军都府，就命顾瑛出钱、出粮以佐军用。数十年的商贾生活，使顾瑛养成了宽容大度、豪放不羁的个性和生活态度，在他以后的诗酒生活里，也依然如此。

30岁时顾瑛始折节读书，弃商入文，凭着雄厚的财力，广罗古书名画、三代以来的彝鼎秘玩，这对其文化底蕴的积累不无裨益。40岁时，顾瑛把家中产业尽付其子顾元臣料理，自己则在昆山筑玉山草堂居住，堂中园池亭榭计有24处。此后数年，顾瑛广结天下名士，与四方来往宾客置酒赋诗其中，歌咏唱和，一时以风流文雅著称于东南。张士诚据吴时，着意笼络吴中士人，曾二度征召顾瑛，但顾瑛并没有表示出相应的热情，反而避居于嘉兴合溪。后来因母丧而归，又自削其发以

---

① 顾瑛家族巨额财富的来源仍然值得探讨。《玉山璞稿》《玉山名胜集》的编撰者认为，原始文献未能提供顾瑛施展"陶朱之术"的相关例证，并从《元史》中钩稽出"聚党于海道劫夺商货"，很可能是顾瑛拥有几乎挥霍不尽的家赀来源的注释。尽管如此，昆山顾氏家族仍可视为宋元之际较早面向南洋的、新型的航海家族。参见顾瑛辑，杨镰、叶爱欣整理：《玉山名胜集》，中华书局2008年版，第10页。

② 倪瓒：《清閟阁全集》卷九《金粟道人小像赞》，《景印文渊阁四库全书》第1220册，台北商务印书馆，第297页。

③ 顾瑛：《金粟道人顾君墓志铭》，《玉山璞稿·顾瑛诗文辑存卷六》，中华书局2008年版，第190页。

家僧自居，号金粟道人，以示其不仕之心。顾瑛落发在东林寺，"东林寺在县西真义，元顾仲瑛建，即仲瑛祝发之所"①。

但顾瑛的诗酒生活依旧，只是规模大不如前。元至正末年，顾瑛之子顾元臣被元廷封为水军副都万户。

明王朝建立后，因顾元臣曾入仕于元，再加朱元璋对江南人士的刻意打击，顾瑛父子二人同江南其他富豪一样被流放临濠（今安徽省凤阳县）。明洪武二年（1369年），顾瑛卒于流放地，时年60岁。他生前曾自撰墓志铭，去世后归葬昆山绰墩，同乡殷奎亦为其撰写墓志铭。《四库全书》收录有顾瑛所著的《玉山璞稿》，所编的《玉山雅集》《草堂雅集》，以及袁华所编的《玉山纪游》。

在同文士的交往中，顾瑛素以慷慨礼士而著称。顾瑛所建的玉山草堂耗资不菲，可以称得上是一座规模宏大的私家园林建筑群，包括种玉亭、碧梧翠竹堂、湖光山色楼、可诗斋、白云海和拜石坛等共计36处建筑。在这里，顾瑛广邀天下名士，终日置酒赋诗，悠游山林，以至于周围的文人交口称誉他"识度宏达""雅有器局""好古博学"等。玉山草堂也成了诸多文士留恋向往的地方，在《玉山纪游》和《玉山名胜集》中，文士们称赞玉山草堂的诗作屡见不鲜。不但如此，顾瑛还直接向经济上有困难的文人提供物质帮助，最有名的例子就是向诗人杨维桢赠送租屋金。杨维桢是元末东南文坛领袖，是顾瑛玉山草堂的座上宾，每次过吴必受到顾瑛的盛情款待，他在诗中写道："爱汝玉山草堂好，草堂最好是西枝。"②"我常被酒玉山堂，风物于人引兴长。"杨维桢还特地写有《奉谢傀

---

① 金吴澜、李福沂修，汪堃、朱成熙纂：光绪《昆新两县续修合志（一）》卷十一《寺观》，《中国地方志集成·江苏府县志辑16》，江苏古籍出版社1991年版，第199页。

② 衣学领主编，王稼句编注：《苏州园林历代文钞》，上海三联书店2008年版，第229页。

屋》，称"玉山长者有高义，乞与山人僦屋金"①，对顾瑛的慷慨大方表示感谢。

顾瑛本人的文学才华也得到了文坛名士们的认可。《明史》卷二百八十五《顾德辉传》中简单地提了一句"德辉才情妙丽，与诸名士亦略相当"，有过于恭维之嫌。明人杨循吉在《苏谈》中的记载稍微详细，称"阿瑛好事而能文，其所作虽不在诸客上，而辞语流丽，亦时动人"②。《四库全书总目》卷一百六十八《玉山璞稿》在照录杨循吉的这段话后，又加了一段评论，"故在当时，得以周旋骚坛之上，非独以财故也。今观所作，虽生当元季，正诗格绮靡之时，未能自拔于流俗，而清丽芊绵，出入于温岐李贺间，亦复自饶高韵，未可概以诗余斥之"③。这一点评要翔实得多，先明确指出顾瑛能得到元末东南文人阶层的普遍认可，并不完全出于其雄厚的财力，还具体分析顾瑛的诗作，认为其诗风"清丽芊绵"，可与温庭筠、李贺相仿，这一评价高出《苏谈》许多，且由于是建立在"今观所作"的基础上，因此至少比《明史》的记载要可信得多。

如果把顾瑛和中国传统意义上的文人做对比的话，就可以看到，顾瑛的一大独特之处在于他由商入儒，并且比较彻底地做到了脱商入儒。在四民分立、商居末列的传统社会，少数商人凭借着雄厚的家财，也有过结交文人、借以提高其社会地位之举，但很少能够得到文人阶层的普遍认可，而顾瑛可以算得上是一个例外。

顾瑛由商入儒的现象，说明明代中后期江南地区士商之间

---

① 顾瑛辑，杨镰、叶爱欣整理：《玉山名胜集》，中华书局 2008 年版，第 413 页。
② 杨循吉：《苏谈》，载王稼句编纂：《苏州文献丛钞初编》上册，古吴轩出版社 2005 年版，第 161 页。
③ 永瑢、纪昀等编撰：《四库全书总目》卷一百六十八，中华书局 1965 年版，第 1460 页。

的互相靠拢趋势早在元末就已经体现出来了。元代的统治者虽然贬低汉文士阶层,但掌握知识的文士阶层在社会上仍拥有较高的声望和地位。只不过受到冷落的文士大多与元廷保持一定的距离,进而对政治生活,即儒家传统的治国平天下的进取志向表现出一种淡漠,转而寄情山水、翰墨诗文以自娱。显然,后者虽然更多地表现为一种个人私域内的价值取向,但因需要某种程度的经济支持,仅靠文人阶层自身的经济实力或有不逮。此时,文人阶层就表现出一股乐意与商人来往的强烈欲望。江南商业经济的极度繁荣、商人雄厚的经济实力和在社会生活中所起的愈来愈明显的作用等客观现实,使得对黑暗政治和传统道德日益不满和厌倦的文士阶层,更趋向于现实,趋向于理性。在同富商交往的过程中,商人阶层所表现出的慷慨、宽容、好客,以及某些富商(如顾瑛)本身就具备的素质和对文学艺术的热爱态度,都令文人阶层为之感动。长期密切交往的结果是,文士们对其一向尊奉的"士农工商、商为贱末"的传统四民观产生了疑问,如编有《玉山纪游》的袁华在一首诗中大量发问:"胸蟠万卷不疗饥,孰谓工商为末艺?"[①] 这样,当商人阶层试图向文人阶层靠拢的同时,文人阶层也相应地采取了一种欢迎的态度,从而形成了士商之间某种程度上的融合。

三、玉山雅集的盛况

元至正八年(1348年),顾瑛大兴土木,筑山穿池,构建一系列池馆楼台,共计24处,合称"玉山佳处",或称"玉山草堂"。玉山指今天的昆山市西北隅的马鞍山(玉峰山),因产石洁白如玉而称,所以"玉山""玉峰"也成为昆山的

---

① 袁华:《耕学斋诗集》卷七《送朱道厚归京师》,《景印文渊阁四库全书》第1232册,台湾商务印书馆1986年版,第314页。

第八章 玉山雅集

别称。

玉山佳处筑成后，顾瑛广邀天下名士，后人将其主持的文人集会统称"玉山雅集"，其盛况主要体现在以下两个方面。

第一，倡酬之盛在当时独领风骚。自玉山草堂建成后，顾瑛凭着雄厚的财力，从至正八年到至正二十年（1360年）在此举办各种文酒之会50余次，尤其以至正十年（1350年）前后为最①，再加上后期草堂外的雅集如"水西清兴""西湖梅约"，以顾瑛、杨维桢为首的文人们前后雅集70余次。前后十几年中，玉山雅集的参与者将近400人，留下文学和书画作品的有270余人②，座上宾不乏吴中乃至全国文坛颇有名望者，如杨维桢、陈基、郑元祐、张翥、倪瓒、袁华等，都是常客。其中，不仅有诗人、古文家、散文家、书画家，还有助兴的乐师和歌会舞姬等。时人也不无自豪地称："而其操觚弄翰，觞咏于此，视樊上翁盖不多让。而宾客倡酬之盛，较之辋川，或者过之。"③"良辰美景，士友群集，四方之来与朝士之能为文辞者，凡过苏必之焉，之则欢意浓浃。"④

第二，在文化艺术领域取得诸多成就。玉山雅集实际上是以诗歌创作为中心，兼及绘画、书法、吟咏和歌舞的综合性聚会。就诗歌创作而言，据杨镰先生统计顾瑛所辑的《玉山名胜集》《玉山名胜外集》《玉山倡和》《草堂雅集》，袁华所辑的《玉山纪游》，以及顾瑛所著的《玉山璞稿》等，玉山文人群体所创作的与玉山雅集相关的诗歌在5 000首以上。这些诗

---

① 明确有时间可考的雅集为：至正八年（1348年）7次、至正九年（1349年）5次、至正十年（1350年）22次、至正十一年（1351年）12次、至正十二年（1352年）7次。参见曾莹：《文人雅集与诗歌风尚研究初探：从玉山雅集看元末诗风的衍变》，广东高等教育出版社2011年版，第35—38页。
② 谷春侠：《玉山雅集研究》，中国社会科学院研究生院2008年博士论文，第35—38页。
③ 顾瑛辑，杨镰、叶爱欣整理：《玉山名胜集》，中华书局2008年版，第5页。
④ 顾瑛辑，杨镰、叶爱欣整理：《玉山名胜集》，中华书局2008年版，第7页。

歌中当然不乏佳作，杨维桢执江南文坛牛耳，名噪一时的"铁崖体"风格对玉山文人也颇有影响，他的加盟可以为玉山雅集提高不少身价。

除诗歌之外，玉山雅集一般兼及书画，宴饮过程中通常伴有赋诗、作画、题字等环节，因此玉山雅集的座上宾中不乏知名的书画家。画家包括"元四家"中的倪瓒、黄公望、王蒙，并留下了不少名作，如倪瓒的《金粟道人小像》《断桥卧柳图轴》、赵原的《合溪草堂图》、夏考昌的《溪山渔乐图轴》、张渥的《玉山雅集图》及王蒙和陈贞分作的《玉山草堂图》等。①

玉山雅集常有南戏北剧和各种声歌伎艺演唱活动，对昆山腔的形成也有一定的贡献。② 昆山腔源起于苏州昆山一带，是南戏声腔的流派之一，明初即已出现，"元朝有顾坚者，虽离昆山三十里，居千墩，精于南辞，善作古赋。扩廓帖木儿闻其善歌，屡招不屈。与杨铁笛、顾阿瑛、倪元镇为友，自号风月散人。其著有《陶真野集》十卷，《风月散人乐府》八卷行于世，善发南曲之奥，故国初有'昆山腔'之称"③。精擅昆山腔的顾坚，也是顾瑛的座上宾之一。据称，南戏剧作家高则诚的《琵琶记》就是在玉山草堂中改定的。小琼瑛、小琼花、南枝秀等也可以看作顾氏家班，每当聚会，丝竹和鸣，每有新曲，也常由这几位才艺出众的家班传唱。因此，顾瑛的玉山佳处，就是顾坚等人切磋昆山腔的重要场所。

此外，还有园林艺术。玉山佳处是一处有多处亭馆园榭、假山池水的园林建筑群，所有景点均配有诗情画意、意韵生动的名称。楼台亭阁与水石花木相映生辉，营造出一个风光旖

---

① 田洪：《顾瑛的书画鉴藏》，《中国书画》2016年第1期，第22页。朱天曙：《论元代末期的苏州书坛》，《东南文化》2003年第3期，第69—71页。

② 吴新雷：《论玉山雅集在昆山腔形成中的声艺融合作用》，《文学遗产》2012年第1期，第113页。

③ 钱南扬：《汉上宦文存·魏良辅南词引正校注》，上海文艺出版社1980年版，第94—95页。

旎、典雅优美的氛围,玉山文人身处其间,自然心旷神怡,更能触景生情,引发奇思妙想。关于玉山佳处的亭馆景点数量,《玉山名胜集》的编撰者认为是 26 处,分别是钓月轩、芝云室、可诗斋、读书舍、种玉亭、小蓬莱、碧梧翠竹堂、湖光山色楼、浣花馆、柳塘春、渔庄、金粟影、书画舫、听雪斋、绛雪亭、春草池和绿波亭、雪巢、君子亭、澹香亭、秋华亭、春晖楼、白云海、来龟轩、拜石坛和寒翠所。由于其中的春草池和绿波亭、拜石坛和寒翠所分别指的都是同一处,故实际上是 24 处。① 顾瑛本人于丙申年(即元至正十六年,1356 年)自称:"余家玉山中,亭馆凡二十有四。"② 不过,顾瑛后人、《元诗选》的作者顾嗣立认为,玉山佳处的"亭馆有三十六处",但根据《玉山名胜集》所载,可考的"止有二十八处"③。综上所说,可以认为玉山佳处的亭馆景点数为 24 处之说比较符合实际。

顾瑛还在园林胜景中广植佳花异树,其中,并蒂莲流传下来,成为昆山"三宝"之一。顾瑛将并蒂莲栽种于昆山正仪东侧的凉亭一侧,后世遂称东亭并蒂莲。

据说,顾瑛觅得的并蒂莲属于天竺异种,颇为珍贵,为防人偷盗,他在莲种上覆盖石板,石板钻孔,荷梗从孔中生出,摇曳生姿,岁岁枯荣。1934 年冬,时任国民政府交通部部长的叶恭绰偶得一方古砚,背后刻有《并蒂莲》一诗,又注明并蒂莲出自正仪东亭,时逢冬季,叶恭绰当即来到昆山踏雪访莲。次年,叶恭绰联合地方名人,发起成立"顾园遗址保存委员会",整治园林,将荒芜凋敝的荷池重加修葺,又在荷池之东再辟一池,植以白莲,于是两池莲花幽香扑鼻。西池并蒂

---

① 顾瑛辑,杨镰、叶爱欣整理:《玉山名胜集》,中华书局 2008 年版,第 4 页。
② 顾瑛辑,杨镰、叶爱欣整理:《玉山名胜集》,中华书局 2008 年版,第 303 页。
③ 顾嗣立编:《元诗选》初集下,中华书局 1987 年版,第 2336 页。

莲的花瓣层叠，环抱花蕊；东池白莲竞相绽放，别有风韵。当时上海著名的《申报》《新闻报》均以显著版面报道了叶恭绰赏荷及并蒂莲的特色，于是昆山正仪并蒂莲名声大噪，游人络绎不绝。正仪原是沪宁线上的一个小站，后每届夏季荷花盛开时节，有两班快车，专为苏沪赏荷者停靠2分钟。① 20世纪50年代，昆山政府把并蒂莲移植到马鞍山下亭林园内，并扩大种植面积，后来又移植到苏州拙政园、杭州西湖，令更多的人可以观赏到并蒂莲的绰约风姿。今天，昆山南站的整体造型就是依照并蒂莲的外观设计的。并蒂莲已经成为昆山文化的重要象征之一。

四、玉山雅集的特点

玉山雅集的规模之宏大、内容之丰富、次数之频繁，堪称空前。每当宴饮时，文人们或饮酒赋诗，觞咏唱和；或品鉴古玩，泼墨作画；或挥麈清谈，研讨名理；或携酒远游，寄情山水。而这一切活动又都有美酒佳肴、轻歌曼舞相伴，高雅的审美情趣中透着世俗的享乐思想，阳春白雪和下里巴人兼而有之。有学者认为，顾瑛主持的玉山雅集，"开出了吴中近古时期那种清丽脱俗，隐于艺事，优游雅集，任情自放的'玉山风'"②，堪称元末明初苏州地区文人风气的代表和缩影，不仅在当时倾动一时，而且对以后吴中文人的心态也影响颇大。

"玉山风"的涌现，绝不是偶然的，考其原因，大致有以下三点。

首先，元廷对江南士人格外优厚，对一些不合作的文士也

---

① 赵绵行、周刚：《东亭"并蒂莲"》，中国人民政治协商会议江苏省昆山县委员会、文史征集委员会：《昆山文史》第1辑，内部资料1983年，第114页。
② 严迪昌：《文化世族与吴中文苑》，《严迪昌论文自选集》，中国书店出版2005年版，第285页。

极为宽容,故东南一带不愿出仕的文士,得以悠游山林,隐于世事。张士诚据吴时,对江南文士以礼相待,尊而重之,这些都在客观上为吴中文人进行自由的语言文学创作提供了条件。

其次,苏州本身历史悠久,文化积淀深厚,各朝各代辈有新人出,且地处东南沿海,相对中原来讲兵祸较少,再加上吴地观念开放,善于吸纳外来事物,故从六朝时起就吸引大批名士竞相奔吴,吴地成为知识分子云集之处。因此,巨大的人才优势,是"玉山风"得以涌现的另一个重要条件。

最后,"玉山风"的出现,有着特定的时代背景和契机。元末江南地区商品经济的发展,使当地的文人阶层不再自命清高,而前面提及的兼具富商和文人双重身份的顾瑛的出现,则恰到好处地起到了沟通两者的作用。顾瑛既是玉山文会的直接参加者,也是玉山文会的主持者和东道主,玉山草堂的诸多宴饮、歌舞和出游无不以其强大的经济实力为后盾,因而考察"玉山风"的出现,绝不可忽视顾瑛此人的作用。可以说,正是由于兼具文人与商人身份的顾瑛的积极组织和参与,为"玉山风"注入了新的生机和活力,"玉山风"才会如此的名动一时,并为后人赞叹不已。

较之于一般的文苑士风,"玉山风"至少有着以下两个鲜明特点:一是其世俗化倾向相当明显,二是其历史意识极为深厚。从某种意义上说,"玉山风"之所以会有上述特点,正是源于元末明初吴地士商之间互相靠拢的趋势,是士商之间原有观念与意识碰撞的结果,而这就导致了与以往士风有所不同的"玉山风"的出现。

"玉山风"的世俗化倾向,突出地表现在玉山文人具有一种及时行乐、尽情享受的强烈欲望和人生观念。在顾瑛等人看来,生逢如此乱世,不必去理会道德戒律的诸多束缚,而应当珍惜时光,追求一种物质上和精神上的至欢至乐。换言之,享乐是人生的首要目的,顾瑛的好友于彦成有一段文字鲜明地道出了这一点:"嗟乎!世故之艰难,人事之不齐,得一适之乐如此者，可不载诸翰墨，以识当时之所寓。况南北东西，理无定止，焉知后之会者谁欤?"① 此外，顾瑛等人的诗文中，但求纵情欢乐思想的流露比比皆是，如"醉酒不辞良夜饮，追欢犹似少年游""人生会合不可常，今夕之会，可不尽欢耶?"② 等等。这种大胆袒露和追求人的自然欲望的言行，颇让人耳目一新。

从这种心态出发，顾瑛等人在唱和交游、品茗清议的同时，也极尽于耳目声色之好。元至正十二年（1352年）七月，熊自得前来拜访顾瑛，顾瑛在玉山草堂设宴款待，此次文酒之会堪称典型。例如，熊自得在诗序中所记载的，文会正值中秋之夕，月色满席，清朗满目，开始时先是主人手执玉麈，一声长啸，意气自如；紧接着，张筵设席，女乐纷沓，纵酒尽欢，主人操琴，客人和箫，丝竹歌舞，相为表里，酒后赋诗，诗后作画，复以诗题画，方始告终。如此欢宴，确实为一时之胜。

"玉山风"的另一个特点是其有着强烈的历史感。玉山雅集的参加者自称"玉山人"，对其身处乱世、犹能尽情欢乐这一点颇为自得，所谓："于是时能以诗酒为荣，傲睨物表者几人？能不以汲汲皇皇于世故者又几人？观是图，读是诗者，宁无感乎!"③ 但人生不过百年，百年之后，又有谁知？故玉山雅集的参与者们认为草堂雅集之盛况，应该载诸史册，为后人所知。《玉山名胜集》《玉山雅集》的编撰，可以说就是出于这种心理。玉山文人还经常将玉山文会和历史上的著名文会相比较，如李祁在为《玉山名胜集》作序时指出，晋之兰亭会，"向非右军一序，则此会几泯灭间"；唐时桃李园之宴，也"独赖李谪仙一序可见矣"；唯有草堂文会，"会有其人，人有

---

① 顾嗣立编：《元诗选》初集下，中华书局1987年版，第2348页。
② 顾嗣立编：《元诗选》初集下，中华书局1987年版，第2354—2355页。
③ 顾嗣立编：《元诗选》初集下，中华书局1987年版，第2353页。

其诗，而诗皆可育耶"。李祁在经过一番比较后，最后不无自豪地宣称："吾故谓使集与兰亭桃园序并传天地间，则后之者安知其不曰：'彼不若我'耶！"① 如果说，玉山文人追求至乐的强烈欲望和做法，为"玉山风"染上一层普通人的世俗色彩的话，那么玉山文人浓厚的历史意识，则使"玉山风"鲜明的个性和自我意识得到进一步的凸显。

五、玉山雅集的影响

元末农民起义席卷全国，江南各地也群雄割据，受到战乱冲击的玉山雅集难现昔日盛况。元至正十六年（1356年）二月，张士诚攻陷平江后，又连克湖州、松江等地，兵燹所及，玉山草堂自难幸免。顾瑛在自题的《金粟道人顾君墓志铭》中简略记载："丙申岁，兵入草堂，奉母挈累寓吴兴之商溪。"②"丙申"，即至正十六年。被乱兵骚扰的这段经历，顾瑛还有更详细的记载，"今年（丙申年）春正月，兵入草堂，书画为长物。夏四月，有军士数百持戈突来索予甚急，时予与累辈尚在山中……及归草堂，而诸卷皆为之分挈而去"③。时乱兵将玉山草堂收藏的书画洗劫一空，后得通守冯秉中归还七十余诗作。此后，玉山雅集时断时续。至正十八年（1358年）四月，义兴名士岳榆（字季坚）抵吴后，造访玉山草堂，盘桓五天，顾瑛在招待这位玉山草堂的常客时，就极为感慨故旧零散、赋敛日重，岳榆在诗序中如实记载道："玉山谓兵甲蝟（猬）集，朋友星散，会合诚难，期再过草堂少为行乐，而科役剧兴，愁叹百出。"④

---

① 顾瑛辑，杨镰、叶爱欣整理：《玉山名胜集》，中华书局2008年版，第7页。
② 顾瑛辑，杨镰整理：《玉山璞稿》，中华书局2008年版，第190页。
③ 顾瑛辑，杨镰整理：《玉山璞稿》，中华书局2008年版，第115页。
④ 顾瑛辑，杨镰、叶爱欣整理：《玉山名胜集》，中华书局2008年版，第274页。

然而，兵祸并非玉山雅集的致命威胁，明王朝建立后对吴地实行的钳制政策，才是令玉山雅集烟消云散的根本原因。朱元璋下令苏州府大批富民迁徙到临濠，这是一种带有惩罚性的强制移民。顾瑛本为苏州巨富，其子顾元臣又曾入仕于元廷，当然难以脱免，于是父子二人不得不离别家乡，飘零异乡。顾瑛不久就客死他乡。顾瑛一走，失去了东道主和主持人的玉山雅集很快就烟消云散。再加上明初朱元璋推行文化高压政策，苏州才子高启等触犯文字狱被腰斩、名士姚叔闰等不肯出仕被"诛其身而没其家"①。因此，江南士人一度享有的无拘无束的生存空间骤然变得狭窄、逼仄，兴盛一时的诸种诗酒文宴遂难觅其踪迹。

玉山雅集由于顾瑛的离去就此戛然中止，但留给后世的影响远不是那么容易被抹掉的。由明至清，后人对玉山雅集和"玉山风"的评价呈现逐步提升的态势。

明初，居住吴中相城的沈氏家族中的沈澄，不应征辟，对玉山雅集极为倾慕，"因观元人顾仲瑛玉山雅集图……公济遂想象人物与其景趣，移入丹青，曲极其妙，题曰西庄雅集图"②。时上逮元末不远，顾瑛盛情款待四方文士的情形还鲜明地留在吴地文人的印象之中，因而沈周祖父沈澄的效仿好客之举，自然被冠上"顾玉山"的美名，"所居曰西庄，日置酒款宾，人拟之顾仲瑛"③。明前中期，吴宽为顾瑛六世孙顾镛珍藏的《桃源雅集》专门作跋，称顾瑛"好文而喜客"，又不无惋惜地追述了明初顾瑛家族的惨淡经历："玉山在国初以其子顾元臣为元故官，从诏旨徙居中都。于是一时富室或徙或

---

① 《大诰三编·苏州人材第十三》，钱伯城、魏同贤、马樟根主编：《全明文》第一册，上海古籍出版社1992年版，第706页。

② 《吴都文粹续集》卷二《西庄雅集图记》，《景印文渊阁四库全书》第1385册，台湾商务印书馆1986年版，第48页。

③ 张廷玉等：《明史》卷二百九十八《沈周列传》，中华书局1974年版，第7630页。

死,声销景灭,荡然无存。"① 此后,吴中文苑的一些重要人物,大多对玉山雅集的盛况不胜眷恋,对玉山文人的悲凉下场则不胜感慨。王世贞称"吾昆山顾瑛、无锡倪元镇,俱以猗卓之资,更挟才藻,风流豪赏,为东南之冠,而杨廉夫实主斯盟",并引用了顾瑛的《自赞诗》,称"至今人传之"。② 顾瑛好友、"元四家"之一的无锡人倪瓒的一首《江南春》词,引得沈周、祝允明、文徵明、唐寅等数度追和,共计74家、116首之多,从明弘治三年(1490年)一直持续到明末清初③,最后结集为《江南春词》。④ 唐寅对放诞风流的杨维桢不无欣赏,作有《咏梅次杨廉夫韵》等诗。

清代吴地文人对玉山雅集和"玉山风"的评价之高远超明代。例如,钱谦益的《列朝诗集小传》称"园池亭榭,饩馆声妓之盛,甲于天下"⑤。《元诗选》的作者清人顾嗣立更是以顾瑛后代为荣,称:"壬申秋,余同犀月访大临于界溪,得上绰墩,寻玉山遗址,遥望山色湖光,而缅想当年草堂文酒之会,真吾家千载一佳话也。"⑥ 清代中期的董潮也称赞道:"元末顾阿瑛处干戈戎马之会,擅园池亭榭之胜,日与高人俊流,置酒赋诗,觞咏倡和,几忘沧海横流。"在与明清之际的毛晋做了比较之后,谓:"此二君者,皆擅陶朱之术,一时行事,俱堪千古。不然遭逢世变,安不知象齿之

---

① 吴宽:《家藏集》卷五十一《跋桃源雅集记》,《景印文渊阁四库全书》第1253册,台湾商务印书馆1986年版,第468页。
② 王世贞著,罗仲鼎校注:《艺苑卮言校注》,齐鲁书社1992年版,第291页。
③ 史华娜:《明代追和词的兴盛及其原因》,《北方论丛》2011年第4期,第33页。
④《四库全书总目提要》卷一百九十一《江南春词》称:"明沈周等追和元倪瓒作也……首有作者姓氏,自周以下共五十人。"(永瑢、纪昀等编撰:《四库全书总目》,中华书局1965年版,第1741页。)
⑤ 钱谦益:《列朝诗集小传》,上海古籍出版社1959年版,第26页。
⑥ 顾嗣立:《元诗选》初集下,中华书局1987年版,第2321-2322页。

焚身邪？"① 晚清陈田同样推崇，"元季吴中好客者，称昆山顾仲瑛、无锡倪元镇、吴县徐良夫，鼎峙二百里间。海内贤士大夫闻风景附，一时高人胜流，佚民遗老，迁客寓公，缁衣黄冠与于斯文者，靡不望三家以为归"②。

不过，对玉山雅集最不吝啬赞美之辞的并非清代文人学者，而是来自庙堂之高的缙绅士大夫，并且是一批掌握了修史权的士大夫。《明史》的编纂者在为顾瑛立传时，已经用"园池亭榭之盛，图史之富，暨饩馆声之伎，并冠绝一时"③ 来形容，到《四库全书》的编纂者时，其夸赞程度更甚。《四库全书总目》卷一百六十八《玉山璞稿》的评价是"池馆声伎，图画器玩，甲于江左。风流文采，倾动一时"；卷一百八十八《玉山名胜集》更是感叹："考宴集唱和之盛，始于金谷兰亭；园林题咏之多，肇于辋川云溪。其宾客之佳，文词之富，则有未过于是集者。虽遭逢衰世，有讬而逃，而文采风流，照映一世，数百年后，犹想而见之。录存其书，亦千载艺林佳话也。"晋太康年间，石崇所筑的金谷园、王羲之等人唱咏所在的兰亭园，以及唐诗人王维别业所在的辋川，在历史上都是著名的文人雅集，但在《四库全书》的编纂者们看来，玉山雅集在"宾客之佳，文词之富"上还要更胜一等。哪怕遭逢乱世，玉山雅集依然"文采风流，照映一世"，令后辈"犹想而见之"，甚至"录存其书，亦千载艺林佳话也"，评价之高不言而喻。此外，同卷《玉山纪游》称："所收不及《玉山名胜集》《草堂雅集》之富，而山水清音，琴樽佳兴，一时文采风流，千载下尚如将见之也。"

由上可知，明清两朝涉及玉山雅集和"玉山风"的记载，

---

① 董潮：《东皋杂钞》卷一，王云五主编：《丛书集成初编》，商务印书馆1936年，第4页。
② 陈田辑撰：《明诗纪事（一）》，上海古籍出版社1993年版，第504页。
③ 张廷玉等：《明史》卷二百八十五《顾德辉传》，中华书局1974年版，第7325页。

几乎都是众口一词的赞誉之声，而且随着时间的推移，称赞的力度呈现出逐步增强的趋势。如果说，明代吴中文苑对玉山雅集和"玉山风"更多地表达了一种追慕之情，那么到清代，官僚士大夫们的态度甚至可以用艳羡来形容。

那么，玉山雅集受明清两朝文人学者共同推崇的深层原因到底是什么呢？实际上，玉山文人群体的独特魅力并不在于其在文学史、艺术史上所取得的成就和地位，而在于其独特鲜明的人生目标和追求，即既隐于艺事，孜孜不倦于文化艺术，又及时行乐，毫不讳言物质享受。这两种看上去似乎互相矛盾的心态，在元末乱世的大背景下，获得了某种程度上的统一，因而引起了明清两朝诸多文人学者的共鸣。

如前所述，入明后随着主持者顾瑛被流放临濠，玉山雅集很快就销声匿迹，但吴地文人对玉山雅集念兹在兹，其原因就在于，玉山文人不问世事纷扰、隐于艺事的做法，正与吴地的文化传统若合符节，这是明代吴地文人赞赏和仿效玉山文人的主要原因。在玉山文人群体的众多诗歌和绘画作品中，虽也有佳作，但并没有为后世所特别推崇的经典之作，更没有像《兰亭集序》《西园雅集图记》这样艺术史上的瑰宝级作品，但是玉山文人群体在世事多舛的元末乱世背景下，依然潜心于文化艺术的人生追求，这种不问世事纷扰、独钟情于诗画艺术并视其为人生宗旨的意趣，与吴中文苑隐于艺事的文化传统极为吻合。

众所周知，明清时期的江南地区科举发达、状元辈出，但这只是江南地区尚文的表现之一。对江南地区的世家大族来说，家族子弟如能走上仕宦显途固然重要，却不是最重要的，诗书传家，并借此保持家族的文化传统长盛不衰，才是立族或立家之根本。例如，时人评析相城沈氏门风："其族之盛，不特赀产之富，盖亦有诗书礼乐以为之业。当其燕闲，父子祖孙相聚一堂，商榷古今，情发于诗，有倡有和，仪度文章，雍容详雅。四方贤士大夫，闻风踵门，请观其礼，殆无虚日，三吴间一时论盛族，咸称相城沈氏为最焉。"① 祝允明说得更加透彻："吾家以善积望乡郡，迨二百年……作好官，建勋名，固是门户大佳事，要是次义。只是不断读书种子，至要至重。苟此业不坠，则名行自立，势必然也。"② 可见，对江南地区的普通家族而言，子弟苦读后如果能一举高中，进入仕途，这当然求之不得，如果屡试不中，也并非不能接受，但前提是依然精擅诗文书画，因为只要能将家族的文化传承下去，那么家族就能在社会上有一定的影响力。明代中期声名显赫的"吴中四子"，只有徐祯卿中过进士，祝允明会试七次空手，文徵明乡试也七次不售，唐寅更是因为卷入科场舞弊案而绝意功名，但祝允明、文徵明、唐寅三人的共同点都是潜心钻研书画艺术，与玉山文人处乱世而隐于艺事可谓志同道合，故其社会声誉也远远超出普通官员。光福徐达左后人徐邦鼎，收集祖上先人与倪瓒、高启、姚广孝、徐有贞等诸多名士的唱和之作，汇集成帙，文徵明为其作序时，对徐邦鼎竭尽其力收集先人寸楮尺素的做法极为赞同，并颇有感触地称"夫盛则必衰，乃理之常。所赖以保其盛，使不至于衰，则在贤子孙耳"③，认为徐邦鼎此举是为存护家族的文化精神，自然够得上"贤子孙"之誉。

如果说，明代吴地文人由于所处社会环境相对宽松，因此与玉山文人在隐于艺事这一点上获得了共识，那么清代特定的社会文化背景，使得居庙堂之高的官僚士大夫对玉山雅集的推崇，更落在了玉山文人及时行乐、毫不讳言物质享受的人生态度上。玉山雅集的知名度，也随之超出吴地，具有全国性

---

① 陈颀：《同斋沈君墓志铭》，《吴都文粹续集》卷四十，《景印文渊阁四库全书》第1386册，台北商务印书馆1986年版，第293页。

② 祝允明著，薛维源点校：《祝氏集略》卷十二《示续》，《祝允明集》，上海古籍出版社2016年，第224页。

③ 文徵明著，周道振辑校：《文徵明集》补辑卷十九《耕渔轩倡酬名迹序》，上海古籍出版社1987年版，第1261页。

声誉。

　　清代，朝廷对江南士人的钳制远甚明代。明初，朱元璋钳制江南士人，以至于"国初严驭，夜无群饮，村无宵行，凡饮会口语细故辄流戍"①。但到明成祖朱棣后，尤其是仁宗朱高炽和宣宗朱瞻基治国宽松，开启仁宣之治，于是江南地区逐渐恢复生机和活力，与社会文化环境密切相关的文人的活动空间也日益扩大，昆山人归有光这样形容："自洪熙至于弘治，六七十年间，适国家休明之运。天下承平，累世熙洽，乡邑之老，安其里居，富厚生殖，以醇德惠利庇荫一方者，往往而是。"② 相形之下，清代的文化高压政策则持续多年，合称"江南三大案"的"哭庙案""通海案""奏销案"，牵连波及江南士绅数以万计，如"哭庙案"将并未参与的苏州才子金圣叹牵连处死，"奏销案"牵涉江南士绅高达13 500多人，清顺治十六年（1659年）殿试第三名的昆山人叶方蔼仅欠一文钱也惨遭革职处分，以至于民谚称"探花不值一文钱"。此后，清廷又在江南制造多起酷烈的文字狱，浙江南浔富户庄廷鑨翻刻《明史辑略》，被打成"明史案"，甚至连书商、刻字匠、印刷工、书店老板等都难逃一死，其手段之严酷，正如张元济所指出的那样："夫以雷霆万钧之力，加诸无拳无勇之辈，自可以为所欲为。推其意，且必谓经此惩创，自今以往，当无有敢稍干犯之徒，即凡受庇宇下者，亦皆可无所忌惮者，同享讳尊讳亲之利，于是人人低首，家家颂圣，专制之乐，其乐无穷。"③ 显然，清廷发动文字狱的目的，就是要打击坚持认为道统高于王统、保持独立性的士人节操。

　　在上述背景下，清代文人的生存空间，较之于其他朝代多

---

① 谈迁：《国榷》卷五，中华书局1958年版，第468页。
② 归有光撰，严佐之、谭帆、彭国忠主编：《震川先生集》卷三《墓志铭》，《归有光全集》第六册，上海人民出版社2015年版，第556页。
③ 张元济：《张元济全集》第9卷，商务印书馆2010年版，第268页。

少要显得逼仄、狭小。此时，玉山文人那种既追求诗画艺术，又不讳言物质享受的生活追求，在清代文人尤其是官僚士大夫眼中，变得可欲而不可得。对传统士人而言，如果官场仕途不畅或者受到束缚太多，那就只能转向独善其身，以获得一种人格上、心灵上的自由和超脱，其代价一般是物质层面的匮乏，如果能实现"筑园田居"，那已经着实令人羡慕了。而玉山文人借助顾瑛的强大财力，不仅可以诗画唱和，并结集出版，留存后人，还可以在物质享受层面达到普通文人难以企及的高度，这一切不仅令玉山文人自豪倍增，还令身处文化高压氛围中的清代文人不胜眷恋。

尤其是玉山文人群体身上，如前所述，有一种非常鲜明的世俗化倾向，突出地表现为及时行乐、尽情享受的强烈欲望和追求。从这种心态出发，顾瑛等人在唱和交游、品茗清议的同时，也极尽于耳目声色之好。顾瑛身边姿色过人、小有名气的侍姬有小璚花、南枝秀二人，还蓄有"琴姬小璚（琼）英、翠屏、素真"，佐酒女奴"小瑶池、小蟠桃、金缕衣"，等等。① 每行酒会，既有姬女载歌载舞，还有美妓向在座文士索取笔墨，"有二伎曰小璚花、南枝秀者，每遇宴会，辄命侑觞乞诗。风流文雅，著称东南"②。"杨廉夫在金粟道人家，每食，主人必出佳酝，以芙蓉金盘令美妓捧劝。"③ 故玉山佳处有"园池声伎之盛，甲于天下"之称。

显然，明清士大夫阶层由于受到政治环境的约束，对玉山文人那种远离官场是非，诗酒为乐、相聚尽欢，以物质和精神上的至乐为最终目标的人生追求和生活方式，心中的赞同和羡慕是不言而喻的。但在现实生活中，这种以诗画艺术追求表达

---

① 顾嗣立编：《元诗选》初集下，中华书局1987年版，第2344、2347页。
② 姚之骃：《元明事类钞》卷十七《侑觞乞诗》，《景印文渊阁四库全书》第884册，台湾商务印书馆1986年版，第280页。
③ 王兆云：《挥麈诗话》，王云五主编：《丛书集成初编》，上海商务印书馆1936年版，第32—33页。

自我、以物质享受张扬个性的理想生活是可见而不可得的。于是，那些位处仕途宦路、身受各种樊篱如文字狱等束缚的官僚士大夫们，只能在内心深处为玉山雅集喝一声彩，并把自己的一份艳羡悄悄注入笔下华丽的章句之中。

人类的生命是短暂的，财富更是过眼云烟，唯有一地的文化才是永远传承的。700多年前的玉山雅集，为时人提供了一个躲避祸乱与休憩身心的世外桃源般的理想场所，那些在乱世中显得无比脆弱、在园林胜景中又显得无比坚韧的文人艺术家们，在展现自己鲜亮生命色彩的同时，更抒写了文化精神穿越乱世的恒久篇章。

第九章 雅韵渊源

在探讨一种文化事项与其起源地的关系方面，取字于昆山的昆曲①及其发展，是非常值得关注的现象。昆山之于昆曲的意义和影响，突出体现在两大方面：一是成就昆曲的兴起；二是促成昆曲的复兴。有关前者，学界对有些问题尚存不少争论。但无论如何，若撇开昆山这个特定的地域及其相关人群，后世的昆曲艺术则无从谈起。同时，昆曲在"兴起"阶段，奠定了后世昆曲的风范、典范，充分体现出历史时期地域社会情状对于文化的影响。在"复兴"时期，则又体现地域社会对于文化符号的认同，以及历史文化对于现代社会品格的塑造。

---

① 昆剧在历史演变过程中曾经有"昆山腔"（简称"昆腔"）、"昆曲""昆调""昆剧""雅部""南曲""南音""吴歈"等各种不同的名称。这是由不同时代、不同地区的人们和某些写作者不同的表达习惯和书写风格所致。（胡忌、刘致中编著：《昆剧发展史》，中国戏剧出版社1989年版，第1页。）虽然昆曲在历史演变的过程中，曾经有多种称谓，但严格说来，"南曲""南音""吴歈"等所指较泛，未必完全指昆曲。使用较多者为"昆山腔"（昆腔）。"昆曲"和"昆剧"，且这三者的名称是先后出现的，较早的是"昆山腔"（昆腔）。"昆曲"一词，最早出现在康熙年间，清中叶以来，中国古籍中"昆曲"一词的使用已非常普遍。（许莉莉：《论"昆曲"之称的晚出及其由来》，《戏曲艺术》2011年第1期，第17页。）至清嘉庆年间，"昆剧"一词开始出现。本篇为论述方便，统一称其为"昆曲"。

一、昆山与昆曲的起源

针对昆曲的起源与昆山的关系,我们现将学界有关成果乃至争议予以"本色"梳理,还原其各种可能性。今人所论的昆曲,是以魏良辅的新声昆山腔为界碑和内核的,关于其艺术母体、源头,或者说魏良辅之前的昆山腔与后世昆曲的关系,学界的所论、所辩大致集中在以下几个方面。

(一)昆山腔与黄幡绰遗音

将昆山腔与黄幡绰联系起来的,有两种情形:一是昆山本地的民间流传,以及与民间流传相互印证的"历史遗迹"。这是历史时期以来的"自然"存在。在昆曲发展史上,这些不曾为地域之外的人们和学界所关注和探讨。二是引起学界所重视的,是20世纪60年代南京大学吴新雷先生将曲圣魏良辅的《南词引正》公之于众。魏良辅在《南词引正》中曰:"腔有数样,纷纭不类。各方风气所限,有昆山、海盐、余姚、杭州、弋阳。自徽州、江西、福建,俱作弋阳腔;永乐间,云、贵二省皆作之;会唱者颇入耳。唯昆山为正声,及唐玄宗时黄幡绰所传。"[①] 此后,人们有意识地寻找昆山腔与黄幡绰遗音的内在关联,并从现今所存昆曲艺术特质中,"再发现"其与黄幡绰遗音相吻合之处。

1. 昆山之黄幡绰遗迹

昆山的傀儡湖、行头港,以及阳澄湖畔的绰墩山、绰墩墓,是代代相沿下来的名称。从傀儡、行头等字义上可见,其与我国古老的戏曲表演有关联,而"绰墩"一词更明确地指向黄幡绰,民间所传上述名称都是为了纪念黄幡绰。黄幡绰是唐代宫廷音乐辉煌时期的宫廷乐师,也被认为是著名的《霓

---

① 魏良辅:《南词引证》,钱南扬:《汉上宧文存》,上海文艺出版社1983年版,第94—95页。

裳羽衣曲》石刻的篆刻者，他的诗被收录在《全唐诗》之中。据传，其在安史之乱后，即其晚年时期流落江南，后葬在昆山正仪，参军戏、傀儡戏等技艺就是由他从宫廷传到民间的。昆山"本地历来有演戏的习俗。每年从新年到清明节前后，江南各地的戏班子都要来绰墩山搭台会演，切磋演艺"①。会演带有祭祀、纪念行业先祖的意味。

昆山市巴城镇境内的正仪绰墩村有全国重点文物保护单位绰墩遗址。1999年，绰墩遗址经第二次考古发掘，出土了2座规模较大的唐代船型砖室墓，可惜墓室早已被盗，仅剩墓底，墓砖上留下"天子问什"等刻字。关于"天子问什"的唐代青砖，引起人们诸多关注。也有假设性分析认为："观其字形，不像模坯中预先定型后烧制的，而像烧窑工或建筑工临时用刀具即兴刻出来的文字。字体很有风骨，像是出自文化人之手。'什'表示'多'的意思，这句话是'皇帝在询问很多事'。一个烧窑或建墓的平民百姓怎么会刻上这句有点摸不着边际的文句？一定事出有因。因为还有一块砖上刻有一个'调'字，可能与黄幡绰在正仪传播雅韵有关。如果将两块刻字砖联系起来看，可能是唐玄宗在牵挂着百姓的日常琐事，其中最重要的就是很想了解黄幡绰流落异乡的唱调曲事。"②

2. 史籍相关记载

宋代龚明之在《中吴纪闻》就记载："昆山县西数里，有村曰绰堆。古老传云，此乃黄幡绰之墓。至今村人皆善滑稽，及能作三反语。"并解释曰"绰堆"为"避御名（按：因避南宋赵惇庙号）改曰堆，即今绰墩"③。历代苏州府志、昆山县

---

① 陈益：《昆山传统文化研究·昆曲卷——昆曲几百岁：昆曲史研读札记》，上海人民出版社2009年版，第4页。

② 杨瑞庆：《昆山绰墩出土的唐砖刻字》，《大众考古》2016年第10期，第70页。

③ 龚明之、朱弁撰，孙菊园、王根林校点：《中吴纪闻 曲洧旧闻》，上海古籍出版社2012年版，第72页。

志多有记载，历代诗人亦多题咏。明初诗人高启曾作诗《绰墩山》："淳于曾解救齐城，优孟还能念楚卿。嗟尔只教天子笑，不言忧在禄山兵。"① 明正统年间，昆山人郑文康也有《分得黄幡绰墓送客》一诗。说明黄绰幡在昆山授艺并尘归昆山，这是早已得到一定认同的。

然而，以上尽管有具体的时间、地点、人物，终究因为史料单薄，令昆曲起源的争议长期难以平息。

3. 黄幡绰遗音

前述《信义志》中记载：至今村人皆善滑稽，及能作三反语。昆山的地方志沿用了这一记载。所谓"三反语"，"或称作切口，一种反切注音的方式，渊源于参军戏，在昆曲角色的宾白中偶尔出现"②。"三反语"也是指演唱时声母和韵母的分解拼读方法，有利于字正腔圆的演绎，为日后昆山腔的锤炼提供了有力的技术支持。③ 其与魏良辅改革后的昆山腔有暗合之处，"他（魏良辅）传唱的歌调，是没有乐器伴奏的清唱，俗称嘌唱，即干唱，迂徐委婉，细腻绵糯，又令人回肠荡气。这便是水磨腔——昆山腔的前身"④。

有关黄幡绰与昆山腔的关系，学界看法不尽一致。著名的昆剧史研究力作《昆剧发展史》中说："昆山腔'乃唐玄宗时黄旛绰所传'，自是一种传闻。"⑤ 但这个传闻也不是完全捕风捉影之谈。反对者认为，这可能是魏良辅与文人交游时所弄的玄虚，不仅缺乏直接材料，还是魏良辅借此自我拔高，将其所

---

① 高启：《绰墩山》，鲁德俊编：《诗吟昆山》，凤凰出版社 2004 年版，第 155 页。

② 陈益：《昆山传统文化研究·昆曲卷——昆曲几百岁：昆曲史研读札记》，上海人民出版社 2009 年版，第 4-5 页。

③ 杨瑞庆：《昆山绰墩出土的唐砖刻字》，《大众考古》2016 年第 10 期，第 70 页。

④ 陈益：《昆山传统文化研究·昆曲卷——昆曲几百岁：昆曲史研读札记》，上海人民出版社 2009 年版，第 4-5 页。

⑤ 胡忌、刘致中：《昆剧发展史》，中国戏剧出版社 1989 年版，第 23 页。

革新之调虚拟为宫廷雅乐之传,"魏良辅把昆山腔说成是唐朝黄幡绰所传……魏良辅意在利用新声与昆山腔名词概念的混淆,一举把昆腔与唐宫廷挂钩,借此猎取百倍身价而跻身音乐的正统。他的著作取名'南词引正',其良苦用心已然溢于言表了"①。

(二)顾坚及昆山腔鼻祖

关于顾坚其人及其与昆山腔的关系,不仅涉及昆曲的起源及核心奠基人物,也攸关昆曲在世界艺术史上的地位等重大问题。

也正是因为20世纪60年代魏良辅的《南词引正》的公之于世,引起了有关顾坚与昆山腔的关系探讨,同时也引发了探讨昆曲渊源的热潮。魏良辅的《南词引正》云:"元朝有顾坚者,虽离昆山三十里,居千墩,精于南辞,善作古赋。扩廓帖木儿闻其善歌,屡招不屈。与杨铁笛、顾阿瑛、倪元镇为友,自号风月散人。其著有《陶真野集》十卷、《风月散人乐府》八卷行于世,善发南曲之奥,故国初有'昆山腔'之称。"②此后,著名的昆剧史研究学者蒋星煜、黄芝冈、顾笃璜、董每戡等撰文考证,把昆曲起源的历史,从此前史料中可溯的明代中叶魏良辅,向前推到元代末年。他们认为,顾坚是创立昆山腔的功臣,昆曲六百年的历史也是从此衍生开来的。作为中国文化符号的昆曲,在对外文化交流和对话中,基本上以元末明初为起源时间。例如,作为我国第一项、世界首批人类非物质文化遗产代表作的昆曲,明确界定其为现存的中国最古老的剧种之一,起源于明代。张庚、郭汉城在《中国戏曲通史》中说,昆山腔虽兴起于明代嘉、隆年间,即16世纪中叶,但早

---

① 顾聆森:《何来昆曲600年?——央视电视片〈昆曲600年〉的历史臆造》,《文学报》2013年6月13日,第6版。

② 魏良辅:《南词引正校注》,钱南扬:《汉上宧文存》,上海文艺出版社1980年版,第94-95页。

在元末明初之际，即14世纪中叶，已作为南曲声腔的一个流派，于昆山一带产生了。①

施一揆在《关于元末昆山腔起源的几个问题》一文中考察了顾坚的身世，列出其世系表，也分析了顾坚生活的年代。他指出："顾瑛、杨维桢、倪瓒有个交往甚密的诗文朋友名顾敬，字思恭，号灌园翁……此顾敬居然列于顾坚一支的世系表上，为顾坚的叔伯行。顾敬既为顾瑛、倪瓒、杨维桢的友好，那末魏良辅所说顾坚与此三人'为友'，也是可信的。"② 胡忌、刘致中在《昆剧发展史》中认为，从昆山腔的形成而论，还是应从顾坚说起，阐述了顾坚其人及其对昆山腔的贡献，肯定了顾坚的存在，但也指出"绝不可能是他个人创立一种新腔——昆山腔"。

对于顾坚的身份，学界目前大致有以下判断：

第一，关于顾坚的家庭背景，其文化和艺术修养兼具。顾坚本为"良家子"，昆山千墩人，其与顾瑛均系南朝梁、陈时吴郡贤士顾野王（三十世）的后裔，顾瑛属五十四世，顾坚属五十八世，同宗不同支。③ 在吴新雷主编的《中国昆剧大辞典》中进一步补充道："清顺治刻本《重修顾氏大宗世谱》列有昆山顾坚一支的世系表，说他是'国子生'（秀才）。族伯顾敬是诗人，但生平事迹无考。"④ 南京图书馆所藏《南通顾氏宗谱》中，列有顾坚一支的世系表，并且说明南通顾氏是"元季兵乱时"从昆山迁往南通的。显然，顾坚实有其人是不

---

① 张庚、郭汉城主编：《中国戏曲通史（中）》，文化艺术出版社2014年版，第377页。

② 施一揆：《关于元末昆山腔起源的几个问题》，《南京大学学报（哲学社会科学版）》1978年第2期，第119页。

③ 吴新雷：《论玉山雅集在昆山腔形成中的声艺融合作用》，《文学遗产》2012年第1期，第115页。

④ 吴新雷主编：《中国昆剧大辞典》，南京大学出版社2002年版，第327页。

容置疑的;顾坚的生卒年月已不可考,但根据与之相交的朋友杨维桢、顾瑛、倪瓒等人的生平推算,他从事戏曲活动的时间,当在元末至正年间,比活跃于明嘉靖、隆庆年间的魏良辅大约早两百年。顾坚本出身于书香门第,整个家族的文化水平较高,但"顾坚的曾祖父顾祯因犯罪,全家被没入官府为奴,沦为乐户,被遣送至大都(今北京)"①。其父顾鉴,"生而聪慧,雅好诗文,善作乐府散曲"。在周振甫主编的《唐诗宋词元曲全集·全元散曲》中,辑得顾鉴的北曲小令6首,故而顾坚"所以也能写出《风月散人乐府》"②。因家族"遭厄",顾坚的姑母顾山山被没入官府后,沦为乐妓,擅长唱曲。而顾山山当时已是著名的花旦演员,这在夏庭芝于元至正二十年(1360年)完成的《青楼集》中是将其与珠帘秀等名伶并列记载的。顾坚天生拥有优美的歌喉,从小就跟姑母顾山山学唱。元代末年,由于北方抗元义军纷起,局势动乱,顾坚全家趁乱回到故乡,居住在松江。至正二十二年(1362年),顾鉴、顾坚父子在一勾栏内看戏时,勾栏突然倒塌,父亲顾鉴被压遇难,而顾坚不幸双目失明,沦为瞽瞍,靠唱陶真卖唱谋生,后为顾瑛收留。③

第二,关于顾坚的社会身份,既与玉山雅集的文人相交甚密,但又仍是乐户。从杨维桢、倪瓒、顾瑛分别号为风月福人、风月主人、风月异人来看,顾坚自号为风月散人,说明他们之间的关系非比寻常,交往甚密。"他们以'风月'相标榜……或吟风弄月,赋诗酬唱,陶醉在宴游歌舞之中。这表明他们有着共同的生活情趣,审美观点一致,同声相应,交谊甚

---

① 俞为民:《昆曲的形成与魏良辅的改革》,《古典文学知识》2011年第6期,第73页。

② 吴新雷:《昆山腔形成期的顾坚与顾瑛》,《文化艺术研究》2012年第2期,第141页。

③ 俞为民:《昆曲的形成与魏良辅的改革》,《古典文学知识》2011年第6期,第73页。

厚。"然而，顾坚毕竟已从良家子沦为乐户，"成了唱曲的民间艺人，与文人名士的身份不一样，所以在《草堂雅集》和《玉山名胜集》中没有他的作品。如此说来，顾坚与顾瑛他们的交往，不是去从事文学创作，而主要是去参与声伎演唱活动的"①。

一方面，《南词引正》给予顾坚对于昆山腔功高的评价；另一方面，《南词引正》只是孤证。所以，就顾坚对于昆山腔的贡献，以及昆曲是否源于元末明初，学界尚难以确信。有的学者认为，《南词引正》只是略约说明顾坚在昆山腔孕育形成的过程中发挥了重要作用，并没有说昆山腔是顾坚的原创，但《南词引正》的记述真实性乃至昆曲源于元末昆山腔的说法，仍是值得肯定的。有学者指出，"声腔，是受我国不同民族、不同地区方言方音和民间音乐以及艺术传承等因素影响，长时间中孕育形成和发展变化的……中国民族戏曲中任何一首曲调，任何一段唱腔，也都不是一次完成的。它们都是在长期的流传过程中，由从这一地至那一地，从上一代到下一代，无数戏曲艺人参与创作、加工、润色，而不断丰富、不断完善、逐步积累的成果"，"《南词引正》的记述，表明魏良辅是熟知戏曲声腔流变情形的行家里手，所说皆据实而言，并不带自己的主观色彩"。②

至于为何顾坚未能见著于史册，可能与我国古代戏曲艺术多由民间集体创作产生，以及官方、民间对艺人身份属性界定较低有关，传播并参与创作、发展戏曲声腔的是被人们所瞧不起的、社会地位低下的"戏文子弟"，"本来戏曲声腔就是在多少代人传承、创新、发展中做成的'千人糕'，很难说清它

---

① 吴新雷：《昆山腔形成期的顾坚与顾瑛》，《文化艺术研究》2012年第2期，第141页。
② 刘俊鸿：《"昆剧"名称辨析——昆剧"三论之一"》，《艺术百家》2008年第6期，第156-157页。

是某年月日谁谁的作品,再加上做这'千人糕'的师傅,大多是'良家子弟不耻为之',甚至被人买来卖去的'戏子'",所以,"顾坚其人其事不见他证,完全是情理中事……正因为如此,《南词引正》的记述就更弥足珍贵"。① 苏州各种志书、文人笔记中未见顾坚之名,实属正常。我国古代各地、历代史志编纂者多记述一地的诗词文学,少有将戏曲、曲艺等忝列。另外,顾坚的曾祖顾祯"遭厄"而被官府问罪,史籍对于其后人不予记载,当然也是情理之中的。

但是有研究者认为,《南词引正》中说顾坚"善发南曲之奥""国初有'昆山腔'之称"非常可疑。因为直到祝允明时代,"祝笔下的'昆山腔'仍是下九流的'随心令'一类的歌唱,而昆腔唱成为一种以官话入唱、高度规范的曲唱是16世纪中叶的事,说顾坚那样的文人雅客明初唱'随心令',岂非不可思议?这显然是魏良辅一类的唱家们编出的故事,抬高自家身价"②。还有的认为,仅依据《南词引正》,从"善发南曲之奥"的顾坚传唱开始,"方有'昆山腔'之称,于是昆曲又多了一位'始祖'——顾坚。'昆曲六百年'或'昆曲千年史'都是从《南词引正》中引申而来,无非是绝无旁证的只言片语,却成功地剥夺了魏良辅的昆曲'鼻祖'地位";"任何民间的原始声腔都没有'鼻祖'或'创始人',例如昆山腔,它是昆山人民千百年的集体创造,由昆山的民歌、小调、山歌等综合而成。但作为'新声',它是有创始人的,那就是魏良辅。昆曲是魏良辅根据当时贵族、士大夫的审美意愿和审美情趣精心雕琢的一种创造,因而他被尊为昆曲的'鼻祖'

---

① 刘俊鸿:《"昆剧"名称辨析——昆剧"三论之一"》,《艺术百家》2008年第6期,第157页。

② 解玉峰:《"昆山腔""昆曲"与"昆剧"考辨》,《戏剧艺术》2019年第1期,第135页。

'曲圣'是顺理成章的"。①

从 20 世纪五六十年代，学者从明末人张丑《真迹日录》中发现文徵明抄本《南词引正》，人们把昆山腔产生的年代向前推进了大约两百年。至今，所发现的最有力证据，是明代后期人周元暐所著的《泾林续记》，明太祖朱元璋闻昆山周寿谊高寿，特召至京，问曰："闻昆山腔甚佳，尔亦能讴否？"曰："不能，但善吴歌。"显然，昆山人周玄暐因为晚明时"昆山腔"已被尊崇，故编出明太祖朱元璋也闻知"昆山腔"的故事。学者们戏称"只有这一条孤证"。所以有研究者认为，明初明太祖问及昆山腔一事，也是杜撰。其实，在正德《姑苏志》中同样记载了朱元璋所问昆山腔一事。

无论如何，大多数论者认为，元末明初便有昆山腔，顾坚等人对昆山腔的形成发挥了重要的作用。如果把顾坚作为改革之前的昆山腔定型的鼻祖，而把魏良辅作为后世昆曲，或者说新声昆山腔定型的鼻祖，这是不矛盾的。

（三）玉山草堂与昆山腔的孕育

由于上述顾坚的生平事迹史料记载匮乏，其所著的《陶真野集》和《风月散人乐府》也失传，因此，学者们在追溯昆山腔的形成时，多瞩目于顾瑛的《玉山草堂雅集》。顾瑛，名阿瑛、德辉，字仲瑛，自号金粟道人。工诗善画，不屑仕进。《明史》卷二八五《文苑传》中列其传记云：顾德辉，字仲瑛，昆山人。家世素封，轻财结客，豪宕自喜。年三十，始折节读书，购古书、名画、彝鼎、秘玩，筑别业于茜泾西，曰玉山佳处。晨夕与客置酒赋诗其中。四方文学士河东张翥、会稽杨维桢……咸主其家。园池亭榭之盛，图史之富暨饩馆声

---

① 顾聆森：《何来昆曲 600 年？——央视电视片〈昆曲 600 年〉的历史臆造》，《文学报》2013 年 6 月 13 日，第 6 版。

伎，并冠绝一时。①《四库全书总目》卷一百六十八《玉山璞稿》也说：顾瑛，昆山人，"与天下胜流相唱和"，"风流文采，倾动一时"。

顾瑛以望族出身，且赋有财气、才情和豪情，使其玉山草堂成为当时社会情境下的一方世外桃源，歌舞词曲、诗文绘画在此滋长，从《南词引正》所反映的顾坚与顾瑛的密切关系来看，顾瑛及其文士集团不可能对昆腔的形成和发展没有影响。②"既然顾瑛及经常参加他家歌舞盛筵的高明、杨维桢、张猩猩等，都是擅长和癖好南曲，那末这群歌娃为他们演唱的当然是南曲声腔了。至于他们所唱的声腔是否已具有乡土色彩的昆山腔特征呢？从顾瑛和杨维桢等与顾坚'为友'这一点看，无疑地已经具有这个特征了。"③

玉山雅集与昆山腔的关系，主要体现在：一是顾瑛与顾坚交往密切，常作诗词奉和。如顾坚赋诗《会谢公席上题仲举诗后寄玉山》，顾瑛立即酬唱作《和顾韵》，顾坚又作《奉同铁崖赋寄玉山》。他们相聚时，不仅听赏曲、唱曲、谱曲，还写曲，所作词曲大多散佚。④ 二是从玉山草堂主人与其朋友酬唱交往中，可窥视昆曲艺术的痕迹。当时的四方名士咸聚于此，如文坛大家杨维祯、书画大家倪瓒、黄公望，还有南戏大家高明等。《稗史汇编·曲中广乐》条云："若顾仲瑛辈，更招致宾客……而其雅不能诗者，尤好搬衍杂剧，即一段公事，亦入北九宫中。"⑤ 有学者梳理了玉山雅集的有关曲唱、演剧

---

① 张廷玉等撰，李克和等校点：《古典名著普及文库·明史》，岳麓书社1996年版，第4153页。

② 蒋星煜：《谈〈南词引正〉中的几个问题——昆腔形成万史的新探索》，《中国戏曲史钩沉》，中州书画社1982版，第32-37页。

③ 施一揆：《关于元末昆山腔起源的几个问题》，《南京大学学报（哲学社会科学版）》1978年第2期，第121页。

④ 徐宏图：《"昆山腔"源流新证》，《中央戏曲学院学报》2013年第1期，第7-12页。

⑤ 胡忌、刘致中：《昆剧发展史》，中国戏剧出版社1989年版，第26页。

情形,并分析这些与昆山腔密切关系的可能。顾瑛所作,今知《词综》收词四首,从题记与正文可知,每一首词均演唱过。①《词综》中有关顾瑛的词及酬唱情况,如表9-1所示。

表9-1 《词综》中有关顾瑛的词及酬唱情况

题记	正文	演唱者	乐器	曲目
[蝶恋花]"春江暖":"陈浩然招游观音山,宴张氏楼,徐姬楚兰佐酒,以琵琶度曲,郯云台为之心醉,口占。"	"玉手佳人,笑把琵琶理。"	徐姬楚兰	琵琶	—
[清平乐]"春寒侧":"和石民瞻《题桐花道人卷》。"	"凤箫声度,十二瑶台暮","酒醉休扶上马,为君一洗琵琶。"	—	琵琶、凤箫	—
[水调歌头]"桂"下阕云:"向樽前,风满袖,月盈钩。缥缈羽衣天上,遗响遏云流。二十五声秋点,三十六宫夜月,横笛按[伊州]。同蹑彩鸾背,飞过小红楼。"	—	—	横笛	[霓裳羽衣][伊州]

(资料来源:徐宏图:《"昆山腔"源流新证》,《中央戏曲学院学报》2013年第1期,第9页。)

---

① 徐宏图:《"昆山腔"源流新证》,《中央戏曲学院学报》2013年第1期,第9页。

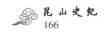

顾瑛总结了词曲创作经验,写有《制曲十六观》,强调"曲"的制作与演唱,序云:"古之乐章、乐府、乐歌、乐曲,皆出于雅正……余疏陋谫才,生平好为词曲,僭述管见,仿十六观以列次于左,知音者愿同商之。"玉山雅集的曲家对于昆山腔贡献举隅,如表9-2所示。

表9-2 玉山雅集的曲家对于昆山腔贡献举隅

曲家	乐器、音律	清曲	剧曲
杨维桢(元末文坛领袖)	善吹铁笛	善作散曲:南曲套数[双调]夜行船《吊古》"霸业艰危",明万历前后编纂的曲选,如《新编南九宫词》《群音类选》《吴歈萃雅》《词林逸响》等均加以收录,以备昆山腔词曲清唱之用。	散曲南曲套数[双调]夜行船《吊古》"霸业艰危"被梁辰鱼《浣纱记》所袭用,其中[锦衣香]"馆娃宫"、[浆水令]"采莲泾"二曲,对其只字未改。
倪瓒(元代四大画家之一、诗词曲家)	精律吕,善操琴	散曲现存21首,收录在《倪云林先生诗集》附录之中。	—
高则诚(戏曲作家)	—	套曲[商调·二郎神]"秋怀",收录在《南宫词记》《词林白雪》《吴歈萃雅》《词林遗响》《吴骚合编》等选本之中。小令[商调·金络索挂梧桐]"咏别"二首,《吴歈萃雅》等选本均加以收录,以上散曲均收录在《全元散曲》之中。《琵琶记》,可供"曲唱"。	《琵琶记》,可供"剧唱"。

(资料来源:徐宏图:《"昆山腔"源流新证》,《中央戏曲学院学报》2013年第1期,第9-10页。)

在顾瑛的玉山草堂上，诸位曲家各尽其才。杨维桢可以说是南戏向昆山腔发展的见证人，为发展早期昆山腔做出了一定的贡献。其散曲南曲套数〔双调〕夜行船《吊古》"霸业艰危"，名擅曲坛，胡忌、刘致中在《昆剧发展史》中评曰："说明杨作原是昆山腔曲子，《浣纱记》采用它是'继承传统'。"① 高则诚也是一位从词曲昆山腔到剧曲昆山腔的见证人，《琵琶记》"是词曲昆山腔到剧曲昆山腔的过渡性作品"②。同时，有的学者还进一步总结了玉山草堂与昆曲的关系，认为顾瑛有可能在昆山腔伴奏乐器中加入阮琴，并加以提炼、改造。③ 最为关键的是，玉山草堂的文人酬唱直接影响了魏良辅之"水磨调"。所以说，顾瑛及其玉山草堂雅集"支持了昆山腔的产生"④。

顾瑛家班女乐和昆腔的形成颇有渊源。顾瑛的玉山佳处"声伎之盛，甲于天下"，其招徕名流主要以搬演杂剧为主。元至正十六年（1356年）后，顾瑛为逃避张士诚的征召，蛰居嘉兴合溪玉山草堂时，则改用昆山腔演唱词曲。顾家所蓄家乐声伎有天香秀、丁香秀、南枝秀、小蟠桃、小瑶池、小琼花、小琼英等，还有善于弹琴、吹箫的名流张猩猩等，这些乃元末昆山腔形成时期最早的家班之一。⑤

（四）新、旧昆山腔的承续问题

以魏良辅新声昆山腔为界，随着新腔的诞生，出现了水磨调、水磨腔、时曲、冷板曲、新声、新调等，这些称谓与昆山腔、昆腔并行。但其与此前的昆山腔在艺术上的关联如何？也就是说，其艺术源头、艺术母体从何继承而来？或者说魏良辅

---

① 胡忌、刘致中编著：《昆剧发展史》，中国戏剧出版社1989年版，第25页。
② 徐宏图：《"昆山腔"源流新证》，《中央戏曲学院学报》2013年第1期，第10页。
③ 杨守松：《昆曲之路》，人民文学出版社2009年版，第55页。
④ 陈兆弘：《昆曲探源》，中国社会出版社2003年版，第23页。
⑤ 陈兆弘：《昆曲探源》，中国社会出版社2003年版，第26—39页。

新声昆山腔与此前流传于昆山的南戏之昆山腔，有无直接关系？如果回答为肯定，那么其新声昆山腔继承了已有昆山腔的哪些"精髓"？这些都关乎昆曲与昆山的关系，且不仅涉及魏良辅"改革"的直接依托问题，也涉及昆山腔彼时之情状。围绕这些问题，学界也存在很大的争议。

1. 是戏曲还是清曲

声腔是区分戏曲的主要标尺，是一个剧种颇具特色的标志。魏良辅改革所依据的是何种"昆山腔"？有人认为是来自戏曲形态的昆山腔，因为此时的昆山腔，是明代南戏之一。南戏是由浙江永嘉一带的民歌、曲子发展而成的一种民间戏曲，其音乐被称为"南曲"。昆山腔大致是在元末明初，温州永嘉杂剧流传到昆山，从而与昆山方言土语及民间曲调结合形成的一个戏曲剧种与声腔。昆山腔与同时代的江西的弋阳腔，浙江的海盐腔、余姚腔并称为"南戏四大声腔"（或五大声腔，第五个为杭州腔）。早在明末，戏曲理论家张元长称这种南戏演唱的昆山腔为"第一代昆山腔"。据此可以推断，在魏良辅之后的人们，其实也曾探讨过新、旧昆山腔的关系。今人也有称魏良辅改革前南戏之一种的昆山腔为第一代，如袁静芳先生称南戏的昆山腔"是昆腔的老祖宗，是第一代《昆腔》"①。

作为南戏的昆山腔，主要为戏曲演唱及表演形式。但是，有人认为魏良辅改革的昆山腔，不论其继承的"旧声"从何而来，都是清曲，是符合文人唱和的生活习惯、艺术习性的文学吟咏形式。这些分析有的是建立在魏良辅承袭顾坚曲唱之假设基础上的，"从顾坚的生平与他在创立昆山腔的环境来看，他所创立的昆山腔与民间艺人所创立的剧唱昆山腔不同，因为他长期生活在北方，自幼从其姑母学唱的是北曲，而北曲是用中州音演唱的，因此，他所创立的昆山腔不是用昆山方言来演唱的，而是用北方中州音演唱；而且，他是在与文人学士们的

---

① 袁静芳：《中国传统音乐概论》，上海音乐学院出版社2000年版，第218页。

相互唱酬中创立昆山腔的,因此,这种昆山腔只是用于清唱"①。然而,同样认为魏良辅的艺术来源于顾坚。有的却坚持其为"戏曲"之说,认为永嘉杂剧流传至昆山一带"并经当地歌唱家顾坚为代表的戏曲音乐家进行改革发展后,形成了一种敷演南戏的地方声腔,名为昆山腔"②。有人则认为,魏良辅继承的顾坚唱曲一脉是清曲、散曲,但是否同为南戏之昆山腔的戏曲,不足为证,"从顾坚与之为友的文士们的唱曲活动看,当时主要在小庭深院里唱清曲,因此初期的昆山腔可能只是散曲小唱。它同时是否也成为演唱传奇的南戏声腔,目前还是一个有待考证的问题"③。还有人认为,魏良辅之前的昆山腔,既是一种戏曲声腔,也是可以用来清唱散曲的。在元代末年就已经产生的昆山腔,"无论是民间艺人创立的南戏剧唱昆山腔,还是顾坚创立的清唱昆山腔,在艺术上都还不够完善,南戏艺人所创立的剧唱昆山腔由于采用昆山方言演唱,其流传范围受到了限制,直到明代嘉靖年间,其流行的范围还是在吴中一地,而且也不受文人学士的欢迎;而顾坚创立的昆山腔,虽然采用了具有全域性的中州音来演唱,但因只是清唱的形式,故不能应用于舞台"④。

2. 是俗乐还是雅乐

有人认为魏良辅改革之前的昆山腔是不能入雅士之耳舌的。"昆山腔"是"昆腔"的概念中第一个出现的称谓,较早见于明中叶著名北曲家、吴中才子祝允明之《猥谈》中:"今人间用乐,皆苟简错乱,起初歌曲丝竹大率金元之旧,略存十

---

① 俞为民:《昆曲的形成与魏良辅的改革》,《古典文学知识》2011 年第 6 期,第 74 页。
② 蒋菁:《中国戏曲音乐》,人民音乐出版社 1995 年版,第 42 页。
③ 张庚、郭汉城主编:《中国戏曲通史》,中国戏剧出版社 1992 年版,第 463 页。
④ 俞为民:《昆曲的形成与魏良辅的改革》,《古典文学知识》2011 年第 6 期,第 74 页。

七宫调……虽不以敢望雅部,然俗部大概较差雅部不啻数律。今之俗部尤极高,而就其声察之,初无定一时,高下随乐工任意移易,盖视金元制腔又失之矣!自国初以来,公私尚用优伶供事。数十年来所谓南戏盛行,更为无端,于是声音大乱……妄名余姚腔、海盐腔、弋阳腔、昆山腔之类,变易喉舌,趁逐抑扬,杜撰百端,真胡说也。若以被之管弦,必之失笑。而昧士倾喜之,互为自谩尔。"[1]《猥谈》可能成于明正德末年至嘉靖初年,即1520年前后。"彼时的'昆山腔'在祝允明这样文人雅客的心目中乃属下九流的末技,与余姚腔、海盐腔、弋阳腔等诸腔是同一类货色。那时的所谓四大声腔实际上都是后世所谓的'高腔','其节以鼓,其调喧',是不能'被之管弦'——即用笛、管伴奏的。故虽然祝允明是苏州吴县人,对近邻的昆山特产'昆山腔'并无好感、且严加斥责——这与明万历以后有些苏州文人以'吴歈'(昆山腔)而骄傲是很不同的。"[2] 也就是说,作为南戏之一的昆山腔,在魏良辅改革之前,只是"本元宫调,亦罕节奏"的"随心令","是南戏流传到江苏昆山一带后,与当地的民间小调、方言土语相结合后产生的一种唱腔"。[3] 可以说,此时的昆山腔带有村坊小曲、里巷歌谣的色彩,这也正是魏良辅改革的对象之一。因此,魏良辅改革前的昆山腔,严格算起来,不可能是后世意义上的昆曲。

与此相反的是,学界认为,魏良辅改革前的昆山腔还有另外一种面目,也就是以顾坚及顾瑛玉山雅集上的文人雅士之一系,前已论述,当为雅乐之一种。因此,魏良辅之前的、所继

---

[1] 祝允明:《猥谈》,《四库全书存目丛书》子部第125册,齐鲁书社1995年版,第610页。

[2] 解玉峰:《"昆山腔""昆曲"与"昆剧"考辨》,《戏剧艺术》2019年第1期,第129页。

[3] 俞为民:《昆曲的形成与魏良辅的改革》,《古典文学知识》2011年第6期,第73页。

承的昆山腔,"大多是文人雅士的聚首抒发,有时对酒当歌,有时风流表白,有时畅怀感想,有时显露才华,伴奏简陋,场面自由"①。

3. 源于昆山腔还是南戏、北曲

如果说上述两种情况,都还是立足于魏良辅改革所依据的是南戏之昆山腔这一论点,那么有的学者提出,魏氏新声根本就不是脱胎于南戏之昆山腔,或者说主体已经脱离昆山腔,而是南戏之大家族,甚至北曲或几者大融合的结果。在魏良辅稍后的史料记载中,确实有不少人认为新声昆山腔来源于对南戏、南曲声腔的"改变"。明代沈宠绥称:魏良辅"愤南曲之讹陋",发愤改变南曲而创立了"新声",即昆曲。② 清初诗人朱彝尊在《静志居诗话》中说:"时邑人魏良辅能喉转声音,始变弋阳、海盐故调为昆腔。"清初学者余怀在《寄畅园闻歌记》中也说:"当是时,南曲率平直无意致,良辅转喉押调,度为新声。"③

从今天的昆曲情形来看,"当代昆曲舞台上流传的昆曲折子戏中还保留着弋阳腔的曲牌乃至剧目。海盐腔发源于浙江海盐,其声腔'体局静好',以笛伴奏,与昆曲有类似风格,在永嘉的昆曲折子戏中也还留存着海盐腔遗音。因而朱彝尊所指证的昆曲母体说在今天是有活的佐证的"④。魏良辅把自己改革昆山腔的理论著作命名为《南词引正》,"南词"即"南曲""南戏"。可见,新声昆山腔很大可能是吸收并改革包括昆山腔在内的南戏的。

---

① 杨瑞庆:《一脉相承的两条昆曲史发展轨迹》,《戏剧文学》2019年第3期,第69-70页。
② 沈宠绥:《度曲须知》,中国戏曲研究院编:《中国古典戏曲论著集成(五)》,中国戏剧出版社1959年版,第198页。
③ 余怀:《寄畅园闻歌记》,中国戏曲研究院编:《中国古典戏曲论著集成(五)》,中国戏剧出版社1959年版,第236页。
④ 顾聆森:《论昆曲纪元》,《中国戏剧》2019年第4期,第74页。

除了南曲、南戏之外，今天的学者还进而判断，昆曲的声腔母体不止于南曲，还包括北曲，北曲既而被吸纳到南曲体系中来，这既使得北曲没有彻底湮灭，又让我们今天"欣赏到北曲的曲牌音乐乃至完整的剧目"。北曲之所以能引渡到南曲，是因为魏良辅创立新声时"摒弃了以地方方言为舞台语音，也包括摒弃了太仓、昆山乃至苏州的方言"①。北曲对于新声昆山腔的艺术滋养也是明显的。魏良辅的新声昆山腔改革，其内容大致包括：制定声腔格律规范；雅化声腔曲调，丰富演唱技巧，变平直讹陋的土腔为流丽悠扬的水磨调；吸收并容纳南、北声腔优点，把带有明显南、北文化差异的南曲、北曲熔于一炉，同时保持两者各自的艺术风格；引进北曲伴奏乐器并对其进行改造，增加江南丝竹乐器，改变南曲演唱仅"徒歌"而不用乐器伴奏、北曲演唱虽有伴奏却多用弹拨乐器的局面。② 由此可见，我国文化地理格局中最重要的方面——南与北，在其中融合得最为鲜明。魏良辅最重要的创造之一乃是以中州韵为新声的舞台语音。这里的中州韵，主要是苏州官话、苏州人读书音等，"这种语态虽非纯正的'中州音'，却可以通过声韵的蜕变接受'中州音'的声母和韵母，使曲音能够参与在'中州音韵'（'中原音韵'）的体系中得以检索，这就消除了北曲引进后可能形成的语音隔阂，使'北曲南唱'成为可能。而更重要的是北曲成熟的音乐理论因此可能顺理成章地介入南曲。特别是北曲的韵学工具——《中原音韵》借予南曲也成为可能，于是形成了昆曲严谨而完整的'音律'系统"③。中州韵凝结了北曲唱腔音韵学的要领，"由于魏良辅翁婿二人皆精通北曲，因此，他们对南戏剧唱昆山腔

---

① 顾聆森：《论昆曲纪元》，《中国戏剧》2019年第4期，第74页。
② 周秦：《魏良辅与新声昆山腔》，《苏州大学学报（哲学社会科学版）》2001年第4期，第101页。吴新雷、朱栋霖主编：《中国昆曲艺术》，江苏教育出版社2005年版，第15-23页。
③ 顾聆森：《论昆曲纪元》，《中国戏剧》2019年第4期，第75页。

的改革，首先是将原来采用昆山方言演唱，改为采用'中州音'来演唱，如魏良辅在《南词引正》中提出：'《中州韵》词意高古，音韵精绝，诸词之纲领。'而在魏良辅之前，顾坚等文人创立的清唱昆山腔，已经采用了'中州音'来演唱，故魏良辅认为，在当时众多的唱腔（包括清唱和剧唱）中，'惟昆山为正声'，他要以这种'正声'来对剧唱昆山腔加以引正……而'引正'，就是要将南戏的演唱引导到像顾坚创立的清唱昆山腔的演唱方法上来，即以'中州音'来演唱"①。可以说，魏良辅对旧昆山腔（或"南曲"）有关"声"方面的改造主要体现在：其一，将原来的字、声不协的旧唱改为"依字声行腔"的新曲唱，故沈宠绥说其唱"声则平上去入之婉协，字则头腹尾音之毕匀"；其二，将原先的方言土语入唱改为官腔唱，从而使其可能流播大江南北而不必仅"行于吴中"。② 所以，自明万历始，魏良辅的宗主地位已然确立。也正是因中州韵而将当时的昆曲分为正宗、旁出等上下之品。潘之恒在《鸾啸小品》中曰：长洲、昆山、太仓，中原音也。名曰昆腔，以长洲、太仓皆昆所分而旁出者也。无锡媚而繁，吴江柔而清，上海劲而疏，三方者犹或鄙之。而毗陵以北达于江，嘉禾以南滨于浙，皆逾淮之桔、入谷之莺矣，远而夷之勿论也。③ 可以说，今天的人们对于魏良辅改革是吸收了南曲诸声腔及北曲的音乐精华，从而成为南北戏曲、音乐融合性的"大中华"色彩的声腔，是给予肯定的。

而在魏良辅改革这一时期，包括昆山在内的吴中曲家人才纷呈，"曲家的声腔研习活动以南、北曲多种声腔为研习对

---

① 俞为民：《昆曲的形成与魏良辅的改革》，《古典文学知识》2011年第6期，第75页。

② 解玉峰：《"昆山腔""昆曲"与"昆剧"考辨》，《戏剧艺术》2019年第1期，第132页。

③ 潘之恒著，汪效倚辑注：《潘之恒曲话》，中国戏剧出版社1988年版，第8页。

象,魏良辅本人就兼唱南曲与北曲,这为各种声腔的交汇融合创造了条件……这就是史称的'立昆之宗'。魏良辅'立昆之宗'的成功,绝不是偶然的,这不仅是魏良辅个人的丰功伟绩,更是吴中声腔人才群落共同创造的硕果"①。

(五)魏良辅与昆山

昆曲的起源地无可争辩,应立足于昆山。但是作为曲圣、奠定后世唱腔的魏良辅,其与昆山的关系,也有一些考辨方面的差异。学界多认为,魏良辅为豫章(今江西省南昌市)人,生活在明代嘉靖、隆庆时期,曾寄居江苏太仓。有人认为,魏良辅为太仓人,嘉隆年间戏曲理论家王骥德在《曲律》中说:"'昆山'之派以太仓魏良辅为祖。"② 明嘉靖时著名文学家李开先在《词谑》中说到嘉靖末年苏州一带的曲家时云:"昆山陶九宫,太仓魏上泉,而周梦谷、滕全拙、朱南川,俱苏人也,皆长于歌而劣于弹……魏良辅兼能医。滕、朱相若,滕后丧明。周梦谷字子仪者,能唱官板曲,远迩驰声,效之者洋洋盈耳。"③ 还有人认为,魏良辅介于太仓、昆山之间,晚明著名曲家沈宠绥《度曲须知》"曲运隆衰"条谓:"嘉隆间有豫章魏良辅者,流寓娄东鹿城之间,生而审音,愤南曲之讹陋也,尽洗乖声,别开堂奥,调用水磨,拍挨冷板,声则平上去入之婉协,字则头腹尾音之毕匀。"④ 其中的娄东、鹿城则分别为太仓、昆山。但是关于魏良辅的籍贯或其创造新声昆山腔时的生活地域,也有记载为昆山的情形。明末的诗文大家钱谦益在《初学集》"似虞周翁八十序"中说到魏良辅的"高足弟

---

① 顾聆森:《明清苏南昆曲流派生成论》,《苏州教育学院学报》2015年第4期,第3页。
② 蒋菁:《中国戏曲音乐》,人民音乐出版社1995年版,第43页。
③ 李开先:《词谑》,中国戏曲研究院编:《中国古典戏曲论著集成(三)》,中国戏剧出版社1959年版,第354-355页。
④ 沈宠绥:《度曲须知》,中国戏曲研究院编:《中国古典戏曲论著集成(四)》,中国戏剧出版社1959年版,第198页。

子"周似虞时曰:"翁美须眉,善谈笑,所至辄倾其座客。昆山有魏生(按:魏良辅)者,精于度曲,著《曲律》二十余则,时称昆山腔者,皆祖魏良辅。翁与魏生游旬月,曲尽其妙。"① 明末人宋直方《琐闻录》在记载"弦索之入江南"时曰:"由戍卒张野塘始也。野塘,河北人,以罪发苏州太仓卫,素工弦索,既至吴,时为吴人歌北曲,人皆笑之。昆山魏良辅者善南曲,为吴中国工,一日至太仓闻野塘歌,心异之。留听三日夜,大称善,遂与野塘定交。"② 明末清初的余怀在《寄畅园闻歌记》也说:"南曲盖始于昆山魏良辅云。良辅初习北曲,绌于北人王友山,退而镂心南曲,足迹不下楼十年。"③ 清代李调元在《雨村曲话》中谈及昆曲伴奏场面时说道:"昆山有魏良辅者,乃渐改旧习,始备众乐器而剧场大成,至今遒之。"④ 正因为昆曲与昆山的关系,所以在魏良辅之后的不久时光里,人们竟将魏良辅定格为昆山人。

二、昆山与昆曲的兴起

(一)梁辰鱼与昆曲的兴盛

魏良辅改革奠定后世昆曲的唱腔,但是真正使得新声昆曲发扬光大的,还是梁辰鱼。梁辰鱼,昆山人,字伯龙,号少白、仇池外史。据徐朔方先生编纂的《梁辰鱼年谱》中所说,梁辰鱼生于明正德十四年(1519年),卒于明万历十九年(1591年)。梁辰鱼及其《浣纱记》,被认为对于昆曲的发展具有里程碑式的意义,"其对昆曲的创作、演出等阶段的积极

---

① 钱谦益:《牧斋初学集》,上海古籍出版社1985年版,第1036页。
② 宋直方:《琐闻录》,转引自周贻白:《中国戏曲发展史纲要》,上海古籍出版社1979年版,第270页。
③ 张潮编:《虞初新志》卷四,文学古籍刊行社1954年版,第56页。
④ 李调元:《雨村曲话》,中国戏曲研究院编:《中国古典戏曲论著集成(八)》,中国戏剧出版社1959年版,第8页。

介入，推动了昆曲的有效传播，具有重要的研究价值"①。在我国代表性的戏曲文化史研究界，都有对此很有分量的评论。张庚、郭汉城在《中国戏曲通史》中认为："《浣纱记》的上演，使清唱的'新声'发展为舞台上演唱的戏曲声腔剧种。"② 陆萼庭在《昆剧演出史稿》中称："这本戏（按：《浣纱记》）对于昆腔的发展和传播，实在具有里程碑的意义。就凭这一重大贡献，梁氏可与魏良辅齐名而无愧。"③ 吴新雷在《中国昆曲艺术》中指出，《浣纱记》对新声昆山腔的传播弘扬起到了极大的推动作用。具体如下。

1. 声腔方面：梁辰鱼将魏良辅的"水磨调"开拓成为后世意义上的昆曲，即剧曲、清曲兼具

谈到梁辰鱼对于昆曲的贡献，最需要提出的就是《浣纱记》的创作及演播，清初雷琳在《渔矶漫钞》中云："昆山有魏良辅者，始造新律为'昆腔'，梁伯龙独得其传，著《浣纱记》传奇，盛行于时。"梁辰鱼第一次把昆山腔与舞台结合起来，扩大了昆山腔的影响，以昆山腔的格律和排场来编撰《浣纱记》，使《浣纱记》由于唱腔的别具一格而得以广泛流传。有的学者认为，魏良辅的"水磨调"产生之初或许是先供清唱的，到了梁辰鱼等人将其搬上舞台后，才出现剧唱的"水磨调"。④ 我们不妨可以说，完整的昆曲历程经历了四个声腔发展阶段：在成为南戏声腔之前，带有昆山一带民歌小调色彩的"吴歈昆山调"；顾坚、顾瑛等玉山草堂上的歌唱词曲，为"词曲昆山腔"；明初用作演唱南戏或传奇的"剧曲昆山

---

① 弓静：《21世纪以来梁辰鱼研究述评》，《戏剧之家》2016年第5（下）期，第13页。
② 张庚、郭汉城主编：《中国戏曲通史》，中国戏剧出版社1992年版，第468页。
③ 陆萼庭：《昆剧演出史稿》，上海教育出版社2017年版，第26页。
④ 刘德明：《声腔范畴下的"昆腔"类概念厘正》，《南通大学学报（社会科学版）》2018年第1期，第103页。

腔";至明嘉靖年间,以魏良辅为代表的音乐家们所革新的"水磨调","经梁辰鱼等剧作家搬上舞台,终于迎来戏曲史上最辉煌的昆剧时代"①。

梁辰鱼因其个人音质的天赋及对于音韵学的深厚滋养,"得魏良辅之传,转喉发音,声出金石",不但能度曲,而且唱念俱佳,且文学功底深厚,率先创编出传奇《浣纱记》,终使昆曲登上了戏台。可以说,梁辰鱼是创立昆剧的功臣。恰如同昆山人张大复在《梅花草堂笔谈》中所说:"梁伯龙闻,起而效之。考订元剧,自翻新词,作《江东白苎》《浣纱》诸曲;又与郑思笠精研音理,唐小虞、陈梅泉五七辈杂转之,金石铿然。谱传藩邸戚畹、金紫熠爚之家,而取声必宗伯龙氏,谓之昆腔。"② 因此,今人甚至认为魏良辅之后的昆山腔之名及其流行,恰恰是源于昆山人梁辰鱼。

对于上述说法,学者除了依据历史时期的文献记述外,还运用多种视角去采证。从《浣纱记》的曲律来看,其在排曲组套、点板运腔方面颇为考究,"梁氏作曲时是尽量遵照《中原音韵》的,一些出韵的地方是作者方音的自然流露"③。有的通过魏良辅和梁辰鱼的关系、魏良辅音乐伴奏改革和《浣纱记》完成时间的关系等,认为"魏良辅是昆曲的鼻祖,梁辰鱼则是昆剧的开创者",从而断定"《浣纱记》就是第一部用改革后的昆山腔演唱的剧本"。④ 正是如此,梁辰鱼的《浣纱记》"作为昆剧的奠基之作,在中国戏曲发展史上

---

① 徐宏图:《"昆山腔"源流新证》,《中国戏曲学院学报》2013年第1期,第7页。

② 张大复:《梅花草堂笔谈》卷十二,俞为民、张蓉蓉主编:《历代曲话汇编》,黄山书社2009年版,第432页。

③ 彭静:《梁辰鱼〈浣纱记〉用韵考》,《北京师范大学学报(社会科学版)》2007年第5期,第44页。

④ 顾聆森:《〈浣纱记〉的昆剧处女作地位臆说》,《艺术百家》2004年第6期,第60页。

占有重要地位"①。同时，其在音乐内容和音乐体裁，即音韵字律和曲牌套式方面，对后世昆曲音乐体制产生深刻影响。②

当然，关于《浣纱记》是否为第一部用改革后的昆山腔演唱的剧本，历来也是有争论的。徐宏图认为，高则诚的《琵琶记》、李日华的《西厢记》、席正吾的《罗帕记》、高镰的《玉簪记》、汪廷讷的《狮吼记》等四十多部昆剧作品的问世年代，或早于《浣纱记》搬上昆剧舞台。与《浣纱记》同时或前后搬上昆剧舞台的则更多，据沈德符的《顾曲杂言》中所载，有《四节》《连环》《绣襦》等。另据记载，唐寅、祝允明、陈铎的散曲及徐霖、沈寿卿等人的传奇，也均用昆山腔演唱，且十分流行。可见这一时期剧曲昆山腔已有相当大的影响，唯记载甚少，故为今人所忽略，误以为只有到了《浣纱记》问世并把魏良辅等改革后的水磨昆山腔搬上舞台才标志着昆剧的真正产生。或是因为《浣纱记》的成就高于其他作品，故会产生以上的错觉，然而这并不能说明《浣纱记》就是第一部用昆山腔演唱的剧本。③

2. 剧作方面：奠定了后世昆曲传奇创作的文学风格及美学意蕴

在戏曲的大家族中，昆曲以文辞雅致、引经埋典著称。《浣纱记》开启了文辞特征的先河，即使对白也像骈文一样，通本极少口头散语。"自梁伯龙（按：《浣纱记》作者）出，而始为工丽之滥觞。"④ 以梁伯龙为代表的昆山派，讲究文采的绚丽、曲词的典雅，因而被称为"骈俪派"，这不仅把以质

---

① 钟古：《昆曲传奇的开山之作——梁辰鱼和他的〈浣纱记〉》，《汕头大学学报（人文科学版）》1986年第3期，第94页。

② 王艺播：《论〈浣纱记〉对昆剧音乐体制的影响》，《戏曲艺术》2008年第4期，第85页。

③ 徐宏图：《"昆山腔"源流新证》，《中央戏曲学院学报》2013年第1期，第12页。

④ 王辉斌：《明清戏著史论》，武汉大学出版社2016年版，第113页。

朴本色为特征的元杂剧、宋元南戏区别开来,而且也非常符合前期昆曲活动厅堂氍毹、雅集征歌的环境氛围,尤其是非常符合寓作家和观众双重身份于一体的文人雅士们的审美趣味。①这对于早期的新声昆山腔能够吸引文人、迅速在文人中传播起到了很大的作用。尽管明末"吴江派"作家提倡曲词回归本色,但并没有扭转这一势头,昆曲中随处可见华丽的古典诗词、优美动人的曲文宾白。正如凌濛初所概括的那样:昆曲"靡词如绣阁罗帏,铜壶银器,黄莺紫燕,浪蝶狂蜂之类,启口即是,千篇一律。甚者使僻事,绘隐语,词须累诠,意如商谜"②。郑振铎在《清人杂剧初集·序》中也说:"尝观清代三百年间之剧本,无不力求超脱凡蹊,屏绝俚鄙。故失之雅,失之弱,容或有之;若失之俗,则可免讥矣。"③ 昆曲中的下人、奴仆往往也是满口"之乎者也"。昆曲在词采华美、曲词糟饰的基础上,以描景、抒情见长,每一部剧本都可以称得上是优秀的文学作品,甚至有的堪称我国古典戏剧文学的最高品位。④ 文人士大夫也多把习曲当作文学活动,以至于直至近代,仍有一部分人对昆曲情有独钟。

另外,《浣纱记》也开创了"借离合之情,写兴亡之感"的传奇创作特点,使得此后的昆曲成为文人"言志"的工具,高文化素养的文人在昆曲作品中所表现的超时代的精神,可以说是整个封建社会晚期的民主思想的先驱。⑤ 梁辰鱼的《浣纱记》,强烈批判沉湎酒色、听信谗言、拒纳忠谏的吴王夫差及奸诈邪佞、贪贿卖国的权相伯嚭,这是以曲笔的形式倾诉万历

---

① 周秦:《苏州昆曲》,台北国家出版社2002年版,第105页。
② 凌濛初:《谭曲杂札》,中国戏曲研究院编:《中国古典戏曲论著集成(四)》,中国戏剧出版社1959年版,第253页。
③ 郑振铎:《清人杂剧初集·序》,《郑振铎文集》卷五,人民文学出版社1988年版,第701页。
④ 李晓:《中国昆曲》,百花出版社2004年版,第2页。
⑤ 李晓:《中国昆曲》,百花出版社2004年版,第5页。

时期政治腐败、阉党专政、知识分子心底深处的苦闷彷徨，同时，赞扬了奋发图强、卧薪尝胆的越王勾践，歌颂了忠心耿耿的吴国大夫伍子胥和越国良将文种，尤其是塑造了范蠡和西施为了国家大义而不惜牺牲爱情，寄予了知识阶层的理想、追求。这使得"昆腔新声一用于文人传奇就融合了时代主题。这也是昆腔新声得以风行于世的重要原因"①。毫无疑问，"当初昆剧敢于接触现实生活，敢于提出和回答现实生活中的重大问题，能够与时代的脉搏合拍，能够和人民群众共呼吸，这无疑是昆剧能够兴旺发达一下子流传全国的关键原因"。当然，这与新声昆山腔的音乐气质是相辅相成的。魏良辅改革后的昆腔适宜倾吐政治失意、心境黯淡、曲折身世、不幸遭遇、前途迷茫等情绪。"新昆腔崛起的明中叶正是中国历史上的一个非常黑暗的时代，政治腐败、民生凋敝，广大劳动人民，尤其是知识分子，正处于极大的苦闷彷徨之中，悲剧性的曲调很容易与他们的思想感情产生共鸣。"② 它在音乐形象方面从一个侧面反映了时代的特点。因此，改革后的昆腔能很快在社会上风行。

　　爱情的描写，向来是戏曲文学的大宗。梁辰鱼把男女爱情放在一个宏大的历史背景中，真正表达的是对历史的思考。通过主人公范蠡的功成身退表现了古代士人的另一种生存方式，从中体现一种独特的文化精神。所以，其扩大了爱情的内涵和悲剧意蕴，突破了传统剧目才子佳人以婚姻为目的的爱情模式。③ 以后的传奇创作深受其影响，《桃花扇》《长生殿》的写作也不妨为其另一种翻版。

　　然而，有关《浣纱记》的地位和影响，历来说法不一。

---

①　郭英德：《明清传奇史》，江苏古籍出版社2001年版，第123页。
②　顾笃璜：《昆剧史补论》，江苏古籍出版社1987年版，第38页。
③　吕维洪：《〈浣纱记〉叙事结构分析》，《文学教育（上）》2011年第2期，第77页。

有的反对过于拔高《浣纱记》的影响力，反对将昆腔的流行归结于《浣纱记》的出现，而是认为兼容南、北曲特长的昆腔新声大大促进了传奇剧本《浣纱记》的创作。①

3. 传播方面：梁辰鱼将"水磨调"开创了新局面

魏良辅初创的新声昆山腔"水磨调"，基本上为厅堂上的清曲，声腔尚无名称，世人只是称其为"新声"。梁辰鱼谱以新剧《浣纱记》之后，清剧曲风生水起，甚至令"歌儿舞女，不见伯龙自以为不祥"。《浣纱记》此后"为词家所宗"，以致"取声必宗伯龙氏"。在苏州，则"吴闾白面冶游儿，争唱梁郎雪艳词"，盛况空前。所以，有研究者认为，由于梁辰鱼是昆山人，随着梁辰鱼声名鹊起，人们就把魏良辅创造的新声腔也称作"昆腔""昆山腔"。也就是说，昆腔、昆山腔、昆曲等名，本身就是因梁辰鱼而起的。钱谦益在《列朝诗集小传》丁集《梁太学辰鱼》中云："世所谓昆山腔者自良辅始，而伯龙独得其传，著《浣纱记》传奇，梨园子弟喜歌之。"②

梁辰鱼之所以对于新声昆山腔的传播贡献甚大，还基于其个人魅力和社会交往圈。梁辰鱼"修髯，美姿容，身长八尺"，一生有过若干次较长时间的离乡出游，探禹穴、游越地，在远游途中结交了不少文学艺术界的朋友，其声名也得以传播。梁辰鱼的交往十分广泛，王侯将相、山僧道士、歌优伎女，以及文徵明、王世贞、徐渭、魏良辅、张凤翼等著名文人均与之有交情。③ 特别是梁辰鱼与魏良辅、俞允文、周胤昌、顾懋宏、张凤翼等人的交往，对其思想与创作产生了重要影

---

① 王雪芹：《梁辰鱼〈浣纱记〉戏曲史价值刍议》，《戏剧文学》2005 年第 8 期，第 81—83 页。
② 钱谦益：《列朝诗集小传》丁集中《梁太学辰鱼》，第 488 页。
③ 弓静：《21 世纪以来梁辰鱼研究述评》，《戏剧之家》2016 年第 5（下）期，第 13 页。

响。① 当然，关于梁辰鱼与魏良辅是否因昆山腔而交往，有学者认为也有另外的可能：没有直接的交往；梁辰鱼未曾得到魏良辅在音乐上的亲传；魏良辅没有参与《浣纱记》的创作，而梁辰鱼只是通过间接途径获悉改良昆腔精髓的。②

从总体来看，一是梁辰鱼的士林交游对《浣纱记》的传播意义重大，使得士大夫文人有机会观看《浣纱记》的演出。梁辰鱼在与鸳峰诗社、莲台仙会等名士佳人的交往中，尤其是其与当时社会的精英阶层保持密切交流，他们对昆曲的创作、演出等阶段的积极介入，推动了昆曲的有效传播。例如，梁辰鱼在云游青浦之时，县令屠隆即命优人演其新剧，并以礼待之。二是众多名家对《浣纱记》的评点也促进了其广泛传播。三是梁辰鱼与乐家乐伎的交流，也助推传奇《浣纱记》及新声昆山腔成功搬上戏曲舞台并得以广泛传播，这使得梁辰鱼在当时及后世曲坛上享有崇高的地位。

昆山人对于新声昆山腔的贡献，除梁伯龙外，尚有周梦山、郑思笠、唐小虞、陈梅泉等人的推动。这为新声昆山腔的发展奠定了坚实的基础。

（二）"昆山派"

《浣纱记》的创作及演出成功之后，新声昆山腔逐渐传播到全国各地，一个新的创作流派由此诞生。"昆山派"是昆曲发展史上的第一个创作流派。

1. 关于"昆山派"之名

曲学大师吴梅较早从戏剧文学创作流派的角度提出"昆山派"，他在《中国戏曲概论》中称："有明作家、作者至多，而条别家数，实不出于吴江、临川、昆山三家。惟昆山一席，

---

① 陈益：《梁辰鱼与他的几个同道》，《苏州杂志》2009年第3期，第46-47页。

② 黎国韬、周佩文编著：《梁辰鱼研究》，中山大学出版社2007年版，第58-62页。

不尚文字，伯龙好游，家居绝少，吴中绝伎，仅在歌伶，斯有太仓传宗……故工艺独冠一世。"① "昆山派"又与"骈俪派"大致重合。"骈俪派"是指约在明代成化、万历年间出现的文人创作团体。明代的王世贞在《曲藻》中对"骈俪派"的代表曲家给予关注，首次将几位重要曲家作为一个创作群体来看待，并对其创作予以褒奖，这样的提法具有开创性的意义。同时代戏曲评论家也给予了密切关注，王骥德在《曲律》中说："自《香囊记》以儒门手脚为之，遂滥觞有文词家一体。"②吕天成则称《玉玦记》"典雅工丽，可咏可歌，开后人骈绮之派"③。祁彪佳在《远山堂曲品》中也称："骈俪之派，本于《玉玦》。"④ 所以，有学者认为，"以上戏曲批评中所指的'文词派''骈绮派''骈俪派'的作家、作品涵盖范围，基本上是一致的，因此可以看作骈俪派的别称"⑤。到了明代中期，"骈俪派"在当时曲坛已经占据了重要地位，在整个戏曲史上也有着显著的地位和影响。今人认为，"骈俪派"成员多为昆山人，因此又称"昆山派"。⑥ 王世贞在《曲藻》中又称："吾吴中以曲名者：……郑所作《玉玦记》最佳……"⑦这里的"吴中派"，基本上也是"骈俪派"作家，所以"昆山派"又有"吴中派"一名之说。虽然，"昆山派"中的作家与

---

① 吴梅：《吴梅全集》，河北教育出版社2002年版，第280页。
② 王骥德撰：《曲律》，中国戏曲研究院编：《中国古典戏曲论著集成（四）》，中国戏剧出版社1959年版，第121页。
③ 吕天成撰：《曲品》，中国戏曲研究院编：《中国古典戏曲论著集成（六）》，中国戏剧出版社1959年版，第232页。
④ 祁彪佳撰：《远山堂曲品》，中国戏曲研究院编：《中国古典戏曲论著集成（六）》，中国戏剧出版社1959年版，第19页。
⑤ 张亚玲：《明代骈俪派形成与王世贞关系研究》，河北师范大学2010年硕士学位论文，第1页。
⑥ 金宁芬：《明代戏曲史》，社会科学文献出版社2007年版，第9页。
⑦ 王世贞：《曲藻》，中国戏曲研究院编：《中国古典戏曲论著集成（四）》，中国戏剧出版社1959年版，第37页。

我们所说的"骈俪派"骈绮讹"吴中派"基本相同,"只不过昆山派涵盖的范围更大,它不仅包括曲戏作家,还包括散曲作家"①。另外,自《浣纱记》以典雅的剧风出现后,在红氍毹上大扬其澜,很快为传奇作家们所效仿,"最终形成了昆剧的第一个创作流派,这个流派史称'典雅派'。'典雅派'也被后人称为'昆山派'"②。

2. "昆山派"的主要作家、作品

作为明代传奇史论中的重要流派,"昆山派"产生于以魏良辅为首的昆腔革新运动中,主要作家如梁辰鱼和顾允默、顾懋宏兄弟等都是昆山人,苏州张凤翼也是受梁辰鱼影响的同派作家。该派的主要戏剧作品有梁辰鱼的《浣纱记》、张凤翼的《红拂记》、顾允默的《五鼎记》、顾懋宏的《椒觞记》等。③另外,还有郑若庸、陆采、屠隆、梅鼎祚、许自昌等。④

3. "昆山派"的作品风格

吴新雷在《中国昆剧大辞典》中称,"昆山派是昆曲由戏剧音乐成熟迈向戏曲文学成就这一历史发展过程的有代表性的作家群体","将昆曲音乐与传奇文学相结合,创造出一批文辞典丽、曲调精审、可歌可传的场上之曲"。⑤所以,"昆山派"的成就和特色主要体现在契合新声昆山腔的创作方面,这从前述的《浣纱记》情形亦可窥见一斑,主要体现在文辞、曲调、主题及其主旨方面。特别是在文辞方面,昆山派"始为工丽滥觞"。凌濛初在《谭曲杂札》中曰:"自梁伯龙(梁

---

① 薛文文:《骈俪派研究》,苏州大学 2015 年硕士学位论文,第 14 页。
② 顾聆森:《明清苏南昆曲流派生成论》,《苏州教育学院学报》2015 年第 4 期,第 4 页。
③ 丁波:《昆山派叙论》,《艺术百家》1991 年第 4 期,第 103 页。
④ 金宁芬:《明代戏曲史》,社会科学文献出版社 2007 年版,第 9 页。
⑤ 吴新雷主编:《中国昆剧大辞典》,南京大学出版社 2002 年版,第 25 页。

辰鱼）出，而始为工丽之滥觞。"① 王世贞作为"骈俪派"的鳌头，对于昆山派风格影响甚大。他在戏曲创作方面，针对曲坛风气渐趋"鄙俚"之风，有强烈的纠偏意识，并以"骈雅"式戏曲作为狂澜之力。他提出过一系列戏曲创作理论，如语言追求"秾丽富赡"，讲究以对偶、用典为特征的"词家大学问"。这种理论导向和创作示范对骈俪派后期曲家如屠隆、梅鼎祚等，均产生了很大影响，对于"骈俪派"的发展壮大、形成一定规模起到了重要作用。所以，"骈俪派"有着"典雅绮丽的艺术风格，剧本创作偏重于文辞，追求词（辞）藻华丽，大量用典"②。尤其是《浣纱记》，为了适应新声昆山腔音乐的高雅，它的文字一反南戏的"本色"朴实之传统，开创了典雅剧风。这一度遭到剧坛本色派的严厉批评，但梁辰鱼所倡导的剧风备受王世贞等文坛掌舵者赞誉，同时，也受到士大夫与贵族知识分子的青睐。胡应麟在《少室山房曲考》中曰："重曲今尚行世，精工巧丽，备极才情"，而且"梨园子弟多歌之。"③ 顾聆森先生认为，"它奠定了一个新问世的剧种——昆剧——的典型风格，其后昆剧在长达近500年的发展过程中，无论怎样变迁，其典雅的风格几乎都未能动摇"④。这可以说，"昆山派主体性创作原则反映理论上有一个鲜明的观点，那就是重才情"。昆山派曲论家"把戏曲家的内在包蕴（情感、个性、人格）强有力地外化在所描述的感性事实（人物行为、事件过程与自然现象）中，并构成音韵、境界、辞

---

① 凌濛初：《谭曲杂札》，中国戏曲研究院编：《中国古典戏曲论著集成（四）》，中国戏剧出版社1959年版，第253页。
② 张亚玲：《明代骈俪派形成与王世贞关系研究》，河北师范大学硕士学位论文2010年，第1页。
③ 朱彝尊：《静志居诗话》卷十四，《明代传记丛刊（九）》，台北明文书局1991年版，第400页。
④ 顾聆森：《明清苏南昆曲流派生成论》，《苏州教育学院学报》2015年第4期，第4页。

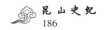

藻、物态、俗情各方面的美"①。

4. "昆山派"的成因

学界有关"昆山派"成因的分析较多，大致可归纳为三点：其一，戏与曲相协。魏良辅改良后的新声昆山腔总体上的特质可概括为："细腻娴雅""其局静好""流丽悠远""清柔而婉折"，且精雕细琢，"每度一字，几尽一刻"。② 他对于《琵琶记》等作品予以声腔规范时，"从头至尾熟玩，一字不可放过"，充分体现"功深熔琢"的特点。③ 其炼句之工、用腔之巧，盛于当时其他声腔。集精雅、典雅、风雅、雅正于一体，尤其以典雅见长。典雅从表面上看是一种剧本文学的风格，但其实质完全是为了适应魏良辅所创立的昆曲的音乐特质。为了能匹配音乐的特质，梁辰鱼"第一个把它作为一种显现才华的良好形式引进了自己的创作，写出了戏曲史上以'雪艳'格调著称的《浣纱记》"④。其二，文坛掌舵者的推崇。凌濛初在《谭曲杂札》中称："梁伯龙出，始为工丽滥觞。盖其生嘉隆间，正七子雄长之会，词尚华靡，弇州……徒以维桑之谊，感为吹嘘……故吴音一派，竟为抄袭靡词，如绣阁罗帏，铜壶银箭，紫燕黄莺，浪蝶狂蜂之类，启口即是，千篇一律。"⑤ 可见，"骈俪派"与"后七子"特别是王世贞之间，有着密切的联系，王世贞作为当时的文坛盟主，对"骈俪派"极力赞赏和推行。其三，诗文复古运动对"骈俪派"

---

① 李培坤、王政：《才子文士的风情雅趣——明代昆山派戏曲美学》，《宝鸡文理学院学报（哲学社会科学版）》1995年第2期，第49页。

② 袁宏道著，钱伯城笺校：《袁宏道集笺校》，上海古籍出版社1981年版，第157页。

③ 沈宠绥：《度曲须知》，中国戏曲研究院编：《中国古典戏曲论著集成（三）》，中国戏剧出版社1959年版，第198页。

④ 李培坤、王政：《才子文士的风情雅趣——明代昆山派戏曲美学》，《宝鸡文理学院学报（哲学社会科学版）》1995年第2期，第51页。

⑤ 凌濛初：《谭曲杂札》，中国戏曲研究院编：《中国古典戏曲论著集成（四）》，中国戏剧出版社1959年版，第253页。

的形成也起到了重要作用。"七子派"在从明代弘治至万历前期左右的文坛上活跃了近八十年之久,其间,形成了一股声势浩大的文艺新思潮,而这也正是"骈俪派"风靡于世的时期。曲坛"骈俪派"的出现,是"与七子派文艺新思潮之间'桴鼓相应'的关系"①。他们虽然明确知晓"盛粉泽而掩质素","但也觉得韩昌黎的古文运动矫枉过正,使艺术走到了'淡乎无采'、缺乏美感的境地。艺术毕竟需要色彩,色彩有'种种动人'处,予人以美的诱引","逞才斗藻风气一时间飚扬起来"。②"前后七子"③的文学倡导,反映在艺术活动中最为鲜明、活跃。另外,"昆山派"的产生也是江南追求精致华美的地域文化的风格使然。

一方面,昆山派以上述为特色;另一方面,这些也成为戏曲文学史上反对声音所认为的一种流弊。随后的"吴江派",在文学主张上提倡"本色论""音律论"。"吴江派"所倡导的"本色"创作理论,其批评矛头所向,《浣纱记》首当其冲。如明代的大曲家王骥德、凌濛初、臧晋叔等纷纷指斥《浣纱记》为"典雅"之滥觞,为"此道之一大劫"。④

关于昆曲的起源及其与昆山的关系,学界在孜孜以求地寻求史料并加以论证中,引发了一些争论甚至出现观点相抵牾的现象。每一种看法皆有其成说之由,也代表了还原历史的多种可能。这些看法涉及了昆曲的起源地、起源时间、艺术母体和艺术奠基人等重大问题。从"对立"的观点中,我们似乎又"发现"后世昆曲艺术自身的矛盾统一性、多元性及包容性等

---

① 郭英德:《明清传奇戏曲文体研究》,商务印书馆2004年,第130页。
② 李培坤、王政:《才子文士的风情雅趣——明代昆山派戏曲美学》,《宝鸡文理学院学报(哲学社会科学版)》1995年第2期,第51页。
③ 前后七子:前七子是指李梦阳、何景明、徐祯卿、边贡、王廷相、康海、王九思,后七子是指李攀龙、王世贞、谢榛、宗臣、梁有誉、徐中行、吴国伦。
④ 凌濛初:《谭曲杂札》,中国戏曲研究院编:《中国古典戏曲论著集成(四)》,中国戏剧出版社1959年版,第253页。

特点的源头，奠定了后世昆曲的精雅、雅正、风雅、古雅、文雅等基本品格，尤其是体现出昆曲的双重性特点：集文学与音乐、清曲与剧曲、雅与俗、文人吟唱与优伶表演、古韵与新声、独特性与多样性、地方性与全国性等于一体。以地方性与全国性来说，昆曲既具有浓厚的昆山、苏州乃至江南文化的地域性特点，又是对南北地理单元之上的文化大融合。从昆曲早期发展来看，特别是魏良辅的新声昆山腔实质上是继承诗唱、词唱的传统，将"依字声行腔"的歌唱进一步规范和提升，"这种民族性的歌唱当然不宜再称为带有地方色彩的称名'昆山腔'或'昆曲'。明中叶以来在江南地区出现的有高度文化含量、严格表演规范的戏剧，实质上是代表我华夏民族特征的民族性戏剧，也不宜用带有明显地域色彩的'昆剧'去指称它"①。自《诗经》以来，"诗乐一体"的传统不衰。到了魏良辅、梁辰鱼及昆山派那里，得到承续。昆曲所代表的美学趣味虽呈南方尤其是江南特征，但其文学性、音乐性凝聚了中国广大地区文人的美学追求和艺术创造，其文化身份又不属于一时一地。② 可以说，"'地方化'一直是戏曲发展的重要指向，戏曲的'全国化'通常以'地方化'为基础和途径的，没有'地方化'也就不会有'全国化'"。昆腔"后来成为辐射到全国的'国剧''官腔'"，仍然是"以'地方化'为基础和途径的"。③ 以上这些昆曲起源阶段，今人看来尚难定论的"对立"情形，随着历史的发展，都滋养成昆曲艺术的诸种显性要素，终于酝酿成中华文化的大美气象和代表性元素，并随着日后的渐趋丰满而滋养"百戏"。

---

① 解玉峰：《"昆山腔""昆曲"与"昆剧"考辨》，《戏剧艺术》2019年第1期，第141页。
② 傅谨：《京剧崛起与中国文化传统的近代转型：以昆曲的文化角色为背景》，《文艺研究》2007年第9期，第89页。
③ 郑传寅：《地域文化与戏曲论纲》，《当代戏剧》2008年第2期，第8页。

第十章 元音绝续

在全球的非遗保护与传承运动中,"原生地"多带有情怀、责任和天然的有利条件。在昆曲随时代变迁而渐渐衰微的漫长历程中,昆山作为昆曲的"原生地"给予其生命滋养,助力昆曲复兴。在不同历史时期,虽主题略有不同,但线索脉络清晰。一是自清代嘉庆、道光以来至中华人民共和国成立以前,昆山以曲社、堂名等民间自发活动为鲜明特色,这为昆曲的传承蓄藏、储存了艺术和人才的种子;二是中华人民共和国成立后,尤其是20世纪八九十年代,昆山树立昆曲保护意识的先觉,凭借政府的决策和担当,使全国昆曲活动有了根据地,为后来申报《人类口头与非物质文化遗产代表作名录》奠定了"活态"基础;三是21世纪以后,昆山作为昆曲"原生地",大力重塑原生态,全方位构建新生态,创造了"中国式"非遗保护与传承的典范模式,并入选《人类口头与非物质文化遗产代表作名录》。其意义和价值超越了对昆曲自身的保护与传承,其中,体现出文化自觉意识和对历史文化的认同等,在地方社会的非遗保护与传承中极其难得。

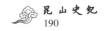

一、文化群落:昆曲传承的艺术载体

(一)民间自发活动:近代昆山曲社、堂名

各种戏曲史、昆曲史对魏良辅、梁辰鱼之后昆山昆曲的发展态势几乎没有提及,而转向对苏州等大城市昆曲的流播和发展的研究上。实际上,昆山保护并传承昆曲的行动并没有中断。① 甚至在昆曲衰落的特别时期,昆山却显出另一番景象和特有的力量。

自清代嘉庆、道光以来至中华人民共和国成立之前,昆山堂名、曲社弦音不辍,其以另一种形式保存了艺术成果,且人才辈出,其中的杰出者如吴粹伦等,成为创办昆剧传习所的核心人物。因缘于昆山与上海的近水楼台、文化在历史上有同源关系,诸多昆山曲家活跃在上海,有助于近代上海成为昆曲等传统文化保护、传承和改良的新基地。

1. 堂名

昆曲堂名,俗称"清音班",起于明代,早在万历年间,就在苏州出现并流行开来。江南各地,婚寿喜丧一般延请堂名。与优伶不同的是,堂名只用乐器伴奏,坐唱昆曲,不穿戏衣,不用舞台,更不化妆,也就是说,只清唱而不扮演;班社人员少,装置简单,是昆班的简约形式。所以,堂唱费用较为低廉,堂名可以说是应普通民众的经济能力而生的。堂名成员的身份自由,虽以艺为业,但不依人门下,多是半业余半职业的性质,从业者平时分散在家种田或做工,业余练习,一旦有业务,便应召集合,演奏献艺,获取一定的报酬。② 在晚清时期,昆曲虽已衰落,但在苏州、杭州一带,不论婚丧喜庆、开

---

① 张慧琴、邵萍:《20世纪以来昆山昆曲史研究综述》,《苏州教育学院学报》2011年第1期,第32页。
② 吴新雷主编:《中国昆剧大辞典》,南京大学出版社2002年版,第314页。

第十章 元音绝续

张店铺,"无有不用"昆曲堂名的,堂名臻至"极盛行时代"。① 在江南农村,堂名一般包含清唱昆曲、做吹鼓手两项营业,实力较强者只唱昆曲,而不做吹鼓手。② 在苏州城区,堂名地位高于吹鼓手,两者严格区分,但有时堂名又为吹鼓手。

在昆曲衰落之时,堂名在江南文化圈中对于昆曲的传承起到了中坚作用,在昆曲的发源地昆山尤甚。堂名班社多是在昆曲衰微之时兴起的,在民国时期最为兴旺,这与昆曲在全国的衰落情势恰成逆流。从清同治年间到中华人民共和国成立前,昆山可考的堂名有20多个,大致有吟雅堂、永和堂、锦绣堂、吟庆堂、雅宜堂、宜庆堂、宣庆堂、鸿庆堂、咏霓堂、协修堂、敦仪堂、松鹤堂、咏儿堂、景贻堂、一秀堂、鸿福堂、大春堂、同兴堂、积善堂、百忍堂、三槐堂、贻翼堂、新咏霓堂、友谊堂和新凤堂等。③ 堂名班社多是家族成员的组合,有时也会邻里搭配。所以,堂名多为子承父业、世代相传,昆山永和堂高氏祖上有十代以此为业。④ 特别是那些家境寒微者,子弟多继续此业以贴补家庭开支。在中华人民共和国成立前的昆山北塘街,集聚许多堂名班社的人家,这些家庭连小孩子也从小拍曲,长大以后即赖以为生。⑤ 所以,唱堂名往往作为家族本业当行,传承绵延。

---

① 范祖述:《杭俗遗风》,上海文艺出版社1989年影印本,第46-47页。
② 王道伟主编,江苏省昆山县县志编纂委员会编:《昆山县志》,上海人民出版社1990年版,第675页。
③ 王业、黄国杰:《玉峰山下曲不尽,激扬幽抑有传人:昆曲"堂名"班社流传散记》,中国人民政治协商会议江苏省昆山县委员会、文史征集委员会编:《昆山文史》第5辑,内部资料1986年,第171-174页。王业、黄国杰:《昆剧清曲活动中的堂名班与艺人》,管凤良主编:《一腔情缘:昆山人论昆曲》,上海人民出版社2006年版,第145页。
④ 黄国杰:《昆剧故地"堂名"活动续谈》,中国人民政治协商会议江苏省昆山县委员会、文史征集委员会编:《昆山文史》第6辑,内部资料1987年,第136页。
⑤ 胡福章:《昆曲掇拾》,中国人民政治协商会议江苏省昆山市委员会、文史征集委员会编:《昆山文史》第10辑,内部资料1991年,第95页。

2. 曲社

除了堂名以外，还有丰富多彩的曲社曲友演唱活动，1921年11月29日的《申报·西昆杂忆》云："而吾邑诸文士，亦渐呈兴彩……又未几而继起之小曲社，棋布山城。今则一入其境，即能闻红牙檀板之声。每届串演，即满城空巷往观，亦足以自豪矣。"其中，以吴粹伦、殷震贤、闵采臣、沈彝如、张英阁、吴必忠等社会名流为带头人，他们或自己，或请来专业曲师、拍先（即拍曲先生）、笛师教授。据近代昆山史料记载和后人准切回忆，具有代表性的曲社如表10-1所示。

表 10-1　近代昆山具有代表性的曲社

名称	地址	成立时间	主要曲师、曲家
载旸社（后更迭为东山社、玉山社）	昆山县衙门内——昆山城区宁绍会馆——县城集街孤老弄口的孤老院内	晚清光绪年间（至1922年，改组为玉山社）	大雅班名伶殷溎深为曲师
昆山国乐保存会	—	清宣统元年（1909年）	由严观涛主持请大雅班名伶殷溎深指导
迎绿社（后合并于东山曲社）	—	清末	—
漱玉社（1922年8月与东山社合并为玉山社）	朱家祠堂内	民国初年	—
民八社	《晨钟》报社旧址开设的民八茶馆	1919年	吴秀松为曲师，社员有闵采臣、张英阁、李汉良等

续表

名称	地址	成立时间	主要曲师、曲家
玉山社（由东山社和漱玉社合并而成，又名玉山俱乐部）	县城宁绍会馆内	1922年8月	—
紫云曲社	甪直镇（今属吴中区）三官堂，后迁至陆龟蒙墓附近光明阁内	1925年	严德铸为社长，原苏州全福班名艺人沈月泉、沈斌泉、陆寿卿、沈盘生等兼任教师
壬申社（榆集）	玉山书院	1932年	昆山《壬申》旬刊（时政文论刊物）的同人，主要成员有吴粹伦、周梅初、汪抡一等
伦社	县城内北大街商会内	抗日战争前	昆山中学的校友胡福章、俞翰屏、陈中辅、陶伯和、潘少宣等
景伦曲社	昆山北后街下塘晒谷场龙居陆姓家中	抗日战争胜利后	吴秀松及其子吴连生为拍先

（资料来源：吴新雷主编：《中国昆剧大辞典》，南京大学出版社2002年版，第271—273页。）

曲社同好者相互揣摩，以提高艺能，1921年11月29日的《申报·西昆杂忆》载："吾邑文人习声调者，恒汇一曲社，互相研究。旧时只有迎绿社，每届夏季，于绿荫丛中借戏曲以消长夏。"曲社定期活动，或举办"同期"，例如，民八社在抗日争战争期间，办过几次"同期"；抗日战争胜利后，在钩玉弄内的思不易斋办过一次曲会。1919年在昆山《晨钟》报社旧址开设的民八茶馆，茶客中大多爱唱昆曲，"于是形成了边品茗边唱曲的业余曲社。影响所及，当时昆山的娱社、南社、紫庐、丁卯、己巳等茶馆，也都开展唱曲活动……"。曲社还与他地曲友相互串联，1923年玉山社举行一周年纪念演唱，邀来苏州、上海嘉定的曲友演唱，著名曲家穆藕初、俞振飞、徐镜清、李藕冈、项远村等前来唱和。1947年8月24日的《旦报》记载，景伦曲社"应上海申报社之邀请"，"在上海成都路470号亚美麟记电台参加该社举办之星期特别广播，播唱昆曲……该社预定今后将每隔五星期举行一次，由该社社友分期前往播唱"。有的曲社，成员丰沛、艺能丰富，紫云曲社"入社人员陆续达四十余名，角色行当齐全"。有的为提高艺术造诣，还不断邀请相关理论研究者和曲家前来授艺、讲解文化课。壬申社（榆集）"曾请曲学大师吴梅来昆山作曲学讲演（1933年1月27日），请音乐家黄自讲乐理，请暨南大学文学院院长陈中凡和中文系主任龙沐勋讲诗词"。① 曲社不仅唱曲、拍曲，对于昆曲艺术的整理、保存等，也做过一定的贡献。昆山国乐保存会将殷溎深曲谱整理为《昆曲粹存》，编成十二集，厘定曲谱六百余折，后因财力所限，只出版了初集六册。

3. 人才蓄存

堂名、曲社中昆曲艺术人才在此成长、潜藏，尤以昆曲堂名中班主、曲师为甚，民国时期昆山顾九先生在1921年11月29日的《申报·西昆杂忆》中指出："吾邑膺保存昆剧之重任者，近十年来，除二三文人外，厥惟乐工。"特别是自从家班和专业班社解散后，返乡艺人世代口授心传，堂名艺人会唱的

---

① 吴新雷主编：《中国昆剧大辞典》，南京大学出版社2002年版，第272页。

曲子多，唱腔正宗，字正腔圆。① 他们中的很多人担当中华人民共和国成立以后昆曲继承人的培养重任，"1949年后，昆山堂名班中的著名艺人吴秀松、夏湘如、徐振民、卜增福、高慰伯等纷入北京、天津、南京等地教授昆剧，现今昆剧的传人'继字辈'演员大都得到这些高手的口授"②。另外，杨仰洲、许纪赓等人也是昆曲堂名中的佼佼者，他们在中华人民共和国成立后对昆曲传承贡献都很大。特别是在昆曲复兴之时，"这些昆山堂名培养出来的'国宝级'拍先，都担当起教授正宗昆曲的重任，'英雄'终于有了用武之地，为培养后辈昆剧演员立下了汗马功劳"③。在昆山有远见卓识的文化工作者们的努力下，"抢救到好多首独具昆山特色的堂名曲牌"④。

堂名班中人人能唱能说，个个能吹能拉，班主大多艺术超群，一般能熟记两三百出戏，堂名艺人会几十出戏的也大有人在。例如，吴秀松，为著名的曲师、拍先，被誉为昆山曲界的泰斗，在苏沪一带颇享盛名。他出身于昆曲堂名世家，父亲王瑞祺为清同治年间创办的吟雅堂的创始人之一。吴秀松于1912年发起、创建永和堂，并自任班主，后改业曲师，主持"吟雅集"。其成果主要有：一是所领班社为昆山堂名班中的佼佼者。二是作为曲师，桃李满园，常在苏州、昆山一带曲社授艺，声誉颇佳。吴秀松曾到上海闸北水电公司同声曲社和上海银行俱乐部担任曲师，历时三年。20世纪二三十年代，昆山曲社颇多，好曲者足有百人之多，其中，绝大多数都师承吴秀松。三是能戏、善绝甚丰，吴秀松生、旦、丑、净各门都学，由于从师较多，天资聪颖，又能勤学苦练，不仅会唱的戏

---

① 陈兆弘：《清末民初昆山巴城昆曲活动小考》，《浙江艺术职业学院学报》2016年第2期，第5页。
② 王业、黄国杰：《昆剧清曲活动中的堂名班与艺人》，管凤良主编：《一腔情缘：昆山人论昆曲》，上海人民出版社2006年版，第145页。
③ 杨瑞庆：《正声昆山腔》，上海人民出版社2009年版，第119–120页。
④ 杨瑞庆：《正声昆山腔》，上海人民出版社2009年版，第120页。

多达六七百折，而且有不少是无人能唱的冷门戏。① 他精于厌笛，熟谙音韵之学，对于四声阴阳、清浊尖团、南北音别等，无不了如指掌。对北曲入声派、叶三声，或非入声字在某曲中应唱某声，不必查阅，就能随口答出，有如一部活的音韵字典，"有'江南一笛'与'音韵活字典'之誉"②。四是作为专业戏校老师，他培养了多位名家。1956 年，吴秀松担任江苏省戏曲学校昆曲班笛师，一度借调至江苏省苏昆剧团任教，张继青、柳继雁、董继浩、朱继云等"继"字辈演员大多受到过他的教诲。戏曲理论家武俊达先生，亦曾从其习艺，得益甚多。高慰伯也在多方面为昆曲艺术做出贡献，曾被京昆大师俞振飞先生誉为"国宝"级的人物，当代不少著名昆剧演员和笛师都曾经是他的学生。高慰伯出生于永和堂，传到他本人已是第十代，他对生、旦、净、丑的各门角色，都能配搭，尤其擅长旦角的曲目。1959 年，他受聘为江苏省戏曲学校昆曲班笛师，"既给表演专业的学生拍曲，前后约有传统剧目 60 多折戏，现代戏《琼花》等 7 本戏，又教音乐伴奏专业的学生吹奏笛和唢呐"③。其笛艺自 20 世纪 60 年代就已闻名于世，在各地曲集之时，先后为俞振飞、李蔷华、周传瑛、张娴、赵景深、沈传芷、姚传芗、张洵澎、汪世瑜、顾铁华、洪雪飞、周铨庵、樊伯炎等名家司笛伴奏，深得好评。他还曾义务担任南京乐社昆曲组的笛师、昆山市政协联谊会昆曲组的曲师、负责苏州大学中文系昆剧艺术班拍曲和吹笛的课务。④

曲社中人才辈出，1921 年 11 月 29 日的《申报·西昆杂

---

① 管凤良主编：《一曲长承·昆山与昆曲》，上海人民出版社 2006 年版，第 29 页。
② 管凤良主编：《一曲长承·昆山与昆曲》，上海人民出版社 2006 年版，第 30—32 页。
③ 昆山市政协学习和文史委员会编：《昆山文史》第 16 辑，内部资料 2002 年，第 29—30 页。
④ 吴新雷主编：《中国昆剧大辞典》，南京大学出版社 2002 年版，第 354 页。

忆》载：迎绿社"社中藏曲甚多，其中能上口演者，不下五百余出"①。著名曲家吴粹伦对于近代昆曲的推动主要体现在：一是在办教育中倡导"弦歌之教"。1924 年，吴粹伦受聘为昆山县立中学（今昆山市第一中学）第一任校长，他亲自撰写校歌，请戏曲家吴梅作曲。在他的影响下，昆山县立中学师生中涌现出一批昆曲爱好者和演唱者，这批人逐渐成为 20 世纪三四十年代活跃在昆山曲坛的中坚。此外，昆山县立中学还培养出全国音乐人才丁善德、陆修棠等。二是资助创办传习所，并担任董事职务。吴粹伦在收入较为菲薄、一家多口人住在狭窄旧屋的情况下，慷慨解囊，热心办学。三是活跃、引领多个曲社活动。吴粹伦应中华职业教育社聘请到上海工作后，利用周末参加家乡曲社活动。四是吴粹伦还善于拍曲、提笛、填词、谱曲，是一位全能的昆曲艺术家，与吴梅并称为当时曲坛的"二吴"。

一代名票殷震贤，民国初年在上海行医期间，业余时间积极参加倚云集、赓春社、平声社、润鸿曲社等的活动，并亲自发起成立益社昆曲俱乐部和赓声社两个曲社。中华人民共和国成立后，又与戏剧家赵景深等发起成立上海昆曲研习社。殷震贤的艺术成就很高，《申报》多次报道并予以高度评价，例如，1921 年 3 月 11 日报道："新进后起者亦斐然可观，而尤以项子风、徐慕烟之《藏舟》、殷震贤之《拾（画）叫（画）》等，最为佳妙。"1939 年 2 月 12 日又评曰："殷震贤君之生，叶小涨君之旦，为曲界推崇久矣。两君合作之剧，如《乔醋》《藏舟》《偷诗》《梳妆》《跪池》等，见者莫不爱绝。"殷震贤因串演《金雀记·乔醋》中潘岳一角，举手投足，唱曲道白，刻画入微，获"殷乔醋"的美称。著名曲家俞粟庐对其击节赞赏，认为其"可称一绝"。有人将其与俞振飞合称"双璧"，有"殷笑俞撅"之誉。20 世纪 30 年代，梅

---

① 吴新雷主编：《中国昆剧大辞典》，南京大学出版社 2002 年版，第 272 页。

兰芳赴沪，特邀殷震贤先生客串演出，被传为美谈。殷震贤还积极为昆剧传习所募集捐款，热心为"传"字辈演出串演。中华人民共和国成立后，他发起成立的上海昆曲研习社，与由俞平伯发起成立的北京昆曲研习社成为当时南、北两大曲社。殷震贤演唱讲究字正腔纯，注重运气、口法，逐渐形成了殷派特色。从习弟子众多，有柳萱图、唐瑛、俞锡侯、樊诵芬等社会名人。

上述昆曲群体的自发文化活动，绵延至21世纪前后。进入21世纪，以政府为主导，开始有意识地强力培养昆曲人才。

（二）21世纪后的着力培育

进入21世纪后，昆山注重昆曲文化群落的新培育，尤其在以下方面较为重视：其一，对舞台表演艺术人才的培养和输送；其二，对相关研究人员及学界的凝聚；其三，对青少年昆曲爱好者持续性参与的培育，突出昆曲的文学性、音乐性，而不仅仅是注重"戏""剧"等舞台表演方面，这是昆曲自身属性所赋予的。自明清以来，尤其是近代昆山的昆曲，其绵延不绝不仅体现在剧场演出方面，很大程度上还表现为清曲爱好者众多、曲社林立，昆曲曾经是他们日常闲暇生活的重要内容。从传承的角度来说，如果仅仅注重演员接班人的培养，只抓场上演出，而忽视了曲友队伍及昆曲作为词曲吟诵的清唱传统，昆曲将会愈加脆弱，其价值也会大打折扣。明清时期，文人士大夫多好度曲清唱，昆曲为他们的生活带来无限情趣和诗情画意。对于今天的人们来说，昆曲优美的文辞、美妙的音乐，可以陶冶情操，潜移默化地影响人们的品位，提高人们文学、音乐方面的修养。尤其是昆曲的唱腔和配乐方面的特征，曾使许多人视之为养生、疗疾的良药。这在竞争激烈、生活节奏快捷的现代社会，具有特别重要的意义。昆曲和古琴等传统音乐，能够把人们带进古朴、悠远、遐思、宁静的境界，使人们精神松弛，心境趋于自然、恬淡，回归到田园式的浪漫、诗意的生活中。

与此同时，青少年在昆曲传承中也开始引人注目。1987年，昆山玉山镇第一中心小学成立全国首家"小昆班"，目前昆山市各区、镇小学都建有"小昆班"。仅昆山市石牌中心小学校的昆曲社团就有80多名成员，由著名梅花奖得主、青年昆曲表演艺术家俞玖林亲自授课。另外，昆山市还成立了昆剧小梅花艺术团。同时，不断举办"昆芽儿成长季""昆芽儿寻梦记"等夏令营活动。2016年，昆山市青年志愿者协会联合昆山当代昆剧院，成立昆山首支青年昆曲志愿服务队，通过志愿服务把昆曲和新时代青年连接起来。共青团昆山市委员会（简称"昆山团市委"）精心打造"青春公开课"，每次发布开课消息，门票都被抢购一空。2018年，昆山团市委又携手俞玖林工作室，启动"大美昆曲"城市人文系列讲座，举办青年昆曲雅集、昆曲沙龙等活动。除了组织青少年学习昆曲之外，昆山团市委还鼓励、组织曲社活动，例如，昆曲研究会、玉峰曲社、昆玉堂、昆曲学社和戏曲联谊会等一批文艺团体就经常开展活动，并逐渐培育起一批承载昆曲艺术本体的人群。

依托于"小昆班"，昆曲艺术人才层出不穷，如从昆山走出了柯军、李鸿良、俞玖林、周雪峰、顾卫英等一批中青年艺术家。在"小昆班"受过昆曲培训的学生已达数千名，其中，有不少被输送到上海、江苏等地的戏曲学校，成为专业的昆曲艺术人才。昆山已经多次在全国戏剧艺术比赛中斩获各种奖项，例如，在全国性的少儿戏曲赛事"中国少儿戏曲小梅花荟萃"活动中，昆剧小梅花艺术团中有数十人摘金夺银，其中，荣获中国少儿戏曲最高奖——"小梅花"金奖的就有10多个。"小昆班"还多次在国内重大庆典、仪式登台表演。按照昆山市已有的规划和经验，昆曲艺术将普及全市中小学，并且被列为中小学的必修课。同时，昆山还挖掘整理、研究编写昆曲地方特色教材，在学校音乐、美术教师中培训出一批昆曲启蒙教育骨干教师，形成小学、初中、高中三个学段普及昆知识、传唱昆曲名段、创作昆曲外延作品的在校特色教育课程。昆山还积极开办青年昆曲夜校。昆山当代昆剧院于2015年成立，是全国第八个昆剧专业院团，正逐步引进和培育一批昆曲表演艺术人才，将与中国内地和台湾地区甚至国外拥有昆曲或相关戏曲专业的高等院校科研机构合作，建立昆曲人才联合培养机制。

明清以来，知识群体是昆曲的中坚力量，昆曲则成为知识群体融文学、艺术、娱乐于一体的理想生活符号，在其精神文化构成中占据重要席位。知识群体以其丰富的学养全身心投入在昆曲中，与此相关联的是一系列创作、研究、评论成果，推动昆曲艺术臻于巅峰。昆山在21世纪之后，为昆曲研究做出巨大努力，成立了昆曲研究会，进行昆曲资料的收集整理、研究交流工作。2008年，昆山市文化发展研究中心成立，内设昆曲研究室，有专职昆曲研究人员负责编印《昆山文化遗产》《昆山文化研究》等杂志。近年来，昆山共计出版昆曲类书籍和音像制品20余种，代表性的有杨守松的《昆曲之路》《大美昆曲》，陈益的《寻梦六百年——昆曲盛衰史探幽》，陈兆弘的《昆曲探源》，等等。此外，还有《昆山传统文化研究·昆曲卷》（包含《昆曲几百岁》《正声昆山腔》《昆剧漫笔》《艳甲天下》）、《昆山民族民间文化精粹·昆曲卷》（包含《一曲长承——昆山与昆曲》《一腔情缘——昆山人论昆曲》《一代笛师——高慰伯的昆曲生涯》），以及昆曲乡土教材《幽兰飘香》《昆歌》专集，等等。昆山举办和承办了不少全国性与区域性、综合性与专题性的昆曲会议及其他相关活动，例如，2011年联合中国昆曲研究中心等主办了"海峡两岸和香港昆曲研讨会"，2006年在中山堂举办昆曲论坛，研讨昆曲的起源、发展、保护和弘扬等问题。2018年，海峡两岸剧评家纵论新编昆剧《顾炎武》，正如学者所期望的那样：相信昆山"能够真正扛起在昆曲的诞生地重新回归昆曲艺术审美本位的大旗"①。昆曲文献资料中心通过与昆曲团体、研究机构、专家学者建立联系，逐步建成特色资源库，并联合国内外研究力量编撰《昆曲发展报告》，以每两年出版一本蓝皮书的形式发布，推动昆山成为全国昆曲研究的高地，将全国的学人凝聚到一起。

晚清至民国时期，在中国现代化初期阶段，一批有着文化自觉的先行者，开始以各种形式呼吁、宣传、保护昆曲，这些昆曲的守护者并非文化守旧派，他们往往追求新思想、新事物，不断吸收新知识、新观念。到了21世纪，中国现代化向深度迈进时，新时代知识群体怀着对民族文化的独立自信、对百年中国文化发展的深切忧虑、对传统文化的深厚情结，以及对历史时期文人诗情画意栖居生活的幻想，当然也更缘于昆曲自身的文学、艺术价值等，从对昆曲等传统文化传承、弘扬的角度，表达、实践其文化自觉。

二、文化自觉意识的培育

"文化自觉"是我国著名社会学家、人类学家费孝通先生晚年提出的重要的学术思想，他主张每个民族都要通过文化自觉来重新审视自己的文化和他人的文化，找到本民族文化的安身立命之地，最终达到"各美其美，美人之美，美美与共，天下大同"的境界。此后，学界多有延伸性研究和诠释。总而言之，他们主要从中华民族发展的纵向历程和在世界坐标体系的横向比较中，从民族、国家、政党的角度，在文化立国、文化利民方面，忧虑现实，擘画前景。

---

① 张晓芳：《海峡两岸剧评家纵论新编昆剧〈顾炎武〉》，《上海艺术评论》2018年第6期，第57页。

（一）保护先觉：20 世纪八九十年代全国性昆曲活动落根苏州

历经"文化大革命"，至改革开放后，即使在昆曲的"原生地"昆山也是"台上演员比台下观众多"，昆曲几乎陷入艺绝的境地。但是昆山在当时的文化部及苏州市相关部门的指导、协助下，再次担当起挽救危亡的时代重任。仅从以下 20 世纪八九十年代昆山昆曲活动事例中，便可见一斑。（表 10-2）

表 10-2　20 世纪八九十年代昆山昆曲活动事件列举

时间	主要事件
1985 年	举办首届昆曲年会；成立昆曲研究会，开创当代昆曲研究先河；年会期间，各地的著名演员汇聚昆山，共商昆曲发展大计。
1986 年	在翠微阁堂名坐唱，成为"昆山昆曲堂名真正的最后一次绝唱"。
1989 年	举办昆曲"回娘家"活动，全国著名中青年演员汇聚昆山。
1991 年	文化部"振兴昆剧指导委员会"在苏州开会，提出要办昆曲艺术节，在各地都表示无条件可办，唯有参会的昆山市委原书记表态，"等我们昆山经济发展了，有条件了，我们昆山也可以办昆曲艺术节"。
1992 年	文化部、昆山市人民政府联合举办昆剧传习所成立 70 周年纪念活动，为"传"字辈老艺人祝寿；举办了昆曲理论研究及艺术交流等活动。
1993 年	昆山大剧院建成，各地昆剧院纷纷回"娘家"献艺。
1999 年	文化部"振兴昆剧指导委员会"在湖南郴州开会，再次聚焦举办昆曲艺术节事宜，全会人员一筹莫展，参会的苏州方面向昆山市委原书记打电话寻求支持，被答复："昆山是昆曲的故乡，是发源地，办昆曲节，应该出力。"后经多方商议，"中国首届昆剧艺术节"确定可办。
2000 年	中国首届昆曲艺术节在昆山召开，被誉为昆曲届的"世纪大团圆"、百年来未有的盛会，全国 7 个昆曲团昆班在苏州市区及昆山演出传统经典剧目 10 台、28 场次。

在20世纪八九十年代全国传统民族民间文艺最为低迷、昆曲艺术几乎陷入灭绝的困境之时，昆山市人民政府以责任和担当，为昆曲艺术的传承勉力前行。上述1999年文化部"振兴昆剧指导委员会"在湖南郴州开会，因收到来自昆山领导层面的支持，这次会议成为"中国首届昆剧艺术节"确定可办的关键会议，也被称为昆曲史上的"遵义会议"。① 这样的情形在21世纪之后全国非物质文化遗产保护运动中体现得更为鲜明。

（二）21世纪后的"文化自觉"实践

1．"反推式"文化自觉

文化自觉是一个国家或地区现代化发展的背景、历程、模式交融在文化上的烙印。我国是后发外生型现代化国家，长期以来，发展文化相比发展经济的"自觉"较为滞后。文化自觉的成长是一个漫长、复杂、系统的过程，加上我国各地发展不平衡的实际，文化"虚位""靠后排""点缀"的现象仍然存在，特别对于难以产出直接、明显经济效益的非物质文化遗产的保护更是如此。昆山以政策为硬性规定和强力推动，塑造各相关主体对于昆曲保护的责任意识，而这首先针对的就是各级各地政府。这样，反过来会助推人们树立文化自觉意识，对于文化自觉的培育是颇为刚性、强效的方式。对于昆曲艺术的文化自觉意识，在历来的昆山地方政府领导层面，都有清醒的认识。2006年，时任昆山市委书记的张国华写道："昆山已率先实现了江苏全面建设小康社会指标，接下来在率先基本实现现代化的进程中，我们一定要把保护物质和非物质的文化遗产放到与经济发展同等重要的位置。"② 曾任昆山市委书记、市长的杜小刚认为，文化正成为改善民生的重要组成部分，成为

---

① 杨守松：《昆曲之路》，上海人民出版社2009年版，第36页。
② 管凤良主编：《一代笛师·高慰伯的昆曲生涯》，上海人民出版社2006年版，第7页。

幸福指数的重要衡量尺度。昆山将大力弘扬传统文化，大力传承以昆曲为代表的戏曲文化，将传统文化与城市内涵相结合，提炼出城市精神，促进文化融合，并以此为抓手提升城市治理水平。①

目前，昆山市有关昆曲保护传承的"千头万绪"几乎多由政策保驾护航和引领，基本形成了长期持续发展的体制机制。这最鲜明地体现在《昆山市昆曲发展规划（2018—2022）》中，涉及昆曲艺术发展所需的各方面基础条件、各类主体、各相关行业领域、各种保障等要素，从而将昆山最终打造成"昆曲之城"。此外，还有各类专项性、政策性的计划和扶持。例如，2019年昆山市成立昆曲发展基金会，包括设立"梁辰鱼奖""拜师学艺"传承计划、昆曲学子助学计划、昆曲故里研学计划、稀有濒危剧种扶持计划、实景版昆曲演出回归计划等，旨在建立多元资金筹措机制，资助昆曲发展和创新，保护昆曲文化资源，传承昆曲艺术。2019年，昆山市引进高层次昆曲人才计划，包含领军型高层次昆曲人才、重点紧缺型高层次昆曲人才、高层次昆曲人才。其中，对引进的领军型高层次昆曲人才，给予80万~100万元奖励资助和80万~100万元安家补贴等。一系列的保障体系，使得昆曲保护规范有序推进。《中国发展观察》杂志社以"中国百强县之首的担当与坚守——江苏省昆山市高质量发展的创新实践及启示"为题，报道昆山大力推动昆曲等优秀传统文化创造性转化、创新性发展，建立戏曲百戏博物馆、昆曲特色小镇等载体。② 正如报道所言，担当与坚守，其实就是一种文化自觉。

这种自觉不仅体现在对昆曲，还体现在对其他优秀传统文

---

① 杜小刚：《以高质量发展丰富拓展"昆山之路"》，《昆山日报》2018年3月7日，A2版。
② 《中国发展观察》杂志社、江苏省政府研究室联合调研组：《中国百强县之首的担当与坚守——江苏省昆山市高质量发展的创新实践及启示》，中国发展观察网，http://www.chinado.cn/? p=8108，2019年7月25日。

化的传承方面。不只是针对本地戏曲,还是以"百戏之祖"的开阔姿态,延展到全国性戏曲保护的担当上。根据当时以文化部为主导,全国地方戏普查办公室联合各省、市共同调研普查的结果显示,我国目前尚存348个戏曲剧种。因此,自2018年起,由文化和旅游部艺术司、江苏省文化厅主办,昆山市人民政府、苏州市文化广电新闻出版局(今称"苏州市文化广电和旅游局")承办的戏曲百戏(昆山)盛典(以下简称"百戏盛典")在昆山举办。"百戏盛典"于2018—2020年分3次将全国现存的348个戏曲剧种集中到昆山市进行展演。其中,2018年、2019年已成功展演232个剧种,2020年10—11月,将展演剩余116个戏曲剧种。这是全国性的、具有开创意义的重要戏曲展演展示活动。此次展演坚持"一个都不能少"的原则,让全国348个戏曲剧种在昆山"大团圆",全国各地具有代表性的剧种的经典剧目纷纷在昆山及各区、镇逐一登场上演。很多边疆和少数民族地区的戏曲剧种,如云南的傣剧、西藏的昌都藏戏等,都克服了重重困难加入其中,这也让一些发展不景气的小众戏曲剧种得到更多的关注,可谓是南腔北调汇聚吴语流行地,显示出优秀传统文化在新时代的勃勃生机和繁荣景象,这"是一次史无前例的壮举,开历史之先河","这次盛典不仅是对历史发展过程中艺术事业的有效总结,更折射着新时代精神的优良基因,在探寻和推动戏曲艺术的创造性转化和创新性发展方面贡献卓著……尤其是在有效推动戏曲艺术的传承发展方面功不可没"。[①]"百戏盛典"期间,各参演单位将捐赠代表本戏曲剧种的服装、道具、剧本等文物和物品,昆山将以此为基础建设戏曲博物馆。这将是中国第一家资料丰富、面积大、功能齐全的全国性戏曲博物馆,借此为全国戏曲开展文化学术交流和研究,特别是抢救和

[①] 景俊美:《致敬传统 致敬经典 致敬艺术——2018年戏曲百戏(昆山)盛典之我观》,《当代戏剧》2019年第2期,第31页。

保护濒临衰亡、消失危机的地方剧种，开展剧种交流演出、竞相发展活动做出特有的贡献。对于参演此次"百戏盛典"的外地团队，昆山市财政局给予其一定的经济补贴，演出小戏、折子戏的团体，每团补助20万元；演出大戏剧目的团体，每团补助60万元。这个补助标准，是国内前所未有的。① 这对于已久处濒危状态，恰恰又是地方稀有剧种的唯一团体，弥足珍贵！

2. "反刍式"文化自觉

社会大众对于非物质文化遗产的传承与保护的文化自觉，是难以硬性约束的。相比而言，地方政府的文化自觉受责任驱动更为明显、理性，而社会大众往往更为感性、直观和实际，他们以自我文化权益为认知起点，以文化获益为驱动起点。而在我国长期以来，社会大众对于非物质文化遗产，多停留在"有"则看看热闹、"无"则无可厚非的情状上。因此，政府主导、提供相应的文化遗产保护，既需要让社会大众认识到获得文化权益是公民的一项基本权利，改变其对于昆曲等非物质文化遗产的可有可无的淡漠意识；又需要注重在提供文化服务中不断满足人们的文化需求、实现其文化惠益，从而激起人们对昆曲等非物质文化遗产的认同感，使其渐渐萌生自发的文化需求，并产生责任感、使命感。只有当其成为民众精神生活的构建性要素，才有可能激发民众的文化自觉性。如此，让民众先"吃"进文化之"惠"，使其拥有"反刍"功能，通过不断回味，刺激民众精神上、心理上对文化的敏感度和饥渴感。

昆山将昆曲纳入"国家公共文化服务体系示范项目创建和全民艺术普及工程"中，"深入普及、惠及全民"。《昆山市昆曲发展规划（2018—2022）》指出，因地制宜多主体、多类型、多样式、多渠道、多载体推进昆曲艺术普及，鼓励和引导

---

① 邹世毅：《"戏曲百戏（昆山）盛典"的启示》，《艺海》2019年第4期，第7页。

全体市民知昆曲、懂昆曲、会昆曲，不断满足城乡群众对美好生活的需求。经过短短10多年时间的多方面努力，昆山彻底扭转了昆曲故乡人一度不爱看昆曲的局面。据部分昆曲表演艺术家回忆："当时（20世纪50年代），我们经常去昆山演出，但没人看。20世纪80年代中期，有一场昆山演出，票是免费赠送的，位于人民路上的人民剧场基本见不到'人民'观众：800多个座位，只有寥寥几十人！"甚至到2004年，昆曲艺术家在昆山演出，"大戏院'大'得空空荡荡，不过100多人"①。现在，昆山的昆曲已成为流行的、时尚的雅文化，经常出现一票难求的景象。每届暑期开办的昆曲夏令营，每次报名的学员多达300多人，主办方只能择优录取。甚至部分家长将小学是否有"小昆班"作为择校的重要条件。昆曲俨然成为昆山人的普遍文化认同和文化自豪。

3. "反哺式"文化自觉

深受我国政府文化治理模式、经济体制特点、历史传统惯性及慈善文化机制不完善等的影响，社会大众对于文化遗产的保护、传承事业的责任感和积极性略显"钝化""惰性"，文化发展被看作只是政府的责任。鉴于此，昆山针对那些具有或潜在具有能够提供包含昆曲在内的文化遗产保护等能力的各相关单位、群体、社团等，采用扶持、资助、奖励、激励等措施，使其获益。反过来，以其受益促成其反哺文化遗产保护，调度其释放文化的公益性、公共性，类似于在文化上做慈善。这样，从政策层面寻找"公益"和"利益"的平衡点、支撑点。

在政策性扶持中，昆山向来注重社会力量在昆曲保护与传承中的潜质。在《昆山市昆曲发展规划（2018—2022）》中明确提出，推动昆曲事业社会化发展明显提速，社会资本进入、社会组织和企业参与成为昆曲事业发展重要动力。鼓励和支持

---

① 杨守松：《昆曲之路》，上海人民出版社2009年版，第168-169页。

社会力量兴办昆曲艺术实体、兴建昆曲艺术场馆设施、组建昆曲艺术团队、开展昆曲艺术展演活动、培育昆曲重大活动运营主体等，这些在昆曲节庆活动中，都有着鲜明的体现。利用节庆平台，通过提供活动冠名权，提供宣传渠道，发挥节庆品牌优势，广泛采用联办、协办等方式，募集昆曲活动资金。

"反推式""反刍式""反哺式"分别强调以文化责任、文化惠益、文化慈善为根基，培养文化自觉意识，也就是说，各自分别履行文化责任的"自觉"、享受文化权益的"自觉"、释放文化公益性的"自觉"。前者为硬性培养，后两者为"弹性"塑造，从而将浅源文化自觉生根发芽为理性、深度的文化自觉。

三、文化生态培育：21世纪后的全方位开展

2001年5月，昆曲成为我国首项入选全球首批"人类口述和非物质遗产代表作"的传统文化艺术。自此，从国家战略层面，以昆曲为契机，拉开了我国近代以来非物质文化遗产的传承与保护运动。昆曲是全国非物质文化遗产保护示范项目，故苏州尤其是昆山更成为全国性领头和示范地区。昆山主要从生态性传承、生产性保护、生活性浸入、艺术本体培育等方面进行原生态的重塑和新生态的构建。

文化生态要落在一个具体的时空里，有它的物质载体和物质性。当实体的文化设施树立在人们面前时，客观上可触动人们走进、走近。昆山市建立了昆山文化艺术中心大剧场、中国昆曲博物馆、顾坚纪念馆，打造了亭林园《牡丹亭》戏台实景版演出，还有千灯古戏台、周庄古戏台常年有昆曲演出等。依托正仪老街及其周边规划，昆山正在建设昆曲文化园，还启动巴城昆曲文化风貌区、千灯昆曲特色文化重点区块建设，着力推进全景式综合性可演可展、可赏可学、可游可驻的昆曲历史文化风貌区；规划建设昆曲文化长廊，通过雕塑群、文化

墙、特色场馆等形式,营造浓郁的昆曲艺术氛围;建设、运营昆曲民宿、昆曲茶馆等昆曲文化体验场所,在昆山当代昆剧院内设昆曲展示、文创、研习和生活等特色场馆。在千灯古镇、巴城古镇设昆曲名家工作室,昆玉堂、昆曲堂弦歌之声不绝于耳。目前,昆山全市有 30 多个可用于昆曲演出的场所。各种场馆基地遍布城镇,最大化地加强了昆曲艺术与受众群体的连接。另外,昆山还举办了"昆曲艺术元素创意设计大赛"等活动,使昆曲元素融入城市道路、建筑、景观之中,并逐渐成为城市风貌的显著标识。

除了实体生态空间外,昆山还运用了"科技助力""互联网+"等在场、在线、在手(移动终端)的虚拟文化场域,以超越时间、空间及实体场域的局限,这也顺应了当下人们生活方式转型的需要,是近年来昆山昆曲保护生态建设方面的亮点。2019 年的"百戏盛典"不仅平均上座率超过 92%,而且演出现场所有剧目均通过"一通文化"直播联合戏缘 App、梨园频道、KK 直播、腾讯直播、快手、斗鱼直播等多家平台进行现场直播,百戏盛典的网络直播观看点击量超过 3 500 万人次,平均每场直播网络观看人数约 110 万人次,抖音平台播放量超过 1.3 亿次,新浪微博网络话题阅读量超过 3.1 亿次。仅是单场折子戏或大戏的网络直播点击量,大部分都达六七十万人次或以上。这样的运营有助于增强昆山城市的吸引力,提升其国际知名度。① 2020 年 5 月 18 日,昆山在昆曲成功申遗 19 周年纪念日当天,举办线上、线下系列活动,同步打造集鉴赏、学习、消费于一体的系列"云上昆曲"活动,通过"云发布""云课堂""云开箱""云享购",引导昆曲走进人们的生活。昆山当代昆剧院将"一网"纳入重点工作,意在搭建昆曲网络平台,以直播、点播的方式,为民众提供演出、教学、培

---

① 杨子:《戏曲百戏(昆山)盛典:构建中国人的精神故乡》,《上海艺术评论》2019 年第 5 期,第 56 页。

训和寻曲友服务。另外，昆山市专门建设"昆曲文化云"项目，运用数字网络技术，建设立足昆山、辐射全国、面向世界的综合性、一站式、数字化并有较高专业艺术水准的大型网络服务平台。昆曲进入新媒体主导的媒介融合时代，受众借助网络平台为昆曲提供网络空间，受众的行为重现了积极主动的参与模式。①

各种公共文化场馆基地倾力于打造昆曲文化活动，正逐渐成为一种无形与有形相融合的新兴文化场域，营造出浓厚的昆曲文化氛围。在昆山，在千灯古戏台、周庄古戏台常年演出昆曲，昆山文化艺术中心大剧场每年举办超过百场的演出、讲演、交流活动；中国昆剧艺术节已成功举办7届，"重阳曲会"每年举办，千灯镇与中央电视台戏曲频道合作，每年举办全国性的戏曲展演；持续开展的每年100场昆曲艺术"四进"（进社区、进学校、进机关、进企业）活动；2018—2020年，持续举办了3年的全国性"百戏盛典"，其间，组织少儿昆曲评比展演活动，以及群众戏曲展演暨百戏林植树、"昆曲故里研学行""我爱我的家乡戏"百戏征稿、"我陪爸妈看大戏"等活动。2019年"百戏盛曲"展演期间，仅在38天里，"在抖音平台播放量超过1.3亿次，新浪微博网络话题阅读量累计超过3.1亿次，掀起了一股观看戏曲演出、探讨戏曲传承、关注戏曲发展的热潮。这是以往几乎难得一见的盛况"②。2020年"百戏盛典"新增港澳台戏曲文化周、"戏曲百戏百人百画"作品征集展览、"戏曲百戏进校园"等活动。另外，昆山还不断组织全国昆山籍昆曲演员返乡系列演出活动，这"实际上也是历史上昆山曲集的现代延伸，也是昆曲诞生和发

---

① 李彦雯：《非物质文化遗产的"有限回归"：传播时代进程中社群模式的断裂——以昆曲为例》，《东南传播》2019年第8期，第86页。
② 刘放：《一记水袖，化意境为历史》，《经济日报》2019年9月8日，第6版。

展的历史延续"①。

昆曲也成为缔造两岸关系的纽带。昆山是台商投资最活跃、台资企业最密集、两岸经贸文化交流最频繁的地区之一，从1990年第一家台资企业入驻昆山，到现在已有数千家台企在昆山落地生根。针对昆、台两地文化融合的问题，《关于促进两岸经济文化交流合作的若干措施》（以下简称"惠台31条"）的相关内容也包含"昆山非遗台湾行"和未来加强与台湾昆剧界的合作，不断推出文艺精品等具体和可操作的举措。昆山团市委曾举办以"大美昆曲"为主题的首届海峡两岸（昆山）青年文化创意设计大赛，打造有青春印记的文创"百宝箱"，并到台湾高校传播昆曲文化。昆山自2013年起持续多年举办了海峡两岸（昆山）中秋灯会，这既是两岸文化交融的盛宴，也是两岸同胞交流的盛会，"昆曲文化"是其中重要的主题。《昆山市昆曲发展规划（2018—2022）》中明确表示，以每年1~2次昆曲赴港澳台或国外交流演出的方式，推动昆曲发展融入"一带一路"建设。

昆山已初步建立文化发展的大循环，充分扩容昆曲艺术的空间。一方面，在文化系统内部，扩容公共文化服务、文化遗产、文化产业的交集，使得彼此借力、共生共荣。在当下的中国，这三者之间链接能力越强，文化生态链就越牢固，文化生态就越优化；相互间的交集越大，各自拓展的空间就越大。另一方面，拓展文化系统与社会环境之间的关系，以文化为活性因子，与广泛的社会生活形成良性互动、循环，从而不断促进非物质文化遗产的保护与传承。这两方面深深渗透在昆山推行的"昆曲+"工程及"昆曲之城"建设目标中。以"昆曲+旅游"为例，昆山近年来着力培育昆曲主题旅游专业性服务机构，拓展国内外客源市场，以期逐步把昆山建成昆曲主题旅游

---

① 谢柏梁：《昆曲演员返乡演出的思考》，《光明日报》2015年4月27日，第15版。

的目的地。昆曲周庄演出基地的建立，就是一个成功的案例，它既提升了古镇文化旅游的内涵，又使昆曲获得了生命的滋养。可以说，昆曲等非物质文化遗产的保护与传承，既依赖于公益，又依靠市场开拓。所以，昆山极力扶持"昆曲+文创"开发，助推以地方特色文化为背景、以昆曲艺术元素为内涵、有效传播昆曲文化的品牌文创企业，并建立昆曲文创产品和服务品牌系列。昆山曾举办昆曲艺术元素创意设计大赛、大美昆山海峡两岸（昆山）青年文化创意设计大赛等。同时，将"昆曲+"推广到乡村，将昆曲发展与乡村振兴融合发展，推动昆曲艺术元素融入乡村，带动乡村观光休闲和体验式旅游开发。

艺术本体的传承、发展，是表演艺术类非物质文化遗产事业的根本，在《昆山市昆曲发展规划（2018—2022）》中，就包含两部昆剧新创作（改编）剧目《梧桐雨》《顾炎武》，传承六十出折子戏，且每三年创作、推出一台昆曲大戏，并赴国内外巡演，在继续开展传统剧目演出的同时，不断增强新品、精品创作能力。2018年推出的新编昆剧《顾炎武》，被誉为"以昆曲的经典方式书写中国精神"，名家、名角共同参与，实现了传统和现代的完美融合。

昆曲和顾炎武是昆山发展的两张"金名片"，作为"原生地"的昆山，有能力对昆曲艺术进行模拟原生态的重塑。同时，依托当下社会生活的实际，积极构建新兴的生态，使昆曲与当代社会生活叠加、重构，重塑昆曲的当代记忆。因而，早在2003年昆山就被文化部命名为"中国民间艺术（昆曲）之乡"。

从昆山的昆曲复兴可见中国式非物质文化遗产传承之一斑。全球化催生了《人类非物质文化遗产代表作名录》，带着"全人类"的荣誉和责任，为树立"全球性"的文化形象、文化符号，为追求全球化发展所带来的显性、隐性效益，国家和地方都予以硬性推动和软性塑造。昆曲作为我国首项入选世界首批"人类口述和非物质遗产代表作"的传统文化艺术，拉开了我国非物质文化遗产事业的帷幕,以昆曲为先行的"非物质文化遗产"复兴寄寓了民族文化复兴的重托。在全球瞩目的光环和压力的双重驱动下,昆曲作为我国非物质文化遗产事业的"点火"工程,国家对其倾注的财力之多、心力之精,可称得上是中国"非物质文化遗产"保护之范本。作为昆曲"原生地"的昆山,肩负着国家使命和地方图景,将昆曲传承保护的目标和效益发挥得淋漓尽致。"文化遗产不是仅仅具有保存价值的'遗产',而是能够转化成为具有使用价值的'财产'和具有流通价值的'资本'。这个对文化遗产价值属性引导和转换的过程,即是对城市文化资源的资本赋值过程和对城市整体的意义重构过程。"① 在全球化背景下建构城市的集体记忆和特色文化,是城市延续地方精神和塑造核心竞争力的必由之路。昆山将昆曲作为"昆山之路"上的重要文化支撑,并采取了一系列的保护和传承措施,这本身就是推动地方文化发展的一大创举,也是与昆山"开放、融合、创新、卓越"的城市精神相契合的一大举措。

在 21 世纪前后,我国文化发展呈现出一次热潮,国家战略、区域发展、民众心声不约而同地产生了诉求趋同的强大合流,产生了政府的权力、知识界的学力、大众的需力、媒体的导力、市场的引力等共同推动的现象。这种现象我们不妨称为"继新文化运动以来百年中国的第二次文化自觉"。这是我国现代化发展进入理性阶段的重要体现,也是自我成长的"内省"及来自世界格局中"外在"力量的双重驱动。昆山以其地方性经验,走出了一条传统文化传承、复兴和认同之路。

---

① 邵颖萍、张鸿雁:《集体记忆与城市文化资本再生产"昆曲意象"文化自觉的社会学研究》,《南京社会科学》2019 年第 5 期,第 95 页。

第十一章 天下兴亡 匹夫有责

顾炎武是明清之际重要的思想家,他与王夫之、黄宗羲一起并称"清初学术三大家",开启了清代学术新风,学人尊称其为"亭林先生"。然而,顾炎武更为大众所熟知的是他所说的"天下兴亡,匹夫有责"这句具有铮铮铁骨精神的历史名言。这句典型地体现了顾炎武爱国主义思想的话语,激励了一代又一代中国人,产生了极为深远的影响。

习近平总书记和李克强总理都十分推崇顾炎武的爱国主义思想,对顾炎武的崇高气节和爱国精神都给予了高度赞扬。2006年2月,习近平在所撰的《激浊扬清正字当头》一文中引用了顾炎武《与公肃甥书》中"诚欲正朝廷以正百官,当以激浊扬清为第一要义"的话为典,阐述了激浊扬清、扶正祛邪对党和国家长治久安的重要意义,他说:"清代思想家顾炎武在《与公肃甥书》中说:'诚欲正朝廷以正百官,当以激浊扬清为第一要义。'这就是说,要兴国安邦正百官,要稳社固稷泽百姓,就必须惩恶扬善,扶正祛邪,弘扬正气。文官不爱钱,武官不惜命,国家才有希望,社稷才能稳固。"[①] 习近

---

① 习近平:《激浊扬清正字当头》,载《浙江日报》2006年2月20日,《之江新语》专栏。

平号召党员干部要敢于激浊扬清,一心为民,严于律己,树立一身正气,营造风清气正的政治环境与社会环境。李克强在2015年2月9日与新聘任的130余位国务院参事和中央文史研究馆馆员座谈时,引用了顾炎武的"天下兴亡,匹夫有责"的名言,他说:"顾炎武在《日知录》里引出'天下兴亡,匹夫有责'。这句话和孟子的'民为贵,社稷次之,君为轻'有相似之处,但内涵却演进了。《日知录》里面所讲的'天下',其实是每个人的'天下',所以'天下兴亡',才会'匹夫有责'。"① 李克强在此精辟地指出,顾炎武所说的"天下"乃是每个人的天下,实际上也是号召每个人都要学习顾炎武的爱国精神,学习顾炎武的这种以天下为己任的天下观。

说到学习顾炎武以天下兴亡为己任的天下观,我们就必须以顾炎武的身世背景、社会阅历与学术经历为基本出发点,探讨其"天下兴亡,匹夫有责"的天下观形成的基本社会背景和文化背景。

一、出身簪缨世家,受到良好教育

锦绣江南,繁华姑苏,汇天地之灵秀,揽"五湖三泖"之形胜,自古以来人文荟萃、英杰辈出。顾炎武就出生在这样一个风物清佳、人杰地灵之地。明万历四十一年五月二十八日(1613年7月15日),顾炎武出生于昆山县东南的千墩镇,此地正处于江南水乡的"五湖三泖"之间,西通郡城苏州,东邻松江府城,南连吴江、杭州,舟楫往来,甚是便捷。

昆山顾氏为江东望族,民间素有"江南无二顾"之说。根据顾炎武在《顾氏谱系考》中的详尽考证,顾氏的远祖为越王勾践,勾践七世孙闽君摇别封其子期视为顾余侯,西汉初

---

① 肖楠:《李克强与文史馆员谈文论道》,《光明日报》2015年4月8日,第3版。

居于会稽，子孙被称为"顾氏"。顾炎武的始祖则是南朝梁陈之际的大学者顾野王，顾野王逝世后葬于苏州吴县（今苏州市吴中区）横山东五里的越来溪上。五代十国时期，顾氏家族曾从苏州迁徙到安徽滁州。北宋欧阳修写的《醉翁亭记》，其中有云"环滁皆山也"，就是说的这个地方。南宋时期，顾氏后裔顾庆又迁徙到海门的姚刘沙，即现在的上海市崇明区，顾庆的次子顾伯善再迁至昆山县的花蒲保，顾伯善九传至顾鉴。到顾鉴这一代，顾氏方才迁徙到昆山县的千墩镇，顾鉴的儿子顾济就是顾炎武的高祖父。据传，顾炎武始祖顾野王家有亭林湖之胜，时人遂称其地为"顾亭林"，因而学者尊称顾炎武为"亭林先生"。

顾炎武家族乃为簪缨世家，曾经世代为官。明代正德、嘉靖、隆庆、万历四朝，是顾家颇为煊赫的时期，顾炎武的高祖、曾祖、祖父相继考中进士，在地方和朝廷部院担任要职。到了顾炎武出生前后，家道已显败落，但书香门第忠孝谨严的家风仍相传不衰。顾炎武出生后，祖父给他起名顾绛，字忠清。明朝灭亡后，清兵入关，顾炎武立志反清复明，因敬仰南宋名臣文天祥的门生王炎午的忠贞品格，遂改名顾炎武，又作顾炎午，后世习惯称他为"顾炎武"。

顾炎武一出生，就被家人过继给了叔祖父顾绍芾为孙。顾炎武的曾祖父叫顾章志，他有三个儿子：长子顾绍芳，是顾炎武的本生祖父；次子顾绍芾，也即顾炎武的嗣祖父；三子叫顾绍芬。顾炎武的本生父亲顾同应，娶妻何氏，二人育有五子四女，顾炎武是他们的第二个儿子。因顾炎武的嗣祖父顾绍芾之子顾同吉未婚早卒，没有子嗣，因而家人将顾炎武过继给他作为嗣子。顾同吉的未婚妻王氏自愿到顾家为夫守贞，并将顾炎武一手抚养成人，于是顾炎武称王氏为"嗣母"。嗣母王氏待顾炎武视如己出，既有母亲的慈爱，又有严格的家教。这样的家庭教育氛围对顾炎武一生产生了极大的影响。

顾炎武的嗣母王氏是一位大家闺秀，其祖父是明朝的辽东太仆寺卿，父亲王述是国子监的太学生出身。王氏自幼读书识字，接受了良好的文化教育与严格的传统道德教育，长大后成为一位具有良好文化教养的女性，尤其喜好阅读《史记》《资治通鉴》等史书。

王氏未嫁而到顾家之后守贞终生，她孝敬公婆，抚育幼子，勤俭持家，确实是一位贤良淑德的女性。一次，婆婆生病，医药无效。医生说，需用一节手指做"药引"才能见效，她就悄悄地折断自己的一节手指入药，婆婆果然病愈。这就是"断指疗姑"的故事。"断指疗姑"之事，在今天看来固然是一种无知行为，但在古人眼里则是出自真诚的道德意愿。王氏的贞孝事迹经地方官吏报请朝廷，崇祯皇帝下旨旌封其为"贞孝"。对于顾炎武，王氏像对待亲生儿子一般慈爱，顾炎武三岁时身患痘疮，生命垂危，奄奄一息，她日夜熬汤喂药，精心照料，不离床边半步，顾炎武这才保住了性命。由此可见母子之情深。王氏又是一位颇有文化修养的人，她十分注重对顾炎武的教育。顾炎武的启蒙教育，就是从王氏那里开始的。王氏在顾炎武六岁的时候，便亲自教他读《大学》，这是一本讲述修身齐家治国平天下理论的儒家经典，也是一部讲述儒家封建伦理道德的教科书，因而也被儒者称为"入德之门"。同时，王氏还教顾炎武学习宋代大儒朱熹所编的《小学》，这本著作主要是记录一些古代圣王和贤人的生平事迹。每当读到忠臣烈女的故事，王氏便会教顾炎武多读几遍，而且王氏经常给顾炎武讲刘基、方孝孺、于谦等忠烈志士的历史故事，这在顾炎武幼小的心灵中植下了忠贞报国的思想之根。有时，王氏一边纺着纱，一边听着顾炎武温习经书，而此时琅琅的读书声与织机的鸣响交织在一起，这是多么和谐温馨的场景啊！很多年后，顾炎武仍为之动容，他说："闻丝欲下刘骘泣，执卷方知孟母慈"①。这样的感

---

① 顾炎武：《顾亭林诗文集·亭林诗集》卷四《先妣忌日》，中华书局1983年版，第390页。

念伴随了他一生。

王氏未嫁守节这种完美契合封建伦理道德的行为，其实是给顾炎武上了第一堂传统忠孝观念课，对顾炎武的思想产生了深远的影响。而这位母亲给顾炎武更为震撼心灵的影响，则是听闻清军攻下江南，昆山、常熟等地相继陷落，她便毅然决然绝食十五天而亡这件事。王氏临终之前，给顾炎武留下遗言："我虽妇人，身受国恩，与国俱亡，义也。汝无为异国臣子，无负世世国恩，无忘先祖遗训，则吾可以瞑于地下。"① 顾炎武对母亲的忠烈之举，刻骨铭心，终生难忘。从此，顾炎武携带书籍，周游四方，坚决不愿在清朝统治之下做官。在顾炎武的后半生，清廷曾几次请人劝其出仕为官，均遭到顾炎武的断然拒绝。在逼得紧时，顾炎武就说，有先妣遗命在，别人可出而"不孝"断不可出；即使"斧绳俱在"，也只能一死以报母恩。

顾炎武的嗣祖父顾绍芾，更是一位有着非凡个性、才气和见识的人。他一生虽未做过官，却是一位饱读诗书、通晓经史，关注时事和民生利病的有识之士。顾绍芾，字德甫，号蠡源，又号梦庵，为人性格豪迈，很有才气，与著名的"公安派"诗人袁宏道志趣相投，多有诗文唱和与信札往来，著有《庭闱记述》《梦庵诗草》等著作。顾绍芾在科举的道路上很不得志，只取得一个监生的资格，但当时很多名公巨卿都很欣赏他的才华和见识；他还写得一手好字，有唐人书法的神韵，就连江南著名书画家董其昌都说："见德甫文笔，令人有退舍之想。"顾绍芾从五十岁之后，就不再参加科举考试，而把主要精力用于经世致用之学的研究上，"取全史所记朝章、国典、地形、兵法、盐铁、户口，悉标识之，以备采择，尤注心

---

① 顾炎武：《顾亭林诗文集·亭林余集·先妣王硕人行状》，中华书局1983年版，第165页。

第十一章　天下兴亡　匹夫有责

节义之行,详举其事,以奖励末俗"①。他十分关心时局的变化,注重研究当代政治。明朝有一种叫《邸报》的政府公报,最初只是靠抄写流传,从明崇祯十一年(1638年)才开始铅印出版,类似于今天的报纸。从万历四十八年到崇祯九年(1620—1636年)的十七年间,顾绍芾为保存当代史料,都坚持将每一期《邸报》中的重要内容抄写下来,以细字草书,一纸二千余字,共装订成二十五册。这种习惯一直坚持到了晚年,甚至他晚年手不能书时,还把《邸报》上的重要内容用墨笔标识起来。他的才情与见识,对顾炎武也产生了巨大的影响。

天启元年(1621年),顾炎武时年九岁,后金军队攻取辽阳和沈阳,四川土司奢崇明亦起兵造反。次年,后金军队攻陷广宁,贵州土司安邦彦、山东白莲教首领徐鸿儒亦相继举事。严重的外患和内忧刺激着顾绍芾的心灵,他指着庭院中的草根对顾炎武说:"尔他日得食此幸矣!"于是便叫顾炎武读《孙子》《吴子》等古代兵书,以及《左传》《国语》《战国策》《史记》等著作。十一岁时,嗣祖父又亲自给顾炎武讲授《资治通鉴》。待顾炎武十五岁学完《资治通鉴》后,嗣祖父又叫他读《邸报》,关心时事朝政。顾炎武二十三岁时,因应付科举考试的需要,乃"独好五经及宋人性理书"。此时,嗣祖父又教导他:"士当求实学,凡天文、地理、兵农、水土,及一代典章之故不可不熟究。"② 良好的家庭教育对顾炎武的成长立志产生了很大的影响。

顾炎武就是在这样的嗣母和嗣祖父的悉心教育和言传身教下,从小树立起了勤奋治学、经世济民、以天下苍生为念的忠贞爱国情怀。

---

① 周可真:《顾炎武年谱》,苏州大学出版社1998年版,第16页。
② 顾炎武:《顾亭林诗文集·亭林余集·三朝纪事阙文序》,中华书局1983年版,第155页。

二、晚明风雨飘摇的时局与江南的社会形势

(一) 风雨飘摇的晚明政局

顾炎武出生的江南地区,作为明代的经济重心是当时最为繁盛的地方之一。伴随着市镇经济日益繁盛,江南地区的资本主义萌芽逐渐发展,百姓富足,生活安居乐业,由此带来的市民阶层的崛起和一大批思想家的出现也使得明朝的思想文化空前繁荣,可当把目光转向明帝国的其他地方,我们会发现这时的帝国已经处在风雨飘摇之中了。

首当其冲的是权力中心的不稳定。明神宗当政期间,是明朝国力急速下降的时期,明神宗长达二十余年不上朝,使得朝廷一度陷入空转,公文案件积压如山,大臣党争不断,辽东战局每况愈下。清朝人在《明史》中写道:"明之亡,实亡于神宗(万历)。"① 明万历十一年(1583年),爱新觉罗·努尔哈赤以家族遗留的十三副盔甲在东北地区起兵叛明,并在后金天命元年(1616年)统一女真各部,建立大金政权,公开与明朝为敌。这时的顾炎武才四岁,离明朝灭亡却只有二十八年了。而此时的明朝宫廷却接连发生了一系列令人匪夷所思的奇案。天命元年四月,一名叫张差的平民男子持枣木棍进入戒备森严的紫禁城东华门,来到太子朱常洛居住的慈庆宫前,打伤守门太监李鉴,直闯至慈庆宫前殿,被闻声赶来的众太监捕获,这张差受谁人指使,又是如何畅通无阻地进入皇宫内的呢?至今也未有定论。人们只是怀疑与当时的郑贵妃有关,因为郑贵妃和明神宗都不希望立朱常洛为太子,面对大臣们的诘问,时隔二十几年未上朝的明神宗不得不出面干涉此事,而最终的结果却是张差以疯癫奸徒为由被处决。这位后来被称为明光宗的明朝太子却在几年之后因服用了一颗方士进献的"红

---

① 张廷玉等:《明史》卷二十《神宗本纪》,中华书局1974年版,第295页。

第十一章 天下兴亡 匹夫有责

丸"便匆匆辞世了,而那时他才当了不到一个月的皇帝,后世便称之为"红丸案"。明光宗死后,年仅十六岁的皇长子朱由校理应登基为帝,但此时,光宗妃子李选侍为了能够操控大权,意欲挟持朱由校未果后仍然执意留在皇帝的寝宫——乾清宫,要挟大臣们封其为皇太后。几经争执,这位泼辣的李选侍甚至连财物都未来得及收拾便移驾别宫了。后人分别称这三件事为梃击案、红丸案和移宫案,统称"明末三大疑案"。短短四年之内,疑云密布的大明宫廷的权力中心已几经变革。而皇宫之外的大明王朝同样不容乐观,豪绅地主大肆侵吞私田和公田,破产农民的生活难以维持,又碰上天灾连连,西北地区饿殍遍野,率先竖起了反抗的大旗。自明天启七年(1627年)开始,王二、李自成、张献忠等农民起义军如雨后春笋般纷纷出现在大明帝国的版图上。被数百万饥民组成的起义军席卷后的大明王朝,山河破碎,各地藩王和皇族几乎被屠戮殆尽,富庶之家尽被掳掠。

　　天启七年,顾炎武已经十五岁了,这一年对明帝国来说是亦喜亦忧的一年。当年七月,后金的皇太极为了给战死的父亲努尔哈赤复仇,亲自带兵攻打辽东的宁远(今辽宁省兴城市)、锦州,却被时任辽东巡抚的袁崇焕打败,是为"宁锦大捷"。明廷方面,曾经在天启年间权倾朝野的宦官魏忠贤被刚登基不久的崇祯皇帝发配凤阳,并在途中自缢身亡。国家大权久违地回到了大明皇帝的身上,可当下的明王朝却出了一道难题给这位年仅十七岁的少年天子。陕西发生大旱,明王朝赈灾不力,饥民遍野,一支由王二率领的农民起义军攻入县城,杀死县令,推翻明朝的明末农民大起义正式拉开帷幕。也正是从这年开始,顾炎武的祖父开始让顾炎武看一种专门让臣僚了解政情的报纸——《邸报》,期望他日后能够登明堂而能致君,长郡邑则知泽民。想必当时的顾炎武也一定注意到了这些关乎大明存亡的悲喜政情吧,风雨飘摇的时局是否唤起了这名少年建功立业、平治天下的豪情壮志呢?然而,此时的江南一带尚无战事,仍然是太平世界,顾炎武自小习科举文字,走读书做官的科举道路,且多年一直如此。他十四岁考中秀才,之后屡次参加乡试,但每次都名落孙山,直到二十七岁科举再度失败,才退出科场,转而做有关国计民生的学问,他一生中最重要的著作之一《天下郡国利病书》就是从那时起撰写的。但是,没过多久,明朝就亡国了。

(二) 江南商品经济的繁荣与市民阶层的崛起

晚明时期,被著名历史学家樊树志先生称为大变局时期。他的《晚明大变局》一书从六个方面论述了这一大变局的表现,分别为:"海禁—朝贡"体制的突破;卷入全球化贸易的浪潮;江南市镇:多层次商品市场的繁荣;思想解放的潮流;西学东渐与放眼看世界的先进中国人;新气象:文人结社与言论。这些表现基本都与江南的经济社会发展息息相关。

谈及晚明历史的大变局,我们先得从世界全球化的开端讲起。15世纪末16世纪初,世界历史出现了大变局,历史学家称为"地理大发现时代",或"大航海时代"。欧洲的航海家发现了绕过非洲好望角,通往印度和中国的新航路;越过大西洋,发现了美洲新大陆。这些发现,标志着一个新时代的开始,西方历史学家把它作为中世纪与近代划分的里程碑。这一转折最值得注意的是,"全球化"初露端倪。在葡萄牙人、西班牙人、荷兰人的率先开拓下,全球化的贸易网络开始形成。这种全球化的资本主义经济贸易活动,也使得晚明中国市场被卷入了全球贸易的浪潮中,进而带动了中国进出口贸易的繁荣。尽管这一时期的大明王朝还沿袭着开国之初定下的海禁政策,然而在巨大的利益诱惑下,东南沿海的走私贸易日甚一日,贸易双方都不遗余力地冲击着这条不合时宜的禁令。明隆庆元年(1567年),明廷终于在福建巡抚涂泽民的上疏请求下开放了海禁,对外贸易开始合法化。在晚明时期,葡萄牙人以澳门为中心把生丝、丝绸、棉布、瓷器等中国商品运往各国，西班牙人则把中国商品销到美洲，后起的英国东印度公司更是把中国商品卷入规模更大的全球化贸易中。同时，可观的外销利润，大大刺激了各种经济作物产量的激增，使商品经济的发展达到了前所未有的高峰。这些都使得明代中期以后的中国社会，尤其是江南地区，经历了一个迅速商业化的过程。

由于商品经济的迅速成长并不断向纵深发展，江南地区农业经营的商品化倾向日益明显，大量耕地开始改种收益更高的经济作物（如桑、棉之类），以适应市场不断增长的需求。传统的蚕桑丝织经济与新兴的棉纺织经济，也不断带动着江南农民家庭手工业的专业化与市场化，经济收益明显增加，这也导致江南地区农业结构发生了变化——蚕桑压倒稻作、棉作压倒稻作，从而改变了先前以粮食作物为主体的农业模式，代之以与市场密切相关的经济作物的栽培，以及对蚕茧、棉花深加工带动的手工业的飞速繁荣，于是出现了经济史学家李伯重先生所说的"江南早期工业化现象"。

在这种经济发展背景下，江南地区的苏州府、松江府、杭州府、嘉兴府、湖州府等，成为农工商业发达的经济中心，并且成为国家的财赋重地。明孝宗时期大学士丘濬在《大学衍义补》中对韩愈关于"赋出天下而江南居十九"的论断，加以补充说，"以今观之，浙东西，又居江南十九。而苏、松、常、嘉、湖，五郡又居两浙十九也"①。明世宗时的大学士顾鼎臣则一再强调：苏、松、常、镇、嘉、湖、杭七府，财赋甲天下②，是东南财赋重地。这都说明江南地区的经济高度发达。松江府是当时的棉纺织业中心，苏州府、湖州府、杭州府

---

① 丘濬：《大学衍义补》卷二十四《治国平天下之要·经制之义下》，京华出版社 1999 年版，第 236 页。
② 《明世宗实录》卷二百零四，台北"中央研究院"史语所 1962 年影印本，第 4269 页。

则是当时的丝织业中心。随着农业经营的商品化和市场化，需要更高层次的市场与之相适应，这就为市镇的发展提供了巨大的空间。于是，在这一时期的江南地区，工商业市镇开始大量形成，它们大多是以丝织业和棉纺织业为特色的生产型市镇，著名的有苏州府盛泽镇、震泽镇，嘉兴府濮院镇、王江泾镇，湖州府菱湖镇、乌镇、南浔镇，松江府朱泾镇、枫泾镇、朱家角镇等。这些市镇人口繁多，甚至多达万余家，"民务织丝纻"，"商旅辐辏"。这些新兴市镇的兴起与繁荣，正是明代城市发展和社会变迁的重要表现。

明代中后期，随着商品生产的发展、城市的繁荣，市民阶层不断扩大，市民群众成为活跃的新生力量。顾炎武生活的江南地区，是晚明市民社会萌芽颇为显著的地方，当时这里不仅是全国在野的政治力量集中的中心地区，还是知识分子党社运动的中心地区。市民运动与党社运动相结合，为市民阶层与工商业鼓与呼，对上试图限制专制权力，对下则维护市民阶层的利益。

三、归奇顾怪，共游复社

顾炎武的青年时代，正是明代读书人结社颇为活跃的时期。当时，读书士子为砥砺文章，科举入仕，因而尊师重友，大江南北的读书人结社风气盛行，而在江南一带风气尤盛，应社、几社、闻社和复社等不断涌现。十七岁的顾炎武与好友归庄一起前往南京参加应天府乡试时就加入了复社。归庄，与顾炎武同龄，是明代著名散文家归有光的曾孙，为人性情豪迈，崇尚气节，行事不同常人，被世人称为"狂生"。顾炎武与里中人多不合，唯与归庄相友善，人称"归奇顾怪"。顾炎武对此事有所解释说："自余所及见，里中二三十年来号为文人者，无不以浮名苟得为务，而余与同邑归生，独喜为古文辞，砥行立节，落落不苟于世，人以为狂。"① 这大概可以说是对"归奇顾怪"较为权威的解释了。而这里所说的"奇""怪""狂"，其实暗含"耿介"之意。因此，两人成了终身的朋友。

复社在当时就有"小东林"之称，影响很大。顾炎武在其中认识了很多青年才俊，如陈子龙、方以智、冒襄等人，开阔了眼界。复社成立于明崇祯二年（1629年），是由太仓人张溥、吴江人吴翿、贵池（今属安徽省池州市）人吴应箕等人倡议成立。当时的江南地区经济富庶，社会还是一片太平景象，士子们醉心于阳明心学，整天高谈阔论、空谈心性，甚少有人去关注时势与实务。一些有识之士，对这种"束书不观，游谈无根"的不良学风忧心忡忡。张溥痛切地批评说：当今之"世教衰，士子不通经术，但剽耳绘目，几幸戈获于有司，登明堂不能致君，长郡邑不知泽民"。因而，张溥等人大力联络四方有识之士，共同创立了复社。复社并不仅仅是一个纯粹以文会友的学术社团，还是一个带有浓烈政治色彩的文人团体。复社同人以"兴复古学，将使异日者务为有用"的主张为号召，力倡经世致用之学，关注时事，关心政治，崇尚气节，产生了广泛的社会影响，因而集结了一批怀有政治热情的文人志士。他们还多次举行春秋集会，每当集会时上千人汇聚一地，共议学术与时事，声势颇为浩大，乃至当地百姓举城出观。其中，崇祯五年（1632年）的苏州虎丘大会尤其盛况空前："山左、江右、晋、楚、闽、浙以舟车至者数千余人，大雄宝殿不能容，生公台、千人石，鳞次布席皆满，往来丝织……观者甚众，无不诧叹，以为三百年来从未一有此也。"② 参加复社活动，对顾炎武的一生产生了深远影响。一方面，复社主张的通经致用及投身于政治活动的实用精神，对顾炎武后

---

① 顾炎武：《顾亭林诗文集·亭林文集》卷五《吴同初行状》，中华书局1983年版，第113页。
② 陆世仪：《复社纪略》卷二，上海国学保存今铅印本。

来积极倡导"经世致用"的学风有着直接的影响;另一方面,复社同人尊经好古、崇尚气节的言行举止也对顾炎武产生了深刻影响。后来,绝大部分复社人士在明亡之后都积极参加了抗清活动,甚至流血牺牲,展现出了浩然正气。因而,之后清朝状元石韫玉序《复社姓氏传略》,描摹当时风气,犹豪气干城,云:"我朝大兵南下,福王出奔,而其(指复社)狱始解。夫士君子生当否运,隐而不见,以庶几明哲之义,谁曰不可!然食毛践土,身受国家培养之恩,忠义激发,不能自已,而又同志之士声气相乎,则虽千百人,又何疑其为党哉!复社诸君子正以结有明二百余年养士之局,此复社之所以异于汉唐也。"①

顾炎武对于参加复社的那段时光无疑是十分怀恋的,他晚年忆及此事时说,"老年多暇,追忆曩游,未登弱冠之年,即与斯文之会,随厨俊之后尘,步杨、班之逸躅,人推月旦,家擅雕龙,此一时也"②,深情地表达了对复社活动的美好留恋之情。其中所讲的"随厨俊之后尘"之句,典出于东汉太学生运动。东汉年间,太学生运动的领袖李膺、度尚等人,因为人品正直、不畏强权、敢于同奸佞邪恶的宦官势力做斗争,被时人冠以"八俊""八厨"等美称。李膺为"八俊"之首,"俊者,言人之英也";度尚为"八厨"之首,"厨者,言能以财救人者也"。顾炎武实际上是以"厨俊"来赞誉复社的领袖,把复社比作东汉的太学生运动,认为两者都是充溢着浩然正气的社会政治运动,这实际上也点明了复社所具有的政治性质。

复社人才济济,汇聚了当时很多的英雄豪杰。如杨廷枢(字维斗),早在天启年间就发动和领导了苏州学生和市民反

---

① 朱诚如、王天有主编:《明清论丛》第一辑,紫禁城出版社1999年版,第89页。

② 顾炎武:《顾亭林诗文集·亭林文集》卷三《答原一公肃两甥书》,中华书局1983年版,第56页。

对朝廷逮捕东林党人的起义；陈子龙，比顾炎武长十几岁，亦是一代豪杰，在钱谦益和瞿式耜遭阉党余孽陷害而被捕下狱时，曾发起营救；方以智、冒襄、侯方域、陈贞慧号称"复社四公子"，都以文学豪迈著称，顾炎武和方以智、冒襄都是很要好的朋友。当时还不到二十岁的顾炎武，就经常与这样的豪杰交游，他们唱和诗文、月旦人物、讽议时事，顾炎武心情之愉悦是可以想见的。更重要的是，他在与同人的交往中磨砺学问、增长见识、激励正气、阔达器局。在复社之中，同人也像东汉的太学生一样，讲究气节，以天下为己任，竞为高论，议论现实和朝政，无所顾忌。谁的见识高，谁的名气就大。顾炎武自云，年纪渐长以后"从四方之士征逐为名"，又自云，"少年好游，往往从诸文士赋诗饮酒，不知古人爱日之义"。①这是当时的实情，是晚明士林普遍流行的风气。

年轻时期，参加复社的这段岁月给顾炎武的一生留下了不可磨灭的印迹。"喜为古文辞"，以"怪"著称的顾炎武，无疑是难以适应寻章摘句式的科举考试的，复社同人倡导的经世致用之实学也正契合他的性格。虽然早年他也学习八股制艺，参加科举考试，然而在他十四岁考取秀才之后的十三年间却多次乡试落第，这使他对科举入仕越来越失去兴趣，再加之愈趋严重的社会矛盾和民族危机，顾炎武在二十七岁时彻底放弃了科举，开始"退而读书"。这一年，是明崇祯十二年（1639年），皇太极率领的八旗铁骑以锐不可当之势，攻陷了山东十六座城池。在西北方向，李自成起义军接连大败明军，明朝的军事压力越来越大。为了筹措军费，明廷再次增加赋税，这无疑又加重了农民的负担，将更多的农民逼向了反抗的起义军中。此时的明王朝已如风中残烛，不过苟延残喘罢了。

此时的顾炎武，一方面，科举考试屡试不中，心情苦闷；

---

① 顾炎武：《顾亭林诗文集·亭林余集·三朝纪事阙文序》，中华书局1983年版，第155页。

另一方面，身处乱世动荡之局，作为一介文人又难以治平天下，因而他感慨地自嘲说："感四国之多虞，耻经生之寡术。"① 于是，他不再究心于那些八股文，而将精力投身于经世致用之学，开始编纂后来闻名于世的《天下郡国利病书》和《肇域志》，力图为国家危亡和社会危机提供直接的借鉴。顾名思义，《天下郡国利病书》就是以郡国利病为宗旨的著作，重点辑录了兵防、赋税、水利三方面的内容，特别重视各地兵要地理内容，这些都是有关国计民生、军国大政的地理内容，有着很强的实用价值与现实针对性，凸显了经世致用的治学宗旨。这一点，顾炎武在书中也多次予以申明。例如，他针对当时心学泛滥、清谈之风盛行的学术风气，毫不客气地批评说："刘、石乱华，本于清谈之流祸，人人知之，孰知今日之清谈，有甚于前代者，昔之清谈谈老庄，今之清谈谈孔孟。未得其精，而已遗其粗；未究其本，而先辞其末。不习六艺之文，不考百王之典，不综当代之务。举夫子论学、论政之大端一切不问，而曰一贯，曰无言。以明心见性之空言，代修己治人之实学，股肱惰而万事荒，爪牙亡而四国乱，神州荡覆，宗社丘墟。"② 他激烈地批评了晚明士人"束书不观，游谈无根"的空谈学风，甚至认为这是明朝衰颓的根源，因而大力主张知识分子投身经世之实务，研究修己治人的实学。至此，顾炎武的治学取向已经由执着于八股制艺之文转向经世致用的实学，开启了一代崇实致用学风的先河，对后世影响深远，备受世人赞誉。

四、投身民族保卫战争

明崇祯十七年（1644年）三月，李自成攻克北京，崇祯

---

① 顾炎武：《顾亭林诗文集·亭林文集》卷六《天下郡国利病书序》，中华书局1983年版，第131页。

② 顾炎武：《日知录》卷七《夫子之言性与天道》，上海古籍出版社2006年版，第401页。

皇帝自缢于煤山，明朝灭亡。继而清军入关，攻占北京，建立清王朝。明清易代，满人入主中原，这在顾炎武眼中是三百年来未有的历史大变局，顾炎武将之称为"天崩地坼"，认为这昭示着剃发式、易服冠，天下将亡。当顾炎武得知崇祯皇帝自缢，无限悲痛地写下了《大行哀诗》，其中有云"世值颓风运，人多比德朋。求官逢硕鼠，驭将失饥鹰"①，初步总结了明朝灭亡的原因，表达了无尽的惋惜和悲痛之情，然而他并未完全灰心丧气，在"秘谶归新野，群心望有仍"② 一句诗中则表达了反清复国的热烈期望和信念。

崇祯皇帝既死，在南方的明朝大臣们又在南京拥立了一个新皇帝。明崇祯十七年六月，福王朱由崧监国，南明弘光政权建立，史可法被任命为东阁大学士兼礼部尚书，马士英为东阁大学士兼兵部尚书。后来，史可法遭到马士英的排挤而到江北督师，马士英一手专权，任人唯亲，公开卖官鬻爵。然而，顾炎武在弘光政权建立之初曾对其寄予厚望，慷慨赋诗曰"《春秋》大复仇"，"一扫定神州"。③ 是年十二月，受昆山县令杨永言的举荐，顾炎武被朝廷任命为兵部司务，他在前往南京赴任的路上写下了"从军无限乐，早赋仲宣诗"④ 的豪迈诗句，表达了自己抗清复国的坚定信念与乐观精神。他还向新建的弘光政权积极献策，先后写下了《军制论》《形势论》《田功论》《钱法论》四篇政论文，无一不是针对现实积弊而发，提出了一系列解救现实危难的应急举措。在《军制论》中，顾

---

① 顾炎武：《顾亭林诗文集·亭林诗集》卷一《大行哀诗》，中华书局1983年版，第259页。

② 顾炎武：《顾亭林诗文集·亭林诗集》卷一《大行哀诗》，中华书局1983年版，第259页。

③ 顾炎武：《顾亭林诗文集·亭林诗集》卷一《感事》，中华书局1983年版，第260页。

④ 顾炎武：《顾亭林诗文集·亭林诗集》卷一《京口即事（已下旃蒙作噩）》，中华书局1983年版，第262页。

炎武主张整顿军事屯田，恢复明初军卫制度，以"养兵百万，不费民间一粒"的原则提出了"寓兵于农"的策略，给士兵一人五十亩军田让其自耕自守，实行且战且耕、自给自足的政策，使国家"不费公格一文"，而能拥有两百万战士的强大武装。他还强调不能尽驱民为兵，否则民怨沸腾，国事将不忍言矣。《形势论》是一篇关于用兵战略的文章，他总结了自三国东吴以来，在南京建都的几个王朝的历史经验，结合当前形势，提出："守淮者，不于淮，于徐泗；守江者，不于江，于两淮。"① 在当时清军入主北京，南渡黄河的情况下，他认为当下最要紧的是阻清兵于两淮，守住徐泗，西控荆、襄，南通巴、蜀，进而联天下为一，国势可振。在《田功论》中，他指出因为连年战乱，百姓流亡失所，土地久荒不耕，当前之急务是召民垦田，发展农业生产，以保证军饷。在《钱法论》中，他指出国家要统一货币，保证货币的健康流通以带动社会经济的恢复和发展。这些措施虽然切实可行，但是在大敌当前的情况下，南明临时政府上下却都不以国事为重。福王只顾自己寻欢作乐，即帝位后不久，便让太监到苏、杭强选美女，结果弄得苏、杭一带民不聊生。南明政府官员之间更是互相争权夺利，党争十分激烈。唯督师江北的史可法坚决抗战，但他不仅受到朝廷的牵制，镇守江北四镇的四位总兵还不听他的指挥，故其处境十分艰难。顾炎武到了南京之后，才了解到福王政权内部的真实情况，知道自己在南明是无所作为的，遂弃官而返。

清顺治二年（1645年），清军兵锋剑指南方，弘光政权旋即瓦解。从这一年开始，江南地区的抗清斗争延续了十多年，以复社为代表的江南士人为之杀身成仁。在苏州地区，吴江、昆山等地相继起义抗清，顾炎武和归庄都身列其中。清军势如

---

① 顾炎武：《顾亭林诗文集·亭林文集》卷六《形势论》，中华书局1983年版，第124-125页。

第十一章　天下兴亡　匹夫有责

破竹，以凌厉的攻势渡过淮河一路南下，然而却遭到沿途民众的坚决抵抗，战事呈胶着状态，因而一旦攻破久攻不下的城池，清军遂下令屠城进行报复。面对山河破碎、江山易主的危难时局，江南民众没有被清军的铁血政策所吓倒，而是上演了一幕幕可歌可泣的抗清故事。清军在江南地区大开杀戒，对抗清民众予以坚决镇压和报复，制造了"嘉定三屠""扬州十日"等一系列人间惨剧。一时之间，江南各地风云突变，乌云笼罩，到处血流成河。在顾炎武看来，这实在是一个"仁义充塞而至于率兽食人"的"亡天下"时代。顾炎武与他的好友归庄一起，愤然投笔从戎，举义抗清，以尽其"匹夫之责"。他们参加了苏州、昆山等地的抗清保卫战。同年闰六月，因不满清廷的"剃发令"，昆山人民奋起反抗，顾炎武和归庄都投入了这场战斗，顾炎武的夫人王氏也积极参加了战争的后勤工作。最终，昆山城破，清军屠城，居民五万户，四万余人罹难。顾炎武的两个嫡亲弟弟顾子曳、顾子武皆被杀害，生母何夫人也被砍断了右臂，顾炎武和归庄侥幸逃脱。嗣母王氏避兵常熟，常熟陷落后，绝食十五日而亡。临终前王氏召顾炎武到床前说："我虽妇人，身受国恩，与国俱亡，义也。汝无为异国臣子，无负世世国恩，无忘先祖遗训，则吾可以瞑于地下。"① 嗣母的忠君爱国思想，使顾炎武深受感动，也坚定了他抗清的不屈之志。这一年，顾炎武三十三岁。

弘光政权覆亡后，唐王朱聿键在郑芝龙等人的拥立下建立了隆武政权，遥授顾炎武为兵部职方司主事。顾炎武听闻后，不无担忧地在诗中写道"灭虏须名将，尊王仗列侯"②，体现了他对人才凋零和大势已去的忧虑之情。之后，南明各个政权

---

① 顾炎武：《顾亭林诗文集·亭林余集·先妣王硕人行状》，中华书局1983年版，第165页。
② 顾炎武：《顾亭林诗文集·亭林诗集》卷一《闻诏》，中华书局1983年版，第267页。

都采取了零星的抗清斗争，然而彼此争立，不能团结抗敌。至清顺治四年（1647年），南明的抗清斗争基本都以失败告终。然而，顾炎武依然没有放弃，直至顺治十四年（1657年）这段时期，顾炎武一直在江南、江北一带从事隐秘的抗清活动。顾炎武化名蒋山佣或顾圭年，扮成商贾，游走于苏州、南京、淮安等地，结识了阎尔梅、万寿祺等一批抗清志士，继续从事秘密反清复明的活动。他还与远在福建沿海一带的郑成功等部的南明军队进行秘密联系，以图继续举义抗清。顾炎武奔走于各股抗清力量之间，"东至海上，北至王家营"，意图纠合各地义军伺机而动。作为军师的顾炎武手持白羽扇泛舟于三江五湖，联络各地抗清势力，白羽扇成为他的一个标志。"遥看白羽扇，知是顾生来"①，是他此时生动的写照。他还在《精卫》一诗中表明自己坚决抗清的心志，诗云："我愿平东海，身沉心不改。大海无平期，我心无绝时。"② 然而，随着清军在江南地区兵力的不断增加，清廷对江南的控制力也日益加强，因而顾炎武的行动都未见到大的成效。

顾炎武的嗣祖父在明崇祯十四年（1641年）去世后，从叔顾叶墅和从兄顾维眼红顾炎武的家产，合谋争夺，相继利用纵火、抢劫、暗杀等凶狠卑鄙的手段，害得顾炎武和他的老母亲到处东躲西藏，还差点丢了性命。顾炎武家族的内斗，引起了当地恶霸地主叶方恒的注意。叶方恒对顾家家产早就垂涎三尺，一直未有机会，然而顾炎武家族接连内斗，为他提供了可乘之机。就在顾炎武为了反清复明往来奔波的这段时间，叶方恒唆使顾炎武的一个恶奴陆恩向清政府告密，告发顾炎武"通海"之罪，即顾炎武和福建沿海的郑成功有联系，企图借

---

① 顾炎武：《顾亭林诗文集·亭林诗集》卷二《重至京口》，中华书局1983年版，第293页。
② 顾炎武：《顾亭林诗文集·亭林诗集》卷一《精卫》，中华书局1983年版，第279页。

清廷之手杀掉顾炎武,然后趁机抢夺顾家家产。然而未等他们行动,顾炎武已经得知他们的阴谋,当机立断,处死了叛奴陆恩。叶方恒不肯善罢甘休,私自把顾炎武囚禁起来,并以杀"无罪奴"之名将其押送昆山县衙。而此时,昆山县令早就被叶方恒收买了。在这危急关头,顾炎武的好友归庄、吴炎等人大力营救,昆山县令以"杀有罪奴"的轻罪定案,顾炎武受到杖责后获释。

国难和家祸并至,此时的顾炎武悲愤交加,又无可奈何。他深知,叶方恒是当地的恶霸地主,江南官府上上下下多是叶家的死党,而面对这一强大的黑恶势力,他再也无法在江南容身了。于是,顾炎武在南京逗留一年之后,决意北游。从此,开始了他后半生奔涉于北方,历经坎坷却又豪迈壮阔的北游生涯。顺治十四年(1657年),顾炎武只身弃家北去,四年间他奔波于河北、北京和山东之间;从康熙元年(1662年)开始,他的行踪扩至河南、山西和陕西各地,直至康熙二十一年(1682年)他在七十岁时客死于山西省曲沃县,前后又历时二十余年。顾炎武北游的足迹几乎遍及大半个中国,正如他自己所说的:"九州历其七,五岳登其四。"① 在这二十余年颠沛流离的生涯中,顾炎武主要做了两方面的重要工作。一方面,顾炎武实地考察北方各地的地理形势,搜集相关文献资料,继续从事历史地理的研究和著述工作,尤其是边关地区的历史地理研究工作,完成了著名的清代古音学奠基之作《音学五书》,精心结撰完成清代朴学考据的奠基之作《日知录》,而且《日知录》一书具有批判意识,尤具启蒙色彩;另一方面,在顾炎武看来更为重要的工作,是广泛结识北方各地的抗清志士,继续谋划反清复明的活动,可是这些工作在当时都是非常隐秘的,一不小心就会遭到清朝的血腥镇压。顾炎武对于这些活

---

① 顾炎武:《顾亭林诗文集·亭林文集》卷六《与戴耘野》,中华书局1983年版,第140页。

动，估计是出于保密和安全的需要，基本上没有明确的记述。但是，我们依然能从他的诗文中寻觅到一些蛛丝马迹。例如，他在《五十初度时在昌平》中就有"远路不须愁日暮，老年终自望河清"之句，可见他对反清复明仍然念念不忘。然而，随着清军的不断征服，反清势力被各个击破，尽数瓦解，顾炎武反清复明的希望逐渐破灭了。康熙二十二年（1683年），顾炎武去世的次年，清军平定了台湾，统一了全国，至此清朝在中原完全站稳了脚跟。

五、坚守气节：拒不仕清，甘做遗民

清朝统治的日益巩固、抗清势力的不断瓦解，让顾炎武逐渐认识到反清复明的大势已去，复明的希望已经十分渺茫，他反清复明的方式也因此渐渐发生了转变，即由原来的武力反清向文化反清转变。

在武力反清失败、复明无望的情况下，顾炎武痛定思痛，深刻反思明朝灭亡的原因，详细总结明朝亡国的教训。在这一过程中，顾炎武把反思和批判的矛头指向了君主专制的独裁制度。顾炎武认为，明朝君主专制集权的极度强化，是明朝灭亡的一个非常重要的原因，因此他对君主专制制度予以了抨击。明代自明太祖废除丞相制度之后，皇帝亲自接管了六部，六部尚书直接向皇帝负责，皇帝至此大权独揽，君主专制得到空前强化。虽然明朝后来有内阁之设，然而阁臣不过是承旨办事，作为皇帝的高参而已，没有独立的决策权。而且，从太祖朱元璋开始，以重典控驭臣下，不仅动辄以"廷杖"之刑杖责臣子，还设立厂卫特务机构，严密监视大臣们的言行，大臣们因而动辄得咎、遭逮捕下狱甚至处死，造成全国上下一片肃杀的政治气氛。明朝君主独裁的极限高压，必然激起士大夫们以意气和血气相争的局面，久而久之就形成了他们习于对抗、不善于和睦相处的处事风格，上下之间也是交相使气，造成明代朝

第十一章　天下兴亡　匹夫有责

堂政治不时出现动荡的局面。例如，由于明武宗荒唐昏庸，群臣遂奋起相争，明武宗大怒，导致大批朝臣被当廷杖毙或遭逮捕下狱，"诸臣晨入暮出，累累若重囚，道途观者无不泣下"①，而臣下却多有视死如归、前仆后继的气概。在明嘉靖年间的大礼仪之争中，嘉靖帝为了压制廷臣的汹汹言论，甚至"笞罚廷臣，动至数百，乃祖宗来所未有者"②。明朝皇帝以如此雷霆的手段对待臣子，导致的结果就是君臣之间貌合神离，戾气弥漫于朝廷，君臣也就难以一心来共同治理国家与抵御外敌。因而，顾炎武认为，造成明末积弊丛生的根源之一就是"其专在上"。正是由于君主专制独裁无所不揽，导致臣下难以作为，也不敢有作为，最终导致整个国家陷入百病丛生却又无药可医的局面，只能走向衰败灭亡的命运。顾炎武还以两宋的灭亡为例，认为两宋灭亡都是由于实行了高度专制集权的结果。宋朝皇帝把国家大权牢牢掌握在自己手中，甚至连"一兵之籍，一财之源，一地之守"的权力都不放过，结果造成了大小官员没有实权、不负责任的局面。一旦外敌大举入侵，前线将士甚至还要等待皇帝的处置决断，待到皇帝的旨意到达，大片国土早就沦陷敌手了。

鉴于历史上的惨痛教训，顾炎武明确主张反对君主专制，提出了实行"君臣分猷共治"的政治主张。他认为，君主应该与臣子分享权力，将治理天下的权力分散到各级官吏的手中，采用君臣分工、百官分治合作的行政方式来治理国家，让更多的士大夫参与国家管理，以此克服君主专制的种种弊端。他在认真分析了三千年中国政治体制的利弊后，做出了"封建之失，其专在下；郡县之失，其专在上"的思想论断。为

---

①　张廷玉等：《明史》卷一百八十九《列传第七十七·夏良胜传》，中华书局1974年版，第5022页。

②　张廷玉等：《明史》卷一百九十《列传第七十八·毛纪传》，中华书局1974年版，第5047页。

了避免封建制和郡县制的弊端，他还提出"寓封建之意于郡县之中"的政治主张，这是一种介于分封制和郡县制之间的地方管理措施。① 一方面，他主张撤销省级和大区级的行政机构，以免除地方封建割据之患；另一方面，他又主张扩大郡县一级地方政府的权力，让郡县官掌握地方上的军民财政等一切大权，给予其有效的行政管理自主权，并对其进行激励，使其安心为民兴利除弊，从而使地方治理达到一种合理状态。

在批判君主专制独裁种种弊端的基础上，顾炎武对于朱家王朝的兴衰并不十分放在心上了，他甚至超越了"一家一姓之兴亡"的视角，提出了"亡国"与"亡天下"之辨的重要思想命题。这一著名的政治思想命题的提出，体现在顾炎武临终前定稿的《日知录》一书中。他在《日知录》中写道："有亡国，有亡天下。亡国与亡天下奚辨？曰：易姓改号，谓之亡国。仁义充塞而至于率兽食人，人将相食，谓之亡天下……是故知保天下，然后知保其国。保国者，其君其臣肉食者谋之。保天下者，匹夫之贱与有责焉耳矣！"② 这段话后来被著名学者梁启超先生概括为"天下兴亡，匹夫有责"。仅仅八个字，却产生了极为深远的影响，直至今天依然是激励中华民族奋发向上的思想力量。在顾炎武看来，一姓的兴亡和朝代的更替，是为亡国，而非亡天下，此时保卫国家的责任主要由皇帝及他的臣子来承担；如果国民伦理道德沦丧，人与人之间有如弱肉强食的禽兽一般，为了一己之利而不顾他人死活，延续千年的民族传统文化将要因此灭亡，这才是亡天下。要想天下不亡，那么每一个人都要承担起"保天下"之责。"保国"是指统治者维持和巩固其执政地位，是皇帝和达官贵人的事情；而"保天下"是全体国民培养和坚持其做人应有的德性，保卫民

---

① 顾炎赋：《顾亭林诗文集·亭林文集》卷一《郡县论一》，中华书局1983年版，第12页。
② 顾炎武：《日知录》卷十三《正始》，上海古籍出版社2006年版，第759页。

族文化的传统,从普通百姓到统治者都有责任。因而,"保国"与"保天下"也就有了不同的内涵。

对于异族入侵,顾炎武认为,应该"处夷狄之邦,而不失吾中国之道",即使国家覆亡,受到异族的统治,也仍然要坚持儒家人伦纲常和礼仪,而不应该接受异族的文化,举止行为和异族一样。唯有如此,民族传统文化的火种就不会熄灭,就有复国的希望。面对异族的统治,如果"相率而臣事之,奉其令,行其俗,甚者导之以为虐于中国",那么就是民族的罪人。他乐观地认为:"夫亡有迭代之时,而中华无不复之日,若之何以万古之心胸,而区区于旦暮乎!"① 由此我们可以看出,顾炎武所希望恢复的国家已经不是单纯意义上的"大明"了,而是能背负中国数千年礼仪人伦的"天下"了。

然而顾炎武的上述看法,并不意味着他已经不再忠于明朝。清政府曾经多次征召顾炎武为清廷服务,都被顾炎武严词拒绝。清康熙十年(1671年),清廷开明史馆欲修《明史》,内阁大学士熊赐履诚邀顾炎武参加,被其严词拒绝:"果有此举,不为介推之逃,则为屈原之死矣。"② 清朝统治者早在顺治初年就宣称修纂《明史》,但其目的不过是向大家宣告"明朝已经灭亡,自己才是新朝正统"而已。清政府真正开始编修《明史》是在康熙十八年(1679年)。康熙十七年(1678年),清廷为笼络汉族士大夫的之心,准备编修《明史》,于是设博学鸿词科,令朝臣及各省督抚推荐人选,康熙皇帝的老师、内阁大学士叶讱庵举荐顾炎武,顾炎武知道后表明心意:"无仕异朝","耿耿此心,始终不变",并"愿以一死谢公"。③

---

① 顾炎武:《日知录》卷六《素夷狄行乎夷狄》,上海古籍出版社2006年版,第382页。
② 顾炎武:《顾亭林诗文集·蒋山佣残稿》卷二《记与孝感熊先生语》,中华书局1983年版,第196页。
③ 顾炎武:《顾亭林诗文集·亭林文集》卷四《答次耕书》,中华书局1983年版,第77页。

次年，他的同乡、内阁学士叶方蔼等人要推荐他参加博学鸿词科的考试，亦遭到严词拒绝，他十分愤怒地说："七十老翁何所求，正欠一死，若必相逼，则以身殉之矣。"① 他的外甥徐乾学知道顾炎武宁死也不会和清政府合作，便向清政府表示顾炎武的不合作决心，当局只好作罢。顾炎武认为那些要推荐他做官的人都是些政治娼妓，干的是逼良为娼的勾当。那些跪在清朝帝王面前自称"奴才"的人干的引以为荣的事情，他却看作对自己的莫大侮辱。对于李因笃等一些好友未能抗拒清政府博学鸿词科的征召，顾炎武既表示惋惜，又表示宽容。惋惜的是，他们未能保持志节；而宽容的是，基于对清政府残忍手段的认识，清政府的各省督抚迫令被荐参加博学鸿词科考试的人赴京，其情形如同抓人一般。学者李二曲被绑架到西安城郊时，拔出刀来要自杀，这才未能成行。傅山则被强行用木板抬到北京。顾炎武在《寄次耕时被荐在燕中》诗中表达了其宁死不屈的决心："嗟我性难驯，穷老弥刚棱……为言顾彦先，惟办刀与绳。"②

此时的中国，已然处于清朝满洲贵族的统治之下，汉族士大夫认为中华传统文化即将面临一场浩劫。然而，定鼎中原之后，清朝统治者并没有扼杀人伦文化，他们自觉地以中华文化的正统传承者自认，祭祀孔庙，提倡理学，倡导"三纲五常"，传统意义上中国重要的人伦纲常观念得以延续，中华文明并未因此而中断，这让顾炎武多少有些欣慰。因此，这也是为何顾炎武自己不齿于仕清，但后来能与清政府臣子交往的原因之一。而他自己之所以坚决不仕清朝，一方面，固然是由于其忠于故国不忘国耻，深受传统忠君爱国观念之影响；另一方

---

① 顾炎武：《顾亭林诗文集·亭林文集》卷三《与叶讱庵书》，中华书局1983年版，第53页
② 顾炎武：《顾亭林诗文集·亭林诗集》卷五《寄次耕时被荐在燕中》，中华书局1983年版，第414页。

第十一章　天下兴亡　匹夫有责

面,也是因为其谨遵嗣母"勿事二姓"之遗命,其拒不仕清的爱国行为中掺杂了传统的孝道观念。

晚年的顾炎武对故国仍然深深地眷恋,但他逐渐将这份赤子情怀转移到反思明朝和南明政权灭亡的原因上来。清康熙六年(1667年),顾炎武提出了著名的"行己有耻"的观点,顾炎武认为有私心是人之常情,宋明理学所倡导的"存天理,灭人欲"是常人很难做到的,也是有悖人性的。人们应该设置一条切实可行的道德底线,即"行己有耻"。在最低限度的道德中,妇女不必守寡,忠臣不必死节,一切符合人之常情的行为都是允许的,但"行己有耻"的道德底线不可逾越。他认为,礼义廉耻是维系国家正常运转的四项道德准则,礼义是治人之大法,廉耻是立人之大节,而耻又是最重要的。他说,"人之不廉而至于悖礼犯义,其原皆生于无耻也"。人无耻则无所不为,而士大夫的无耻则会导致家败国亡。因此,他称:"士大夫之无耻,是谓国耻。"① 他认为,晚明以来士大夫的寡廉鲜耻与丧失民族气节正是造成明朝灭亡的根本原因。所以,他从解决"士大夫之无耻"这一"国耻"问题出发,提出了"行己有耻"的命题。他认为,有必要在社会生活中画一条"行己有耻"的道德底线,以此来端正社会风俗,涵养士大夫的浩然正气,这样才能将中华传统文化不断传承下去。由此可见顾炎武的远见卓识。此时的他已经跨越了传统王朝家国兴衰的狭隘之见,慨然以天下兴亡为己任,毅然承担起传承中华传统文化的历史重任。

---

① 顾炎武:《日知录》卷十三《廉耻》,上海古籍出版社2006年版,第772页。

第十二章 博学于文 行己有耻

"博学于文""行己有耻"二语,分别出自《论语》的《颜渊篇》和《子路篇》,这是孔子在不同场合答复门人问难时所提出的两个主张。然而,把这两个主张合而为一的则是明末清初时期著名学者顾炎武。顾炎武将"博学于文""行己有耻"二者结合在一起,赋予新的时代内容,作为他的治学宗旨和处世之道,并产生了广泛的学术影响。他是清初崇实致用学风的倡导者,开创了新的治学门径,是继往开来的一代宗师。

顾炎武一生"身涉万里,名满天下"[1],以"行奇学博,负海内重名"[2],有"清学开山之祖"[3] 的盛誉。他一生著述宏富,"卷帙之积,几于等身",可考见者即达五十余种,涉及经学、音韵、文字、历史、地理、金石考古和诗文等。他为清代学术开创了众多门径,其中包括经学、音韵学、礼制、历史地理学的研究等。《日知录》(三十二卷)、《音学五书》(三十八卷)、《天下郡国利病书》(一百二十卷)和《肇域

---

[1] 归庄:《与顾宁人书》,《归庄集》,上海古籍出版社 2010 年版,第 339 页。
[2] 钮琇:《觚賸》卷六《蒋山佣》,上海古籍出版社 1986 年版,第 107 页。
[3] 梁启超:《中国近三百年学术史》,东方出版社 1996 年版,第 64 页。

第十二章 博学于文 行己有耻

志》等，是他的代表作，具有很高的学术价值。更重要的是，顾炎武所倡导的"明道救世"的经世实学和注重实证的科学方法，对于扭转数百年来宋明理学造成的空疏学风，发挥了巨大的影响，直接开启了清朝初年崇实致用的一代学术新风。

一、顾炎武经世思想产生的历史背景

顾炎武"博学于文""行己有耻"的思想主张，既是明清时代更迭之宏大历史背景的反映，也是顾炎武应时代巨变而提出的学术思想主张，更是极具现实针对性的思想主张。

清顺治元年（1644年），清军挥师入关，进入北京，赶走了李自成，夺取了明末农民起义军的胜利果实，成功入主中原，建立了中国历史上第二个由少数民族统治者建立的大一统政权——清朝。明清易代，给汉族知识分子造成巨大的心灵震荡。在汉族士大夫们看来，满族统治者入主中原，是一次数百年未有之历史大变局，简直是"天崩地坼"的历史巨变。乾坤易位，山河从此易主，风云为之变色。明清易代的战火，不仅使中原人民的生命财产遭受了巨大的灾难，也使传统儒家的学术思想、文化风气经受了一次大的洗礼。明代的学术风气和文化遗产等，此时都受到了汉族士大夫们的认真审视与反思，并因而产生了学术转折，学术风气开始由明末以来的空疏清谈走向崇实黜虚。

满洲贵族入主中原，用夷变夏的历史重演于当世，使得一贯固守夷夏之大防的汉族士大夫们痛心疾首，悲愤不已。他们认为自己身处"乱辱天人之世"，不忍见"毁吾道"之耻，于是从救亡的目的出发，为捍卫道统而高扬明道救世之旗帜。

生于易代之际的清初士人，面对神州陆沉、宗社丘墟的惨烈现实，心灵上遭受了巨大的震撼。在经历了剧烈的心灵阵痛之后，他们开始对明代学术进行深刻的历史反思。他们认为明末心学的那种"束书不观，游谈无根"的空疏学风，是如今

"亡天下"思想产生的根源。因而，他们开始对王学末流空谈误国、误民的学风予以猛烈抨击，积极提倡经世致用的实学。如朱之瑜提出学术要"经邦弘化，康济艰难"①；李颙主张"匡时要务""学贵时效"②；颜元更大声疾呼"救弊之道，在实学，不在空言"③。这些思想主张汇集成为明清之际的经世致用思潮，于是一股经世致用的学风在清初兴起。顾炎武的经世思想，正是这一思潮的重要组成部分。

其实，顾炎武、黄宗羲、王夫之这三位清初的大思想家在当时都提出了自己的经世思想主张，引领了经世思潮的兴起。顾炎武深刻地总结了明朝灭亡的教训，认为王阳明心学的不断泛滥，造成了晚明士人"不能通经知古今，不明六经之旨，不通当代之务"的空疏学风，而这种不良学风才是明朝灭亡的重要原因。为了扭转这种空疏学风，顾炎武提出了"古之所谓理学，经学也……今之所谓理学，禅学也"的主张。④ 他强调要恢复经学的原有面目，明辨经学之源流，而且要通经致用，倡导以实学经世。这些思想主张，反映了顾炎武崇尚实学、鄙薄空谈性道的思想倾向。黄宗羲也强调说，治学要"以六经为根柢"，"受业者必先穷经，经术所以经世"。⑤ 王夫之则严厉地批判王学说，"自姚江王氏出而《大学》复乱，盖其学所从入，以释氏不立文字之宗为虚妄悟入之本"，导致了明中叶以来士大夫们"废实学，崇空疏，蔑规矩，恣狂荡"⑥，

---

① 朱之瑜：《舜水遗书·文集》卷十五，民国二年余姚汤寿潜铅印本。
② 李颙：《二曲集》卷七《体用全学》，清道光八年雪荫堂刻本。
③ 颜元：《存学编》卷二《性理评》，清光绪中定州王氏刻本。
④ 顾炎武：《顾亭林诗文集·亭林文集》卷三《与施愚山书》，中华书局1983年版，第58页。
⑤ 全祖望：《鲒埼亭集》卷十一《梨州先生神道碑文》，《全祖望集汇校集注》，上海古籍出版社2000年版，第214页。
⑥ 王夫之：《礼记章句》，《船山全书（4）》，岳麓书社2011年版，第1647页。

士风日坏，甚至"人心之坏，世道之否，莫不由之"①，因而王夫之也非常尊崇实学，主张学以致用，提出了"君子之道以经世"②的主张，认为"读古人之书，以揣当世之务，得其精意，而无法不可用矣"③。以顾炎武、黄宗羲、王夫之三大家为代表的清初士大夫提出的这些崇实黜虚、强调读经、学以致用的思想主张，无疑为清初学术走向求真求实与经世致用开辟了道路。黄宗羲认为，儒者就应该从事经天纬地、建功立业之事，提出"儒者之学，经纬天地"④的主张，认为士大夫们不应鄙弃治理财赋、开阃扞边等实际政务，不应只在纸上空谈为天地立心、为生民立命、为万世开太平，而要处处留心实际事务。国家一有忧难便蒙然张口、如坐云雾的腐儒，并不是真儒；真儒就应该向传统儒学复归，弘扬"以天下为己任"的经世精神。黄宗羲的这一历史意向，得到了顾炎武的明确赞同。在顾炎武看来，人的真正价值就体现在"今日拯斯人于涂炭，为万世开太平，此吾辈之任也"⑤。王夫之则说："既以身任天下，则死之与败，非意外之凶危；生之与成，抑固然之筹画……生死死生，成败败成，流转于时势。"⑥ 这体现了为拯救天下苍生而将生死置之度外的豪情。这种经天纬地的人格理想，在一定程度上反映出明末清初学者对理学的反思，早已

---

① 王夫之：《礼记章句》，《船山全书（4）》，岳麓书社 2011 年版，第 1246 页。

② 王夫之：《读通鉴论》，《船山全书（10）》，岳麓书社 2011 年版，第 204 页。

③ 王夫之：《读通鉴论》，《船山全书（10）》，岳麓书社 2011 年版，第 798 页。

④ 黄宗羲：《南雷文定后集》卷三《赠编修弁玉吴君墓志铭》，清咸丰三年南海伍氏刻本。

⑤ 顾炎武：《亭林文集》卷三《病起与蓟门当事书》，中华书局 1983 年版，第 48 页。

⑥ 王夫之：《读通鉴论》卷二十八《五代上·存勘量不足以持胜》，《船山全书（10）》，岳麓书社 2011 年版，第 1106 页。

超越了个体的完善而转向经世致用的外部世界。

其实,对王学末流空谈心性、不务实际的学术批判在晚明时期就已经开始了。我们知道,阳明心学是在明代中叶时兴起的,逐渐取代了占据思想界统治地位达数百年之久、愈来愈走向僵化的程朱理学,王学兴盛一时,风靡海内,"谈良知者盈天下"①。阳明心学当时在松弛程朱理学的禁锢、促进思想解放、缓和社会矛盾方面都起到了一定的积极作用。然而,阳明心学在晚明时期日益走向空谈心性、弃儒入禅、脱离现实的死胡同之中,王学末流的学者们整日空谈性命天理,甚至"恁是天崩地陷,他也不管,只管讲学快活过日"。在明末激烈的社会矛盾与民族矛盾交织的复杂局面下,这样的学说显然对改变时局毫无帮助,甚至可以说是无能为力。鉴于这种情况,明末的一些关心国事民瘼、以经邦济世为己任的士大夫,遂起而抨击空谈心性的王学,指责其为"虚学""俗学",倡导"通经复古""经世致用",王学开始走向没落。于是在当时的理学界,出现了由王学向朱学回归的倾向。东林学派领袖顾宪成、高攀龙是这一倾向的倡导者,其中,又以高攀龙对王学的批判颇为系统,因而也颇具号召力。万历天启年间,高攀龙为一时江南学术盟主。他批判王学,紧紧抓住王学的"致良知"说不放,指出:"《大学》曰'致知在格物,物格而后知至'。阳明曰:'所谓致知格物者,致吾心之良知于事事物物也……事物各得其理,格物也。'是格物在致知,知至而后物格也。"② 一个是"致知在格物",把格物作为致知的必然途径;一个是"格物在致知",以"致良知"取代格物。高攀龙认为,这并非寻常为学次第的差异,而是儒学与禅学的分水岭。他说:"谈良知者,致知不在格物,故虚灵之用,多为情识,而非天则之自然,去至善远矣。吾辈格物,格至善也,以善为

---

① 顾宪成:《小心斋札记》卷六《己亥》,清光绪十二年刻本。
② 高攀龙:《高子遗书》卷三《阳明说辨(二)》,明崇祯五年刻本。

宗，不以知为宗也。故'致知在格物'一语，而儒禅判矣。"①由此出发，高攀龙把"致知在格物"作为评判朱王学术的标准，肯定朱学为实学，而以王学为虚学。高攀龙进而认为，既然王学既是禅学，也是虚学，因而理所当然应予以否定，并斥责"王学使理学中绝"，断言："姚江之学兴，而濂洛之脉绝。"高攀龙认为，明中叶以来的诸多学界弊端都源于王学的"致良知"说，这些弊端总括起来有两点：一是整日空谈心性，而废弃诗书礼乐经典之研读；二是"任空而废行"，乃至不修忠义廉耻之节。有鉴于此，高攀龙大声疾呼："今日虚证见矣，吾辈当相与稽弊而反之于实。"于是，他提出了"学反其本"的问题，主张由王学向朱学复归。他指出，"圣学正脉，只以穷理为先"，"孔子之教四，曰文、行、忠、信。惟朱子之学得其宗，传之万世无弊"。②并且，他断言："学孔子而不宗程朱，是望海若而失司南也。"③顾宪成、高攀龙向朱学回归、重振理学的学术主张，借由其政治影响迅速传播开来，去虚就实的呼声响彻大江南北，获得了学界的积极响应。因此，"一时儒者之宗，海内士大夫识与不识，称高、顾无异词"④。

在顾宪成、高攀龙等东林党人的倡导下，一场旨在挽救社会危机的经世思潮在晚明万历年间渐渐兴起。他们在大力展开政治批判的同时，提出了学术必须"经世致用"的口号。东林巨子顾宪成以救世为己任，他说："官辇毂，念头不在君父上；官封疆，念头不在百姓上；至于水间林下，三三两两，相

---

① 高攀龙：《高子遗书》卷八上《答王仪寰二守》，明崇祯五年刻本。
② 高攀龙：《高子遗书》卷九上《崇文会语序》，明崇祯五年刻本。
③ 钱士升：《高子遗书序》，载高攀龙《高子遗书》卷首，明崇祯五年刻本。
④ 张廷玉等：《明史》卷二百四十三《高攀龙传》，中华书局1974年版，第6315页。

与讲求性命，切磨德义，念头不在世道上，即有他美，君子不齿矣。"① 高攀龙则明确地提出"学者以天下为己任"②的主张，并以自己的行动实践了自己的主张，为抗拒魏忠贤的倒行逆施，愤然投水自尽。复社领袖张溥则聚集四方有识之士发起复社，旨在"期与四方多士，共兴复古学，将使异日务为有用之学"③。一时学中士人，无论所治何学，救世成为人们讨论的中心议题。人们从事的学术互动，大多具有重要的实用性。徐光启以"率天下之人而归于实用"作为一生的为学志向，把"造就人才，务求实用"视为"救时急务"，主张对屯田、盐法、河漕、水利等事务进行"备细考求，精加参酌"，以使"天下要务，略如指掌"。④ 最后，徐光启倾注全部心力完成了不朽的农业科学巨著《农政全书》。此外，陈子龙、徐孚远等人还编选了卷帙浩繁的《皇明经世文编》，网罗明代的军政要务，试图从中探寻学以致用的途径，这也象征着晚明经世思潮的高涨，对当时的学风起到了重要的引领作用。对此，吴晗先生指出，《皇明经世文编》的出版，"对当时的文风、学风是一个严重的挑战，对稍后的黄宗羲、顾炎武等人讲求经世实用之学，也起了先行者的作用"⑤。所以说，顾炎武一系列经世思想的提出是明清之际政局变迁、时代变革与思想趋向共同作用的结果，是明清易代之际宏大社会背景下进步思想的反映。

---

① 顾宪成：《小心斋札记》卷十一《甲辰》，清光绪十二年刻本。
② 高攀龙：《高子遗书》卷八下《与李肖甫》，明崇祯五年刻本。
③ 陆世仪：《复社纪略》卷一《复社宗旨》引张溥语，清光绪三十四年上海国学保存会铅印本。
④ 徐光启：《徐光启集》卷九《敬陈讲筵事宜以裨圣学政事疏》，中华书局2014年版，第438页。
⑤ 吴晗：《影印〈明经世文编〉序》，《明经世文编》第一册卷首，中华书局1962年6月影印本，第1—2页。

二、树立"经学即理学"大旗

经过明朝灭亡的沉重打击,清初士人越发痛切地感受到王学空疏误国的严重危害。他们深深诟病王学末流弃儒入禅、空谈性命、不务实学的流弊,直指其为"神州荡覆,宗社丘墟"的罪魁祸首,严厉批评那些平素口若悬河却在政权危亡之际毫无对策的道学先生,斥责他们"愧无半策匡时难,惟余一死报君恩",认为他们实在是一群可怜、可悲、可恨的腐儒。因而,清初士人进一步展开了对王学的深刻反思与批判,并由此对理学的空疏浮泛的学风提出了怀疑和批评。为什么说是进一步展开呢?上文已经述及,晚明以来思想学术界已经兴起了一股批判理学空疏学风、倡导实学的经世思潮,及至明清易代、政权易手之时,以经世为目的的实学思潮已然成为时代的学术主潮。

顾炎武顺应历史趋势,在展开对宋明理学的批判中,建立了他"以经学济理学之穷"的学术思想。顾炎武对宋明理学的批判,是以总结明亡的教训为出发点的,其锋芒所指,首先是阳明心学。他认为,明朝的覆亡是王学空谈误国的结果,因而他对王学末流的泛滥深恶痛绝,认为其罪行比桀纣还要深重。他进而揭露心学"内释外儒"的本质,指斥其披着圣贤思想的外衣行禅学之实,从根本上背离了孔孟思想的主旨。顾炎武认为儒学的本质,"其行在孝、弟、忠、信","其职在洒扫、应对","其文在《诗》《书》《礼》《易》《春秋》","其用之身在出处、去就、交际","其施之天下在政令、教化、刑罚"。① 在顾炎武看来,儒家圣人所重视的是关于人伦日用及国计民生的经世致用之学,其学问思想就存在于"五经"

---

① 顾炎武:《顾亭林诗文集·亭林文集》卷六《与友人论学书》,中华书局1983年版,第135页。

之中，平易而可循。但陆王心学则不然，整日空谈虚玄高邈的心性之学，甚至置国家安危于不顾，严重背离儒家圣人之旨。这非但没有上接古代儒学的心传，根本不能与传统儒学相提并论，反倒与禅学颇为接近。因此，顾炎武十分赞同宋元之际著名学者黄震对心学的批评："近世喜言心学，舍全章本旨而独论人心、道心，甚者单摭'道心'二字而直谓'心即是道'，盖限于禅学而不自知，其去尧舜禹授天下本旨远矣。"① 顾炎武这些话的实际目的是说，既然陆王心学是佛教禅学，背离了儒学修齐治平的宗旨，自当属于摒弃之列。

在顾炎武看来，不唯陆王心学是内向的禅学，而且以"性与天道"为论究对象的程朱理学亦不免流于禅释。他批评说："今之君子……是以终日言性与天道，而不自知其堕于禅学也。"② 又说："今日《语录》几乎充栋矣，而淫于禅学者实多，然其说盖出于程门。"③ 他还尖锐地指出："孔门未有专用心于内之说也。用心于内，近世禅学之说耳……今传于世者，皆外入之学，非孔子之真。"④ 这不仅是对陆王心学的否定，也是对程朱理学的严厉批评。对于理学受禅学影响而大谈的"明心见性之空言"，顾炎武一律加以排斥，他想要恢复儒家修齐治平的学术本真。

既然陆王心学和程朱理学在治学宗旨上都背离了儒学本旨，那么应该选择什么样的学术形态去取代二者呢？在面临这样的学术抉择时，顾炎武也受制于时代的局限性，他无法找到

---

① 顾炎武：《日知录》卷十八《心学》，上海古籍出版社2006年版，第1048页。
② 顾炎武：《日知录》卷七《夫子之言性与天道》，上海古籍出版社2006年版，第401页。
③ 顾炎武：《顾亭林诗文集·亭林文集》卷六《下学指南序》，中华书局1983年版，第131页。
④ 顾炎武：《日知录》卷十八《内典》，上海古籍出版社2006年版，第1047页。

更科学、更新颖的理论思维形式，只得在传统儒学的遗产中寻找出路，最后选择了复兴经学的途径——"以复古做维新"。

顾炎武选择复兴经学的学术途经，并不是偶然的。其实，自明中叶以来，就有学者提倡加强对儒家经典的研究。早在嘉靖、隆庆年间，著名学者归有光就明确提出了"通经学古"的主张，认为"圣人之道，其迹载于六经"①，不应该离经而讲道。明末学者钱谦益更是与之同调，认为"离经而讲道"就会造成"贤者高自标目务胜前人，而不肖者汪洋自恣莫可穷诘"②的不良后果，提倡治经"必以汉人为宗主"。以张溥、张采、陈子龙为代表的复社名士，从"务为有用"出发，积极提倡以通经治史为内容的"兴复古学"。③这就表明复兴经学的学术途径，已在儒学内部长期孕育，成为顾炎武"经学即理学"以"经学济理学之穷"思想的先导。

顾炎武是沿着明末先行者的足迹而展开复兴经学的学术路径的。由于宋明理学长期泛滥造成学风空疏、破家亡国的后果，顾炎武认为一定要扭转这种恶劣的学风，而扭转的方法就是应该从探求儒学本源出发，复归对经学元典的探究，并明确地提出"经学即理学"的著名命题。其目的就是要以经学的实际研究排拒理学的性理空谈，以济理学之穷，达到"通经致用"的目的。

关于顾炎武"经学即理学"这一著名学术命题，有两种不同的表述。其一见于顾炎武的《与施愚山书》中：

> 理学之传，自是君家弓冶。然愚独以为理学之名，自宋人始有之。古之所谓理学，经学也，非数十年不能通

---

① 归有光：《震川先生全集》卷七《示徐生书》，上海古籍出版社1981年版，第150页。
② 钱谦益：《牧斋初学集》卷二十八《新刻十三经注疏序》，上海古籍出版社2009年版，第851页。
③ 陆世仪：《复社纪略》卷一，清光绪三十四年上海国学保存会铅印本。

也……今之所谓理学，禅学也，不取之五经而但资之语录，校诸帖括之文而尤易也。又曰："《论语》，圣人之语录也。"舍圣人之语录，而从事于后儒，此之谓不知本矣。①

其二见于全祖望《亭林先生神道表》对顾炎武论说的转述：

谓古今安得别有所谓理学者？经学即理学也。自有舍经学以言理学者，而邪说以起，不知舍经学则其所谓理学者禅学也。②

前者说"理学，经学也"；后者说"经学即理学也"，其实二者并无歧义，都是说顾炎武认为经学之外别无所谓理学，而宋以来所谓理学乃是禅学，因此学者们要以研究古经为根底，而不必以宋明理学家的语录为依归。顾炎武指出，理学家们热衷于诵习语录，从内容到形式都受到禅学的影响。汉唐学者治儒家经典，虽然特别讲究家法、师法，但基本上遵循由文字音韵训诂以通经义的学术思路，那时并没有以心印证悟为特点的语录之学。而禅宗主张不立文字，以心传心，以高僧的语录体悟取代诵经修行。理学对于性命的体认功夫，以及自称接传圣人心任的思想，无疑受到了禅学的影响。顾炎武批评说："今之言学者必求诸语录，语录之书，始于二程，前此未有也。今之语录几于充栋矣，而淫于禅学者实多，然其说盖出于程门。"③ 因而，顾炎武对于受禅学影响而大谈的"明心见性之空言"一律予以排斥，他所重视的是能够"达之天下国家

---

① 顾炎武：《顾亭林诗文集·亭林文集》卷三《与施愚山书》，中华书局1983年版，第58页。
② 全祖望：《亭林先生神道表》，《全祖望集汇校集注》，上海古籍出版社2000年版，第227页。
③ 顾炎武：《顾亭林诗文集·亭林文集》卷六《下学指南序》，中华书局1983年版，第131页。

第十二章　博学于文　行己有耻

之用"的有用之实学,而首要办法和途径就是复兴经学。

顾炎武认为,经学才是儒学的正统,沉溺于理学家语录、不研读儒家经典的治学途径则是不知根本的做法,被他称为"不知本",因此他倡导复兴经学,号召人们"鄙俗学而求六经",要求士人依经而讲义理,反对"离经而讲道",认为只有这样才是"务本原之学"。在治学方法方面,顾炎武倡导"读九经自考文始,考文自知音始"① 的治学方法。他身体力行,潜心研究,考辨精深,撰写出《日知录》《音学五书》等学术名著。四库馆臣曾称赞其说:"炎武学有本原,博赡而能贯通,每一事必详其始末、参以证佐而后笔之于书,故引据浩繁而牴牾少。"② 顾炎武的主张在当时起到了改变学术风气、转移治学途径的重要作用,使清初学术逐渐向着考证经史的方向发展,不仅开创了一代学术学风,还为乾嘉学派的形成起到了先导性的作用。

总结而言,在顾炎武看来,理学远离人事而崇尚天道,重视心性而不务实际。圣人孔子教人"文行忠信"③,并没有离开日常生活而空谈心性与天道。理学家却与之相反,这当然有失孔子之真,偏离了孔孟之道和圣人之学。因此,从维护正统儒学的立场出发,顾炎武提出了"理学,经学也"的著名论断。在顾炎武看来,古人也讲究义理,但都是以经为本,不通经则无以成义理;但要研究经学,不是一朝一夕所能通晓的,需要几十年的长期努力才能弄懂,例如,学习《春秋》一经,须终身学习才能有所心得。然而,理学末流们抛开儒家的经典著作不去研读,反而求助于道学家语录和八股帖括,去玄想和

---

① 顾炎武:《顾亭林诗文集·亭林文集》卷四《答李子德书》,中华书局1983年版,第73页。
② 永瑢、纪昀等编撰:《四库全书总目》卷一百一十九《子部二十九·杂家类三》"《日知录》提要",中华书局1997年版,第1596页。
③ 文行忠信:文,指诗书礼乐等文化知识;行,指躬行实践;忠,指办事忠心耿耿;信,指坚守信约。

空谈,妄想得到顿悟,这种理学已经与儒学的根本要义相去甚远了,变成了十足的禅学。因此,他倡导士人们复归对儒家元典的研读,从音韵文字考辨入手精研儒家元典,从经书考辨中探寻义理,最终达到通经致用的效果。

三、"博学于文"的为学宗旨

顾炎武治学直承东林学派学以致用之旨,痛恨理学家虚浮空谈的腐败学风,竖起"经学即理学"的大旗,对理学末流予以无情的批判。顾炎武在《日知录》卷七《夫子之言性与天道》中痛切地指出,远离经世济民之学而一味谈玄说妙,是宋明以来理学所具有的最大流弊:

> 刘、石乱华,本于清谈之流祸,人人知之,孰知今日之清谈有甚于前代者,昔之清谈谈老庄,今之清谈谈孔孟。未得其精,而已遗其粗;未究其本,而先辞其末。不习六艺之文,不考百王之典,不综当代之务。举夫子论学、论政之大端一切不问,而曰一贯,曰无言。以明心见性之空言,代修己治人之实学,股肱惰而万事荒,爪牙亡而四国乱,神州荡覆,宗社丘墟。①

在这段话中,顾炎武一针见血地指出了明末理学流弊的要害及其危害性,表明了他对理学尤其是王学的深恶痛绝。"昔之清谈谈老庄,今之清谈谈孔孟",是将理学末流与误国的魏晋玄谈相并列。无论是朱学末流还是王学末流,其空疏虚玄之风都遭到了顾炎武的无情批判。顾炎武批评朱学末流脱离实际,"置四海之困穷不言,而终日讲危微精一之说",批判王学末流"以明心见性之空言,代修己治人之实学",直至造成

---

① 顾炎武:《日知录》卷七《夫子之言性与天道》,上海古籍出版社 2006 年版,第 401 页。

第十二章 博学于文 行己有耻

了神州荡覆、国破家亡的严重后果,所以王学"自丧之恶小,迷众之罪大"。进而,顾炎武认为要纠正理学末流所造成的空疏不实的衰颓学风,就必须以"实"济"虚",以"修己治人之实学"取代"明心见性之空言"。

什么是"修己治人之实学"呢?顾炎武将之概括为"博学于文,行己有耻"八个字,而这八个字真正体现的是孔孟的"圣人之道"。他解释说:

> 愚所谓圣人之道者如之何?曰"博学于文",曰"行己有耻"。自一身以至于天下国家,皆学之事也;自子臣弟友以至出入、往来、辞受、取与(予)之间,皆有耻之事也。耻之于人大矣!不耻恶衣恶食,而耻匹夫匹妇之不被其泽。故曰:万物皆备于我,反身而诚。呜呼!士而不先言耻,则为无本之人;非好古而多闻,则为空虚之学。以无本之人,而讲空虚之学,吾见其日从事于圣人而去之弥远也。①

"博学于文""行己有耻"是儒家的传统观念,是由孔子在不同的场合,回答弟子提问时所提出的两个主张,分别见于《论语》中的《颜渊篇》和《子路篇》。按照孔子所讲的原意:一是提倡广泛地学习文化知识,二是要对自己的行为抱有羞耻之心。这里顾炎武把"博学于文""行己有耻"合在一起讲,是想通过"文"与"行"两个方面的论述,来表明他的一种处事态度。从"文"的方面讲,"文"不仅仅指文字、文章之类的著作,而且指包含着广泛内容的社会知识。他说:"君子博学于文,自身而至于家国天下,制之为度数,发之为音容,莫非文也。"② 从"行"的方面讲,是指立身做人的基

---

① 顾炎武:《顾亭林诗文集·亭林文集》卷三《与友人论学书》,中华书局1983年版,第41页。

② 顾炎武:《日知录》卷七《博学于文》,上海古籍出版社2006年版,第403页。

本原则，要在出处进退上讲道德情操，即"保天下者，匹夫之贱，与有责焉耳矣"①，也就是"天下兴亡，匹夫有责"的处世态度。

顾炎武对理学末流"束书不观，游谈无根"的空疏学风深有切肤之痛，为了扭转这种空疏不良的学风，他认为士人应该"博学于文"。"博学于文"一语出自《论语》中的《颜渊篇》："君子博学于文，约之以礼，亦可以弗畔矣夫。"孔子认为，君子的第一件大事就是广泛地学习文化知识，才可以用礼来约束自己。荀子也认为，人们只要努力不断地学习知识，就有可能成为圣人。之后的颜之推、韩愈、柳宗元、张载等大儒都主张"博学""博览"，以之为人生价值的基石。

顾炎武继承了这种研究方法，认为知识分子应该"博学于文"。但他所提倡的"博学于文"的"文"，并不仅限于文字、文章之文，还包含广闻博见和考察审问得到的社会知识。详细而言，顾炎武所说的"博学于文"包含以下几个方面，而且这些方面是层层递进的关系。

第一，应该广博深入地学习、研读儒家文化经典，打下坚实深厚的知识文化基础。顾炎武虽然提倡实学，但也认为士人研读儒家经典是必不可少的学习内容。顾炎武由于具有家学渊源，加之江南一带读书、藏书风气甚盛，自青少年时期开始就广泛地阅读儒家经典，勤奋地抄写经典著作，这为他打下了深厚的学养基础。顾炎武早年得以利用家族的收藏完成初期的学术积累，并培养了重抄书、尚文献考证的学术研究态度，而早年的阅读经历，也影响了其一生的治学兴趣和方向。顾炎武研读儒家经典并非是"为知识而知识"，其目的还是通经致用，他说："人苟遍读五经，略通史鉴，天下之事自可洞然。"② 他

---

① 顾炎武：《日知录》卷十三《正始》，上海古籍出版社2006年版，第759页。
② 顾炎武：《顾亭林诗文集·亭林文集》卷六《与杨雪臣》，中华书局1983年版，第139页。

又说:"《易》于天道之消息,人事之得失,切实示人,学者玩索其义,处世自有主张。"① 读经不仅可以使人通晓天下之事,而且可以学到处世的准绳。

第二,重视自然科学技术知识与社会历史知识的学习,广泛地探求一切有关国计民生、天下兴亡的有用之学。顾炎武主张士人要广博地学习,他认为"自一身以至于天下国家,皆学之事也"②,凡事皆有学问,不仅要研读儒家经典,还要广泛地学习天文、地理等自然科学知识,学习兵、农、钱、谷等一切涉及国计民生的实用之学,以及各类有关社会历史演变的知识。顾炎武强调说:"士当求实学,凡天文、地理、兵农、水土及一代典章之故不可不熟究。"③ 这是顾炎武在认识论上的首要贡献,即不仅重视道德伦理知识,而且还十分重视对于自然的科学认知,从而极大地扩大了认识的对象和范围,把人们引向对于自然知识和社会知识探讨的广阔天地。他批评了以天文、地理、数学等知识门类为"末艺"的观念,以否定长期以来深入读书人心灵的"道本末艺""重道轻艺"的传统观念。他说,在中国古代的文化经典中,既有讲"七月流火"的天文知识,又有"相其阴阳"的地理知识,有数学知识,还有骑马和射箭的军事知识,等等。这些在古时候几乎人人知道的知识,如今却成了绝学。儒者们说这些知识不过只是一些技艺而已,不懂也没有什么害处。顾炎武认为,这是宋明道学家用来掩饰其空疏的说法。他指出,宋儒以学习六艺为"小学之事",而以心性之学为"大学",而孔子教人以六艺,并以"游艺"为学之成,这是孔子之学与宋明道学的显著区别。受西方传来的天文、历法知识的影响,顾炎武对天文学表现出

---

① 顾炎武:《顾亭林诗文集·亭林余集·与任钧衡》,中华书局1983年版,第169页。
② 顾炎武:《顾亭林诗文集·亭林文集》卷三《与友人论学书》,中华书局1983年版,第41页。
③ 唐敬杲选注,司马朝军校订:《顾炎武文》,崇文书局2014年版,第31页。

很大的热情,把精通天文学看作"学究天人"的必由之路,还肯定了西方传进的天文、历法知识的精密。他在《天下郡国利病书》中,详细地论列了天文气象、农田水利、采矿、制盐、造船、航海、海战和内陆河流湖泊各方面的实用知识。特别令人惊异的是,他已经开始研究"船坚利炮"的问题,《天下郡国利病书》第六册《苏松》畅论战舰、火器及战守之策,还讨论了佛郎机火炮及可载士兵百人并可发射火炮的福船等。由此可见,他对时代发展所提出的重大现实问题的敏感和关注。

第三,注重通过广泛的社会实践考察来获得实际的社会知识。"读万卷书,行万里路",社会实践考察是获得知识的重要途径。顾炎武所理解的"博学于文"是和家国天下之事联系在一起的,因而他所说的"文"就不仅仅局限于书本文献中的知识了,还包括广闻博见和考察审问得来的社会实际知识。顾炎武一生广泛地接触社会,结交了一大批仁人志士。他45岁时离开江南开始北游,到最后辞世的20多年里,长时间在北方游历,"身涉万里",每至一地,他都深入地进行社会调查,因而形成了讲求实证的治学方法。他将书本知识与实地考察所得相互印证,实地考察所得又能补充或纠正书本知识。潘耒在《日知录》序中评价说:"先生……足迹半天下,所至交其贤豪长者,考其山川风俗、疾苦利病,如指诸掌。"顾炎武治学重视实地调查,他的著作《山东考古录》《京东考古录》《营平二州地名记》《昌平山水记》等都是通过实地考察获得大量资料以后写成的。例如,《昌平山水记》二卷,源于顾炎武对昌平及其周围地区的深入考察,以及掌握的大量资料,其中详细地记载了明十三陵的建造规制及京东一带的地理形势,有着重要的参考价值。至于顾炎武的名著《天下郡国利病书》,也是顾炎武在将大量的实地考察所得与历史文献资料相结合的基础上撰著而成的;《日知录》中所涉及的历代典章制度及民情风俗情况,其材料很多都来自顾炎武的实地调查访问所得。顾炎武壮阔的游览经历与实地调查所得，增长了他的阅历，扩展了他的知识空间与知识面。

第四，"博学于文"的目的是"明道救世"，即经世致用。需要指出的是，顾炎武所说的"博学于文"的"文"，在顾炎武看来仍然属于"形而下者"的"器"，而一个有抱负的学者还应当通过"博学"形成自己的某些观点，如此才能上升为"形而上者"的"道"，用以认识社会、指导实践。治学的最终目的就是经世致用，为改革社会的积弊提供方案。因此，他说："文之不可绝于天地间者，曰：明道也，纪政事也，察民隐也，乐道人之善也，若此者，有益于天下，有益于将来，多一篇，多一篇之益矣。若夫怪力乱神之事，无稽之言，剿袭之说，谀佞之文，若此者，有损于己，无益于人，多一篇，多一篇之损矣。"① 顾炎武认为，自己的著作当然是符合"明道""纪事""察民隐"等致用原则的，他研究历史是为了探求历代典章制度的演变；研究经学是为了分析历代思想源流的变迁；研究地理是为了比较山川形势和民情风俗。确实如此，顾炎武的《天下郡国利病书》《肇域志》等著作，几乎都是与社会现实密切挂钩的著作，而他所撰述的《明季实录》等历史著作都能总结历史兴衰、考察人事得失，并且给出颇有针对性的改革方法，彰显了他"明道救世"的经世学术思想。

顾炎武的弟子潘耒在《日知录》序中将知识分子分成两类，一类是"通儒"，另一类是"俗儒"。"通儒"是什么呢？"通儒"是对于历史中的政治、经济、学术及民情风俗等问题有着精深研究的学者，其学能够达到"综贯百家，上下千载，详考其得失之故，而断之于心，笔之于书，朝章、国典、民风、土俗，元元本本，无不洞悉，其术足以匡时，其言足以救世"。"俗儒"是什么呢？"俗儒"是对于历史茫然无知，整日

---

① 顾炎武：《日知录》卷十九《文须有益于天下》，上海古籍出版社2006年版，第1079页。

只知道雕琢辞章，缀辑史实，剿袭他人成说，或者讲一些虚无缥缈的话来哗众取宠却于事无补的学者。睽之事实，顾炎武是当之无愧的通儒，而且还是佼佼者，因此潘耒评价说："昆山顾宁人先生，生长世族，少负绝异之资，潜心古学，九经诸史，略能背诵，尤留心当世之故。实录奏报，手自抄节，经世要务，一一讲求……天下无贤不肖，皆知先生为通儒也。"①

四、"行己有耻"的处世之道

"行己有耻"是顾炎武的处世哲学，它是针对晚明以来士风浇漓的现象而提出的对策，即要求士大夫们用羞恶廉耻之心来约束自己的行为。"行己有耻"一语，出自《论语》中的《子路篇》。在此篇中，子贡问孔子怎样才可以称为"士"，孔子回答说："行己有耻，使于四方，不辱君命，可谓士矣。"孔子认为，只要对自己的行为保持羞耻之心，出使外国能够很好地完成君主的使命，就可以称为"士"了。由此可见，"行己有耻"一语本来就是孔子对士人德行的一种基本要求。顾炎武进一步发挥了"行己有耻"的本义，对清初士人的道德品行和行为举止提出了要求。

在明清易代的历史洪流中，顾炎武耳闻目睹了很多汉人学者和士大夫们寡廉鲜耻、趋炎附势、丧失民族气节的言行举止，他们的这些言行举止导致了当时整个社会道德风气的败坏和民族精神的衰落。顾炎武认为，要想纠正社会道德风气、重振民族精神，就有必要"正人心"，重建社会道德。他为此大声疾呼："今日之务，正人心急于抑洪水也。"

那么，应该如何"正人心"以重建道德呢？这是个值得思考的问题。是应该像宋明理学家那样继续高唱道德理想主

---

① 潘耒：《日知录序》，顾炎武：《日知录》卷首，上海古籍出版社 2006 年版，第 1 页。

义,还是应该从现实的人性和社会实际出发,来确立一种切实可行的最低限度的道德呢?顾炎武的选择是后者,因为他清醒地意识到,适用于个人道德修养的道德理想主义,绝不适用于治国平天下。譬如,道学先生们可以用"饿死事极小,失节事极大"的精神来严格要求自己,以造就其理想人格,但若以此来研究普天下的妇女,那就造成了巨大的灾难。对于真诚的道德理想主义者,顾炎武固然予以充分肯定,但在社会普遍教化的层面上,顾炎武却不讲空头的道德理想主义,而只给人们规定了一个"行己有耻"的道德底线。顾炎武承认有私心为人之常情,因而为了达到他所说的"正人心"的目的,就不能要求多数人用宋儒那一套"最高限度的道德",而只能设置一条切实可行的"行己有耻"的道德底线,即讲最低限度的道德。

顾炎武把"行己有耻"看作关系国家前途和民族命运的根本因素。他引证管子关于"礼义廉耻,国之四维;四维不张,国乃灭亡"的论述,指出:"廉耻,立人之大节。盖不廉则无所不取,不耻则无所不为。人而如此,则祸败乱亡亦无所不至。"一个人如果没有廉耻之心,最终肯定是祸败乱亡的结局。一个国家也是如此。如明末士大夫们身为大臣而无所不取,无所不为,则天下其有不乱、国家其有不亡者乎?明朝之所以灭亡,就在于明朝大臣的廉耻之心已经荡然无存。明亡于清("国耻"),从根本上讲,就是由于明朝士大夫的无耻行为造成的。他指出:"古人治军之道,未有不本于廉耻者……呜呼!自古以来,边事之败,有不始于贪求者哉?吾于辽东之事有感。"[①] 其意思很明显,就是说如果明朝士大夫都能做到"行己有耻"的话,明朝也就不会灭亡了。因此,顾炎武认为,在礼义廉耻之中,"耻"是最重要的,世界上的一切坏事

---

① 顾炎武:《日知录》卷十三《廉耻》,上海古籍出版社2006年版,第773—774页。

都是由无耻所派生的，无耻乃是万恶之渊薮，是一切社会罪恶的总根源。"行己有耻"这一道德底线的提出，主要是针对明清之际的一些士大夫寡廉鲜耻、丧失气节等"无耻"行为而提出的，同时也是为了纠正自易代以来社会生活中普遍存在的社会风俗败坏的"无耻"风气。顾炎武认为，有必要在社会生活中划出一条"行己有耻"的道德底线，而且这条底线已经不仅仅是对学者和士大夫们的要求了，也是对社会中每一个人的道德规范。所以说，"行己有耻"这一道德底线的划定，为社会中的每个人提供了最基本的道德准则，更是对士大夫们的道德警醒。具体说来，"行己有耻"这一道德底线包含以下基本的道德原则。

第一，人道主义的原则，即不要做有违人道主义的事。顾炎武在《日知录》卷七《不动心》中说："我四十不动心者，不动其行一不义、杀一不辜而得天下，有不为也之心。"① 顾炎武认为，人之所以为人，就应该有着最起码的人性道德底线。无论一个人的目标有多么大，都不应背离仁义、不择手段地去达到自己的目的；如果通过滥杀无辜的手段达到目标，那更是完全背离了人性。在顾炎武看来，人道主义原则是人类社会基本的原则，是之所以为人的最低限度的道德底线，但同时也是至高无上的道德原则。

第二，爱国主义的原则，即不要做有违爱国主义原则及有损国格和人格的事。顾炎武在《日知录》卷十三《廉耻》中提到生活在南北朝乱世时期的颜之推，虽然颜之推不得已而出仕于北朝，却不肯同意他的子孙学习别族语言文化以达卿相之位，依然在乱世时期保持着淳朴的爱国之心与民族情怀。在顾炎武看来，维护民族利益的爱国主义原则与人道主义原则一样，都是生而为人基本的道德原则，二者可以在维护民族生存的基础上统一起来。爱国主义有其具体的历史内容，在顾炎武

---

① 顾炎武：《日知录》卷七《不动心》，上海古籍出版社2006年版，第422页。

的时代,就是反抗清朝军事贵族对汉族人民的屠戮和压迫。他认为,在汉族人民遭到屠杀和压迫的时代,对清朝统治者阿然献媚,去帮助清朝统治者压迫本民族的同胞,乃是类似于娼妓的无耻行为,是堕落到了人之为人的道德底线以下了。

第三,绝不与腐败的社会风气同流合污的原则。顾炎武认为,是否与腐败的社会风气同流合污,是孔子之学与老子之学的根本区别。老子主张和光同尘、与世浮沉,顾炎武认为这是典型的乡愿①哲学。这种乡愿哲学与孔子之学的区别,在《楚辞》中《卜居》《渔父》两篇里得到了淋漓尽致的呈现。顾炎武认为,屈原的"举世皆浊我独清,众人皆醉我独醒"是孔子的人生态度,而渔父所说的——"圣人不凝滞于物,而能与世推移。世人皆浊,何不淈其泥而扬其波?众人皆醉,何不铺其糟而歠其醨?"——在顾炎武看来,渔父所谓的"与世推移"的人生态度就是一种精巧的乡愿哲学。屈原明明知道按照渔父所说的去做,不仅可以免于被流放的命运,而且可以得到富贵,但他知道这样做是不道德的,所以决不肯听从。然而遗憾的是,渔父的这种"与世推移"的乡愿哲学却为不少后世的儒家学者所吸取,他们甘愿与俗浮沉,成为与腐败的社会风气同流合污的重要原因。有鉴于此,顾炎武强调,一个人要想在腐败的社会风气中保持特立独行的节操,就必须具有耿介拔俗的道德品格,保持自己的独立人格。顾炎武还把"立身不为乡愿之人"看作对"行己有耻"的注释或同义语。他在《菰中随笔》中说:"尊所闻,行所知,好古不为空虚之学;言必信,行必果,立身不为乡愿之人。"在这句话中,"尊所闻,行所知,好古不为空虚之学"是"博学于文";"言必信,行必果,立身不为乡愿之人",是"行己有耻"。由此可见,顾炎武把绝不与腐败的社会风气同流合污看作做人的基本原则。

---

① 乡愿指乡中貌似忠厚,而实际是与世俗同流合污的伪君子,这种人随波逐流、趋时附势,根本没有一点道德原则。

第四，绝不枉道事人的原则。所谓"枉道事人"，是指放弃自己的良知、信念和操守去侍奉权势者，以实现其对功名利禄的追求。顾炎武认为，这也是一种无耻的行为。在专制政治体制下，通过科举考试只是使读书人取得了做官的资格，但还不一定就能获得官职，更不能保证官运亨通。且不说科举考试之前要下一番"自媒"，即通过各种门路拜谒达官显贵以求赏识的功夫；即使在取得举人、进士的资格以后，要想获得美差，做官以后要想获得升迁，都还得有一套跑官、要官的本领。顾炎武认为，这样的体制必然会使人"望尘而拜贵人，希旨以投时好"，要使人不无耻是很难的。然而，儒家的所谓秉持"中道"的模糊性，又足以使得后人可以"被中庸之名""托仲尼之迹"来做枉道世人的无耻之事。要真正做到"行己有耻"，就必须坚持不枉道世人的原则，对上不谄媚，对下不推脱，在任何情况下都必须保持自己的良知、信念和操守。

综上，我们从学术层面论究一下"行己有耻"的意涵。顾炎武认为"耻"既然为立人之本，那么"行己有耻"的"耻"还应该包括摒弃"明心见性之空言"，代之以"修己治人之实学"的意义。顾炎武继承了孔子"以仁为本""仁者爱人"的思想，而"耻"则是一种消极的"仁"，其在"爱人"方面的体现就是"不耻恶衣恶食，而耻匹夫匹妇不被其泽"①之意，旨在强调"仁者爱人"不是一句空洞的口号，而是要求学者、士大夫们有经世泽民的实际本领和具体行动，拥有经国济民的经世实学。顾炎武以"行己有耻"作为"圣人之道"，这也表明了他以"空言"为耻、以"实学"为荣的治学态度。正是基于这种态度，他又提出了"博学于文"的口号。其实，"博学于文"乃是"行己有耻"的题中应有之义，也是"行己有耻"的必然有求。因此，顾炎武所提出的"行己有

---

① 顾炎武：《顾亭林诗文集·亭林文集》卷三《与友人论学书》，中华书局1983年版，第41页。

耻"的处事原则，既是为人原则，也是为学原则。作为为人原则，"行己有耻"就是以"礼"作为行为准则，绝不做"悖礼"妄为之事；作为为学原则，"行己有耻"就是务求"实学"以经世泽民，绝不做无益之谈。

  需要指出的是，顾炎武把"博学于文，行己有耻"作为学者士大夫的治学原则与道德核心，至今依然有着很大的启示意义。今天已然进入了一个知识信息时代，每个人都应该保持旺盛的求知欲。不断涌现的新知识，需要我们不断地去学习，才能不落后于时代，也才有可能成为知识创新的一分子。而且，顾炎武的博学理念告诉我们，我们学习理论知识的同时，还要联系实际，广泛地进行社会实践，在实践中升华自己的理论知识。既要仰望星空，又要脚踏实地，把自己的知识才能与国家的发展、社会的进步紧密结合在一起。顾炎武的"行己有耻"理念则启示和警醒我们，无论在任何时代、任何情况下，都不能丢弃做人的准则，更不能丧失做人的道德底线，应该时时刻刻锤炼自己的道德品质，提升自己的道德修养，完善自己的人格，成为一个对国家、对社会有贡献的人。

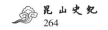

第十三章 震川文章

在小说、戏剧崛起并拥有宽广市场的环境下,明代的诗文发展略显萧条。自明初相对荒凉的半个世纪以来,终于出现了以杨荣、杨溥、杨士奇(本名杨寓)为代表的"台阁体"诗文,尽管声名显赫,然亦招致了不少的批评。稍后以李东阳为首的"茶陵派"试图以山林之气纠正台阁之失,为明代诗文的发展注入了些许活力。虽未能改变"台阁体"诗文的统治地位,却打破了其一统天下局面,开创了"前后七子"复古运动的先河。但是,复古运动本身出现的偏差,对于诗文的演进又产生了新的不利因素。"唐宋派"的出现,端正了明代诗文的发展方向,对于晚明诗文走向辉煌,居功至伟。江苏昆山人归有光,无疑是其中功力深厚而又颇为杰出的散文家,他以丰厚的学识滋养、真诚的情感抒写、巧妙的章法叙述、优雅的笔调倾诉、平淡的文字展露,成为明代仅有的一位堪与韩愈、欧阳修、曾巩比肩的散文家,被后人赞其散文为"明文第一"。

一、家庭温馨

归有光,字熙甫,又字开甫,别号震川,又号项脊生,世称"震川先生",明正德元年十二月二十四日(1507年1月6日)生于苏州府昆山县宣化里一个走向衰弱的大族之中。归有光的外高祖父,是明代杰出的画家、官员夏昶,官至太常寺卿直内阁。这说明,归有光高祖辈的家世相当兴旺,否则不能与夏昶家族门当户对。但到了归有光的祖父辈,家道开始中落。归有光的祖父归绅、父亲归正,均只是县学生。在归有光八岁时,其母周氏便丢下儿女与世长辞,年仅二十五岁。家境的急遽败落、母亲的溘然长逝,迫使年幼的归有光过早地懂得了人间忧难,他开始奋发读书,立志重振家业。

正史对归有光的生平事迹有简略的记载,称其九岁能属文,弱冠尽通"五经""三史"诸书,师事同邑魏校。魏校,字子才,居苏州葑门之庄渠,故自号庄渠,弘治十八年(1505年)进士,官员兼学者,与李承勋、胡世宁、余祐善并称"南都四君子"。老师的仕途颇为顺利,而学生归有光的功名仕途却是颇多波折。归有光在嘉靖十九年(1540年)举乡试,然后八上春官不第,徙居嘉定安亭江上,读书谈道,有学徒数百人,被称为"震川先生"。嘉靖四十四年(1565年)始成进士,授长兴知县,用古教化为治。"每听讼,引妇女儿童案前,刺刺作吴语,断讫遣去,不具狱……有所击断,直行己意。大吏多恶之,调顺德通判,专辖马政。明世,进士为令无迁倅者,名为迁,实重抑之也。隆庆四年,大学士高拱、赵贞吉雅知有光,引为南京太仆丞,留掌内阁制敕房,修《世宗实录》,卒官。有光为古文,原本经术,好《太史公书》,得其神理。时王世贞主盟文坛,有光力相抵排,目为妄庸巨子。世贞大憾,其后亦心折有光,为之赞曰:'千载有公,继韩、欧阳。余岂异趋,久而自伤。'其推重如此……有光制举义,湛深经术,卓然成大家。后德清胡友信与齐名,世并称归、胡。"①

归有光成长于一个虽然家道中落但充满爱的家庭,祖母疼爱、父母关爱、夫妻相爱、儿女敬爱。虽然归有光家里的经济状况不是很好,但也是中产之家,诗书相传。其祖母的娘家殷实高雅,母亲的娘家从事纺织业,家境富有。"孺人之吴家桥,则治木棉;入城则缉纑,灯火荧荧,每至夜分。外祖不二日,使人问遗。孺人不忧米盐,乃劳苦若不谋夕。冬月炉火炭屑,使婢子为团,累累暴阶下。室靡弃物,家无闲人。儿女大者攀衣,小者乳抱,手中纫缀不辍。户内洒然。遇僮奴有恩。虽至棰楚,皆不忍有后言。吴家桥岁致鱼蟹饼饵,率人人得食。家中人闻吴家桥人至,皆喜。"② 根据《项脊轩志》中归有光自己的记述:"余自束发,读书轩中,一日,大母过余曰:'吾儿,久不见若影,何竟日默默在此,大类女郎也?'比去,以手阖门,自语曰:'吾家读书久不效,儿之成,则可待乎?'顷之,持一象笏至,曰:'此吾祖太常公宣德间执此以朝。他日,汝当用之。'"这里"象笏"是指高级官员上朝时用的手板,可于其上记录皇上的训示,也可为自己的奏事提供简明提要。可见,这位祖母对孙子抱有多大的期望!不仅要求其读书有成,还要求其在朝堂上有所作为、有所建树。祖母的殷殷关切,令归有光"瞻顾遗迹,如在昨日","长号不自禁"。几年后,归有光长大成人,有了家室。"余既为此志后五年,吾妻来归,时至轩中从余问古事,或凭几学书。"③ 夫妇同在轩中,丈夫博通古今,妻子兴趣盎然,生活雅致而温馨。幸福至此,夫复何求?然而,人生在世,不如意事常八

---

① 张廷玉等:《明史》卷二百八十七《列传第一百七十五》,中华书局1974年版,第7383页。

② 归有光撰,严佐之、谭帆、彭国忠主编:《震川先生集》卷二十五《先妣事略》,《归有光全集》第六册,上海人民出版社2015年版,第655页。

③ 归有光撰,严佐之、谭帆、彭国忠主编:《震川先生集》卷十七《项脊轩志》,《归有光全集》第六册,上海人民出版社2015年版,第483-484页。

九，可与人言无二三。家庭生活中，母亲早逝、妻妾享寿不永，是归有光生活中的一大痛事。故而，归有光的散文《项脊轩志》《世美堂后记》《寒花葬志》等，对归家的女性有着痛彻心扉的思念。而归有光人生进取中最大的挫折，仍在于功名的不顺。

二、仕途坎坷

归有光自幼聪明绝人，天性勤奋，九岁能文，小小少年有志古人。十四岁应童子试，弱冠尽通"六经""三史"及大家之文，补苏州府学生员，名列第一。同年到南京参加乡试，满怀信心。可是，五次到南京参加乡试，均榜上无名。寒窗十五载，仍是秀才。偏偏就在他求学的这个过程中，心爱的妻子魏氏去世，当时长女四岁，儿子才几个月，归有光也才二十七岁。三年后，归有光续弦嘉定王氏。明嘉靖十九年（1540年），归有光三十五岁时参加乡试，主考官张治看到归有光的文章，认为其有贾谊、董仲舒之遗风，将其视为国士，拔为第二名举人。同年入冬，归有光雇上车马日夜兼程，北上京师，准备参加来年的礼部会试。谁知八上春官，八次榜上无名，造化弄人，命途多舛。直到嘉靖四十四年（1565年）第九次参加会试，方中进士。此时，归有光已经是六十岁的老人了。为什么归有光中个进士就这么难呢？是做学问、写文章的水平不够？简而言之，约有三因：一是知识太过渊博，没有进行长时间的制义训练。归有光纵观三代两汉之文，遍览诸子百家之书，上自"九经""二十一史"，下至农圃医卜之属无所不学。可以说，归有光的学问是广泛的、知识是丰富的，但是与科举考试的路子不一定对得上。简单来说，明代永乐后期开始，科考的科目、用书、评卷标准已经固定，纵有真才实学也未必能够考取功名，必须严格遵守有关规定，从《四书大全》《五经大全》《性理大全》入手，并非汉唐儒学的本来面目。二是常年讲学，为生计奔走，也就是用力不专。讲学虽是高雅之事，实则是无奈的选择。这其中固然有生计的考量，更有归有光弘扬儒学根本的治学动机。为了将传统文化和儒家学问传播四方，归有光不遗余力，自然也就没有过多的精力致力于科举考试。三是归有光坚持儒学根本的学术主张，影响了自己的功名，也就是方向有偏差。科举考试有规定的大纲和教材，以及科场通行的文体与内容。归有光虽然是八股文高手，对自己的制义水平颇为自信，有些他的学生早于他中了进士，或者与他成了同年，甚至经过他短期指点的学者也很快能中进士，可是归有光自己却多次失败了，原因便是文章的旨意未必符合时风的要求，因为科考使用的是"大全"而非"注疏"。致力于儒家经典本来蕴意的探索和实用学科的研究，虽然有用，却很难符合科考的要求。所以，科考制度存在的缺陷、学术风气的偏差、评判标准的僵化，才是归有光科场蹉跎的根本原因。也许有人要问，既然科举这么难考，归有光干吗非要去考呢？在《与廖永州》这封信中，归有光说得很明白："仆偃蹇，恐不能自振，第以祖父在堂：老祖今年九十一，老父亦逾七十。家世读书，未有光显在位者。每至秋冬计偕，二老人躬自督勉上道，重违其意，故屡诎而尤不止也。"① 也就是说，五十多岁的归有光还不能放弃功名，因为祖父、父亲还对他充满期待。终于，嘉靖四十四年（1565年），归有光六十岁时，考中进士，担任浙江长兴知县。长兴位于浙江西北部山区，不仅自然条件不佳，民情风俗也不让官府省心。土地兼并，豪强逃避赋税；流离失所，小民生计无着。当地尤其喜欢以杀人诬告，往往牵连多人，旷日持久，等到真相大白时，被诬告的人已经伤病缠身、生产荒废、家产用尽，甚至家破人亡。

归有光到达长兴任上，立即发布了《长兴县编审告

---

① 归有光撰，严佐之、谭帆、彭国忠主编：《归震川先生未刻集》卷四《与廖永州》，《归有光全集》第八册，上海人民出版社2015年版，第165页。

示》，宣布："当职谬寄百里之命，止知奉朝廷法令，以抚养小民；不敢阿意上官，以求保荐；是非毁誉，置之度外，不恤也。"① 这可以视为归有光的就职宣誓。在这份告示书中，归有光强调了两点：一是严格执行朝廷法令，以朝廷法令抚养小民；二是不计个人得失，不会用心去讨上级的欢心以求得推荐升官，其个人的名誉得失不在考虑之列。

事实也正是如此。以审案为例，归有光用古教化为治，"每听讼，引妇女儿童案前，刺刺作吴语，断讫遣去，不具狱"②。也就是说，归有光用古代的礼乐教化去治理长兴县，处理民间纠纷。除了原告、被告以外，他还将事件或案件相关的妇女儿童叫到面前，倾听他们的解释，一定要查明详细的实情，并且自己也是用当地的吴方言而不是官话跟他们交谈，了解案情，询问双方争讼的理由，最后断案了结，避免双方旷日持久的聚讼。

在归有光之前，长兴县的监狱里已经关了很多囚犯，其中不免有些是被冤枉的囚犯，甚至是判了死刑的囚犯。"狱中死囚，桁杨相接也。职审知枉滥者，辨出之三十余人。"③ 监狱中被判了死刑的囚犯很多，归有光认真审查之后发现，有三十多名囚犯是被冤枉的，于是归有光立即纠正前任的判决，将他们释放。这不仅挽救了三十多条鲜活的生命，而且至少保全了三十余个家庭，对于民生安宁和社会的稳定和谐，功莫大焉。当时，有一个正在服刑的囚犯，他的母亲去世了，没有人料理后事，便向归有光提出请求，放他回去安葬母亲。这位囚犯办完母亲的丧事之后，按时返回了监狱。后来这位囚犯把他的经

---

① 归有光撰，严佐之、谭帆、彭国忠主编：《震川先生别集》卷九《长兴县编审告示》，《归有光全集》第七册，上海人民出版社2015年版，第1005页。

② 张廷玉等：《明史》卷二百八十七《列传第一百七十五》，中华书局1974年版，第7383页。

③ 归有光撰，严佐之、谭帆、彭国忠主编：《震川先生别集》卷九《乞休申文》，《归有光全集》第八册，上海人民出版社2015年版，第1010页。

历跟狱友们说了，所有的囚犯都被归有光的善举感动，甚至痛哭流涕。仅此一事，又不知感化了多少人。

当然，仅有一颗爱民之心，临民是不够的，还需要智慧、能力和诚心实意。正如归有光所言，"然一念为民，不敢自堕于冥冥之中，拊循劳倈，使鳏寡不失其职。发于诚然，鬼神所知"①。这就是说，一心想着百姓，不敢让自己稀里糊涂；安抚劝勉民众，让孤寡老人都有生活依靠。值得一提的是，当时归有光的搭档县丞正是《西游记》的作者吴承恩。在担任长兴县令一年半后，归有光按例进京述职，觐见君王。由于要离开一段时间，县令的事务需要有人代理，但县丞吴承恩年事已高，湖州府另行派人代理。于是，代理县令与县丞吴承恩一起搞了个改革，贯彻了湖州府的政策，将原先粮长负责征粮的工作，改为里正负责，这是归有光离开前一直反对的。结果引起混乱，百姓怨声载道，征粮任务难以完成。代理县令和县丞吴承恩遭受牢狱之灾，罪名是"贪赃"。归有光也受到了不小的压力，这从归有光的《乞休申文》中可以看出一二。由于吴承恩的朋友、礼部尚书兼武英殿大学士李春芳从中巧妙斡旋，代理县令、县丞吴承恩均被从宽处理。吴承恩被调任湖北，而归有光则被调任顺德（今河北省邢台市），任马政通判，管起了牲畜买卖，时值明隆庆二年二月（1568年3月）。有学者认为，这是对归有光的明升暗降，将其边缘化了。其实未必，归有光从长兴县令正七品到顺德通判正六品，仅仅用了三年时间，可以说是个特例。归有光调任顺德府不久，受大学士高拱、赵贞吉推荐，升为南京太仆寺丞，从五品。隆庆四年（1570年），归有光到北京朝贺万寿节，被首辅李春芳看中，留在内阁，掌内阁制敕房，参与纂修《世宗实录》，身列文学侍从之位，仕途晚达，十分兴奋。可惜归有光年事已高，奔波

---

① 归有光撰，严佐之、谭帆、彭国忠主编：《震川先生集》卷六《上万侍郎书》，《归有光全集》第五册，上海人民出版社2015年版，第137页。

劳累，第二年便病死于北京任所。他一生的才华和能力，仅仅挥洒于文章诗赋之中。在宦途上，归有光还没有足够的时间和平台致君泽民，短暂的善政已令百姓颂声四起，而在治学传道方面，更是可圈可点。

三、学问广博

如前所述，归有光的学养是全方位的，诸子百家、经史文章以至农圃医卜之属，无所不学。他不仅学了还会用，是个实用性人才。而归有光安心读书治学的背后，是归家女性的全力支持与奉献，尤其是他的妻子。归有光一生先后娶过三位妻子，还有一位侧室。第一个妻子魏氏，是他母亲生前为他选的。魏氏是名儒魏校的侄女，魏校是归有光的老师，两人的婚姻可谓亲上加亲，魏氏还带来了一位陪嫁丫头，后来成为侧室。魏氏陪伴归有光仅四年多，生育了一子一女，在女儿四岁、儿子才几个月大时，便已去世。当时归有光年仅二十七岁。归有光三十岁时又娶了第二任妻子王氏。王氏是安亭望族之女，时年十八岁。王氏与归有光同甘共苦过了十六年，后来因为操劳过度而病逝。其间，是归有光学识暴涨并专心讲学的时期。王氏嫁到归家，与魏氏及归有光的母亲周氏一样，悉心操持家务。不同的是，王氏还要为娘家操劳，因为自己的弟弟实在不争气，又不务正业，更不喜欢这个年龄偏大的姐夫长期住在自己家里。而归有光与王氏结婚后，长期在安亭生活，居住在岳父的藏书楼世美堂。一条小船往来两地，开始了归有光一边读书应试，一边教书谋生的生涯。王氏死后一年，归有光在四十七岁时娶了第三任妻子费氏，至于第三段婚姻的详情，在归有光的笔下没有记录。

第一次参加会试时，归有光已经三十六岁了，没有承担起家庭生活的重任，全靠王氏料理家事，维持生计。会试失利后返回故里，归有光不久便移居安亭，安心读书、教书。可是，内弟突然将世美堂出售他人，这出乎归有光夫妇的预料。等到归有光夫妇知晓，为时已晚。于是，夫妇二人设法请安亭长者出面调停，由归有光出钱赎回，世美堂从此归属归有光。以后他读书讲学，也更加安定；收藏图书，也更加安全。比较于"室仅方丈，可容一人居。百年老屋，尘泥渗漉，雨泽下注"的项脊轩，世美堂不知好了多少倍。归有光在《世美堂后记》中有谓："余妻之曾大父王翁致谦，宋丞相魏公之后。自大名徙宛丘，后又徙余姚。元至顺间，有官平江者，因家昆山之南戴，故县人谓之南戴王氏。翁为人倜傥奇伟，吏部左侍郎叶公盛，大理寺卿章公格，一时名德，皆相友善，为与连（联）姻。成化初，筑室百楹于安亭江上，堂宇闳敞，极幽雅之致。题其匾曰'世美'。四明杨太史守阯为之记。"① 四方学士纷纷慕名而来，少时十几人，多时百余人。归有光在安亭期间，王氏置田四十余亩，亲自管理农业生产，以所收米粮供全家及弟子之食，让归有光专心治学。归有光得以纵论文史，谈经说道，王氏的苦心经营是最大的保障。于是，归有光的经史文章，逐渐名扬天下。作为儒生，归有光固然需要精修儒家经典，还要尽量吸收明代"大全"的成果。但归有光的眼界宽广，学问兴趣广泛，"先生钻研六经，含茹洛、闽之学而追溯其元本，谓秦火已后，儒者专门名家，确有指授。古圣贤之蕴奥，未必久晦于汉、唐，而乍辟于有宋"②。这鲜明地指出归有光学问厚积而善于学习史书典范并用于写作的特点，尤其是受到司马迁、韩愈、欧阳修的文风影响深远，其行文能得其风神脉理，正如钱谦益所称："熙甫为文，原本六经，而好太史公书，能得其风神脉理"。③ 其中的关键，在于归有光深厚的

---

① 归有光撰，严佐之、谭帆、彭国忠主编：《震川先生集》卷十七《世美堂后记》，《归有光全集》第六册，上海人民出版社2015年版，第476页。
② 钱谦益：《新刻震川先生文集序》，《牧斋有学集》卷十六，上海古籍出版社1996年版，第729页。
③ 钱谦益：《列朝诗集小传》丁集中，上海古籍出版社1983年版，第559页。

学识功底和对前人著作的深入研究。归有光在安亭致力于对儒家著作的研讨,写出了《易经渊旨》《易图论》《易图论后》《大衍解》《尚书叙录》《考定武成》《洪范传》等。例如,《大衍解》中对《周易》的筮法进行解读。通过数字的变化来对应卦象,以推断凶吉,虽然没有科学依据,但至少说明了归有光对《周易》的理解。又如,《尚书叙录》中指出,余少读《尚书》,即疑今文、古文之说。后见吴文正公《叙录》,忻然以为有当于心。① 虽然没有明确研究古文《尚书》的本来面目,然已经怀疑其真实性,亦可见归有光读书的细致。在世美堂,归有光还从事古籍整理与修复工作,而王氏无疑是最得力的助手,他们整理修复了不少宋元刻本。归有光根据其所藏诸子百家著作,编纂了《诸子汇函》,收集了上自周代鬻熊的《鬻子》,下迄当代宋濂的《龙门子》在内的九十四家著作,堪称晚明以前收录子部著作颇多的一部丛书。同时,对于实学,归有光更是事事留意。他虽然对迁升顺德马政通判大为不满,但毕竟官阶是提升了,而且升得很快。所以他一到任上,还是兢兢业业,恪尽职守,一丝不苟,并利用任职马政通判的清闲时间,广阅史籍,采访掌故,了解明代马政的变迁,修了一部完备的《马政志》。

归有光出生在昆山,成长在昆山,又长期生活在安亭,对这一带的水文气象、江河湖泊,有所留意,尤其关注经常发生的水旱之灾。在那个时代,风调雨顺才能家给人足,一旦发生水旱之灾,则收成难以保证。因此,归有光十分关心本地的农田水利建设和河流湖泊治理。

太湖流域自古以来以富庶闻名,但地势低洼,平均海拔不到一米,吴江、昆山、嘉定的一些地方,甚至在海平面以下。自天目山发源的太湖水系,每到雨季,大量下泄,注入长江或

---

① 归有光撰,严佐之、谭帆、彭国忠主编:《震川先生集》卷一《尚书叙录》,《归有光全集》第五册,上海人民出版社2015年版,第16页。

借道黄浦江入海，经常给沿岸地区造成水灾。归有光居住在安亭时，对整个太湖流域的水利情况进行了研究，认为只要疏浚吴淞江，解决太湖涨水的入江、入海问题，则可以既防水患，又得水利，避免洪涝，满足灌溉。他上书县府两级地方官员，阐述了自己的治水主张；还搜集了相关水文资料，撰写了《水利论》《水利后论》，并编纂了《三吴水利录》四卷。《三吴水利录》是研究古代太湖水文演变的重要资料，被收录在《四库全书》之中。明隆庆三年（1569年），应天巡抚海瑞，数次冒雨外出察看苏州昆山水灾。太湖泛滥，受灾害最严重的是苏州以东地区，由于吴淞江长期淤塞，太湖泄水不畅，以致淹没农田村庄。海瑞读了归有光的《水利论》《三吴水利录》《水利后论》，结合自己的实地调查，很快形成了治理方案，上奏朝廷。在海瑞的推动下，上游修坝筑堤，下游疏浚河道，以工代赈，既解决了灾民生计，又保证了治水工程的顺利完成。清乾隆六年（1741年）上任的昆山县令丁元正说过，归有光的《水利论》等篇，南海海公（即海瑞）用其言，保全了数十万的生灵。

富有且沿江近海，便又招致了另一种灾难——海盗。在明代，多以倭寇称之。俗话说，"财大有险，树大招风"。昆山自古富足，为江南重要的工商重镇。然而也因此招致了许多麻烦，不仅朝廷的赋税奇重，还引起了倭寇的觊觎。明代中叶以后，苏州府属地区经常遭到倭寇的骚扰，备倭成为官府和士民的日常。特别是明嘉靖三十三年（1554年）的备倭作战，归有光直接参与其中，入城筹守御，并结合防倭实际写下《御倭议》《备倭事略》《论御倭书》《上总制书》等，分析倭寇的作乱路线、使用凶器、人员特征、设防要领、民众与财产保护等，向朝廷献计献策。《御倭议》中分析了日本的基本情况与倭寇形成的原因和历史，提出了沿海整体防御的策略。《备倭事略》一篇，重点讨论了昆山、嘉定、太仓、松江一带倭寇出没的特点，指出"见今贼徒出没罗店、刘家行、江湾、月浦等地方,其路道皆可逆知,欲乞密切差兵设伏,相机截杀"。"彼狃于数胜,谓我不能军,往来如入无人之地;出其不意,可以得志。"① 此外,还有《昆山县倭寇始末书》《海上纪事十四首》等,详载备倭守城经过与经验教训,抒发了同仇敌忾的爱国情怀。然而,讲学、治水、备倭,都不是归有光这位封建时代知识分子的正途,他的正途在于通过科考加入社会的管理阶层,是"学成文武艺,货与帝王家"。因此,归有光的学问文章更有成就,可谓之"明代文章第一高手"。

四、文章巨擘

归有光的散文涉及经解、题跋、议论、寿序、赠序、墓志、祭文、碑铭、行状及制义之作,其中不乏表现对时政不满的文章,亦有对人民的同情的文章,但更多的是记录人生况味与身边琐事,语言质朴,文笔简练,感情深挚。归有光是明中叶后期的散文家,其散文被称为"明文第一"。在"前后七子"积极鼓吹复古模拟秦汉诗文之际,江苏武进的唐顺之、福建晋江的王慎中、浙江吴兴的茅坤和江苏昆山的归有光等人,却在强调唐宋名家韩愈、柳宗元、欧阳修、苏轼的古文传统,被称为"唐宋派"。有学者认为,归有光尽管反对李梦阳、何景明等人的一味拟古,但与唐顺之、王慎中、茅坤交往无多,理论主张与创作成就也不一致,应该视作"唐宋派"的同盟。其实,中国古代的文学流派,并不像西方沙龙式的聚合,而是有稳定的组织结构和明确一致的理论主张,甚至还有集中的斗争目标。归有光也提倡学习唐宋诸家散文,重视文行出处,主张有用于世,追求淡而有味的境界,文学风格取向与唐顺之、王慎中、茅坤相似,应当归属于"唐宋派"。不同的

---

① 归有光撰,严佐之、谭帆、彭国忠主编:《震川先生集》卷三《论议说》,《归有光全集》第五册,上海人民出版社2015年版,第77页。

是，与他们三人相比，归有光的实际创作成就更高，注重实用的倾向更明显，理论上的纠缠更少。其中的根本原因，在于归有光的内容真实与艺术技巧。

所谓"真实"，一是归有光有真实的学问功底，从经史百家到农艺医药、天文地理、水文气象甚至占卜算卦，几乎无所不通。韩愈在《答李翊书》中指出："根之茂者其实遂，膏之沃者其光晔。仁义之人，其言蔼如也。"① 因为有真实的学问，所以归有光的文章就有厚实的内涵，达到了韩愈所欣赏的标准。因此，不论是《大衍解》，还是《水利论》，抑或是《御倭议》，均是从理论到实际、蕴含丰富的真实学问。二是他在真实的生活中产生丰富而真实的情感，这是可以坦然公示的内心世界。尤其是记叙家事亲情、写景状物之作，从容不迫，纡徐条畅，工笔细描，触及人心最柔软的地方，感人至深。《先妣事略》《项脊轩志》《世美堂后记》等，无意于感人，而欢愉惨恻之思，溢于言表。韩愈的《祭十二郎文》、欧阳修的《泷冈阡表》之外，无出其右。三是他真实的表达皆出于自然，《寒花葬志》是对其侧室寒花的追思，仅仅一百一十二字，往事历历，写得越细腻，也就记忆越深刻，寒花一举一动如在眼前，魏孺人一颦一笑印在心田。文短情长，写不尽深沉思念；记忆永恒，理不顺百结愁肠。点点滴滴，绵绵哀伤；本色真情，震川文章。其文曰：

  婢，魏孺人媵也。嘉靖丁酉五月四日死。葬虚丘。事我而不卒，命也夫！

  婢初媵时，年十岁，垂双鬟，曳深绿布裳。一日天寒，爇火煮荸荠熟，婢削之盈瓯。予入自外，取食之，婢持去不与。魏孺人笑之。孺人每令婢倚几旁饭，即饭，目眶冉冉动，孺人又指予以为笑。回思是时，奄忽便已十

---

① 韩愈：《韩愈全集》，上海古籍出版社1997年版，第177页。

年。吁！可悲也已！①

这位从陪嫁丫鬟到侧室的寒花，与归有光在一起生活了十年左右，她身上的任何事迹，背后都有魏氏的影子。文章虽短，言简义丰。这里有寒花短暂的一生，包括初到归家和去世后的安葬；有生动的往事——荸荠事件和吃饭动作，是生活中的有趣之事。可是，欢乐的背后，是作者的悲号，短暂的有趣回忆掩饰不住永远的痛苦，作者写的是难以忘怀的思念。寒花很年轻时就去世了，魏氏也是如此。归有光在悲悼寒花的同时，更写出了对亡妻魏氏的追思之情。而发生在两位女性身上的悲剧，何尝不是作者自己的悲剧！痛彻心扉，不加掩饰。

归有光的文章取材，源于生活，贴近生活，少有理论上的高深之论或浮夸之言。特别是写到家世人情，多是自己的实际生活展现。钱谦益说他"每为文章，一以古人为绳尺"②，未必完全符合实际。当然，归有光并未否认"文以载道"的评判标准，只是将个人事例、家庭生活中的琐事引入"载道"的工具中，是对唐宋古文传统的继承和发展。尤其是叙述家庭悲剧的文字，如《项脊轩志》《先妣事略》等，抒写怀抱，一唱三叹，有感于人，而欢愉惨恻之思，溢于言语之外，还有《亡儿翱孙圹志》《女二二圹志》《女如兰圹志》等文，目力所及，无不为之深深感动。

归有光文章中的表达方式，平缓顺畅且情真意切，往往著此写彼，其实并未掩盖，反而加重了文章的情感元素。《项脊轩志》名为写室，实为写人；《寒花葬志》并未记载如何为寒花办后事，更多的是往事回忆与对亡妻、亡妾的悼念；《世美堂后记》更多的是对第二任妻子王氏的哀悼与敬重，追忆思

---

① 归有光撰，严佐之、谭帆、彭国忠主编：《震川先生集》卷二十二《寒花葬志》，《归有光全集》第六册，上海人民出版社2015年版，第600-601页。
② 钱谦益：《新刻震川先生文集序》，《牧斋有学集》卷十六，上海古籍出版社1996年版，第729页。

念的文字后面,深藏发自肺腑的感谢:

> 余妻之曾大父王翁致谦,宋丞相魏公之后。自大名徙宛丘,后又徙余姚。元至顺间,有官平江者,因家昆山之南戴,故县人谓之南戴王氏。翁为人倜傥奇伟,吏部左侍郎叶公盛,大理寺卿章公格,一时名德,皆相友善,为与连(联)姻。成化初,筑室百楹于安亭江上,堂宇闳敞,极幽雅之致。题其匾曰"世美"。四明杨太史守阯为之记。
>
> 嘉靖中,曾孙某以逋官物鬻于人。余适读书堂中,吾妻曰:"君在,不可使人顿有《黍离》之悲。"余闻之,固已恻然。然亦自爱其居闲靓,可以避俗嚣也,乃谋质金以偿鬻者;不足,则岁质贷;五六年,始尽售其直。安亭俗皆痴,而田恶。先是县人争以不利阻余。余称孙叔敖请寝之丘,韩献子迁新田之语以为言。众莫不笑之。余于家事,未尝訾省。吾妻终亦不以有无告,但督僮奴垦荒莱,岁苦旱而独收。每稻熟,先以为吾父母酒醴,乃敢尝酒。获二麦,以为舅姑羞酱,乃烹饪、祭祀、宾客、婚姻、赠遗无所失。姊妹之无依者悉来归,四方学者馆饩莫不得所。有遣悯不自得者,终默默未尝有所言也。以余好书,故家有零落篇牍,辄令里媪访求,遂置书无虑数千卷。
>
> 庚戌岁,余落第出都门,从陆道旬日至家。时芍药花盛开,吾妻具酒相问劳。余谓:"得无有所恨耶?"曰:"方共采药鹿门,何恨也?"长沙张文隐公薨,余哭之恸,吾妻亦泪下,曰:"世无知君者矣。然张公负君耳!"辛亥五月晦日,吾妻卒,实张文隐公薨之明年也。
>
> 后三年,倭奴犯境,一日抄掠数过,而宅不毁,堂中书亦无恙。然余遂居县城,岁一再至而已。辛酉清明日,率子妇来省祭,留修圮坏,居久之不去。一日,家君燕坐堂中,惨然谓余曰:"其室在,其人亡,吾念汝妇耳。"

余退而伤之，述其事，以为《世美堂后记》。①

从这篇文章里看到的王氏，有修养，有能耐，有德行，有谋略，更有气度，处处为丈夫着想，简直是贤良之致，无以复加。而归有光并无一句盛赞的话语，只是通过一件件的往事款款叙说，将情感自然而然地流露出来。直到文章的末尾，方才点明文旨。

归有光的散文，总体上平顺婉约，继承了欧阳修、曾巩的风格，记录家事，描绘亲情、友情。归有光不是没有刚气，行文需要的时候，也会有愤怒的表达。在《长兴县编审告示》中，我们可以看到一个干净利落而又正气凛然的归有光；《九县告示》展现了归有光干练决断的形象；而《乞休申文》与《又乞休文》中，归有光又拥有是非分明、不卑不亢的书生官员气度。可以说，归有光的散文构思精巧，风格多样，往往一波三折，蕴含丰富，简短的文字中承载了极为复杂的信息，既有深沉情感、历历往事、深厚学识、实践经验，又有胸中难以言说的悲苦与幽怨，于平淡中见厚重。因此，归有光的散文有"明文第一"之称，实至名归。

五、诗书传家

归有光一生在仕途的时间甚短，主要精力用于讲学和著述，笔触所向，内容繁复，涉及经史艺文多个方面。但其主要成就，还是在散文创作上。归有光去世后，其子归子宁、归子祜曾辑其部分遗文，刻于昆山，远非全貌，多有改窜。其孙归昌世与钱谦益遍搜遗文，细加校勘，编为文集四十卷。清康熙年间，曾孙归庄又增益部分遗文，经董正位等人襄助刻成《震川先生全集》，正集三十卷、别集十卷，共四十卷。内收

---

① 归有光撰，严佐之、谭帆、彭国忠主编：《震川先生集》卷十七《世美堂后记》，《归有光全集》第六册，上海人民出版社2015年版，第476—477页。

各种体裁之散文七百七十四篇、诗歌一百一十三首。今通行本为四部丛刊本《震川先生集》，据明常熟刊本影印。归有光还著有《三吴水利录》四卷、《易经渊旨》《诸子汇函》《文章指南》等。陈子龙等编纂的《皇明经世文编》辑有《归太仆文集》两卷。1981年和2007年，上海古籍出版社先后出版了周本淳校注本《震川先生集》；2015年，上海人民出版社出版了华东师范大学整理本《归有光全集》。

为纪念归有光，江苏巡抚陶澍奏请道光帝，占用菩提寺东面空地，建震川书院，于清道光十一年（1831年）建成。书院占地11.7亩，与寺相连，南有和尚浜流过。虽然没有确凿的证据，但从前人描述的方位来看，震川书院、世美堂原址就在今天的安亭高级中学内，位于上海市嘉定区安亭镇。

归有光的墓葬位于昆山市金潼里，墓园占地5亩多，墓有多冢，东冢为其高祖南隐公暨配俞氏之墓，西冢为归有光暨配魏氏、王氏之墓，再西为其曾孙归庄之墓。

归有光的外高祖父夏昶，是位画家，官至太常寺卿直内阁。祖父归绅，县学生。父亲归正，县学生，后赠文林郎、长兴知县。长子归子孝，年十六而病逝。次子归子慕，明万历十九年（1591年）举人，卒赠翰林待诏。三子归子祜、四子归子宁虽无功名，但亦能文，参与整理归有光遗文。孙子归昌世，篆刻家、书画家、文学家，与李流芳、王志坚合称"昆山三才子"。曾孙归庄，明末清初文学家、书画名家，明亡后曾于昆山起兵抗清，事败后隐居不仕，晚年致力于整理归有光文集。昆山归氏一脉，诗书传家，于此可见。

第十四章 布衣风骨

吴中风俗，尚气节，重文章，尤以传统士大夫家族为然，其中，明清两代昆山归氏家族堪称典范。归有光，明中叶散文大家，耿介正直，不事权贵，为当世所称道，其气节文章，山高水长，在亲族间踵事增华，代有传人。至曾孙辈，先有曾孙归庄，后有曾外孙朱柏庐，两人皆以布衣之身，现铮铮风骨，成一时之选。前者为峻节高士，后者成理学名家。

一、国恨家仇

归、朱二杰生当明清鼎革之际。归庄四岁时，东北女真族领袖爱新觉罗·努尔哈赤建立后金，割据辽东，开始成为不断与明朝中央政府相抗争的地方势力，这是在明万历四十四年（1616年）。朱柏庐出生那年（1627年），陕西大旱，民不聊生的农民揭竿而起，由此拉开了明末农民大起义的序幕。然而，明统治者依然苟且偷安，文恬武嬉，阉党则擅权有年，朱明皇朝已处于风雨飘摇之中。

面对内忧外患的局面，一部分伤时忧国的江南文人士大夫以"兴复古学"为号召，组织复社，提倡"以文章气谊为重"，家事、国事、天下事，事事关心，广泛接触社会现实，似有以前代东林党后继自任之意。实际上，加入复社的文人士大夫，不少只是以此标榜身价。崇祯二年（1629年），十七岁的归庄与同邑同龄的顾炎武也加入了复社，但他们是其中的另类。归庄自幼受家学、家风的熏陶，博涉群书，少能习"五经"，工诸体书，有时乘着酒兴，落笔数千言不止，旁若无人。据乾隆《昆新志》所载：归庄参加院试时，一边喝酒一边答卷，很快答完试题，也许觉得时间尚早，又杂用正楷、草书、隶书、篆文等诸体抄录了一遍。当时的提学御史亓炜发现，在归庄笔墨之间，竟酒渍狼藉，既惊异又生气，黜革其学籍，但因为怜惜其才，马上又恢复了。归庄的这一性格深得顾炎武的欣赏：里中二三十年来号为文人者，无不侥幸追求浮名，只有归庄，喜为古文辞，砥行立节，不苟于世，人称"狂生"。① 其实，顾炎武亦为负志绝俗之士，两位落落寡合之人因而同气相求，相互推许，世俗有"归奇顾怪"之称。归庄自己曾说："放浪形骸不自持，归郎不让顾郎痴。"② 至于文章气节，他人评价称，归庄亦不让顾炎武，"徒以（归）遁迹韬光，声华久秘，故世不尽知"③。面对明王朝国势日颓，清军南下的铁蹄之声日近，归庄等一些江南清醒文人士大夫忧心如焚，却只能徒唤奈何："中原兵荒祸已极，我欲回天苦无力，举头见日念长安，坐对儒冠空叹息！"④

明王朝无可挽回地走到了尽头。清顺治元年（1644年），李自成率领农民起义军攻入北京，崇祯帝在煤山自尽，作为全国统一政权的明朝灭亡，史称"甲申之变"。归庄之父归昌世闻此大变，旷野歌哭，遽尔离世。归庄沉痛地写道："万古痛

---

① 周可真：《顾炎武年谱》，苏州大学出版社1998年版，第43页。
② 归庄：《同顾大鸿兄弟饮严仲日宅口占二绝》，《归庄集》卷一，上海古籍出版社1984年版，第5页。
③ 王德森：《归高士遗集序》，《归庄集》传略，上海古籍出版社1984年版，第595页。
④ 归庄：《日食》，《归庄集》卷一，上海古籍出版社1984年版，第26页。

心事,崇祯之甲申。天地忽崩陷,日月并湮沦。当时哀愤切,情词难具陈。"① 顺治元年十月,清顺治帝在北京即皇帝位,随即派豫亲王爱新觉罗·多铎挥师南下,次年五月包围扬州古城。国家大故之时,正是臣子自效之日,归庄二哥归昭赶赴扬州史可法军中协助御敌。"吾兄诚壮士,单马赴围城",归庄为其兄投笔请缨、仗剑叩军门的壮志豪情所感动,赋诗表示"庄亦慷慨士","岂敢惜肝脑"。② 归昭坚守扬州南门,城破殉难。恼怒的清军入城后实行了血腥屠杀,归庄闻讯,扼腕长叹。

顺治二年(1645年)六月初清军进入南京,随后向东直取苏州。此时,清摄政王爱新觉罗·多尔衮认为全国大局已定,再令强行剃发,即"留头不留发,留发不留头"。千百年来,汉族社会受儒家思想的影响,信奉"身体发肤,受之父母,不敢毁伤"的理念,成人不剃发,把头发绾成发髻,盘于头顶,而清军强令汉族男人依满人习俗,把前颅头发剃光,将脑后头发编成一条长辫垂下,作为归顺的标志。清军的专横、劫掠和屠杀,迅速激化了满汉矛盾,一股强大的保卫民族权利和民族文化的情感,在广大汉族民众中汹涌澎湃起来。剃发令很快传遍苏州,同年八月初,受到清军招抚的昆山县丞阎茂才摄县令事,出示剃发令,以五天为限。归庄视之为奇耻大辱,作《断发》诗,云:"华人变为夷,苟活不如死……誓立百代勋,一洗终身耻。"③

群情激愤的两三千昆山民众,自发组织起乡兵,在关岳庙前叩首结盟,十八岁的朱柏庐此时就在结盟的队伍中。乡兵们

---

① 归庄:《除夕七十韵》,《归庄集》卷一,上海古籍出版社1984年版,第35页。
② 归庄:《上史阁学书》,《归庄集》卷五,上海古籍出版社1984年版,第313页。
③ 归庄:《断发》,《归庄集》卷一,上海古籍出版社1984年版,第44-45页。

正准备冲击县衙,斩杀阎茂才,陈墓陆家兵已将其控制起来。归庄告诉陆家兵,不杀县丞,人心不定;应当先斩杀县丞,将他的头颅挂在城头示众,然后才能坚守城池。众人皆应,归庄拔刀欲下,屠夫张寿说:"你不习惯这类事情,这事交给我。"遂杀阎茂才。①

紧接着,包括朱柏庐之父朱集璜、岳丈陶琰在内的名重一方的绅士,共同推举原狼山副总兵、昆山人王佐才为主帅,聚集粮草,决心闭城久守,历时二十日,终因强弱之势悬殊,昆山城于顺治二年八月被清军攻破。朱集璜于城破时投东禅寺之河后身死,他的衣带上留下这样的《绝命词》:"可质祖宗,可对天地,生无自欺,死复何愧?"门人孙道民、张谦等亦于同日殉难。② 当清军兵临昆山城下时,陶琰率领三百余名乡勇赶赴增援,还未到达,城池已经失陷,当晚陶琰在家中自缢而亡,衣襟上写着:"生为大明人,死为大明鬼。"《四库全书总目提要》称其"捐生殉国,节概凛然",其门人则私谥他"仁节先生"。③

疯狂的清军攻破昆山城后,实行了报复性屠杀,全县死难近四万人,归氏一门多人遇难。归庄临风长哭,作诗《伤家难作》,描绘了那些血雨腥风的惊魂日子:

> 炮闻十余里,遥听栗肌肤。顷之知城陷,比户遭割屠。吾家岂独免……贼掳执二嫂,乱加戈与殳,一时遂仆绝,久之乃得苏;三嫂死于刃,横尸在前除。兄女争沉渊,或云半为俘……长幼计八口,其六乃沦胥。哭嫂声呜咽,哭侄泪无余。堂上两白头,拊心涕沾裾。④

---

① 归庄:《归庄门符》,《归庄集》补辑,上海古籍出版社1984年版,第600页。
② 徐秉义:《明末忠烈纪实》卷十六,浙江古籍出版社1987年版,第320页。
③ 永瑢、纪昀等编撰:《四库全书总目提要》,海南出版社1999年版,第979页。
④ 归庄:《伤家难作》,《归庄集》卷一,上海古籍出版社1984年版,第39页。

这是家仇，归庄更归之为国难：

> 男儿既流亡，死生难可卜。妇人复何罪，尽室罹荼毒。贵者谋不臧，富者爱钱谷。士民怯战斗，城破宜颠覆。①

二、峻节"归痴"

在昆山守城最紧张之时，男子戎装登临城垛准备迎战，女子疏散出城，归庄侍奉母亲，带着父亲的灵牌，移居乡下李巷。事后，归庄由于首倡斩杀阎茂才，被清政府指名通缉，不得不乔装成僧人，号"普明头陀"，亡命于江湖之间。归庄时而缁衣僧帽，时而弊衣过膝，往来于江淮浙水之间，或隐于荒江野祠，或暂投同窗故友。跋山涉水之时，亦奉祖先像而行，遇令节讳日，必设拜兴祭。归庄至名山大川，凭吊古今，大哭不止。其自叙诗《避乱》云：

> 夜半惊祸患，独身走荒蹊。月黑急雨至，道滑津渡迷。破帽怯薄寒，短衣湿淋漓……逢人问前途，回首忘东西。②

逃亡中的归庄时刻胸怀复明之志，清顺治六年（1649 年）夏日，他寄居常熟陈悦馆舍读书，忽而想起远在万里的南明朝廷，抛书长叹："文人雕虫何足算！五年宗社生荆棘，万国苍生坐涂炭。愿提一剑荡中原，再造皇明如后汉……"③ 顺治七年（1650 年），归庄在苏州参加了以明朝遗民为主体的"惊隐诗社"，与顾炎武等人一起，诗酒酬唱，"以抒写其旧国旧君

---

① 归庄：《伤家难作》，《归庄集》卷一，上海古籍出版社 1984 年版，第 38 页。
② 归庄：《避乱》，《归庄集》卷一，上海古籍出版社 1984 年版，第 45 页。
③ 归庄：《夏日陈秀才池馆读书》，《归庄集》卷一，上海古籍出版社 1984 年版，第 56 页。

之感"。顺治九年（1652年），归庄应万寿祺之聘，往淮阴教书。万寿祺，明末清初文学家、书画家，早年游吴门，与复社诸君子结交，家世忠孝，尤负奇节。"甲申之变"后，重来吴下，曾在苏州附近举兵反清，义师溃败后，万寿祺被执不屈，后得脱归江北。归庄此次到淮阴，实际上是联络万寿祺等两淮志士，暗中策划反清活动。但万寿祺很快病逝，归庄悲痛不已，赋诗道：

> 人才古称难，况经丧乱后，节士不多有，豪杰尤罕观。惟君不世才，胸臆包宇宙……自当鼎革后，贤者有守节。君念受国恩……猛志图功烈。①

万寿祺病逝后，归庄回到昆山故里。此时已是清顺治十二年（1655年）。历经生死劫难的归庄，从此以明朝遗民自居，言行傲世骇俗。在给无锡友人的信中，归庄道出了"退隐江湖"的心曲：

> 士君子居无道之世，而俭德避难，退处江湖，夫谁得而辱之？今之世可谓无道之极矣！衣裳而左衽矣，人伦而禽兽矣。彼夫丧廉耻，败名节，日暮途穷，蝇营狗苟，以自取辱者，何其多也！②

归庄在乡下金潼里先人墓侧筑数间茅屋，自题一副门联："两口寄安乐之窝，妻太聪明、夫太怪；四邻接幽冥之宅，人何寥落、鬼何多。"③ 在他眼里，清朝的世界充满了魑魅魍魉，人少鬼多。入清后的归家，一贫如洗，门破到不能关闭，椅败至无法坐稳，皆以绳缠缚，归庄自戏为"结绳而治"，居柱题

---

① 归庄：《哭万年少五首》，《归庄集》卷一，上海古籍出版社1984年版，第72页。

② 归庄：《就闲堂记》，《归庄集》卷六，上海古籍出版社1984年版，第358页。

③ 钮琇：《觚剩》续编卷二《归痴》，上海古籍出版社1986年版，第209页。

曰："入其室空空如也，问其人嚚嚚然曰。"① 乡党传为笑谈。吴俗除夕之夜，必在大门上张贴春联，以吉语祈福，归家的对联是："一枪戳出穷鬼去，双钩搭进富神来。"② 归庄之诗、之画、之书无不工，尤善草书。盛年时，归庄所作行草，直逼两晋，"自谓狂草近代无敌"，以至乞求者众。归庄常常是，只要酒喝到位，长笺短幅，挥洒不倦，但他对求字者总是漫应而不兑现，哪怕再贫困也不出售书画，"独不喜应贵介"。③

归庄晚年爱游历，过苏杭，至浙西，甚至远赴浙江义乌、江西婺源赏花。他白天徜徉花下，夜晚醉卧花丛。归庄曾有诗云："秋风愁杀人，得花愁已释。贤达谅不禁，从人笑花癖。"居家时，他鬓发齐腮，与酒为伴，疯癫而终，人称"归痴"。实际上，归庄并不是真正的疯癫，所谓"归痴"，只是佯装而已。理解归庄的人就能发现，在他狂痴的外表下藏匿着一颗眷恋故明的赤诚之心，时时隐现着对新朝的不屈风节。

在清初风靡一时的俗曲《万古愁》中，归庄叹古伤今，"上溯鸿蒙，下及季世……呵帝王，笞卿相，践籍古之文人，恣睢佯狂，若屈平、李白沉冤醉愤无聊之语"④。归庄尤其对明之沦亡，痛心疾首，"痛的是十七载圣明天子横尸在长安道"；恨的是，那些乌纱罩首、金带围腰的达官贵胄，平日里"受皇恩，沾诰封，今日里向贼廷稽颡得早"。万分愁闷之时，归庄高唱："登高山，凌绝壁，将我那殉社稷的君王和泪也把孤魂吊……将我那死忠义的先生们千叩首，万合掌，便号啕哭倒。"⑤ 著名学者冯沅君、陆侃如称，一曲《万古愁》，笔无藏锋，嬉笑怒骂，痛快淋漓，骎骎乎驾《离骚》和《天问》而

---

① 龚炜：《巢林笔谈》，中华书局1981年版，第72页。
② 王应奎：《柳南随笔》，《归庄集》传略，上海古籍出版社1984年版，第577页。
③ 《归庄门符》，《归庄集》补辑，上海古籍出版社1984年版，第601页。
④ 魏禧：《魏叔子文集》卷六十一，中华书局2003年版，第556页。
⑤ 归庄：《万古愁》，《归庄集》卷二，上海古籍出版社1984年版，第160页。

上。最让归庄不能容忍的，是一些靦颜贰臣的丑恶嘴脸。直至19世纪70年代，归庄对他们仍然充满了鄙视："呜呼！三十年来，率先迎降，反颜北面，非高冠峨峨，自号丈夫者与？彼丈夫者，走门户，广贿赂，即父母妻子之不顾，何有于名节？"① 归庄心中蕴积的不只是对亡明的感念和伤悼，更多的是对清朝统治者的悲愤和抗争。《悲昆山》道：

> 昆山诚可悲！死为枯骨亦已矣，那堪生而俯首事逆夷。拜皇天，祷祖宗，安得中兴真主应时出，救民水火中……重开日月正乾坤，礼乐车书天下同！②

三、傲然"柏庐"

父亲和岳父同时横尸，赴义报国，朱柏庐恨不能以身相随，但在昆山城破前夕，父亲要他带着家人逃命，为朱家留下一线根脉。亲友们劝说他，真正的孝亲之道，应该以盛德大业显亲扬名，而不是哀哀戚戚，甚至伤身灭性。于是，朱柏庐遵从父亲遗命，强忍着悲痛，搀扶着怀有身孕的母亲，携带着两个年幼的弟弟，逃出北门，寻到一只小船，避难于乡下族兄家中。清顺治六年（1649年），待局势稍缓，他们返回城内旧居。背负着国恨家仇的朱柏庐，便以明朝遗民自居，傲然独立。

明清易代巨变给朱柏庐带来了难以愈合的心灵创伤，他决意放弃一般文人士大夫孜孜以求的功名，从顺治七年（1650年）开始为塾师，终其一生，深居乡里，潜心治学，教授学生。每年孟春时节，朱柏庐率诸弟子在学塾设置酒食，祭奠孔子，礼毕，开讲"四书"，进止肃静。平日里，他生活非常有

---

① 归庄：《玉峰完节录序》，《归庄集》卷三，上海古籍出版社1984年版，第174页。

② 归庄：《悲昆山》，《归庄集》卷一，上海古籍出版社1984年版，第38页。

规律。每天清晨先拜谒家庙，随后庄重地诵读《孝经》。据于振的《柏庐先生传》所载：柏庐"以父故，终身不求仕。结庐山中，授徒自给，高巾宽服，犹守旧制。邑中重之，以子弟受业者几五百人"①。在世俗面前，朱柏庐就是一个"动与时违"的"怪迂之士"。只不过，与归庄相比，他的怪异表达得婉转一些。

作为前代秀才，朱柏庐坚持不仕新朝。他在父亲墓旁搭建草棚而居，是为"庐墓"。此举乃效法三国时期魏人王裒。王裒博学多才，德行高尚，其父王仪被晋文帝司马昭杀死，后来朝廷给他父亲平反，请他出来做官，但王裒坚辞不就，表明自己不肯做晋朝的臣子。朱柏庐之"庐墓"，亦表示他不忘乃父之志，不愿做清朝的臣子。据说，他常扶着墓旁的柏树悲鸣，咸咸的眼泪落到树上，渐渐地，那棵柏树竟然枯萎了。朱柏庐解释说，甲申之年，遭父辈节孝大故，遵父命，弃儒冠，甘为布衣；效王裒庐墓攀柏，时时洒泪，故自号"柏庐"。② 明朝灭亡十五年后，在朱家的墙壁上，人们还能看到这样一首诗："入俗深知与俗违，闲云野水是吾师。亲朋莫漫相惊讶，只是吾人已死时。"③ 忍辱偷生，入世却无法随俗，亲朋好友为之惊讶、不解，可是，"死心塌地"的朱柏庐就是不能承认陆沉易代的社会现实，他渴望像闲云野鹤一样，获得彻底的解脱。他对清廷的态度依然非常决绝。清康熙九年（1670年），朱柏庐借商人伯夷、叔齐哥俩"耻食周粟"的故事，表明："伯夷、叔齐饿死于首阳山，此千古义士之的也。后人不必皆为其

---

① 于振：《清涟文钞》卷九，朱柏庐著，陆林、吴家驹选注评析：《朱柏庐诗文选》，江苏古籍出版社2002年版，第343页。
② 朱柏庐：《朱布衣自传》，《国学杂志》1915年第1期，第3页。
③ 朱柏庐：《粘壁告亲友诗》，《朱柏庐诗文选》，江苏古籍出版社2002年版，第273页。

事,断不可无其心。有其心则气象自别。"① 由此可知,朱柏庐的忠义气象渊源有自。

深居乡里的朱柏庐,不愿抛头露面。地方上有人请他做乡饮大宾,因为在这种场合可以与地方官吏共进对饮,一般人都会将此作为一种巨大的荣耀,但朱柏庐坚决谢绝了。听闻朱柏庐节高学富,官僚若致信向他请益,他会在回函中详告无隐,并郑重地署上"布衣"之名,但不愿见面。有一位知县,多次请求见面被拒绝后,在一个风雪天的傍晚,估计朱柏庐此时应该在家里,便轻装前往,刚进入厅堂,发现朱柏庐已逾垣而逃。别人无法理解这一举动,朱柏庐解释道:"我以前朝冠服面见当权者似乎有些不合适,但为了见面而易冠更衣,我却不愿!"随着朱柏庐年高德劭,地方显贵决定授予他"贤良方正"的荣誉。在上达的过程中,有人向他表示祝贺,当时正在听讲《周易》的弟子们,想着集资为先生准备行装,朱柏庐笑着说"甚善",讲罢入室,久之不出,弟子们打开门一看,发现先生竟打算自缢。诸弟子大惊失色,立刻解下布条。半夜里朱柏庐苏醒过来,叹息道:"我年纪越大,性格越耿,此姜桂之性,无法改变,这次实在被逼得没有生路了。"诸生赶紧致函县令,追回上达名单,删去了朱柏庐的名字,他才勉强活过来。②

朱柏庐有自己独特的社交网络,其中,与徐枋和杨无咎的交往,一时被传为佳话。徐枋,吴县人,前明官员徐汧之子,是朱柏庐的表兄和同学,在家塾(朱父朱集璜为塾师)中两人一同接受了启蒙教育,清崇德七年(1642年)徐枋中举。父亲为明殉难,徐枋遵父遗命不仕清廷,隐居于苏州天平山

---

① 朱柏庐著,陆林、吴家驹选注评析:《朱柏庐诗文选》,江苏古籍出版社2002年版,第325页。

② 于振:《清涟文钞》卷九,朱柏庐著,陆林、吴家驹选注评析:《朱柏庐诗文选》,江苏古籍出版社2002年版,第343-344页。

麓，终身不入城市，自称"孤哀子"。徐枋家贫无以自给，友人通过举办画社的形式给他一点生活资助，也被他拒绝了。朱柏庐见状，心疼不已，去信劝他，治生是人生第一要义，画社之举，出于朋友之谊，并非有意营求，况且他以画相酬，不能认为是白拿，应该接受这种帮助。① 杨无咎，吴县人，覃思经学，工鼓琴。父杨廷枢于明末殉难，杨无咎从此不复鼓琴，入清后杜门隐居，前后七十余年。朱柏庐、徐枋和杨无咎三人同因先人为明殉节而死，便以名节互相砥砺，志同道合，时称"吴中三高士"。朱柏庐去世后，杨无咎撰《朱柏庐先生传》道：

> 予平生知己不数人，而玉峰（昆山）居二焉。归子元功（归庄）其才不可一世，而独心服于予。其没也，予恸哭之。朱子（朱柏庐）之交予也最后，而其相得也亦最深。其理学之精醇，世无有出其右者。②

杨无咎的知己就是归庄和朱柏庐这样的人。

身处江湖的朱柏庐仍具有强烈的社会责任感。当时吴地的社会状况令他忧心忡忡："今举世之人，汲汲津津，所事者惟功利，所尚者惟富贵。"面对卑污的世道人心，身为教育家的朱柏庐并没有丧失信心，因为他认为，天理可以遏制人欲，这就是当时盛行于世的程朱理学。在朱柏庐看来，只要提倡理学的"修身为本"，依照圣贤经传的要求，积善积德，家庭就能和顺，世风才能淳良。朱柏庐著述颇多，有《愧讷集》《毋欺录》《春秋五传酌解》《四书讲义》等多种著作行世，其中，影响最大的是《朱子治家格言》。由此而成理学名家。

朱柏庐理学有两个突出特点：一是通俗化；二是实践性。

---

① 朱柏庐：《与徐诶斋书》，朱柏庐著，陆林、吴家驹选注评析：《朱柏庐诗文选》，江苏古籍出版社2002年版，第33页。
② 杨无咎：《朱柏庐先生传》，朱柏庐：《愧讷集》卷末，清光绪八年刻本，第7页。

理学的高头讲章太深奥了，令普通民众望而生畏。不过朱柏庐说，圣贤立训其实是有层次之分的，"大而经天纬地，小而称名辨物，粗而举足动容，精而达天知命"。也就是说，从钻研学问的角度来看，自然应该往"大而精"上去努力，但如果是教化，则应该在"小而粗"上下功夫。所以，《朱子治家格言》不引经，不据典，大多采用老百姓耳熟能详的日常生活用语。开篇第一句："黎明即起，洒扫庭除，要内外整洁；既昏便息，关锁门户，必亲自检点。一粥一饭，当思来处不易。半丝半粒，恒念物力维艰。"又谆谆告诫世人："嫁女择佳婿，勿索重聘；娶媳求淑女，勿计厚奁"；"重赀财，薄父母，不成人子"；等等。读到这样的话，后来乾隆时期的名臣陈宏谋称《朱子治家格言》："其言质，愚智胥能通晓；其事迩，贵贱尽可遵行。"① 也就是说，《朱子治家格言》不仅仅语言通俗，传播效果好，更重要的是，它能紧贴日常琐事，阐发理学的奥义，实在而易行。朱柏庐认为，舍人伦日用无以言圣道，"不饮食，鲜能知味。饮食指人伦日用，味指道。味字最妙，亦于人伦日用而求其味哉"②。

朱柏庐的理学不是专为教训别人的。他相信："身教者诚，言教者伪。"③ 考察朱氏行谊，他称得上是真诚践行理学道德的典范。清康熙十七年（1678年），为笼络汉族知识分子，清廷特开博学鸿词科，招罗人才。在山东为官的乡人叶方恒自作主张，推荐朱柏庐参加此次考试。面对这样的诱惑，多数文人不能自持，但朱柏庐不以为然，"读书志在圣贤，非徒

---

① 陈宏谋：《五种遗规》，线装书局2015年版，第28页。
② 《朱柏庐先生编年毋欺录》，清光绪六年刻，吴洪波等主编：《儒藏》，四川大学出版社2007年版，第198页。
③ 朱柏庐：《辞诸子听讲》，《朱柏庐诗文选》，江苏古籍出版社2002年版，第161页。

科第","诚能植品制行,便到处有事业成就"。① 曾有《答友》诗反映他的心境:"尽忠尽孝已操权,莫信人言事在天。若到临时牵一念,平生气节总徒然。"② 在他看来,气节应该贯穿于各种实际事务中,成为一种执念,而不应被一时一念所牵扰,正所谓"说得百句,不如行得一句"。在给叶方恒的信中,朱柏庐写道:如果你教导我不为困厄所屈,仰承父志,笃学修为,那是爱护我,给我荣光;如果一定要推荐我参加考试,那就陷我于失节不孝之境。③ 于是,他态度坚决地辞绝了。与朱柏庐同样拒绝参加这次考试的,还有叶方恒的弟弟叶方蔚。叶方蔚淡泊名利,坚守节操,潜心学术,异于其兄,深得朱柏庐的欣赏。在为叶氏所撰的《半榻草》作序时,朱柏庐称:"由其无志节,因以无学问;由其无学问,因以无世道。"④ 也就是说,一个有志节的人,才能求得真知;真有学问的人多了,才能改善整个社会的风气。

康熙三十七年(1698年),朱柏庐走到了人生尽头。去世前三日,他让家人在病榻前设置父亲的牌位,由人扶起,向牌位四叩首,曰:"吾可告无罪于先人矣!"农历四月初七(5月16日),他与弟子们道别:"学问在性命,事业在忠孝。"⑤ 说完,他慢慢地闭上眼睛。这就是一代理学名家,无法丢弃的"性命"是程朱理学,不能舍弃的"事业"是对父母之孝、对国家之忠。里人称其为"节孝先生"。

在传统中国社会,"道德文章"是评判文人士大夫的标

---

① 朱柏庐:《试后示诸生》,《朱柏庐诗文选》,江苏古籍出版社 2002 年版,第 138 页。
② 朱柏庐:《答友》,《朱柏庐诗文选》,江苏古籍出版社 2002 年版,第 271 页。
③ 朱柏庐:《陶康令》,《朱柏庐诗文选》,江苏古籍出版社 2002 年版,第 83—84 页。
④ 朱柏庐:《叶敷文〈半榻草〉序》,《朱柏庐诗文选》,江苏古籍出版社 2002 年版,第 91 页。
⑤ 杨无咎:《朱柏庐先生传》,朱柏庐:《愧讷集》卷末,清光绪八年刻本,第 7 页。

尺。年少时，归庄读程朱之书，即奉理学的道德规范为立身之规矩，"信之甚笃"①。朱柏庐亦然："非一朝之荣名是勉，乃千秋之志节为期。"② 这样的志向，在太平年代，或许不过是读书人的一种自我期许，然而，归庄和朱柏庐不同，他们的道德历经了血雨腥风的洗礼，他们的文章付诸始终不渝的人生践行，因而他们的"道德文章"在后人的评说中不断被传扬。康熙十二年（1673年）归庄病逝，当时在山东的顾炎武获讯后，作《哭归高士》诗四首，其中有云"峻节冠吾侪，危言惊世俗""不作穷途哭""惟存孤竹心"。③ 清初苏州绅士彭定求在给朱柏庐所写的墓志铭中称："吾吴昆山，有隐君子柏庐朱先生，励志节，精理学，远近人士沐教泽而服行谊者，五十年无间言。"④ 在《中国近三百年学术史》中，梁启超评价朱柏庐："气节、品格自能异流俗。"⑤ 归庄和朱柏庐虽自穷蹙，却不忘兼济天下。布衣风骨，由此概见！

---

① 归庄：《与集勋》，《归庄集》卷五，上海古籍出版社1984年版，第309页。
② 朱柏庐：《愧讷集》卷二，清光绪八年刻本，第1页。
③ 周可真：《顾炎武年谱》，苏州大学出版社1998年版，第427页。
④ 彭定求：《朱柏庐先生墓志铭》，朱柏庐：《愧讷集》卷末，清光绪八年刻本，第9页。
⑤ 梁启超：《中国近三百年学术史》，吉林人民出版社2012年版，第108页。

第十五章 丹青巨子

翻开《中国画家大辞典》，在昆山有成就的绘画大家很少。这似乎是不可理解的现象，因为昆山地处上海与苏州之间，而这两地的画家可谓"成群结队"。可事实上，昆山的画坛相对寂寞，仅有的几位画家既无法与江苏无锡的顾恺之和河南禹县的吴道子这样"画圣"级别的人物相比拟，又难以与"明四家"相提并论。然而，随着历史的演进和史料的挖掘，对昆山人在绘画世界里的重要贡献，我们不得不予以客观的评价。至少，擅长山水画的诗人朱德润、杏林画家王履、收藏家兼画家张丑、官僚显贵画家夏昶、集诗书画和文人意气于一身的画家龚贤，不仅是昆山杰出的画家，也是昆山文脉的骄傲。徜徉于历史长河中的诸多昆山丹青妙手，我们来不及全面关注。而画风独到或成就影响足以扭转风气的几位画坛巨匠，我们就不能忽略了。首先应该关注的，是杏林画家王履。

一、杏林画家王履

王履，字安道，号畸叟，又号奇翁、抱独山人，是元明之际的医学泰斗，《明史》卷二百九十九《列传》曰："王履，字安道,昆山人。学医于金华朱彦修,尽得其术。尝谓张仲景《伤寒论》为诸家祖,后人不能出其范围。且《素问》云'伤寒为病热',言常不言变,至仲景始分寒热,然义犹未尽。乃备常与变,作《伤寒立法考》。又谓《阳明篇》无目痛,《少阴篇》言胸背满不言痛,《太阴篇》无嗌干,《厥阴篇》无囊缩,必有脱简。乃取三百九十七法,去其重复者二百三十八条,复增益之,仍为三百九十七法。极论内外伤经旨异同,并《中风》《中暑辨》,名曰《溯洄集》,凡二十一篇。又著《百病钩玄》二十卷,《医韵统》一百卷,医家宗之。履工诗文,兼善绘事。尝游华山绝顶,作图四十幅,记四篇,诗一百五十首,为时所称。"[1]

王履生活在元明之际,医学与绘画的主要成就产生在他中年之后。炉火纯青的技艺,则是在明前期达成的。但是,在元代生活的三十余年,是王履医学、绘事打基础的时期,也是其学习与练习的时期。

元代,尽管是少数民族建立了封建统一政权,但社会文化的本质并未改变,基本上是继承宋末的势头。而宋末,正是医学和书法、绘画蓬勃发展的时段,名家辈出。因此,元代的医学与书法、绘画,能取得比肩唐宋的成就,也在情理之中。王履在宋元医学与书法、绘画发展的基础上,吸取前贤精华,融合个人才智,成就了超越前人的功业。

至于王履何时学医,并无明确记载,据目前所知,他学医师从朱丹溪,尽得朱氏之学。朱丹溪,原名朱震亨,字彦修,浙江义乌人,居义乌之丹溪村,世称"丹溪先生"或"丹溪翁",后世将之与刘完素、张从正、李杲合称为"金元四大医家"。王履得佳师而从其学,当是王履成年前后,师承朱丹溪的时间不会太长,约是朱丹溪医学造诣登峰造极之时,王履尽

---

[1] 张廷玉等:《明史》卷二百九十九《列传》一百八十七,中华书局1974年版,第7638页。

得其精华真传。而王履致力于绘事，自称在中年，"余壮年好画，好故求，求故蓄，蓄故多，多而不厌，犹谓未足也，复模之习之，以充其所愿欲者"①。所以，当我们难以发现王履绘画师承渊源之际，可以从他的自述中寻觅踪迹。用今天的话来说，王履绘画是自学成才。学自何处？就是他搜集保存的名画，他根据前人的成品而"模之习之"，终成一代大家。这里面有一个重要的线索，就是王履收藏名画，是"好故求，求故蓄，蓄故多，多而不厌，犹谓未足也"。由此观之，他搜集到的名画不止一家，不是一个风格，而是"模之习之"的后果。他不仅具备了绘画技巧，还融汇了诸家的技法风格。因此，从现存的四十幅华山风景图画中，我们可以看到王履的画风并非钟爱于某一家，而是综合性的。这也符合王履自己的表述。

根据王履在《重为华山图序》和《画概序》中的阐述，他的绘画理论，可以综合为以下几点：其一，意在形外。"画虽状形主乎意，意不足谓之非形可也。虽然，意在形，舍形何所求意？故得其形者，意溢乎形。失其形者形乎哉！画物欲似物，岂可不识其面？"②即绘画固然需要状意象之形，更重要的是赋予形以意，也就是通过对外物的审视，得出自己的观点，并在再现景象时将个人的情感与认知赋予图画中的景物，写出实物的精神内涵。如果连形也不具备，那绘画还有什么意义！其二，师法自然。王履认为，自己的绘画成就，在于"法在华山"和"艺匠就天"，也就是外师造化，顺应自然。当然，我们不能简单认为，王履的绘画经验就是"法在华山"。华山是五岳中的西岳，以奇险著称。华山山脉，是深层岩浆上升冷却形成的浑然一体的花岗岩巨石，顶部是粗粒斑状

---

① 王履：《画概序》，《明代画论》，湖南美术出版社2002年版，第1页。
② 王履：《重为华山图序》，《明代画论》，湖南美术出版社2002年版，第6页。

的花岗岩，中部是中粒花岗河长岩及片麻状花岗岩，形成期距今约一亿两千多万年。华山山脉地区的地壳发生活动，在受挤压、褶皱和破裂的过程中，岩浆开始沿着裂缝向表层地壳上升侵入，冷却之后凝结成岩石。这是内动力地质作用，时快时慢，时断时续，显现出东西走向的断层，呈现北翘南俯、岭谷相间的形状，险怪之外，更有令人着迷的变幻姿态，观者从不同的视角可以得到无尽的审美享受。因此，华山不仅是旅行家的乐园，更是画家的"天然老师"。但是，王履的观点，不是说只要"法在华山"，而是说自己的绘画灵感在华山得到激发，更重要的是"艺匠就天"，是师法自然，是尊崇自然的内在规律，适应、认识、贴近自然，方能成为艺匠。其三，遵从前人与创新相结合。对传统经验的借鉴，是继承；将多位先贤的经验接收过来并加以糅合，是创新地继承。"夫画多种也，而山水之画为予珍。画家多人也，而马远、马逵、马麟及二夏之作为予珍。"① 这里就说明了王履绘画的师承关系与特色形成过程，主要体现在两个方面：一是绘画主题的选择，是山水而不是人物；二是将马远、马逵、马麟及二夏的技法风格结合起来，用于自己的实践之中，并取得了巨大的成功。其四，讲究画家之心注于笔端，绘画具有灵魂。王履说"吾师心，心师目，目师华山"，我们应该反过来理解，华山代表自然，眼看的以华山为代表的自然，是一种师；灵魂深处的认识理解，是更高境界的师，即心；运用于笔端的是"吾"，吾管心管目，目之所及，心之所感，为吾所用。所以，描绘山水，必须师法自然。而只有写出山水自然的精神灵魂，绘画才有灵气，才有思想，于是不能忽略"吾"的主体作用，也就是说，画家必须有灵魂的用心作画，需要充分调动审美主体的主观能动性。

王履的绘画经历，文献记载甚少。《明史》所云，工诗文

---

① 王履：《画概序》，《明代画论》，湖南美术出版社2002年版，第2页。

善绘事，专记游华山写景四十幅《华山图》。这是明洪武十六年（1383年）王履在关中游赏、登上华山之巅后，描绘华山风景的所作所为。这四十幅作品，是王履仅存的传世真迹，创作时他已五十二岁，可以看作他技术成熟、风格稳定之后的成品。其中，绘画作品的二十九幅、诗文序跋七页现藏于故宫博物院，其余藏于上海博物馆。

《华山图册》中的作品，各开意境，或险峻幽深，或生机盎然，或苍茫清远，将华山千奇万秀的佳景胜迹表现得淋漓尽致。每幅一景，每景均有精妙的描绘；每一描绘，均倾注了作者的心灵震颤。《上方峰图》中，山峦地势险恶，岗岩对峙，陡峭的峰壁如铁锁下垂，行人仰望，是难以逾越的险峻山势，撼人心魄。《苍龙岭顶图》上，云霭缭绕，峰峦隐现之间，苍茫清凉的气象中，生机隐隐其间，而画面布局却是疏密有致，虚实恰当，不是"一角半边"的残缺意绪。

南宋画院的马远、夏圭，以"一角半边"取胜，在绘画史上具有不可替代的作用。但是，马远、夏圭画风的形成，不仅是对北宋画院绘画风格的继承与发扬，还是特定时代环境下的产物。南宋政权偏安江左，河山仅剩"一角半边"，因而出现了"马一角""夏半边"的绘画风格。往好处说，是以小见大，以偏概全；往痛处说，是江山沦陷，国土残破。尽管王履对"一角半边"崇敬有加，但《华山图册》在描绘华山险拔秀异的景色时，构图大多是近景、中景与空间深度、广度的有机结合，近山参天，远山逶迤，主要景观置于画幅中心位置。即便是以边角的形态出现，主体景物也占据了画幅之半，又以远山或远树点染，充实画面，使得整个图卷基本饱满，而不是刻意追求想象的空间。因此，尺幅之中展现了华山深邃宏伟的气势。这种布局既有马远、夏圭山水"一角半边"的长处，又突破了只取边角的樊篱，画出了华山的险峻奇伟，也写出了华山的钟秀纵深。而远山与近石、树木与沟壑、层云与山峦，往往是交错叠加，相互烘托，清润奇崛而生意缠绵，是这位诗

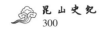

人、医者灵魂深处的华山。

二、画竹高手夏昶

明代画坛上还有一位杰出的昆山书画家，就是夏昶，与其兄夏昺有"大小中书"之称。夏昶，字仲昭，号自在居士、玉峰，昆山人，是明代著名的诗人和画竹高手，绘事远师元人高克恭意境，近承王绂墨竹精神，得其妙而有推进，并形成了独有的画竹风格，时推第一。

夏昶初不以书画名家，生活在承平时代的书生，以读书应举为业。明永乐十三年（1415年），夏昶得进士及第，选翰林院庶吉士。后以楷书精妙得到时贤赏识，官中书舍人。宣德中期转工部主事，正统中期升太常卿。晚年回到故乡，他以诗画宴乐为事，修心静处，别无他好。归有光在《项脊轩志》中记述祖母看望在项脊轩中读书的孙子，拿了象笏过来给孙子归有光，说了句"此吾祖太常公宣德间执此以朝，他日汝当用之"。归有光祖母的祖父，正是这位太常卿夏昶。《明史》中记载："昆山夏昶者，亦善画竹石，亚于绂。画竹一枝，直（值）白金一锭，然人多以馈遗得之。昶，字仲昭，永乐十三年进士，改庶吉士，历官太常寺卿。昶与上元张益同中进士，同以文名，同善画竹。其后，昶见益《石渠阁赋》，自谓不如，遂不复作赋。益见昶所画竹石，亦遂不复画竹。益死土木之难。"①"昆山夏昺者，字孟旸，与其弟昶以善书画闻，同官中书舍人，时号大小中书。"②

这里提到的夏昶画竹的故事，真实无疑。时人有"夏卿

---

① 张廷玉等：《明史》卷二百八十六《列传》一百七十四，中华书局1974年版，第7338页。
② 张廷玉等：《明史》卷二百八十六《列传》一百七十四，中华书局1974年版，第7339页。

一个竹，西凉十锭金"的说法。夏昶是个十分知趣的才子，发现自己的赋写得不好，无法与张益的《石渠阁赋》相比拟，从此不再作赋。而张益见到了夏昶所画的竹石，也感觉难以超越，于是不再画竹。要知道，中国的绘画能成为文人的雅好，有画工画与文人画的分别，两个重要的文人画家不能不提：一个是唐代的王维，另一个是宋代的苏轼。尤其是苏轼，善以竹石写意。为何文人偏好竹石？竹者，文人精神的象征，虚心谦恭而盘根错节、底蕴深厚，不择条件生长而枝繁叶茂，经历寒冬不凋零，迎来酷暑送阴凉，可赏鉴、可实用，大者可以为桁条椽子，小者可以为竹篮箩筐，打造竹床竹椅，亦可随意弯曲。王禹偁说："竹工破之，刳去其节，用代陶瓦。比屋皆然，以其价廉而工省也。"① 可见竹之一物，因为既有广泛的作用，又有人格化的精神力量，所以得到文人的钟爱。而石，且不去说石头当中的精品、极品，如钻石、翡翠、宝玉之类，即便是普通的石头，也往往寄托着文人的精神情感。于谦在《石灰吟》中曰"千锤万凿出深山，烈火焚烧若等闲。粉身碎骨浑不怕，要留清白在人间"，虽题为"石灰吟"，但实质上是咏石头，写出了石头的艰难、遭遇与高尚的品格。大诗人陆游在《闲居自述》中云："自许山翁懒是真，纷纷外物岂关身。花如解语还多事，石不能言最可人。净扫明窗凭素几，闲穿密竹岸乌巾。残年自有青天管，便是无锥也未贫。"② 因为石不能言，故而需要有人发现、认识、鉴赏并为他言语，将石的精神人格展现出来。但文字上的解说，也是有局限的，因为缺乏形象的直观感悟。竹也是一样，不论我们是否关注，是否鉴赏，它仍然在坚定成长，为人们提供可用之材、可食之味。

---

① 王禹偁：《竹楼记》，吕祖谦《宋文鉴》本，中华书局1992年版，第1112—1113页。

② 陆游：《剑南诗稿》，钱仲联校注本，上海古籍出版社1985年版，第2277页。

于是，王维、吴道子等唐代画家的笔下出现了修竹的身影。宋之文同不惟画竹，还有"成竹在胸"的经验，让表弟苏轼受到启发。而关注竹石精神，正是苏轼在逆境中的一种寄托与表白，他将自己屡次被贬的经历和遭遇，与竹石的处境和竹石的精神联系起来，顽石一垒、翠竹几竿、数丛小草，即完成了诗人的襟怀书写。夏昶写竹，正是继承了文人写意画的竹石精神，故而能使张益拜服。画史上以竹石擅长者，夏昶之后，郑燮之外，难见二三。

那么，夏昶画竹有何独到之处呢？魏晋时期"竹林七贤"的手笔，未见留存；唐代章怀太子墓的墓壁上，有一幅壁画，虽有残缺，但画上几笔墨竹还是引起了学者的关注。从王维、文同、苏轼到赵孟𫖯、王绂等，画竹多是荒野边角之地，清净无欲数竿，以静态为主。而夏昶画竹，却主要画动态的有力量的竹，这是对前人画竹境界的超越；以浓淡的墨色变化来表示竹叶的向背，这又是对画竹技法的创新。

夏昶的代表作之一《夏玉秋声图》，整个画面结构既不似王维、苏轼的简略，也不同于赵孟𫖯的繁复，画面留空与景物几乎相当。更重要的是，画竹三四竿，巨石累累，小草三五丛，每丛十余茎。小草紧贴地面，以地面之起伏与小草之虚实，形成画面的立体感，则远景虽未出现，也在不言之中。淡墨泼写地面，衬托石之伟岸。巨石则立于原野，瘦漏而褶皱，裂隙中穿出竹影，意绪盎然。虽然石块掩映竹节，但姿态绮丽，刚劲中透露俊秀，妩媚中展现坚劲，诚如米芾对画石境界姿态的要求："米元章论石，曰瘦、曰绉、曰漏、曰透，可谓尽石之妙矣。"[①] 而以石的坚定稳固，反衬出竹的精神气节，画面的主角方才呈现出来。竹之高者，迎风伫立，虽千叶随风，但竹竿挺立，不为所动，是诗人、画家对竹之精神的认识

---

① 卞孝萱主编：《扬州八怪诗文集》，江苏美术出版社 1985 年版，第 274 页。

与体现。细小一支竹紧贴地面,属于新篁初长,尽管柔弱,竹叶不得不随风飘动,但是小小竹竿迎风伸展,顽强不屈,因此全图显示出秋意甚浓,秋风甚疾,秋声的震撼力不能使翠竹折弯失节。这幅画,既表现出竹的形象、竹的精神气质,又表现出画家的意念与心迹。而画竹、爱竹的丹青巨匠,借竹的精神气节,也表明了个人的修养与志向。郑燮自题一联曰"虚心竹有低头叶,傲骨梅无仰面花",只是道出了梅花、翠竹个性的一方面,即低调谦恭,没有强调翠竹、梅花的另一个精神——孤傲有节。

夏昶在画史上的地位,明人即有定评。王穉登的《皇明吴郡丹青志》将其列入能品:"是编所载,神品一人,曰沈周;附三人,曰周之父恒,伯贞,恒之师杜琼。妙品四人,曰宋克、唐寅、文徵明、张灵。附四人,曰徵明之子嘉,侄伯仁,曰朱生、周官。能品四人,曰夏昶、夏昺、周臣、仇英。逸品三人,曰刘珏、陈淳、陈栝。遗耆三人,曰黄公望、赵原、陈惟允。栖旅二人,曰徐贲、张羽。闺秀一人,曰仇氏。各为传赞,词皆纤佻。至以仇氏善画为牝鸡之晨,亦可谓不善数典矣。"① 对于夏昶画竹的技法精神,王穉登确有精辟的见解:"余见其所作竹枝,烟姿雨色,偃直浓疏,动合榘度,盖行家也。"② 此说虽然精辟内行,但也是停留在绘画艺术层面,尚未透视夏昶画竹及夏昶的精神境界。

夏昶画竹在当时颇得崇拜,学他画竹技法者甚多,著名者主要有同里的屈衍、海虞张绪、钱塘詹和,而以屈衍最为突出,能得其精神。另一位从昆山走出来的画坛巨匠——龚贤,更是一位具有全方位影响的文化巨人。

---

① 永瑢、纪昀等编撰:《四库全书总目》卷一百一十四,中华书局 1965 年版,第 975 页。
② 杜文澜辑,吴顺东、谭属春、陈爱平点校:《古谣谚》,岳麓书社 1992 年版,第 424 页。

三、"金陵八家"的代表——龚贤

龚贤,有名岂贤,字半千、半亩,号野遗,又号柴丈人、钟山野老等,书画印章又有半山、臣贤等称谓,昆山渡桥镇人。龚姓本是昆山大族,但龚贤家这一支已经式微,以至于其祖父虽在明代出仕,却名讳无考。其父龚元美,亦在明朝为官,然不显,史传未见。龚贤为龚元美长子,应该说是龚元美原配所生之子。龚贤幼年,母亲过世,后随父迁居南京,可见其父仕宦在南京。然亦可以看出,在昆山,自龚贤的祖父起,家道已经中落。迁居南京后,龚元美续弦王氏,龚贤的生活从此安定下来。

然而,迁居南京不久,龚贤的祖父、父亲相继入川为官,从此这父子两人就没了音信,具体情况难以猜想,只能从明崇祯元年(1628年)陕西、四川出现的战乱局面中做些假想了。王氏与龚贤没有随同入川,原因很简单:王氏有孕在身,不便远行;龚贤年幼,难以承受长途跋涉的劳顿。从此,龚贤依靠继母王氏生活,十余岁绘画天赋初露端倪,始习画,在南京展开了个人的交游与奋斗,并在广泛的交游中使技艺得到提高。

在龚贤交往的朋友中,杨文骢是一位关键人物。历史上对杨文骢的评价比较复杂,主要原因在于一曲《桃花扇》,人们容易将文学作品中的杨龙友等同于历史人物杨文骢,这是对英雄的曲解。龚贤在何种情况下与杨文骢相识,没有明确的文献记载。大约龚贤十三四岁的时候,也就是崇祯四五年间,复社活动渐入高潮。崇祯三年(1630年)的复社金陵大会,吸引了八方书生子弟,少年龚贤能诗能画,可能偶然的机会,接触到了复社中在南京相当活跃的人物杨文骢。而杨文骢诗书画已经名闻当世,长龚贤二十二岁,二人有共同的艺术旨趣,于龚贤亦师亦友。崇祯四五年间,杨文骢由于科场失利,正在南京为生计而奔走,同时积极参与复社的大会和国门广业社活动。

第十五章 丹青巨子

其间,杨文骢得到了一个华亭教谕的位置。正因为此,杨文骢在徜徉于松江华亭的四五年间,与书画名流董其昌等交往,诗书画技艺不断提升。龚贤也是在这个时期,不仅受益于杨文骢,亦受益于董其昌,这为他日后在绘画界立足奠定了基础。不仅如此,因为杨文骢的关系,龚贤的交游也打开了新局面。龚贤参与复社活动的时间,大约在崇祯八九年间,时龚贤十七八岁,与顾梦游、方文、周亮工、冒襄、龚鼎孳等名流交往,涉足文坛及政治活动,以诗书画高超的技艺,得到了名流的激赏。

往来友人中,对龚贤的生活帮助更多的是方文和周亮工。方文、周亮工均是复社成员,明季诗坛大家。入清,方文终身以遗民自居,著有《涂山集》等。周亮工则出仕清朝,任盐法道、兵备道、布政使、左副都御史、户部右侍郎等,是清初的诗人、散文大家,崇尚"唐宋八大家"古文,有《赖古堂集》等传世。清顺治十五年(1658年),周亮工在福建遭遇诬告,被逮往刑部勘问,北上途中经过扬州,龚贤得知消息,赶往瓜洲登船慰问。周亮工大为感慨,写下了《步韵酬龚半千,予北上,时半千出慰舟次》二首,其一曰:"我傍秦淮住,君家亦石城。难归看客怨,渐老论诗平。小录烟云满,深卮雨雪并。乾坤双醉眼,独对故人明。"① 可见,两人之间的友情无言亦深沉。难怪周亮工移任时回金陵小住,总是与龚贤密切交往,颇有患难见真情的意绪。龚贤在扬州、海安等地漂泊多年后返回南京,先在扫叶楼借居,后又居住在虎踞关,筑半亩园,周亮工有《半千移家》《龚半千半亩园》等诗,足见情意殷殷。

明清易代之际,龚贤漂泊于南京、扬州、海安等地,主要依靠朋友的资助和授徒生活。龚贤早年丧妻,在海安徐逸家的

---

① 周亮工:《赖古堂集·诗集》卷六,上海古籍出版社1979年影印本,第304页。

私塾教书五年，孤身一人，虽生活安宁，却难免孤苦。后又在扬州住了几年，大约在顺治十四年（1657年）前后在扬州续弦，次年得子，从此生活虽清贫但相对宁静。然而，龚贤感怀于扬州战争的残酷，不禁潸然泪下，写下了《扬州曲》二首。再次返回南京居住，龚贤已经年近五旬，好友方文作诗《喜龚半千还金陵》感叹："君本蒋山人，久客邗水上。卜居近蕃釐，古屋隐穷巷。闭门何所为，笔墨寄闲旷。霜柯插云表，晴江走叠嶂。仿佛徐天池，取意不取象。"① 也就是说，龚贤居住在清凉山下的半亩园，相对于繁华的秦淮河两岸，这里比较偏僻冷清，而龚贤并未在意，安于清贫，专注于书画诗文，以精妙之笔点化山水，寄托遥深，有点像明代的徐渭，不会纠缠于具象的细微相似之处，而是以意为主。当然，为了生活，龚贤也曾不得已出售自己的绘画作品。卖画的行为，固然有之，但更多的是将画赠送朋友，亦得到朋友及时的资助，此是常态，如周亮工、王士禛等。

龚贤的另一位挚友，是比他小三十岁的孔尚任。在龚贤人生的最后岁月，孔尚任给予其及时而重要的帮助。孔尚任，字聘之，又字季重，号东塘，一作东堂，别号岸堂，自称云亭山人，山东曲阜人，孔子六十四代孙，清初诗人、戏曲作家，有剧作《桃花扇》，世人将他与《长生殿》作者洪昇并论，称"南洪北孔"。尽管孔尚任幼年勤奋，读书注重实用，期待有一天立登要津，致君泽民，但是几次科场奋斗，他都未能成功。直到康熙二十三年（1684年）皇帝南巡后北归，到曲阜举行祭孔大典，孔尚任得到荐举，为皇帝讲解《大学》，受到康熙的赏识，授国子监博士，赴京就任。次年七月，孔尚任奉命随同工部侍郎孙在丰到淮扬，协助疏浚淮河，历时四载。因为不是主要官员，便有足够的空闲时间和丰厚的经费，孔尚任

---

① 方文：《涂山集·续集》卷一，上海古籍出版社1979年影印本，第879-880页。

实地考察，广交朋友，几乎踏遍江左各地，与多位明代遗民结为知交，了解南明的历史和秦淮河畔发生的故事，为日后的《桃花扇》创作积累了丰富的资料。他与龚贤结识，就是在这个时期。孔尚任在扬州的衙署悠闲无聊，四处游走，偶然间，遇到龚贤，相见甚欢，论书评诗，龚贤特地作画相赠，故孔尚任有《喜晤龚半千兼谢见遗书画》一诗："野遗自是古灵光，文采风流老更强。幅幅江山临北苑，年年笔砚选中唐。短歌肯赠将归操，长纸还书急就章。萍水逢君非偶事，扁舟一夜聚维扬。"① 根据诗意可知，两人畅谈的地方，既非旅邸，又非衙门，而是在船上。

龚贤虽然定居南京，但经常往返于扬州、南京之间，有时亦到杭州、徽州等地游赏，开阔眼界，激赏山水，这对于龚贤的绘画成就极为重要。

所以，龚贤居住在半亩园并不是孤独的，不仅有家人妻儿的陪伴，还有同道的资助与关注。在此期间，与龚贤交往的同辈名流主要有方文、龚鼎孳、杜濬、王士禛、施润章、周亮工等。方文是明遗民诗人和复社领袖级人物；龚鼎孳是复社成员，出仕清朝，与钱谦益、吴伟业合称清初诗坛"江左三大家"；杜濬是遗民诗人中的侠士，为保全诗友作品竭尽全力；王士禛、周亮工、施润章均是入清后出仕的新贵。因此，龚贤得到这些朋友的接济后，有时赠以书画答谢，这也成了文人之间交游的雅态。清凉山下的半亩园，除了瓦屋四五间以供居住、绘画之外，就是一个园子，换算成今天的面积，就是三百三十多平方米，虽不大，但也不小。半亩园按照苏州园林的建筑风格设计，花卉之外，多是缩微构建。于是，龚贤在此莳花种竹，或出售书画作品，或教授生徒吟诗作画，过着隐士生活。施润章《半亩园诗赠柴丈》、周亮工《半千移家》、方文《虎踞关访龚半千新居有赠》等作品，既有对半亩园的称赞，

---

① 孔尚任：《孔尚任诗集》卷二，中华书局1962年版，第36页。

又有对龚贤生活情状的描绘,虽有清贫,却没有窘迫。康熙二十八年(1689年)七月,孔尚任游金陵,与龚贤相见,畅谈甚契,孔尚任赋诗纪之。八月,龚贤病殁于半亩园,孔尚任作《哭龚半千》五律四首悼念并为之善后,抚其孤子,收其遗书,移柩于故里昆山渡桥镇。今天,在南京清凉山风景区,仍然可以看到不少龚贤的遗迹,到龚贤纪念馆参观,依稀可以遥望到先贤的风采。

在教授生徒的过程中,龚贤不仅有绘画的实践教学,还有理论上的归纳与经验总结,形成了简明实用的《画论》。黄宾虹、邓实主编的《美术丛书》有收录,浙江人民美术出版社于2013年出版该著作。

《画论》是龚贤授徒的"教案",是联系实际的理论文字,涉及绘画的基本手法、学习途径和表现技巧。仅以画树为例,龚贤就有不少阐述。龚贤认为,画树是绘画的基础,学习绘画需要从画树做起。"学画先画树起,画树先画枯树起。画树身好,然后点叶。树身中直,皴数笔,谓之树皮。根下阔处白处,补一点两点,谓之树根。四笔即成树身,以后即添枝。身向左则枝皆向左,左枝多,右枝少。"这是练习画树的过程,从树身、树枝、树皮、树叶、布局、角度等方面,清晰表述了画树的一般过程与技法。后面,龚贤分别讲述了画石、画船、画桥、画亭子、画房屋的基本方法与技巧,完全符合初学者的需要。然而,龚贤绘画的巨大成就,在于他的山水画,这在《画论》中没有涉及。

龚贤擅长山水,是清初"金陵八家"的代表,具有独特的表现力。当时的樊圻、吴宏、邹喆、谢荪、叶欣、高岑、胡慥诸人,亦主要描摹山川景物,在明末清初,他们是南京甚至整个画坛山水画的创作群体代表。虽然当时金陵地区尚有陈卓、陆日为、武丹、陈舒等画家,与龚贤等八人风格旨趣相近,也属于金陵山水风格,但与"四王"的路径不能等同。龚贤山水,师从宋元诸家,又跳出古人窠臼,于游历中写生,于见闻中升华，所以他的作品有着清新的生气，重笔皴染中寄托了他的自然领悟与隐逸山林的情怀。相对于娄东画派的文人气与富贵气，龚贤描绘的真实山川秀润而坚挺，富有凝重的力量与刚健的品性。很大程度上，是上承宋人画院派的山水精神，用笔构图以中锋为主，而摒弃了元人侧锋运笔的飘逸。他再现的江山风光，大多是南京周边及淮扬地区的真实景致，写实性较强。他的山水画采用的最大技法，是对墨色的把握，圆润娴熟，登峰造极。画山石，他善于运用墨色的变化来表现岩石山峦的高低、远近、明暗与大小，充分体现了自然山石的形态与精神。掌控墨色的运用，宋元以来已有经验，宋人称之为"积墨法"，米芾父子所绘的云山图，即多用此法。龚贤则融会贯通地使用，点染一个意象，第一遍以细点勾勒；第二遍初具形态，则墨色灵动而不呆滞；第三遍皴擦，以细点和短皴将墨晕摊开；当墨将干未干之时，重复点染或皴擦，反复多达六七遍。如此，则山石浑厚滋润，质感细密，层次丰富而具备精神。画树木也是如此，层层用墨，连续烘染，不唯枝叶繁茂，亦且远近疏密合理而逼真，有郁郁苍茫之感。

现藏于南京博物院的《夏山过雨图》，是龚贤作品的典型代表。该图作于龚贤晚年，以南京一带的山林为素材，描绘了夏日一场山雨过后，山峦如洗，层云凝结，浓荫滴翠，大气湿润，朦胧中有明亮，万物生机盎然而又厚实劲道的自然景象，于山水画中带有油画技法。尽管并没有龚贤接触西方油画的明证，但这幅画的用墨有几分油画韵致，反复着墨，浓黑而有厚重感。虽然画家所写的是南京周边山林，此画构图设景，却大有北方山峦的气度。近景，树木十余株，疏密相间，主干挺拔向上，少有弯曲和斜出枝条，而树叶浓密。雨后树叶受水，饱满而有分量，正是盛夏草木生长旺盛的景象。中景，则是房舍两处相接，简洁清高，虽然只有屋顶和半墙，并不见门楣场圃，萧索孤高的姿态，已然显现。远景，层峦叠嶂，几株小树，一所房舍，是仙境在人间的含蓄表达。山峦间的空隙，似为云层的流动空出余地，更有山峦锁住云层的意境，灵秀与厚重融合无间，是龚贤山水画笔力的体现。对于浓厚意境的追求，不同于唐以来文人画追求的淡雅、简疏、恣意、空灵，而是一种于密丽中见空灵的意境，这是龚贤山水画的特征。

龚贤晚年的另一幅代表作是《木叶丹黄图》，收藏于故宫博物院。这幅作品集诗书画于一体，有高士奇题字鉴赏。画面构图与《夏山过雨图》有几分相似，右侧饱满，左上留空，表现的景物也是山峦树木与房舍。但是这幅图中没有雨后的景象，只是由近及远的景物罗列：小溪、树木、乱石、茅屋、巨石、山峦，间以杂草点缀，既写出了树叶凋零的苍凉，又透露出"春风吹又生"的希望。除了龚贤惯用的运笔手法外，还在远近关系的处理上，平淡柔和，"尤其是几棵枯树，叶子已经掉落，只剩下枝干，或疏或密，或前或后，或正或斜，对于分割画面，破除坡石的单调起到了很好的调剂作用"[①]。

龚贤将"读书养气"看作学习绘画的重要途径，他自己是这样做的，也是这样要求学生的。这样的"厚积"，就使他的山水画有了浑雄的景象、大气的格局、盎然的生机和深刻的蕴含。仔细品读龚贤的画，我们可以看到画家开阔的视野、宽广的胸襟和历经艰难困苦而坚强不屈的人格力量，也可以看见画家独特的审美取向。他的山水形态恬淡超脱，是他对大自然的亲和；他的取景布局疏密有致，是他对大自然的解读；他的运笔坚实、用墨厚重，是他对大自然的信赖；他的房舍方位设置路迥地险，是他对大自然的崇尚。从绘画的意境上说，龚贤追求画面的平静与画家内心的平静之间交流融通，从而构成和谐静谧的雅致境界。他的大多数山水画不见人的踪影，体现了他对自然之美的毕生追求和对自然的无限敬重之情。几处房舍，表明画中有"我"，是人的世界，但又是几乎不可进入的

---

① 聂崇正：《木叶丹黄图》，载《中国艺海》，上海古籍出版社1994年版，第157页。

环境，是一种追求自由、超然不群而合于自然的人格境界。所以，他笔下的山水景象冷清孤高而有生气，厚重而有灵秀。在中国古代山水画史上，龚贤可谓是融汇古人，自出机杼，于构图、设景、运笔、具象等方面，形成了自己的特色。明末清初，著名画家成百上千，"金陵八家"之所以为画坛所敬重，就在于其对前贤的整体继承、发扬和创新。龚贤在"八家"之中，无疑是最为突出的。他的作品写意、画意相得益彰，远近浓淡任意变幻而又巧妙创造了画面气氛，无怪乎龚贤被许为"金陵八家"之首，他对于清中叶以后及现代山水画的繁荣，具有先导作用。龚贤的画可师，人亦可师，为画坛培养了众多人才，王概、官铨等是其门下杰出的画家。龚贤之子龚柱，更是其艺术的传人。

龚贤的绘画作品存世不少，故宫博物院、上海博物馆、广东博物馆、南京博物院、天津美术博物馆、中国美术馆等单位均有馆藏，还有不少作品由于历史的原因流落海外，收藏于美国、日本等国家的博物馆，成为人类共同的文化遗产。

昆山的丹青巨匠，尚有诸多名垂青史者，明代的归昌世、清代的陈焘等，在画史上也是不可忽略的巨匠。昆山张丑精通鉴赏，善于收藏，对于名家名画的作品保全和人物史料辑存，发挥了重要作用。明弘治十八年（1505年）的昆山籍状元顾鼎臣才华横溢而位高望隆，曾经收藏名画《清明上河图》。所有这些都说明，昆山丹青名家代不乏人，直到今天，他们在水粉画、水墨画、油画等多个领域，依然创作出富有时代气息的产品，皴写新时代的昆山精神。

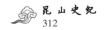

第十六章 匠心雅趣

在传统社会,手工技艺是与人们日常生活颇为贴近的创造,是物质文明、科技水平的前沿体现和鲜活实践。昆山,"百里见渔船,万家藏水村",为典型的江南水乡。这里的人们将自然的得天赐予和手脑相结合的"能工"完美结合,将吃穿用度等细微的、日常的生活打理得精致多元,使有限的资源发挥出无穷的趣味。昆山以诸多面相,体现出苏州乃至江南的"共同"。这些在现代化、城市化的进程中,历经政治制度、经济发展、人文思潮、民俗生活、科学技术和消费观念等各种因素的交融、碰撞、洗礼、变迁,从历史长河的巨浪冲蚀中积淀、筛汰下来,"布局"成今天的样貌。

一、源于日常:昆山传统手工技艺与社会生活

(一)传统的手工技艺

传统生活中凡吃、穿、用、行、文房及生产所需之物,多由手工所成、所创,绵延至今的仍较为丰富。仅食物类制作技艺,颇具特色的就有奥灶面、正仪青团子、锦溪袜底酥、千灯小麻糕、陆家浜糖枣、周市爊鸭、周庄三味圆和腌菜苋、昆山酱汁肉、张浦金华腊肉、蓬阆万源酱油及陆家镇泗桥豆制品

等,还有闻名遐迩的阳澄湖大闸蟹。昆山市各地区又有自己的特色:锦溪有号称"饮食三绝"的"满台飞"、鲍鱼两吃和锦溪三宝,陆家浜有"三味"①,千灯有"一只鼎"粽子,正仪有糟鸡,锦溪有南瓜糕,等等。特色饮食的背后就是颇有特色的手工艺。

水乡女性服饰制作也具有鲜明的代表性,蓝布包头、大襟衣、百褶小围裙、及膝彩带、红绿流苏、藏青布裤及绣花绲边圆口布鞋是标配。而且不同年龄穿戴各异,就年轻姑娘而言,头系红色的毛巾包头,后面两边收起,两侧露出扎着红绒头绳的辫子;身穿小花头的大襟短袄,花布绲边,小琵琶扣,腰束一士林蓝布百褶小围裙,腰兜板(叉腰板)绣有各种精美图案,蓝色彩带上缀流苏,裙下一条上青布裤,脚穿绣花绲边布鞋。以上所有服饰皆可由手工精细绣作。②

生产生活用品方面,有木作、打铁、铸铜、纸扎、竹编及提水的龙骨水车制作等。周庄古镇贞丰文化街上就有"十二坊",即多家门类不同的店铺,其中有土布坊、铁匠铺、酒坊、豆腐坊、砖瓦坊、竹草编坊等,它们是民间老手艺的缩影。另外,棕榈叶编织、彩色泥捏作、麦秸秆编织等也是周庄代表性的传统手工技艺。以竹编来看,传统竹编有着悠久历史,在物质资源欠发达的年代,人们用唾手可得的竹片编制日常生活、生产用品,如竹篮、竹席、竹帘、竹箱、竹扇、竹篓、竹筐、竹手套和竹护膝等。草编也囊括了从穿戴装饰到生产、生活的一应用品,成品就有草鞋、草帽、蒲鞋、草包,以及草绳、柴包、米囤和立囤,等等。再细看纸扎工艺,有为婚丧喜庆渲染气氛而扎,也有为舞狮、舞龙、花灯、马灯、荡湖船、"春牛"等而扎。过去,舞狮、舞龙活动遍及昆山城乡,今天的陆家段龙舞、周市舞狮分别列为江苏省级、昆山市

---

① 三味指陆家浜酱鸭、顾家白切羊肉、柯家走油蹄子。
② 徐耀新主编:《周庄镇》,江苏人民出版社2017年版,第71页。

（县）级非物质文化遗产名录，陆家镇、周市镇还分别被命名为"中国民间文化艺术（龙舞）之乡""江苏省舞狮之乡"。其中，段龙舞的龙具，由龙首、龙身和龙尾构成，光龙身就有十八节，是龙的主体。在制作"龙体"时，用竹篾或者铁丝作为架子，外面扎纸或用布，而龙身的节与节之间分开不相连接，是陆家段龙舞与其他龙舞相区别的地方。花灯制作方面，康熙《昆山县志》记载："昼设布幔于街市，列绚丽，曰彩色。夜张灯各为奇巧……绕街最多者为'老子灯'，以生肖、寿星、八仙、三义诸像于竹竿，点烛其腹。"还有划灯船所用之灯，光绪《周庄镇志》载："每船五七十灯，船首尾以纸灯作龙狮等形，前后树八角大伞灯各一，亦五色纸雕镂成。"其中，"撑马灯"的制作最为复杂，嘉庆《贞丰拟乘》载："上元有马灯之戏，择童子之姣好者扮为故事，锣鼓喧闹。"马灯作为主要道具，在变换队形中演绎白娘子、法海、杨家将和岳家军等造型。

目前，已被列入昆山市传统手工艺类各级非物质文化遗产名录的工艺，如表16-1所示。

表16-1　昆山市传统手工艺类各级非物质文化遗产名录表

非遗代表作名录名称	名录级别	登录时间
奥灶面加工制作技艺（2020年8月调整为"苏式汤面制作技艺——昆山奥灶面制作技艺"）	江苏省级第二批	2009年
锦溪砖瓦制作技艺	江苏省级第四批	2015年
正仪文魁斋青团子制作工艺	苏州市级第六批	2013年
苏州竹刻	苏州市级第五批拓展名录	2020年
周市爊鸭制作工艺	昆山市（县）级第一批	2007年
昆石加工工艺	昆山市（县）级第一批	2007年
阳澄湖捕蟹	昆山市（县）级第二批	2008年

续表

非遗代表作名录名称	名录级别	登录时间
陆家镇泗桥豆制品加工制作技艺	昆山市（县）级第三批	2010 年
闵氏金黄散制作技艺	昆山市（县）级第三批	2010 年
周庄土布制作技艺	昆山市（县）级第三批	2010 年
石浦白切羊肉制作技艺	昆山市（县）级第四批	2013 年
水乡女性服饰	昆山市（县）级第四批	2013 年
锦溪袜底酥制作技艺	昆山市（县）级第四批	2013 年
千灯小麻糕制作技艺	昆山市（县）级第四批	2013 年
水乡木船制造技艺	昆山市（县）级第四批	2013 年

过去这些文化现象形成相互的链条关系，它们往往是"同期""同源"文化，且相互依托，并与自然、经济、社会、政治环境形成错综交织、互相影响、共同依存的关系。

（二）传统手工艺的发展

1. 源头赋予故事

我国民间故事蔚为大观，尤其是对于给人们物质生活带来福泽的，往往以神话、传说和故事等来美化、神秘化、尊贵化。地处江南的昆山，文化繁荣昌盛，更是如此。纵览诸多传统手工艺的发展源头，民间往往将其与宫廷皇室、地方名人、文人学士、贤孝子孙等相关联。周庄万三蹄，与富可敌国的商人沈万三有关。相传沈万三宴请皇帝朱元璋，以家宴中的拿手菜相待，即后世所谓的"万三蹄"。万三十月白酿酒，也是与沈万三和朱元璋的一段重逢故事有关，且后来作为贡酒，名曰"万岁十月白"。周庄的家常菜肴鳗鲤菜，亦曾受到朱元璋称赞。周市爊鸭，一说来自明朝皇宫，朱元璋命御厨吕春阳用爊鸭陷害忠良徐达，吕春阳抗旨逃出，流落在周市后，为报答救命之恩，献出爊鸭秘方。奥灶面，有康熙御赐"八宝龙须面"演变之说，即昆山同胞三鼎甲"昆山三徐"中的老大徐乾学卸甲归乡时，康熙赐御厨，从而将宫廷饮食散播民间。锦溪镇之所以被称为"窑乡"，乃是朱元璋派刘伯温在江南"降龙"的产物，即为防止"龙"兴而建起"七十二座窑"，以镇"龙"、保皇位。陆家浜糖枣的命名，为慈禧"钦点"，慈禧太后在品尝苏州府糕点贡品时，因品尝到甜香、松脆、不腻、爽口、易溶（消化）的糖枣而爱不释手，她兴致勃勃地看着糖枣的包扎纸念念有词："陆家浜糖枣……"此后传谕："陆家浜糖枣按月贡呈。"品名沿用至今。锦溪袜底酥，相传为南宋孝宗皇帝携陈姓爱妃暂居于此，为宫廷仿膳茶食之遗。

古时，因金兵南掠，抗金名将韩世忠在此地广受欢迎。据说，陆家浜糖枣曾受韩世忠所题"一代糖枣顺万兴，情系抗金军点心"。"陆家浜酱鸭"的名字，也是韩世忠领将士们所写下的。陆家镇泗桥豆制品的名气也与韩世忠有关，为迎接韩世忠进驻陆家浜，当地人用"清炖白马肉"（泗桥豆制品）以示欢迎，韩世忠赞曰："比山珍海味强多了！"

在昆山民间还流传着一段沈周与阳澄湖大闸蟹的佳话，沈周当年用糯米磨汁把阳澄湖大闸蟹养肥，蟹味鲜美。另外，周庄三味圆的名声，由著名园林学专家陈从周提笔弘名："江苏昆山周庄三味圆，味兼小笼、汤包、馄饨之长，天下美味也。"正仪青团子，因元末富商顾阿瑛的一片孝心而起，他为了让亡母"吃"上可心的青团子，不断让人试验，才做出了如此佳品。

有的名称起源与"神"有关。奥灶馆之名，也许是缘起于中国古代民间供奉的两尊"家神"①——"奥神"和"灶神"。"奥神"身份尊贵，被供奉在房屋的西南角，《释名·释宫室》曰："西南隅曰'奥'，不见户明，以其秘奥也。"关于昆石的来源，民间流传因孙悟空在此地歇息，一不小心将乾坤

---

① 郑涌泉：《奥灶四题》，赵红骑主编：《青团子　昆山名特产》，上海人民出版社2008年版，第172页。

袋里的玉液琼浆渗出,洒遍整座山,于是石头就变成了洁白的昆石。

2. 源远流长的历史

传统手工艺往往是在民间日常生活中,一代又一代人经过漫长的摸索,"发现"并传承下来的。锦溪的砖瓦制造,早在西汉时期就开始了,所以,锦溪自古就流传着"三十六座桥,七十二只窑"的民谚。明清时期,苏州的砖瓦生产,以陆墓与徐庄两地颇为著名,锦溪的砖瓦生产紧随其后,民间有"明代金砖出两墓"的说法,"两墓"即苏州的陆墓和陈墓(即锦溪)。清代后期,锦溪的砖瓦制造大有后来居上,赶超陆墓、徐庄之势。现存的锦溪祝甸古窑群始建于清代,民国时期加以扩建,所存的 11 只古窑,是江南地区仅存的保存完整的砖窑遗址,现为江苏省级文物保护单位。20 世纪 60 年代,锦溪多个村利用原有旧窑,逐渐恢复砖瓦生产。20 世纪 80 年代,砖瓦厂在乡镇企业异军突起,逐渐密集。青团子,至今已有 1 600 多年的历史。从南朝开始,江南人民在清明节以其祭祖供品,沿袭成俗。到了 20 世纪 30 年代,正仪文魁斋创造了一种独特的制作青团子工艺,所制青团子清新爽口,受到食客普遍欢迎。陆家镇泗桥豆制品制作技艺,可以追溯至南宋时期。金兵抢夺掳掠后,为重建家园,镇上百岁老人桑保富率先开设豆制品作坊,在他的倡导下,人们怀着悲壮激昂的情感又开始重建生活秩序,并逐步恢复街市的繁荣。昆山花灯制作,宋代时就有相关记载,淳祐《玉峰志》云:"上元取灯于郡,所谓万眼罗、琉璃球之类甲天下。"锦溪袜底酥,也是从宋朝走来,历经千年传承,才日益精绝至今。

这些手工艺,历史久远者,逾千年以上;较近者,至少也拥有百年历史。奥灶馆,最早的前身为清咸丰年间的天香馆。"燠糟"是吴地方言,昆山方言读成"wo zao",古书上写作"鏖糟",乃"肮脏"的意思。中华人民共和国成立后,巧用读音,逐渐转化成"奥灶",即"奥妙的灶头"。民国《昆新两县续补合志》曰:"鸭面,西门面肆所制最佳。有鸭脯一方,加面上,名'鸭浇头'。邻境多市以饷亲友。"同为民国时期的《巴溪志》也载:"鸭面系冬令朝点之美味,与昆山西门煮法相同。先煮鸭脯,以鸭汤瀍面,盛大碗,使汤多于面;切鸭脯加面上,名曰'浇头',鲜肥可口。旅游巴地(今昆山市巴城镇)者,咸喜食之。"鸳鸯蝴蝶派文豪周瘦鹃曾写道:"昆山鸭面闻天下。"

(三)源于寻常生活

明清时期,苏州被誉为全国工艺之都,许多方面的工艺曾展现出当时工艺美术的较高水平,其关联、细化到苏绣、苏玉、苏铸(仿古铜器制作)、苏钟、苏裱、苏扇、苏笛、苏锣、苏笙、苏管、苏箫等。所以,当时但凡被冠以"苏"字头的手工艺品,不仅是象征地位的符号,也是无形的规范;不仅是地域的指向,也是全国效仿的风向。"自明后期至清中期绵延了近三个世纪之久的苏州风尚,不仅仅是一种炫耀性的风尚,而且还是品位和身份、意蕴和境界、风雅和脱俗的象征。"[①] 然而,与上述动辄具有全国性影响力的手工艺品相比,昆山传统的手工艺品,更多地体现出在"寻常"中寻觅生活的趣味、滋味。这些手工艺产品多用在寻常时日、寻常人家,而非仅限于特定、重大和特别的日子,也并非专供于皇室贵胄、达官贵人、文人雅士及富裕商贾之家。另外,这些手工艺品也多取自寻常材料,不尽是珍稀、名贵材料,如泥土、竹子、棉花、稻草、蒲草等,满目的"乡土"味。凡是大自然给予人类的,都可以加以创造。正是"寻常",才是普通百姓、大众生活真实的"日常"图景。

寻常的,如在街头巷尾,吃一顿早点。而早点吃奥灶面已成昆山人的一种习惯,据庞寿康《旧昆山风尚录》记载:"吾

---

① 范金民:《"苏样"、"苏意":明清苏州领潮流》,《南京大学学报(哲学·人文科学·社会科学版)》2013年第4期,第123页。

邑红油面、卤鸭面,早已驰誉苏沪一带。"当时许多面店,"客至则以各色面浇,如卤汁肉、鸡、鸭、腊肉、爆鱼、走油肉、焖肉、鳝丝等,分别盆装,置放桌上,任客选食"。且各面馆以半山桥无牌号而以女店主"康太"名馆(奥灶馆的前身)者为首屈一指。过去,昆山人谈起奥灶面总是津津乐道:桥头条面,凤箸红汤,松沪苏锡,遐迩称扬!未临其门,已闻斯香,酒肆茶室,莫不沾光。① 百年奥灶面,被老百姓戏称为"打耳光不愿意放手"。今天,遇寿庆喜事请吃奥灶面或赠送面票,在昆山已经成为一种时尚。人们认为,"到昆山,不吃奥灶面,等于没来昆山"。当然一年四季的变更,也带来饮食的迭变。如锦溪正月里有年糕、汤圆,二月撑腰糕,三月青团子,四月铰链棒、马蹄糕,五月的荤、素粽子,六月油几和油斗,七月冷拌面、绿豆汤,八月葱油饼、糖芋艿、月饼,九月重阳糕,十月云片糕,十一月汤包、赤豆糕,十二月腊八粥。人们还将带着美好心意的陆家浜糖枣、千灯小麻糕做成"包扎",馈赠亲朋,充满着世俗中的人情暖意。一年四季的衣衫,更为常见。周庄"土布",俗称"老粗布",是近代机械化大生产之前流行于周庄农村地区的手工纺织布,制作的土布种类有刮白布、大白布、上青布、芦扉花布、黑白格等。这些手工艺品,贴近人们生活的边边角角,如箍桶制作技艺,涉及脸盆、脚桶、浴桶、马桶、饭桶、子孙桶、鞋桶、提桶、套桶、吊桶、立桶、拌粉桶、蒸桶等。而竹编更是举不胜举,有为家庭摆设、膳食、洁具、坐具、娱乐休闲、遮阳避雨之用,也有为农业生产、交通所必须,几乎是无所不包。

  手工艺不仅为市场、大众带来利益,还成为一部分群体的职业。清代乾隆《陈墓镇志》载:"本镇居民稠密,务农者恒少……男子作佣工,半籍窑业以糊口。"锦溪朱家甸村在漫长

---

① 葛欣:《名不虚传》,赵红骑主编:《青团子 昆山名特产》,上海人民出版社2008年版,第185页。

的历史发展过程中，逐渐形成了以砖瓦烧制为主业的农村景象，大部分村民以盘窑、烧窑、祭窑为主要生产、生活方式，该村流传着这样一句顺口溜：生活就是"种种田，烧烧窑，装装船"。新编《张浦镇志》载：农家利用自家原料编制竹制品，自用或做商品；该镇新塘村家家户户都有一片大小布艺的竹园，村民以竹为原料制作各类竹器，一直沿用至今。此类作业尤以陆家镇陈巷村的竹家泾为盛，旧时该村六十多户人家户户有竹林和竹园，农闲时全家编制各式各样的小件竹器用品，销往上海、浙江一带。[①] 据《锦溪镇志》记载，光茶食、糕点行业，民国时期的锦溪就达20多家。在一些家族，某种职业甚至成为家学、家计的一部分，从而使这项手工艺成为家族或家庭的"传统"、一种"前人精神"的延续。这样，家庭成员在风格上神会或精神上呼应，使得技艺在代际传承、升华，容易形成独特统一的技术体系。除了血缘传承外，还有业缘传承、地缘传承，这就是今天某种手工艺类往往以某地为特色或密集于某地的原因之一。

二、自然为之：传统手工技艺的本色

1. 取材自然：技艺与自然环境之间的连接

江南的意蕴和发展，离不开"水"与"文"之相合，以水育文，以文化水，形成特定的水乡风貌。昆山地处长江三角洲地带，境内吴淞江、娄江横穿东西，并有淀山湖、阳澄湖、傀儡湖等大型湖泊，整体水域面积占了昆山总面积的23.1%。昆山属于亚热带季风气候区，四季分明、雨量充足，气候也非常湿润温和。传统手工艺就是在这样的自然环境中应运而生的。成书于先秦时期的《考工记》提出"天有时、地有利、

---

① 刘冀：《精湛的竹制品技艺》，赵红骑主编：《鹿城巧匠 手工制品技艺》，上海人民出版社2011年版，第82页。

材有美、工有巧，合之四者，然后可以为良"的工艺技术审视标准。昆山得益于山温水暖的大自然赐予的"良材"，并"因材"而用，择其"善材"，锻造"美材"。

闻名遐迩的阳澄湖大闸蟹，也是缘于阳澄湖水域辽阔、水质清澈如镜、滩多湾多、水浅底硬、日照充分、水温暖和、水草丰茂。阳澄湖是螃蟹定居生长理想的天堂。在这样的环境中生长的蟹，具有青背、白肚、金爪、黄毛四大特征，是区别于其他蟹品质的重要标志。奥灶面以红油爆鱼面、白汤卤鸭面为绝代"双浇"。昆山水域凭借得天独厚的条件，盛产优质青草良种鱼，特别肥壮鲜嫩，是炰制爆鱼的上好原料。其中的鸭则来自昆山独有的鸭种——大麻鸭，它是本地娄鸭与北京鸭杂交的品种，具有生长迅速、瘦嫩味美的特点。周市爊鸭声名在外，因为周市深处水乡湖荡，野鸭、野禽丛生。周市民间还流传着"自古原野飞禽集，猎取爊煮换米炊"的民谣，这说明当地农民很早就猎取野禽加工成爊货出售，以换取生活之资。《昆山县志》曾载，野鸭等在阳澄湖及昆山低洼地区，一当"水田稻熟"，则"群唼一空"。清代邹钱斌《赠尉村陈确庵》有诗曰："窥人野鸟频往来，过眼浮云任卷舒。"

昆山竹材资源丰富，清康熙《昆山县志稿》载：昆山盛产燕竹、笙竹、护居竹、紫竹、水竹、粉筋竹、淡竹、凤尾竹、方竹、黄金间碧玉和慈孝竹等。有的村庄几乎家家户户门前屋后都种竹，这也带来竹编业的繁盛。青团子最"养眼"的就是碧绿色，它浸透出青草的自然色和清明时节的时令特点，而这归功于将麦草（浆麦草、蒋麦草）的汁液。将麦草是一种状似小麦的越冬植物，茎部微红，高不盈尺，早春漫遍田野。周庄人家家家户户腌菜苋，东晋张翰由洛阳辞官回乡后，观满圩黄花，吟有"黄花如散金"诗句，所谓的黄花前期即菜苋。初春时节，油菜花开，从菜叶中长出含苞花蕾，而最上端的尚未开花部分，当地人称为"菜苋"，其色泽碧绿，口感鲜嫩。光绪《周庄镇志》记载："冬种春生，撷食其荤曰，菜苋并可腌藏，三月开黄花，四畴如散金。"

锦溪是历史上有名的砖瓦制造地，这首先依靠的就是得天独厚的"土"。砖瓦原材料为湖泊沉积物，所形成的土壤质地细密、黏重、坚实，微酸性至中性，含铁量较高，所制成的砖瓦不易破碎、经久耐用。以锦溪黏土颗粒的塑性指数来看，绝大多数在 14 以上，非常有利于制作砖瓦坯体，含沙少、粒细小、K 值高，而湖荡底部和稻田中去除表层后的 1～2 米深的泥土颗粒塑性指数更是在 17 以上，属于高质黏土，更适宜制作平瓦、古砖瓦和金砖。① 这种特殊的土壤、特殊的工艺最终"变土为宝"。另外，此地的稻柴、麦柴、菜萁、砻糠等也都成了烧窑的燃料。昆石及其加工技艺，也得益于昆石的赐予。昆石，又称玲珑石，与太湖石、雨花石并列为"江苏三大名石"，又与灵璧石、太湖石、英石同誉为"中国名石"。昆山城内马鞍山地表露出部分由灰白色石英岩和白云岩组成，下部由灰岩和粉岩组成。由于地表运动造成的晶簇脉片形象结构多样化，因此有洁白如雪的雪花峰、薄如鸡骨的鸡骨峰、状如海蜇的海蜇峰、果实累累的胡桃峰及杨梅峰、荔枝峰、石膏峰等。人们在其独特的质地和外形之上，进行想象和创作。

2. 自然和谐：技艺与人之间的连接

青团子的色彩完全来自自然色，所以青团子是时令食物，一般只能制作三个月。而正仪文魁斋青团子只做清明前后大概两个月，这是将麦草生长最旺盛的时候，草嫩、叶绿素充足。正仪文魁斋从不加任何化学色素地去多做、多赚钱，且全部是手工和粉、手工捏团子，以确保青团子的口感。锦溪的袜底酥亦不加任何添加剂和防腐剂，味道十分纯正。周庄腌菜苋也是一种纯天然绿色食品，在制作腌菜苋时不添加任何色素及附加

---

① 李惠元：《得天独厚的一方水土》，赵红骑主编：《鹿城巧匠 手工制品技艺》，上海人民出版社 2011 年版，第 40-41 页。

剂。周庄"土布",主要是以棉花为原料,采用不上浆工艺,用简单的脚踏木制斜梁织布机手工织造而成。所成之"土布"可分为两大类:一类是白坯布,旧称"白货";另一类是花色工艺土布,旧称"蓝货"。花色工艺土布主要包括色织土布、印染土布和挑花土布等。[①] 周市爊鸭的主要配料为丁香、玉桂、甘松、茴香等,具有药理作用的诸多香味融合在一起,所以有"一家烧煮,满街飘香"之雅誉。当然,这也蕴含着追求和谐之美。奥灶面,从色彩上看,暗红的油配上暗红的鱼是和谐的,淡黄的汤配上淡黄的鸭是协调的;从"浇头"的形态上看,都切成大小适中的块状,形态生动。今天的这些手工艺大多本着原生态传承,保持着原生态特色。

三、创造之功:昆山传统手工的匠技

(一)贵在于精

"求精"的工作态度、"尚巧"的创造精神、"道技合一"的人生境界是中国传统工匠精神的内核。苏州"百工技艺之巧,亦他处所不及",这是历史时期的概括和综评,说的就是技术品质层面的"精"。"精"体现在精巧、精细、精准、精致、精雅等方面,相辅相成,互相幻化。

就奥灶面这一碗面的制作来看,"机密"和"讲究"体现在以下方面:首先,"三道关",即汤、面、浇,是制作奥灶面的关键。汤的制作,主要取肉皮、猪脚爪、猪骨、鸭头颈、鸡骨架、鸡爪、螺蛳、鱼头、鱼尾、鱼鳞、河虾壳等适量,加以昆山酱油、香葱、生姜、山柰、茴香、红椒等合适的配量,用大火煮沸,然后用小火煨 6 小时左右,将锅内物品捞出,滤清原汤。面,需要有筋爽口,为保证高质量,防

---

① 陈研、张旭、薛朝婷等:《近代周庄"土布"的传承与创新设计》,《艺术科技》2016 年第 11 期,第 259 页。

止源头工艺的粗制滥造，奥灶馆往往自己生产机面，在搅拌和面、加料润面、制皮轧面的各个环节都严格把关，精益求精。① 浇头，红油爆鱼面的"鱼"，要选购十斤以上的嫩活青鱼作为原料，购买后，途中不能随便停歇，避免沾染尘土污泥，以保持鱼身的清洁和新鲜。活鱼要放在专用的木桶里宰杀，仔细加工开片，连第一次冲下来的血水也不能随便倒掉。在氽制爆鱼时，配料比重准、辅料用量准、浸泡时间准颇为重要，要坚持做到母油浸、大曲喷、姜打汁、撒葱花。天热、天冷时，在咸味上轻重有侧。鱼用旺火烧透，再用文火煮醒，分批摆放在发馍里，使之保温、保质。鱼块整形、表里一致，这样氽出来的爆鱼既好看又入味。其次，"五热一系"，强调热面、热油、热汤、热浇、热碗。奥灶面文化，也体现在碗上。碗多用印着青花的粗瓷碗，朴素端庄，既大又深。特别是每一只碗都需专门蒸热，这有两个作用：一是因为从前的面汤，用各种原料熬制成膏汤，所以最早的奥灶面又称为"膏汤面"，放在滚烫的碗里，膏汤自然化开了，即使在冬天也不要紧；二是因为面条飞快地从锅里捞出时，只有八九成熟，正是在放进滚烫的碗里、端到桌上的几分钟里，它才完全熟了。② 用蒸热的碗盛面，碗不容易沾油，油可以全部被面吸收，这也减少了面中热量的损耗。再次，"两重"，即"重油、重青"。"重油"就是油水较多，分别用烹制爆鱼和卤鸭的油水铺在面上，清香扑鼻，别有风味，但不能太油腻，应恰到好处。"重青"就是汤中放有较多切细的大蒜叶以戒腥，并产生"绿叶飘飘"点缀美观的作用。③ 每一个环节，都饱含着技术。奥灶面的火

---

① 杨瑞庆：《漫话奥灶面》，赵红骑主编：《奥灶面　中华老字号》，上海人民出版社 2008 年版，第 30 页。
② 陈益：《唱戏靠腔　吃面靠汤》，赵红骑主编：《奥灶面　中华老字号》，上海人民出版社 2008 年版，第 60 页。
③ 杨瑞庆：《漫画奥灶面》，赵红骑主编：《奥灶面　中华老字号》，上海人民出版社 2008 年版，第 32 页。

候技术有"千变万化,精细微妙,奥妙无穷,难以言喻"的说法。有些技艺甚至只可意会不可言传,所以即使是人们口腹之需的奥灶面,也被认为与昆曲"有着共同的文化精神"。①昆山奥灶面的红油爆鱼面、白汤卤鸭面,于2003年先后获得"中华名小吃"称号。

陆家镇泗桥豆制品被誉为"素菜之王",从选材到每一道制作工艺都很严格。今天,陆家镇泗桥豆腐制作选用的黄豆为固定合作地区所产,经过3至5小时的浸泡后,用清水漂洗多次;放进打磨机中磨成豆浆,再倒入用细密纱布做成的豆腐包里进行沥浆,过滤掉豆渣和杂质;煮浆则是在传统的灶头上,用木柴烧火;用卤水点豆腐时,加入盐卤的量和力颇为关键,而"卤水点豆腐"和现在大多数用石膏点出来的豆腐相异,这需要更高的工艺水平,投入更多的时间和精力;压豆腐时一定要把水压干,让豆腐尽可能结实。这份精益求精的精神恰是陆家镇泗桥豆腐的奥妙所在。②青团子制作中"将麦草同石灰的配比是保证青汁质量的关键……同是一棵将麦草,因生长的地方和生长期的不同,它们的水分含量也不同,如长势旺盛未拔节时,水分就多;拔节抽穗时,水分就少。生长在沃野田垅的,水分充足;生长在干旱贫瘠地方的,水分干瘪"③。师傅根据将麦草的不同类别,调整石灰用量,极具针对性和灵活性,这是一桩耐心细致的工作。周市爊鸭,讲究对原料的鉴别与选用,同一原料中,其形态、质地、性能往往互有差异。新鲜与不新鲜、老与嫩、壮与瘦、肥与精、形态大与小等,需要按照不同特点合理选用,进行配方。周庄腌菜苋也是如此,每根菜苋必须在2—3月摘,长度10厘米左右为佳。正如法国香

---

① 陈益:《唱戏靠腔 吃面靠汤》,赵红骑主编:《奥灶面 中华老字号》,上海人民出版社2008年版,第55页。
② 《泗桥豆腐 香飘十里》,《昆山日报》2017年12月28日,B2版。
③ 杨瑞庆:《漫话昆山名特产》,赵红骑主编:《青团子 昆山名特产》,上海人民出版社2008年版,第43页。

槟酒酿制技艺,往往以法律形式予以规定葡萄采摘时间,以确保恰到好处的酸度。

制作技艺以精工细作为上,竹刻技艺尤其以篦边竹刻,即扇骨竹刻,更显"巧"字之风骚。苏州在明代已成为折扇的主要产地,据叶德华《苏扇漫谈》云:"苏扇问世之初,竹刻工艺已经在江南盛行,扇骨竹边质理清细,色泽鲜润,一经奏刀,每获良效。于是扇边竹刻应运而生。"篦边除了面积狭窄外,厚度极薄,然而陷地阴阳刻法、薄地阳纹刻法、留青刻法等浅浮雕、刀深峻的深刻法,以及用刀极浅刻法和游丝毛雕法等阴刻法,尽用于此。竹刻技艺在昆山,绵延传承至今。当代著名竹刻大师周玉菁的留青竹刻《为人民服务》,全文隶书臂搁而言,每字大小在0.4~0.5厘米,字体工整、清秀,只有借着光线才能看清。留青底部用极细的刀尖刻了均匀自然的细点,看似细沙,其法谓之沙底,给光素单调的平底塑造出细腻的艺术效果,丰富留青层次。[①] 在竹编的削竹环节中,细削是需要功力的,将劈好的竹片削成篾青和几层甚至十几层篾黄,且要粗细、厚薄均匀。有时编制精美的竹席、热水瓶套之类的,要将篾青和篾黄削成1毫米以内的篾丝或如纸一样薄的篾条。陆家镇竹家泾的一些高手,去上海等地销售产品,在淘米篮和筲箕上压10斤左右的石头,它们都不会被压坏。[②] 锦溪袜底酥可以用薄如蝉翼来形容,薄却不穿孔、不露馅,这在制作技术上是相当有难度的。

锦溪砖瓦制作技艺的主要流程有:选泥—晒泥—粉碎—筛泥—练泥—搁堆—做坯—晾晒—装窑—烧制—成品。烧窑的技术性很强,先是煨烧,让泥坯渐入佳境;然后是旺火,百炼成

[①] 周刚:《优秀的昆山竹雕传人》,赵红骑主编:《鹿城巧匠》,第210页。

[②] 刘冀:《精湛的竹制品技艺》,赵红骑主编:《鹿城巧匠 手工制品技艺》,上海人民出版社2011年版,第87、91页。

钢；最后是闷窑，脱胎换骨。① 一窑砖需要烧20天左右，烧烧停停，意在控火控温，因为古代没有温度计，全凭师傅的"感觉"。火候是制作砖瓦工艺所有环节中颇为重要的一环，《天工开物》载，火欲达到"形神摇荡，若金银熔化之极然"之程度，又明确地记载火候精准之要害："凡火候少一两，则釉色不光。少三两，则名嫩火砖，本色杂现，他日经霜冒雪，则立成解散，仍还土质。火候多一两，则砖面有裂纹。多三两，则砖形缩小拆裂，屈曲不伸，击之如碎铁然，不适于用。"历代砖瓦工匠，并非在课本和教材中习得火候等各项技能，唯有根据祖传、经验和精心揣摩。今天的锦溪制砖人丁惟建总结长期土窑烧砖的经验，认为砖坯烧的温度最高不能超过1 000摄氏度，否则砖坯体型会收缩，若再加温，砖体就会膨胀，砖体中充溢着气泡。并由此可以初步判断，窑温大致在980摄氏度至1 000摄氏度。② 与"火"相冲的就是"水"，在封窑之时，自窑顶从上而下浇水，既起到冷却的作用，又加速其发生化学反应，使烧成的红砖瓦立即变成灰砖瓦，这是锦溪砖瓦制作中的一大特色，所以窨水也同样至关重要。到了焖窑阶段，炉膛和观察口也要用草泥封死，只能根据经验和细节来观察判断，进行窨水。这样，师傅只能完全凭感觉，去感受那未知的窑炉里到底是怎样的情形。③ 一流的师傅甚至通过对窑货散发出的气味进行研究，也能洞察"红烧"的窑内情况。

"金砖"的制作工艺更为复杂、精准，从选土、风化、晾晒、泡浆、搅拌、沉淀、踩土、制坯、干燥，到烧制，再到上釉、抛光等，一共四十多道关键工序。仅选土就有掘、运、晒、椎、浆、磨、筛七道工序，耗时长达八个月之久。据

---

① 杨瑞庆：《概述》，赵红骑主编：《锦溪窑火 砖瓦制作技艺》，上海人民出版社2011年版，第15页。

② 李雪艳：《窑与窑祭的社会功能——以江苏昆山锦溪祝家甸村土窑与窑神祭拜仪式为例》，《内蒙古大学艺术学院学报》2014年第1期，第52页。

③ 郭海鞍：《砖访》，《世界建筑》2014年第7期，第31页。

《四库全书总目提要》记载,"凡七转而后得土","凡六转而后成泥","阅八月而后成坯","凡百三十日而后窨水出窑","凡需砖五万,而造之三年有余而成"。为纪念我国成功举办2008年奥运会和庆祝2010年上海世博会开幕,锦溪镇金砖制作传承人丁惟建采用传统工艺制成一块140厘米见方、厚14.5厘米、重960斤的特大仿古金砖,这比历史时期皇宫里的金砖块头要大几倍,其面积和重量为国内现存之最。从备料到形成砖坯经历了七八个月的时间;光干燥的过程前后经历了两个冬天,用了十八个月的时间;而烧制这一块金砖,又用上了整整四十九天的时间,前后历时两年零七个月。① 四十多道工序,一道接一道,丝毫不得有差池,仅以坯重量来看,单坯重量1 600斤,成型后坯体要在不开裂、不变形的前提下,去掉320斤左右的水分。所以,"巨型砖坯成型干燥过程中,我们所付出的艰辛和智慧恐怕无人能知"②。难处就是工匠精神的注脚。工匠精神所传递的往往是精神,是耐得住岁月打磨的精神。

敢于向更高、最高审美标准定位,是手工技艺和人类文明前行的动力。工匠借助专注、持久、严谨、细腻、精益求精、坚守、不急不躁、精致、敬业等心理品质完成的创物行为,其中多是以时间的积淀而沉淀出的品质气象,从而在物的呈现上也经得住时间的打磨。所谓的巧夺天工、鬼斧神工等,都是对特殊技艺和技巧在大量"工夫"的基础上达到的量与质高度统一后所表现出的境界的高度赞许。"向上"的力量,始终在传承。奥灶面将本是大众生活中的寻常,开拓成蜚声海内外的品牌和形象。

---

① 许正伟:《锦溪砖瓦的领军人物》,赵红骑主编:《锦溪窑火 砖瓦制作技艺》,上海人民出版社2011年版,第128页。

② 赵红骑主编:《锦溪窑火——砖瓦制作技艺》,上海人民出版社2011年版,第148页。

(二)创新与特色

在精益求精之上,不墨守成规,而是不断以"新"带来创造、创意,致力于传承之上的创新。历史性突破,往往都是创新使然。回溯昆山传统手工艺的发展,可见其既擅长原创,又具有移植性的改创,从而将他的技艺化育成本土特色,另外,具有再创造性,将相关联的工艺进行融合、整合。当然,创新是一个绵延的过程,既包括"当时"的创新,又包括"当下"的创新。

昆山人说,"看戏听腔,吃面靠汤"。奥灶面的点睛之笔在于汤,汤是创意出来的,鱼鳞、鱼鳃、鱼鳍等本该为废弃之物,昆山人却将它们变废为宝。先将刮下的鱼鳞洗净后,放入清水中用高火炖煮制成鱼膏,然后添加上猪脚爪、猪骨头、猪肉皮、螺蛳、河蚌、黄鳝骨头、鸡鸭骨头等荤腥一起熬制,才获得了那种通过优化组合起来的沁人心脾的美味。[①] 同时,还需要滤清、戒腥。

昆山手工技艺有的是在原有技术之上的进阶。闵氏金黄散在古方如意金黄散基础上制成。最早记载如意金黄散的是明代陈实功编著的《外科正宗》,药方主要由大黄、姜黄、黄檗、白芷、陈皮、苍术、天南星、厚朴、天花粉、甘草十味中药组成。闵氏金黄散则增加了独活、地肤子、芒硝、冰片、丹参、生草乌、皂荚等数味中药。以大黄为君,清热解毒,逐瘀通经。"全方组方严谨,既针对热毒壅盛的病因加以清除,又考虑到气滞血瘀、湿阻经络、久郁而化热成腐的因果关系,诸药通力协作,标本兼治,从而使毒解瘀化、肿结自消,通过精妙的药物配伍,遣药成方充分发挥出中医外治的优势。"[②]

[①] 杨瑞庆:《漫话奥灶面》,赵红骐主编:《奥灶面 中华老字号》,上海人民出版社2008年版,第27-28页。

[②] 赵红骐主编:《郑氏妇科和闵氏伤科·昆山名科》,上海人民出版社2010年版,第217、219页。

文魁斋的青团子工艺，有两处技艺创新较为突出：一是青汁来源，民间关于青汁有多种取法，有的取自艾蓬，有的取自青菜。艾蓬汁制的青团子，色泽暗绿；青菜汁制的青团子，颜色发黄。这两种青团子，味带苦涩，口感极差。文魁斋青团子使用前述的将麦草。二是石灰水点浆。先将新鲜的将麦草洗净加适量清水捣烂，再榨取青汁，然后用石灰水点浆，其中，加多少石灰水是文魁斋家传秘诀。加多了，青汁会有石灰的咸碱味，加少了不能彻底清除青草味。当然，这些技艺需要与相关环节密切配合。例如，制青团子的糯米要精选，以粒满晶莹为佳。做青团子馅的红枣、赤豆都要清除杂质，颗粒饱满，猪油必须新鲜、膘厚。这种青团子出笼时才色泽鲜亮、青翠欲滴、清香诱人，还能自然保鲜，存放7天左右，可以不破、不裂、不变色，依然柔软、光滑。这是经过数年的反复试验，到了20世纪30年代，才最终形成的工艺。

有的创新体现在原材料上。周庄腌菜苋的主料采用的是油菜还未开花的部分（菜苋）。而大多数咸菜的原料多是雪里蕻或青菜。锦溪袜底酥，既有苏式特点，又有潮式风格，特别是在形状上，别具一格。因旧时穷人家袜底穿破，以多层厚实的布料以增加"托底"，这就是袜底酥"腰子式"的脚形和"多层式"结构的灵感来源。为了达到"多层"的奇特效果，采用"油酥"结构，将油面反复揉搓，层层重叠，薄如蝉翼，再经过烘烤，清香松脆，别有风味。[①] 如此，锦溪袜底酥以薄、香、脆、奇为独特风味，清乾隆年间的《陈墓镇志》中，称它为"入口酥"。周庄三味圆，既不是单一的、常见的肉面筋，又不是素面筋，而是多元合成的佳品。千灯小麻糕不仅吸取了苏州枣泥麻饼的外撒芝麻和烘烤工艺，还吸取了糖枣的小巧特点。周市爊鸭采用爊法，既不用烧、炒、炖、烤、烩、

---

① 杨瑞庆：《漫话昆山名特产》，赵红骑主编：《青团子 昆山名特产》，上海人民出版社2008年版，第26页。

煨、爆等"火"法，又避免与已经扬名的南京板鸭、苏州酱鸭等相雷同。

利用新技术进行创新，是每个时代的手工艺人的理想。奥灶面制作技艺传承人刘锡安在菜肴的创新上大做文章，创制了许多具有奥灶风味的特色名菜，仅蟹菜就有40多种，如奥灶馆四大名球——蟹油虾球、玫瑰高丽球、春蚕吐丝球、水晶球；奥灶馆三大名鸭——酱鸭、糖鸭、卤鸭；奥灶馆五大名鸡——水风鸡、平地里贵妃鸡、五子登科鸡、油鸡、一品鸡。①

（三）民间巧智

所谓的民间智慧，前述的精巧、充分利用自然环境赐予等，皆为体现；但更多地体现在那些历史时期所形成的，未必以文字记录、经科学原理解说的事物上，有时是在瞬间应急所用，变不可能为可能，变劣势为优势。可能是集体智慧的结晶，也有可能是个体的"发现"。例如，在竹编工艺中，离不开水与火的交替使用，制作竹篙、竹梯、脚手架等器具，竹材要直，需要将弯曲的部分用火烘直；而制作竹橱、竹椅、竹凳、罩篮等器具又要将配成料的竹管或竹片用火烘弯，使其成为器具衔接的弯头。在烘烤时，火候就是关键。一面要用火，一面要淋水，以防火伤。另外，在竹材劈削之后，根据不同成品的需求，将其浸入水中，使之变软。而制作精致的睡席、罩篮等，要将竹篾煎煮，使之坚韧牢固，竹篾柔软、光滑易编织，且可防霉和防断裂。②

阳澄湖天然水域捕捞大闸蟹的渔具、渔法多种多样，有蟹簖、丝网、牵网、拖网、拦网、蟹罾、撒网、蟹钓、地笼、蟹

---

① 高柏勤：《烹饪大师刘锡安》，赵红骑主编：《奥灶面 中华老字号》，上海人民出版社2008年版，第153—154页。
② 刘冀：《精湛的竹制品技艺》，赵红骑主编：《鹿城巧匠 手工制品技艺》，上海人民出版社2011年版，第87—88、90页。

笼等。① 夜捕的主要方法有拦江设簖、湖中投网、小江拦网、设灯诱钓等。其中，拦江设簖是主要手段，簖是指用竹片编扎的篱笆，呈斜向走势，将其拦在江中。簖的位置大多设在源出阳澄湖水质清、水面宽的江面上。根据螃蟹顺水爬行的习性，人们把捕蟹的机关设在下游簖的尽头处。岸边的凉棚是守蟹的机关，下面铺着竹垫，竹垫下面是水，周边用竹帘围住，像个大水箱，同外面的篱笆衔接，衔接处有个闸门，闸门可以放下或提升。守蟹人坐在竹垫上，夜间点灯诱蟹，操作闸门。深秋季节，一到夜间，蛰居一天的螃蟹顺江而下，或觅食，或东去大海，喜光的习性驱使它们爬进水箱，守蟹人放下闸门，完成捕捞。

四、物用之延伸：传统手工的意趣

手工技艺，本是文化艺术的物态体现。昆山的传统手工艺，处处体现出"江南"的意蕴。例如，在食品加工中，重甜、重油，昆山在苏沪之间，"既有江南人崇尚清淡的共性追求，又受到苏式甜脆风格的影响，还受到海派时尚风格的渗透，所以昆山食品的口味表现出浓淡相宜、甜咸互补、脆酥兼有的多元性和共融性"②。所以，青团子不做咸馅，专做甜馅。有的体现工与艺之相合，有的被赋予文化气息。周庄白家浜上的彩灯，造型各异，小巧玲珑，灯上绘有松鼠偷葡萄、武松打虎、梁山伯与祝英台等有趣故事和戏剧人物。③

养蟹、吃蟹，是一件再世俗不过的事了，但昆山人在蟹上"借题发挥"，让人回味无穷。在民间谚语中，以蟹来幽默地

---

① 江苏省昆山市巴城镇志编纂委员会编：《中国名镇志丛书 巴城镇志》，方志出版社 2017 年版，第 92 页。
② 杨瑞庆：《漫话昆山名特产》，赵红骑主编：《青团子 昆山名特产》，上海人民出版社 2008 年版，第 17 页。
③ 李惠元：《节俗中的民间纸扎》，赵红骑主编：《鹿城巧匠 手工制品技艺》，上海人民出版社 2011 年版，第 149 页。

讽刺生活中的人及其特别现象。例如,"捉死蟹",就是指人遇事不动脑筋、贪图方便、不肯出力、敷衍了事的行为;又如,"小洞里摸出大蟹来""掰蟹脚""呒脚蟹砣砣""死蟹一只""老蟹""隔年老蟹""冷落蟹"等,这些谚语不仅生动形象,而且琅琅上口。还有的用蟹来形容一些事物,如独脚蟹、蟹爪菊、蟹螯阵、虾荒蟹乱、蟹兵蟹将、蟹脚撑、蟹眼井、蟹壳青、蟹壳黄等。蟹、酒、菊、诗合成了一幅俗世生活的水墨图。文人墨客或以诗吟蟹,如曾任苏州军事判官的晚唐诗人皮日休在《寒夜文宴得泉字》中写道"蟹因霜重金膏溢,橘为风多玉脑鲜",活跃于玉山草堂上的元代诗人杨维桢在《蟹》诗中曰"飒飒西风秋渐老,郭索肥时香晚稻。两螯盛贮白璃瑶,半壳微含红玛瑙",笔端透出红玛瑙一般的诱人蟹黄;或在品蟹中饮酒赋诗,秋日饮酒品蟹,也被看作人生的一大乐事,如唐寅在《江南四季歌》中赞曰"左持蟹螯右持酒,不觉今朝又重九",清代金孟远在《吴门竹枝词》也禁不住感慨"最是酒徒清福好,菊花初绽蟹初肥",昆山人黄子云的诗《横泾外舅席上食蟹》更是将品蟹的豪情、愉悦写尽"西湖(按:阳澄湖)湖蟹兴高秋,品馔独此平生求",清代张问陶的《食蟹谢熊武之》写道"举酒能忘九陌尘,双螯入手自丰神",如此让人忘掉世间烦恼,生活也是"如斯甘美莫与俦"了。近人章炳麟晚年寓居苏州,与夫人汤国梨对阳澄湖大闸蟹颇感兴趣,汤国梨曾如此赞蟹:"不是阳澄湖蟹好,人生何必住苏州!"为此,人们还赋予吃蟹以美好的故事源头——巴解吃蟹,这也是昆山巴城取名之源。鲁迅称赞"第一食蟹者为天下之最,传说乃巴解也"。所以,吃蟹也是一件雅事、趣事,有人专门为此制作了一整套精致的吃蟹工具,多达数十种,简者称为"蟹八件":小方台、圆腰锤、长柄斧、长柄叉、圆头剪、镊子、钎子、小匙,可用于垫、敲、劈、叉、剪、夹、剔、舀等。民间所用,一般为铜制,讲究的用白银打制,摆放在镶嵌有金丝或螺钿图案的红木盒子内,造型美观,光泽闪亮,精巧玲珑。"蟹八件"本身就是精美的工艺品,民国年间,"蟹八件"就成了许多苏沪一带女儿的嫁妆之一。①擅长吃蟹者,还能将空壳拼成完整的一只蟹,真是趣味横生。

品蟹,历来是一种文化。今天,阳澄湖畔的人们在继承传统的基础上,创造了"蟹道"。在明丽的江南丝竹乐声中,在宁静而又优雅的氛围中,人们遵从赏乐、品茶、净手、熏香等流程,使用"蟹八件"等精美蟹具,佐以黄酒佳酿、姜汁、食醋、酱油等,开始品蟹。②当地民间文艺创作和表演中,咏蟹、歌蟹、舞蟹、书蟹、画蟹、摄蟹、扎蟹等层出不穷,精彩纷呈,别有一番情趣。③自1997年10月,昆山巴城镇举办首届阳澄湖蟹文化节以来,至今不辍,阳澄湖蟹文化节以蟹为媒、以蟹会友、以蟹兴文、以蟹招商。巴城镇还建立了蟹文化博物馆。

与蟹不同的是,昆石本为雅玩之物。康熙《昆山县志》记其为"珍玩"。宋代杜绾所撰的《云林石谱》,被誉为"中国第一部论石专著",其中这样描述昆石:"其质磊砢,巉岩透空,无耸拔峰峦势,扣之无声。土人唯爱其色洁白,或栽植小木,或种溪荪于奇巧处,或立置器中,互相贵重以求售。"④昆石以其晶莹洁白、玲珑剔透、峰峦嵌空、千姿百态等品相,以清、雅、奇、妙为特点,成为文人雅士室内装饰、案头清供的佳品。保存至今最大的昆石精品见于昆山亭林园中国昆石展示中心内的"春云出岫""秋水横波"。前者高2.2米,宽1.1米,厚1米,"色青白,透晶莹,基部宽厚稳健与石身浑然无

---

① 陈益:《蟹道、蟹宴和蟹餐具》,赵红骑主编:《大闸蟹 天下第一鲜》,上海人民出版社2008年版,第67页。
② 陈益:《蟹道、蟹宴和蟹餐具》,赵红骑主编:《大闸蟹 天下第一鲜》,上海人民出版社2008年版,第55-57页。
③ 葛欣:《湖美蟹肥人杰——大闸蟹的各种艺术再现》,赵红骑主编:《大闸蟹 天下第一鲜》,上海人民出版社2008年版,第144页。
④ 杜绾著,朱礼欣绘:《古人的雅致生活:云林石谱》,江西美术出版社2018年版,第18页。

间，窍穴透漏、层层而上如云朵一般左右伸展、掩抑顾盼，至顶呈麻菇状，如若云遮雾罩，边缘旋而反卷而下，整石状如一团祥云升腾之态。尤为动人之处在于石身腰部稍收，扭向一侧，如'窈窕淑女'之婀娜风姿"①。人们因昆石衍生了一系列的诗画作品，并创作了庭园景观和盆景等，明代文震亨的《长物志》载："以色白者为贵……间有高七八尺者。置之古大石盆中亦可。"② 历代文人以诗褒赞昆石，或赞其质，或喻其高洁，如宋代石公驹的《玲珑石》、范成大的《水竹赞并序》分别称誉其为"君子""高洁不群"。元代张雨咏其为"珠光出蚌胎"，清代陈竺生的《登马鞍山》也将其与"玲珑玉"相媲美。此外，郑元祐也在《得昆山石》中曰"昆冈曾韫玉，此石尚含辉。龙伯珠玑服，仙灵薜荔衣"③。

传统手工艺的主题内容、表现形式及价值功能等随时代演变而不断衍化、异化，在不同时期，从本体内容到外化形式甚至载体材质等方面不断发生变化、销蚀、进化、升华甚至"转基因化"，尤其是其功能、价值在当今不断蜕化、变异。但无论如何，都同样表达出人们对美好生活的追求，并将其落脚、幻化在细碎的手工之需、之用上。

---

① 刘建华：《昆石名品之赏析》，赵红骑：《玉峰秀石 昆石加工技艺》，上海人民出版社 2001 年版，第 157 页。
② 文震亨著，海军、田君注释：《中国古代物质文化经典图说丛书：长物志图说》，山东画报出版社 2004 年版，第 121 页。
③ 吴新民编著：《中国昆石》，上海科学技术出版社 2008 年版，第 10-13 页。

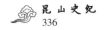

第十七章 娄江新潮

昆山地区的近代转型是从 19 世纪末 20 世纪初普遍开始的，其主要特征表现在以下几个方面：在路径选择上，从思想文化领域开始，再逐步扩展到经济、社会等诸多层面；在地域布局的演进上，先从中心镇逐步发展到周边镇，再由周边城镇梯次发展到广大乡村；在方式方法上，是循序渐进、外源移植型的，明显地受到上海的辐射和影响；在发展进程中，受政局变化特别是日本侵略战争的影响较大。如果从个别先进人物如王韬来看，则早在 19 世纪六七十年代就已萌生了近代化思想，并开始了部分实践活动，如大量翻译国外的书籍、创办报纸进行思想启蒙宣传等。只不过他的思想相对于当时的中国来说，实在是过于超前，作用也有限，在昆山地区更是几乎没有产生过什么影响，但为历史的进步提供了某种重要的思想资源。

一、新式教育事业的发展

地处经济文化较为发达地区的昆山县，一向十分重视教育工作，近代以来更是出现了不少教育世家，其中，蔡璜、余天遂两家就是典型代表。就蔡家而言，祖孙三代中，有 11 人从事教育工作，长子蔡怡先后任教于吴江中学、苏州女子师范学院、中华职业学校,长媳杨秀英先后任职昆山震川中学、安亭中学;次媳薛崇愉任教于北京西城小学;大女儿蔡淳担任过震川中学教导,大女婿樊翔先后任过震川中学校长、嘉定一中副校长;小女儿蔡忆为北京交通大学副教授;孙媳张旭影为幼儿园教师,另一位孙媳葛霞星为安亭师范附属小学教师。余家祖父辈则曾出过两位女诗人兼教育家,即英年早逝的余希芬和终身未嫁、年届八旬依然在女塾任教的余希婴。余天遂的族妹余佩皋延续和发扬了余氏女性的独立意识,先后在苏州振华女校、北京女子高等师范学校接受现代教育,并相继担任广西桂林省立女子师范学校、南洋女子师范学校、厦门夏南女子学校等学校校长。余天遂本人则先后在苏州苏苏女校、宏志女校、上海澄衷中学、苏州草桥中学等学校任教。

近代以来,高度重视教育的昆山人始终追随历史前进的脚步,不断更新办学方式和教育观念。传统教育世家在其中发挥了不小的作用。

(一)新式小学的创办与发展

1901年,清廷宣布实行新政,鼓励兴办新式学堂。时在角直担任塾师、颇负文名的方还立即返回昆山,与当地乡贤王颂文等一起在新阳城隍庙后半茧园创立樾阁学堂,这是昆山历史上第一所新式学堂。方还从此与新式教育结下不解之缘,其后相继担任北京师范学校、北京女子师范学校、南通女子师范学校、上海招商局公学校等学校校长。

1903年,昆山县创办第一所高等小学堂,名为震川小学堂,地址设安亭镇震川书院旧址,三年后改名为震川两等小学堂。1904年,创办昆新县立高等小学堂,初借玉山书院,旋迁南街民房(今昆山图书馆)。1905年,创办私立培本女学,设在北栅湾民房,开本县女子教育之先声。同年,陶惟坻在南湖之滨创办元江两等小学堂。1908年,他又在周庄创办贞丰女子两等小学堂。1909年,陶将两校合并为公立贞丰两等小学堂。至1911年,全县有小学堂47所,另外基督教教会办的小学堂3所。1912年，学堂名称一律改为学校，全县有小学校94所，学生3 608人，教职员212人。

　　1914年，原昆新县立高等小学校改名为县立第一高等小学校，迁到仓潭。同时，在夏桥东庄设县立第二高等小学校。1915年，初等小学改为国民学校，全县有高等小学校2所，国民学校104所，学生5 184人。1919年，在茜墩镇设县立第三高等小学校。1922年，全县有公私立小学120所，学生6 959人，教职员339人。1929年，全县分设5个学区和3个中心小学区，有学校108所，学生9 082人，教职员386人。1931年，根据省颁义务教育法，全县推行义务教育的学校有108所，班级212个。1932年，全县有学校118所，学生9 718人，教职员395人。全面抗战爆发前夕，全县有学校169所，学生17 489人，教职员384人。①

　　新式小学创办后，无论是教学形式还是内容，均一改传统做法，采用班级制教学，教师讲授与学生自学相结合，同时开设了不少近代科学和实用知识等方面的课程，学生接受教育的目的已不再是参加科举考试。

　　黄炎培在徐公桥进行乡村改进试验后，聘昆山著名教育家蔡璜任"徐公桥乡村改进会"主席。蔡璜高度重视教育事业的发展，改进区内的学校，由1928年的公、私立小学各1所，发展到1931年的公立3所、私立2所，到1934年试验结束时，拥有公、私立学校共8所。办学形式因地制宜，有全日制、半日制、时间制3种类型。全日制学校接纳家境较好且预备升学的儿童入学，半日制学校接纳须协助家长农作之儿童就读，时间制学校则让日间完全农作的儿童在晚上7点半后上课，从而保证了试验区内绝大多数儿童都能接受到近代教育。学生数由试验前的100多人，逐步发展到结束时的528人，初

---

　　① 昆山市地方志编纂委员会：《昆山县志》，上海人民出版社1990年版，第615页。

等教育普及率超过82%；识字成人由试验前的560人猛增到1 524人，成人识字率达到近半数。这在当时的中国农村地区是绝无仅有的。

昆山沦陷期间，规定每镇设中心小学校，每保设国民学校。由于社会动荡，人民生活不得安宁，学校及学生数锐减。据统计，1940年全县有学校32所，学生6 822人，教职员190人。1944年，全县分设3个学区，有中心校10所，完全小学5所，初级小学77所。

抗战胜利后，国民政府推行国民教育，各小学名称一律改为国民学校，冠以镇保名称。1948年，全县有学校134所，其中，中心校23所，保校90所，代国民校（办学成绩优良的私塾）21所。1949年3月，全县有小学148所，学生10 947人，教职员447人。此外，尚有教会办的小学4所。[①]

（二）新式中学的创办与发展

昆山地区最早的近代化中学堂当为1905年由震川小学堂改办而来，后因办学经费紧张，在办了一年后又改回震川两等小学堂。1923年，昆山县主管教育的王颂文会同地方文化人士，开始筹建现代县立初级中学，校址选在集街东寺。当时在苏州市草桥中学担任数理教员，并先后教过叶圣陶、吕叔湘、顾颉刚、钱伟长等著名学者和科学家的吴粹伦被选定为首任校长。1944年秋，该校增设高中部。

1943年，昆山创办了私立徐公桥初级农业职业学校（实为一所普通初中）；翌年改名为私立震川初级中学；1946年5月又更名为昆、青、嘉三县联立震川初级中学，设一部于安亭震川书院，二部于徐公桥。1944年秋，菉葭镇设立私立仁忠初级中学，两年后更名为私立鸿钧初级中学。1945年秋，井亭镇创办私立约光初级中学。1946年2月，陈墓镇创办私立

[①] 昆山市地方志编纂委员会：《昆山县志》，上海人民出版社1990年版，第615-616页。

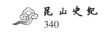

槃亭初级中学。同年8月,建江苏省立昆山中学。

相较而言,昆山近代中等教育的发展较为缓慢。

(三)教育思想和观念的近代转型

昆山教育在近代转型方面,还突出地表现在教育思想和观念的转变上。晚清时期,不少教育工作者都在自己的教学活动中,积极宣传资产阶级民主革命思想,正是这些思想观念的传播,为清王朝的覆灭提供了必要的社会思想基础。在教育观念的近代转型方面,余天遂的思想颇为超前,他明确主张男女平等、女子完全应该享有接受教育的权利。他在《余之女子教育观》等文章中提出"谓(男女)有轻重之分、尊卑之辨,则末之思尔",并对男主外女主内,女子无才便是德等论调进行了驳斥。① 他还明确表示,不赞成杜就田主编《妇女杂志》时所宣扬的"贤妻良母主义"。这些主张的提出在20世纪一二十年代的中国,应该说是相当不容易的。

陶惟坻创办小学堂后,到处寻觅学问高超、品德高尚的教师来校任教。他要求教师以历代名人著述为据,自编教材,在不同年级学生中讲授中国史地文化及军事韬略,鼓励学生为国家民族的强盛而学习。为增强学生体格,他在南湖之滨修建篮球场,组织师生开展球类运动;夏秋季节,则组织师生到湖中去游泳,既节省了购置体育器材、增建体育设施的费用,又锻炼了师生们的身体。这种因地制宜的教育方法,收到了很好的效果。

二、近代企业的创办

(一)工业企业

昆山规模较大的近代企业是振苏砖瓦厂和华兴机制砖瓦厂。这两家砖瓦厂前后都存在了很长时间。1921年年初,上

---

① 余天遂:《余之女子教育观》,《妇女杂志》第一卷第一期(1915年1月),第1页。

海大陆银行行长钱维之在聘得苏州名律师张一鹏为其法律顾问后，即选中水运便捷的张浦北村为厂址，买下沿江一带的田地和部分荒地300亩建造窑厂。翌年，建成1座36门德式轮窑和1个制瓦车间，有5台压瓦机。1923年年初正式点火投产。该厂定名为振苏砖瓦公司，表示振兴苏州之意。为了发展生产，并与沪上外商窑厂相抗衡，1930年又在对江的南华翔（今金华村）南端购得土地114.41亩，建造18门轮窑1座，添置中型制砖机1台，于次年投产，专产非承重空心黏土砖。当时年生产砖瓦1 200万块，通过吴淞水道，运往上海市场销售。日本发动全面侵华战争后不久，该厂停产。1942年，上海巨商严庆祥以1 680万元储备券购入钱氏振苏全部财产，并更名为振苏窑业股份有限公司。至1947年，砖瓦销路渐有起色，该厂又扩建了一批设备和机房。1949年后，该厂仍在坚持生产。

1924年，蔡璜在巴城镇南侧白塔港西创办的华兴厂是采用轮窑烧制砖瓦的大厂，最多时有307名职工，设备也很先进。昆山传统的砖瓦厂一向手工脱坯、土窑烧制青色砖瓦，以木柴作为燃料，出窑前需用水浇灭窑火，无法连续生产，且花费劳动力较多。华兴厂以煤炭作为燃料，热值高，受热均匀透彻，烧出的砖硬度高，广受客户欢迎，而且可以不间断生产，年产量高达350万块，是振苏厂的1倍多，但工人数要比振苏厂少60多人。直到20世纪90年代初，华兴厂还在继续生产。

锦溪（陈墓）镇的窑业一向十分发达，民谣有"三十六顶桥，七十二只窑"之说。镇内有数十只旧式小砖瓦窑和石灰窑，主要生产黄道砖（单三、永兴、八结黄道等）、彭光砖、二寸头、墙砖、望砖、瓦片、花瓦头、滴水等，远近闻名，销路颇畅。

1928年，顾受禄在周庄城隍埭创办光华电灯厂，先置20匹马力火油座机和15千瓦发电机各1台，后改置柴油机发电，用铜芯皮线供南市街、北市街和西市街店铺照明。在巴城，

1930年，由章希三、葛薇阁、顾左周、谢仲怀4人发起开办茜墩电气股份有限公司（以下简称"电灯厂"），股东43人，集资1万元。设厂于河东街，有25匹动力和14.5千瓦发电机各1台，为碾米厂服务，兼营市镇照明用电，于1931年6月投产。同年，电灯厂在北大桥外西侧营建新厂，到1933年初建成投产，拥有总容量为90匹的引擎3台和总计32.5千瓦发电机3台。1933年，蔡璜与人合伙集资2.5万元法币，在巴城筹建发电厂，装置30千瓦发电机1座，年发电量1.75万度，架设输电线路6.5千米，为安亭及徐公桥一带的乡民提供了电力照明。1931年，王刘民在正仪镇上塘南市开设唯利电气公司（今正仪机械厂），首创正仪用电灯照明的历史，后转让给苏州电灯厂经营。正仪照明用电由苏州电厂直接输送。抗战全面爆发后，线路被毁，供电中断。

张浦镇于1912年建成华纶织布厂，这是张浦近代工业的开始。1930年，高仲良在正仪镇区上塘中段溇东，创办手摇机织袜厂，抗日战争全面爆发后，袜厂停业。上海人张某在市镇北居港桥边（今刀泾村）开设裕华织布厂，附设印染厂，产品均销往上海，后因抗日战争全面爆发而停办。1932年，苏州人吴松生在镇区下塘原公和典当旧地开设月华电力丝织厂。

（二）机器加工业

1914年，周庄恒升米行向上海新翔机械厂购得20匹马力火油机1台、米车2部，开创了周庄机械化碾米的先例。其后，德五慎、茂丰、恒利、沈裕昌、恒丰米行均先后效法购置设备。稍后恒升、协丰米行添置脱谷机、砻谷机，进行一条龙碾米生产。

1912年4月，昆山县立工艺局在玉山镇集街设立，占地7亩，用房40余间，设印刷、染织两个工厂，工人94人，厂主为王琪。1931年，华丰碾米厂在东门城桥堍开业。1933年，无锡人张某在东门外白塔头开设厚生油厂，至1945年转由常州人经营,更名为同丰油厂。1940年,长隆碾米厂在大西门外开业。1941年6月,天丰面粉厂在小西门外开业。1946年8月,官、商合办的昆山印刷厂开业,厂址设于北大街育婴堂弄口。是年,仁丰碾米厂、鼎大碾米厂分别在北城河岸、小西门外开业。截至1949年年底,玉山镇城区有私营工厂28家(其中,油厂2家,面粉厂2家,米厂18家,电厂1家,印刷厂3家,糟坊1家,冰厂1家),总资本351 381.45元,从业人员634人。

1921年,潘伯明等人在花家桥镇西侧开办昌明碾米厂,建房14间,职员20人,名声较大,从此花家桥镇出现半机械化碾米厂。1926年,胡士英在昌明米厂边开设星新碾米厂,兼营榨油。天福庵小集镇上先后有陈玉林(嘉定朱桥人)开办迁兴碾米厂,后转让给周介梅;吴阿二开设协丰米厂;王仲兰开办永丰米厂;姚德昌在花家桥东市梢开设恒丰碾米厂。徐公桥小集镇有徐忠元开设公兴碾米厂。这些碾米厂,都是半机械化生产,采用的大多是英国制造的卧式燃烧柴片、柴油机。昆山解放以前,花桥地区主要私营工业有7家碾米厂(其中1家兼营榨油),3家糟坊,3家粉坊,3家染坊。

在巴城,1919年,振新米厂开业,这是该镇第一家用机器生产的工厂。至1934年,相继有6家碾米厂开业,5家为独资经营,1家为股份合资经营。

在千灯,章守谦和马采仁于1922年合伙开办了第一家米厂,名协昌米厂,置30匹活塞式发动机2台、米机6台(行业术语称"二拖六"),也是第一家以发动机为动力的工厂,打破了千灯自古以来手工操作的局面,跨出了现代工业生产的第一步。1923年,宁波人赵品义、汪善昆来镇开设聚丰米厂。1928年,方松声在北大桥东堍开设合丰米厂,设备同样为"二拖六"。

在蓬朗,从20世纪30年代起,由于米业的兴起,镇上资金较丰厚的商户纷纷开办机器碾米厂。北街顾寿丰等合股经营的同兴米厂、南街唐楚箴的协裕米厂、西街张祖謇的一大米厂和邵正德的邵义记米厂、周世泽等合资经营的源源牲和同春和米厂相继开业。20世纪40年代末,宝山县的施祥福在大通村开设盛大米厂。这些米厂使用老式柴油机牵动,1台柴油机拖1台砻谷车和1~2台碾米车,以糙米碾白为主,1年开工生产4个月左右。

在石浦,1921年,陆辑飞在镇东市梢已开公余米行的基础上办起第一个碾米厂,有重型内燃机2台、砻谷机2台、米车6部,运输、提升、净谷、副产品处理均用手工操作。1942年,王文翠(普称"阿娥姐")在西市梢震益米行的基础上兼营震益米厂,有重型机1台、砻谷机1台、米车3部。1944年,周志德在东市梢开设天兴米厂,有内燃机1台、砻谷机1台、米车2部。1945年,朱学文在大潭村开办合记米厂,有重型内燃机1台、砻谷机1台、米车2部,后又搬至石浦西市梢。1947年,孙友良在西市梢开办孙记米厂,有重型机1台、砻谷机1台、米车2部。中华人民共和国成立前,石浦镇上共有轧花厂5家,碾米厂3家,油坊1家,糟坊2家,糖坊1家,染坊3家,磨坊5家。

1924年,正仪镇区开始出现私人办工业的景象。张某在南市下塘开设碾米厂,接受粮商糙米加工业务。加工后的大米,除一小部分供应本地市场外,大部分运销上海。此种局面一直维持到昆山解放的前夕。

(三)农业企业

1907年,沪上政商界闻人李平书投资2万元,在昆山马鞍山东麓、拱辰门内侧创办"昆新垦牧公司",面积近500亩。这是一家近代化的大型农业企业。园内不仅植桑养蚕,而且规模化养殖猪、羊、鸡、鸭、鹅等牲畜、家禽及水生动植物,改变了昆山地区以农为主、较为单一的经济和产业结构,在区域经济社会发展中起到了很强的示范和带动作用。

1928年,中央大学农学院在昆山县创建稻作试验场,由著名农学家顾复教授筹办,农业专家周拾禄、吴阆直等先后主持场务，场址在鹿城区青墩乡白塔港村（今巴城镇红窑、杨家两村相邻地带），称白塔港农场。农场占地370亩，其中，水田223亩、鱼塘30亩，其余117亩分别为旱地、菜园、屋基、晒场、道路等，建有房屋14幢，员工30余人，以选育水稻良种和学生实习为主。抗日战争全面爆发后，中央大学内迁四川，农场停办。1945年抗日战争胜利后恢复，改为农林部中央农业实验所、中央大学农学院合作试验场，为当时国内较有影响的农业科研单位。

三、社会改良：徐公桥乡村改进试验

说到昆山地区的近代转型，就不得不提及黄炎培先生所领导的中华职业教育社①（以下简称"中华职教社"）在徐公桥乡所开展的乡村改进试验。徐公桥位于邻近上海的花桥境内，离安亭镇只有3里。境内有大小村落近30个，近500户、2 300多人，交通便捷，民风淳朴，经济文化基础较好。

1926年1月，中华职教社与中华教育改进会、中华平民教育促进会②、东南大学教育科和农科共同组织了联合改进农

---

① 中华职业教育社是由我国著名教育家、爱国民主人士黄炎培先生联合蔡元培、梁启超、张謇、宋汉章等48位教育界、实业界知名人士于1917年5月6日在上海发起创立的。创立之初，以倡导、研究和推行职业教育，改革脱离生产劳动和社会生活的传统教育为宗旨，提出职业教育的目的是"谋个性之发展，为个人谋生之准备，为个人服务社会之准备，为国家及世界增进生产力之准备"，"使无业者有业，使有业者乐业"，是中国近代教育改革的先行者。

② 1921年12月23日，新教育共进社、新教育杂志社、实际教育调查社三者合并成立中华教育改进社，以"调查教育实况，研究教育学术，力谋教育改进"为宗旨，推举梁启超、张仲仁、李石曾等人为名誉董事，蔡元培、范源濂、邹秉文、黄炎培、熊希龄、张伯苓等人为董事。1922年2月，在上海召开的第一次董事会上，公推范源濂为第一任董事长，聘陶行知为总干事，创立中华平民教育促进会，推进教育调查、教育测量、科学教育，是当时中国最大的教育社团之一，促进会创办晓庄试验乡村师范学校，主要成员包括胡适、张彭春、陈鹤琴等知名教育专家。

村生活董事会,决定选择徐公桥作为乡村改进试验区。随后,因国内政局的动荡及多头参与、难以组织、经费不易筹集,试验暂时中止。在第二次北伐即将取得全面胜利前夕的1928年4月,中华职教社决定独自成立徐公桥乡村改进会,其下不断增设婚嫁改良会等各种分会,重新开始在徐公桥进行试验。这是全国第一个乡村改进试验区,试验计划在6年内完成。

徐公桥乡村改进实验区以"富教合一"为方针,以"乡村自治、教育普及、生产充裕、娱乐改良"为宗旨。该试验区确定了六个目标:一是改进农民生活;二是改良农村组织;三是实行农民自治;四是增加农产数量;五是推广农业教育;六是改善农民娱乐。为此,分别设立了村政、保安、农艺、教育、建设、娱乐六个部,既相互配合,又各司其职,共同推进徐公桥地区的乡村改进工作。徐公桥乡村改进实验区还设有礼堂、图书馆、音乐室、种子室、信用合作社、医药室、办公室等,其中,以发展农村经济和开展义务教育等为中心工作。黄炎培曾指出:"要是我们没有法子在他们的生活上,尤其是生产上,增加些利益——至少减少些损害,随你讲多么好听的话,全不中用。"① 中华职教社的另一骨干分子江恒源也指出,所谓"富教合一"就是一面传授致富的方法,一面教授人生的实用知识,训练道德行为。这种教育"是跟着致富方法走的,是以物质为基本的,不是谈空话,强迫人家不吃饭去做好人的。所谓道德行为,要从穿衣吃饭的行为上评价出来,所谓实用知识,要从利用厚生的效验上,证明出来"②。应该说,这一认识确实是抓住了乡村改良的要害。

1930年7月,中华职教社聘请老教育家黄齐生为总干事,

---

① 黄炎培:《与安亭青年合作社谈乡村事业》,《教育与职业》第103期(1929年4月),第1017页。

② 江恒源:《"富教合一"主义》,《教育与职业》第108期(1929年10月),第1365页。

兼任徐公桥乡村改进实验区主任。为培养农村人才,中华职教社在乔家祠堂创办了徐公桥乡村改进区讲习所,邀请热心乡村改良的知名专家前来讲学,黄炎培、江问渔等中华职教社领导人也经常前来讲学、辅导。

但在开始试验时,由于多数普通民众对试验的目的不甚了解,尽管中华职教社的成员"努力做事",但"当地农民等参加者极少"。通过总结经验,中华职教社认识到,要使乡村改进试验持续进行,充满活力并取得成功,就必须特别重视发掘和利用本土资源,"大凡建设新村最好由本地人领导,切忌聘请语言不通的外乡人"。黄炎培强调:"徐公桥是徐公桥人的徐公桥,我们站在客位上帮助他们建设成功。"他还确立了两条重要原则:一是用人要就地取材;二是费用要就地筹处。事实证明,这两条原则是试验取得成功的基本前提,也是中华职教社的过人之处。1929年制定的《中华职业教育社乡村改进试验实施办法》特别强调,"一切设施,以本区人为主体",以使"试验期间终了后,能以当地人才继续举办"。1932年年底前往指导工作的张耀曾也指出:"自己负责,办自己改进之事,才是农村改进之目标。"为此,当地素孚厚望的蔡璜被任命为徐公桥乡村改进会主席,中华职教社还积极争取徐公桥镇镇长蒋仲钧和县立中心小学校长的积极支持,蒋仲钧镇长任改进会总务部主任。据统计,1933年徐公桥乡村改进会办事员中十分之九都是本地人。试验区内的28个村,每村都从当地人中选择1~2人任村长(今称"村主任"),当选条件为:能为全村领袖者;热心公益者;具有革新精神者。徐公桥乡村改进会从旁赞助,每两星期举行一次村长谈话会,邀请名人演讲或讨论进行事项。

上述做法起到了很好的效果,正如黄炎培后来总结的那样:一般民众怎么样会听你的话,跟你跑的呢?你要指挥人家的身,先须取得人家的心。人家厌恶你固然不好,惧怕你也是不行的。必得使人家敬你,爱你,信仰你。人家心目中从你平时和临时的一切行为，得到一种确切的认识，以为你的为人是绝对可靠的。并且确信你的一切行为都是为他们，而不是为你自己，从此你要他们怎样，他们便怎样。所谓"君子信而后劳其民"，就是这个道理。若要做到这点，一大半就靠你的人格感化。①

姚惠泉等人的总结也指出：农村事业的实行，如以农村以外的人为主体，总会发生隔膜误会，不能成为纯粹社会上的工作。徐公桥的工作，办理的人处辅导地位，而当地人士居领袖地位。所以一切工作均能成为社会生活的一部分，并能引起当地人民对于事业的赞助与努力。这项原则亦可说是任何农村工作者必须遵守的。②

徐公桥的乡村改良试验在后期能取得不错的成绩，应该与其方式适时的转换、内容贴近群众的现实需要有很大的关系。

在乡村改进的内容方面，徐公桥乡村改进会相当注重发展农业生产。《徐公桥乡村改进会农艺部划区试验场章程》规定：在推广农作物改良时，如试验失败，农艺部以普通作物农家收获量为标准负赔偿之责，如试验成功，所得利益完全归合作之农民享受；农艺部为特约农家选购良种和肥料，按市价出售于农民使用；特约农家须依照农艺部规定之种植和管理方法进行试验；试验田发生病虫害时，特约农家应立即报告农艺部，设法灭除；秋收后农艺部举行农产物展览会，特约农家应将农产物送会展览，目的是进一步推广其农产物。

徐公桥乡村改进会还高度重视培养民众的自立和自觉意识。针对绝大多数民众都没有受过教育的情况，徐公桥乡村改进会注意采用通俗易懂的方式和内容对民众进行宣传教育。例

---

① 黄炎培：《关于农村改进几个小而扼要的问题》，《五六镜》，上海生活书店1935年版，第110页。

② 姚惠泉、陆叔昂：《试验六年期满之徐公桥》，中华职业教育社1934年版，"何清儒序"第1页。

如，一首《好汉歌》唱道："滴自己的汗，吃自己的饭。自己的事，自己干。靠人，靠天，靠祖上，不算是好汉。"像这类宣传教育材料，即便是粗通文墨甚至不识大字的文盲也能吟唱，并能明白其含义，从而能收到很好的教育效果。

不仅如此，中华职教社还很重视用看得见的实际成果和工作人员的示范带动来对民众进行教育。有人说："在乡下做事，不能只靠一张嘴。你虽然说得'天花乱坠'，恐怕乡下人还是'充耳不闻'。普通的乡下人，是极顽固的。劝导他们，必须善诱，所谓'诱'，不是故意去哄骗他们，乃是要利用他们喜欢的东西和容易明白的事物，去宣传我们的事业。中国的乡村人民，多半是没有受过教育的。希望他们听了就会，是不可能的。所以必得使他们不但有机会听，还有机会看。听不懂的，看了自然可以懂。听人说的不信，亲眼看见总可相信了。"①

在示范带动方面，工作人员带头移风易俗，不参与赌博，并帮助群众清扫道路，大搞清洁卫生，新年在公共礼堂演戏，婚丧嫁娶时不大操大办，不谋私利。经过这些潜移默化的宣传教育，试验区内的民众逐渐接受了中华职教社所提倡的生活理念。

经过6年的改良试验，到1934年7月宣布结束，移交给地方。遗憾的是，移交地方后，徐公桥乡村改进试验受多种因素的影响而未能继续下去。

四、周庄社会治理的改进

陶惟坻当选周庄乡议会议长后，积极推动乡村社会风气的转变。周庄一带历来有农历三月廿八日演剧供民众娱乐的惯

---

① 傅葆琛：《乡村生活与乡村教育》，江苏省立教育学院研究实验部1930年版，第72页。

例，称为"三月廿八讯"。富家大室为图观剧方便，常在戏台近旁搭建小台。普通民众因视线受阻，便心生不满而至怨愤。有一年，不愿再次忍受的青年长工们经商议后，一起动手将小台拆掉了，双方引发纠纷，闹到了乡议会。陶惟坻将双方带到茶室协商解决，在听取了双方的诉求后，他据实说道，"三月廿八讯"本为长工节，也是乡民共同娱乐的节日，富室本无搭建小台的特权。经此调解后，再无搭建小台之举。

昆山地处江南水乡，境内水网密布，但因长年河道淤积，不仅影响交通，而且水质也不断下降，影响民众健康。陶惟坻就任乡议长后，对周庄的河道进行勘察，制定了疏浚规划，动员民众清除淤泥，修建石头驳岸，在镇北白蚬湖边建筑引水堤坝，将白蚬湖和淀山湖的水源引入镇内，水质因河道畅通而为之一变，民众莫不称善。

陶惟坻还在周庄镇发动商贾大户捐资2 000多银圆，组建火政会，购置新式水龙，分建5家水龙所，组织镇中工商企业中的青壮年职工成立消防队，定期进行消防演练，有效地减少了火灾发生次数，降低了其所造成的损失程度。他还自费刊印其父陶煦所著《租核》一书，抵制地主不断向民众增加负担。他还明确反对无节制地围湖垦田和毁山取石等做法，著有《驳湖田释疑》一文，阐述了"泽国尽化为大陆地，洪水滔天之大灾"的道理；并向省政府提交"疏浚太湖，反对围湖造田案"。所有这些思想和行动，无不表现出很强的现代性和历史超前性。

五、昆山近代转型中的阻力

昆山在迈向近代化的过程中，也并非一帆风顺，而是常常遇到守旧势力的竭力阻挠，其中，庄书的废除就是很好的事例。

庄书是昆山等江南地区普遍存在的剥削陋习之一，是赋税之外强加于纳税人的又一苛民之政,其职能是官府经征粮赋时派出的书办,主要工作是缮造粮册,过立户名。因官府不给庄书任何报酬,他们的收入便从民众头上搜刮而来,其手法有三:一是凡民众买卖田产,庄书借过户之名,每亩收取一二元不等的过户费;二是巧立"造册费",富户每亩不过十余文,一般人家每亩则要百余文,甚至更多;三是春秋熟农作物登场后,乡民自耕的土地,每亩要向庄书交纳米麦一至二三升不等,称为"米香""麦香"。

辛亥革命后,在废除各种陋规陋习时,庄书自然也被列入裁废之列。时任安亭乡乡董、省议会议员的蔡璜率先提出要废除庄书,并在安亭乡和省议会获得通过,但省议会同时提出,为免操之过急,当年可先停收米香、麦香。庄书们闻讯后,认为停收米香、麦香,会影响他们的生活,若最终裁撤庄书,则无异于是断了他们的生路。因此,先是在县议会召开之前,庄书们群起哄闹至民政署,要求维持米香、麦香陋规不变,经民政长方还力劝,始散去。

8月12日,县议会正式开会。庄书们于当日早上7点将提议废除庄书的蔡璜围在了杏花楼,已革庄书金传奎更是扭住蔡璜胸前的衣领不放,两人随即争执起来。一时间,楼内聚集了好几百人,齐声喊打。民政署粮差汪炳泉先将面盆、茶杯朝蔡璜猛击,庄书秦伯和等人也向蔡璜掷物。民政署得讯后,即派巡警十余人到场劝阻,但庄书们自恃人多势众,不但没有停止对蔡璜进行殴打,反而将蔡璜拖至卜庙里,要其写下保证书后,方才暂时罢休。民政长方还闻讯后,亦赶来劝阻,庄书们要求方还也必须写下保证书。方还被迫写下"自当为尔等设法,决不使尔等有一人之失所"等文字,但庄书们以无县署官印为由,继续哄闹。方还乃回县署取印。方还走后,庄书们继续对蔡璜进行殴打,有的手持木棍及洋伞朝蔡璜的头部和背部痛击,有的用凳子向蔡璜砸去,有的用麻绳套住蔡璜的头颈后在两端猛拽,有的手持燃香,声称要烧死蔡璜。在方还急速赶回并在保证书上盖上官印后，奄奄一息的蔡璜才被放走。据说，方还在卜庙，也挨了一顿老拳。事后，蔡璜记道："是日被围五小时，被殴四五次，被勒颈一次，头部开四洞，肩背无完肤，生死如何，据伤科闵飚甫先生诊断，幸而不死，恐将成废疾。"①

省议员因主张裁撤庄书被打一事被报道后，省议会、省都督府先后来电要求昆山县民政署"迅拿首要，按律严惩，以维法纪"。几名首要闹事庄书分别被判处两三年徒刑。几年后，庄书终被裁撤。

从庄书被裁一事可见，守旧势力常常对任何历史进步持百般阻挠的态度，为此甚至不惜使用暴力，但历史的脚步毕竟不以守旧势力的意志为转移，而是朝着前方坚定地迈去，只是速度有可能会变慢，过程也有可能会变得更为曲折。

---

① 转引自王清主编：《昆山近现代人物传》，古吴轩出版社2017年版，第172页。

第十八章 近代先声

鸦片战争爆发以后,在英帝国主义坚船利炮的驱逼之下,长期处于专制统治、尊卑等级鲜明、天朝观念浓厚的大清王朝,终于开启了走向近代、走向世界的被动转型。对当时受到西学冲击的清王朝来说,所面临的局势堪称前所未有之大变,即李鸿章所说的"三千余年一大变局也"[①]。但也正是在这新旧交替、风云变幻的历史转型时期,时代呼唤着具有新思想、新观念的新型人物的涌现。

昆山地处江南,既是紧邻最早的通商口岸城市之一,也是受西学浸染最深的上海,由此催生了一大批主动了解西学、接纳西学的先进人物。新阳县的王韬就是其中的代表人物,他是近代中国较早走出国门,并且真正睁眼看世界、了解世界的学者之一,更是影响19世纪后半期中国近代化历程的重要人物。蓬朗镇的胡石予则一生以教育为志向,教学理念富有近代精神,成为"弟子门生遍天下"的知名教育家。可以说,王韬和胡石予都是以开放精神迎接新时代、拥抱新时代的代表人物,他们昭示着昆山今天的开放和探索精神。

[①] 李鸿章:《筹议制造轮船未可裁撤折》,《李鸿章全集》第5册《奏议五》,安徽教育出版社2008年版,第106页。

一、王韬：开风气之先的近代启蒙思想家

王韬，原名王利宾，字兰瀛，后改名王瀚，字兰卿、紫诠，号仲弢、弢园老民、蘅华馆主等，清末杰出的思想家、政论家。王韬于清同治六年（1867 年）和光绪五年（1879 年）两次出游欧洲和日本，尤其是前一次游历欧洲对他的思想发展影响深远。他又于同治十三年（1874 年）在香港创办《循环日报》，写下了大量政论性文章，影响世人。从鸦片战争开始（1840 年）到光绪元年（1875 年），国人亲历西洋者寥寥无几，留下记载并有见解者更加罕见，"说到这段时期涉足西方的具有广泛影响的知识分子，除了容闳，只能数王韬了"[①]。

（一）19 世纪初的晚清与世界

在鸦片战争之前，大清王朝与西方之间始终难以展开真正意义上的对话。

对旨在通商赚钱的英国人来说，清王朝的广袤市场是其渴求的目标，而清王朝竭尽全力要保持的，是天下共主的天朝地位，视西方人为前来朝贡的蛮夷。由于在观念层面无法沟通，双方不可避免地会产生种种冲突，并且日益加剧。

乾隆五十八年（1793 年），英国派出马戛尔尼勋爵率领一个庞大的使节团，专门携带大批礼物，尤其是工业品，绕过好望角，经过约十个月的航行来到大清，以为乾隆祝寿的名义，希望能与清王朝互派全权大使，并允许英国商人在舟山或天津进行贸易。然而，双方却在觐见乾隆时的礼节问题上出现了无法调和的巨大分歧。清王朝视英国人为贡使，不远万里而来正映衬出天朝的德泽天下，既然为贡使，当然要行跪拜礼。而马戛尔尼基于平等观念，提出"假如坚持叫他磕头，那么，一

[①] 钟叔河：《走向世界：中国人考察西方的历史》，中华书局 2010 年版，第 131 页。

位同特使身份地位相同的中国官员必须朝衣朝冠在特使携来的英王陛下御像前也要行同样磕头礼"①。最后，马戛尔尼以"单膝下跪"的方式向乾隆呈上英国女王的书信，而通商等其他要求全部被驳回，乾隆的敕谕答复是："天朝德威远被，万国来王，种种贵重之物，梯航毕集，无所不有。"② 马戛尔尼只有无功而归。嘉庆二十一年（1816年），英国阿美士德勋爵又远涉重洋，再次试图打开中国门户。结果，双方仍然在是否三跪九叩的礼节问题上产生分歧，阿美士德甚至都没有获得嘉庆帝的接见就不得不离开北京。

此时的大清帝国因为长期封闭，陶醉在怀柔远人、万邦来朝的"夷夏天下观"中，以"天下共主"自居，已经不了解世界大势，殊难以平等、宽容之礼与世界各国交往了。清王朝的这种文化自大心态，梁启超从地理角度加以解释："中国环列皆小蛮夷，其文明程度，无不下我数等，一与相遇，如汤沃雪，纵横四顾，常觉有天上地下惟（唯）我独尊之慨，始而自信，继而自大，终而自画，至于自画，而进步之途绝矣。"③

嘉庆二十五年（1820年）九月，三十九岁的爱新觉罗·旻宁登基，即道光帝。道光至少是一位试图有所作为的皇帝，在内政处理方面，严谨平稳、中规中矩；在私生活方面，也没有明显的漏洞或短板。从传统的帝王式政治角度看，道光或许不能算清代十二个皇帝中最有作为的一个，但就私德和自制力而言，道光不乏可圈可点之处。道光继位后不久，就发起节俭运动，常身穿带有补丁的衣裤。尽管这一运动收效甚微，还在历史上留下了"吝啬""抠门"的名声，但他至少是以身作

---

① 斯当东著，贺笃义译：《英使谒见乾隆纪实》，商务印书馆1963年版，第321页。

② 《清实录》第二十七册《高宗实录（十九）》，中华书局1986年版，第185页。

③ 《梁启超全集·新民说》，北京出版社1999年版，第684页。

则、身体力行的,而且是真的试图改变乾隆中后期以来的社会奢靡风气。

然而,和自工业革命以来发展日新月异的西方列强相比,依然停留在农业社会中的清王朝却暮气沉沉,自大心理积重难返,自然难以和日益咄咄逼人的西方列强和平相处。道光和他的祖上一样,同样无法摆脱"天朝上国""天下共主"的强烈文化心态。皇帝高度集权的统治模式,又扼杀了自下而上的社会变革的任何可能,所以晚清中国的近代化转型之路显得步履蹒跚,格外艰难。

看似升平的道光统治前期,却充满了山雨欲来的压抑和不安,西方炮舰的隆隆声已经隐约可闻。王韬就出生在这样的一个社会环境和时代背景中。

(二)天姿聪慧,然科考失利

道光八年十月初四日(1828年11月10日),王韬出生于昆山古镇甫里。

甫里就是今天的甪直镇,现隶属于苏州市吴中区,所以也有人把王韬看成甪直人。但是王韬出生时,甫里归元和、昆山、新阳三县分治。其中,新阳县是从昆山县分出去的,并与昆山县同城分治。王韬居镇东中市,归属新阳,而且王韬参加的童试即秀才考试,也是新阳县的。对此,胡适曾有考证称:"得顾起潜来信,果证明我的最后假设:王韬的秀才是新阳籍,原名利宾,而字兰卿。他的上太平天国书正是黄畹兰卿。"[①] 顾起潜,即著名的版本目录学家顾廷龙先生。顾廷龙根据胡适先生的推测,专门去查阅光绪二十七年(1901年)编印的《昆新青衿录》,果然在道光二十五年(1845年)的

---

① 胡适著,曹伯言整理:《胡适日记全编》第6册,安徽教育出版社2001年版,第418页。

新阳县考取秀才榜单中,找到了王利宾(兰卿)的名字。① 而王韬早年就叫王利宾,又名畹,号兰卿。从这个意义上看,说王韬是昆山甫里人,或许更为恰当。而今天角直镇上的王韬纪念馆,实为当地士绅沈宽夫旧宅。

王韬祖上原为官宦世家,清兵南下时惨遭兵燹,从始祖王必宪开始避居昆山,世习儒业。王韬的祖父王科进是一个子贡式人物,读书经商,又乐善好施。到王韬的父亲王昌桂时,家境复告衰落,王昌桂不得不在家乡开设学塾以谋衣食。王韬的母亲朱氏是陈墓(今昆山锦溪)人,也出身于书香人家。王韬最早的蒙学教读就是由朱氏负责的。

从明末清初移居昆山的王必宪到王韬,王家传承共七代,历经二百四十多年,其中五代都一线单传。王韬的三个哥哥和一个弟弟都不幸早逝,于是,王家把科举高中、光宗耀祖的希望都寄托了王韬的身上。而王韬从小就表现出读书过目不忘的聪慧天资,"少好学,资赋颖敏,迥异凡儿,读书数行俱下,一展卷即能终生不忘"②。王韬对家族的殷殷期待也念兹在心,以高中科举为己任。道光二十五年,十八岁的王韬第二次参加童试,在众人的期待中,他不出意料地以第三名的佳绩顺利考取新阳县秀才。

就在王韬潜心八股,准备在接下来的乡试中冲击举人时,王家经济堪忧的弱点进一步暴露。王韬的父亲王昌桂只身于道光二十六年(1846 年)前往上海课馆授徒,而王韬则在家乡备试举业。三年后,意气风发的王韬前往金陵(今南京市)参加乡试,却名落孙山。金陵为六朝金粉之地,十里秦淮更是佳丽云集之所,王韬投宿于秦淮河钓鱼巷龚家,左右多是青

---

① 张志春在《王韬年谱》中称:"查《长、元、吴三邑诸生谱》,道光二十五年(1845 年)长洲诸生榜上无王利宾之名。此据《昆新青衿录》[光绪二十七年(1901 年)编刊],道光二十五年张苕录取新阳县诸生共十三名,其中一等第三名为'王利宾兰卿'。"(河北教育出版社 1994 年版,第 10 页。)

② 王韬:《弢园澜言》卷一《天南遁叟》,河北人民出版社 1991 年版,第 1 页。

楼，初出远门的王韬陷入了秦淮河的温柔乡，不出意料地铩羽而归。

乡试落第对王韬刺激很大，此后生性不羁的王韬不再热衷科举。在母亲家人的帮助下，王韬在锦溪书馆授徒，以维持生计。道光二十七年（1847年）正月，王韬和好友杨醒逋（莘圃）之妹杨保艾成婚，但新婚之喜并未让王韬从科举失利的颓废之中走出来。他乡居甫里，以读书写作为业，但怀才不遇的不得志让他一度陷入了刘伶之好，无事不酒、无时不酒、无酒不欢，这种纵欲生活不仅让他备受乡里物议，自身健康也受到较大损害，他在诗中不无自嘲地说："多病惟缘酒，遗愁底是诗"，"著书徒复瓦，闭户且倾卮"。①

这一时期的王韬是牢骚满腹和放浪形骸的，但这并非说王韬本性如此。在传统体制中，普通下层士人唯有通过科举考试才能出仕，而且出仕本身也是传统士人唯一的"正途"，因此深受儒家入世精神熏陶的士人一旦科场失利，自然会觉得前景黯淡，甚至生计无着、陷入困境，于是心情日益苦闷，难以自拔。这样的例子在传统社会中极为常见，王韬只是其中之一。但幸运的是，王韬所生活的时代正是西学开始进入传统中国的变革时代，王韬所生活的甫里距离西学传入的"桥头堡"上海仅百里之遥，这为王韬接触西学、拓宽眼界，最终走出一条新的人生轨迹提供了有利条件。

（三）初入沪上，供职墨海

道光二十八年（1848年）正月，王韬因为探望父亲第一次来到上海。根据中英双方第一次鸦片战争后签订的《南京条约》，上海于道光二十三年（1843年）十一月正式开埠。此后，外国商品和资本潮水般涌入上海，上海迅速从一个不起眼的县城发展为一个国际化的近代大都市，并取代广州成为全国

---

① 王韬：《蘅华馆诗录》卷一《怀吴江徐仲宝》，《清代诗文集汇编》第708册，上海古籍出版社2010年版，第24页。

的对外贸易中心。

王韬到上海时,刚刚开埠的上海正处在日新月异之中,每天都有新的马路延伸、新的高楼竖起,这令王韬眼界大开。王韬还慕名专程拜访了英国传教士麦都思主持的墨海书馆。

坐落在今天福州路和广东路之间的山东中路西侧的墨海书馆,由英国伦敦会传教士麦都思、慕维廉、艾约瑟等人创办,至同治二年(1863年)停业。① 站在今天的角度看,西方传教士在晚清中国传教的同时,也推动了东西方的文化交流。道光二十三年,英国伦敦布道会传教士麦都思将原设在巴达维亚(今雅加达)的印刷机构迁至上海,创立墨海书馆,这是我国出现的较早的一个现代出版社,采用西式汉文铅印活字印刷术,印刷机为铁制,以牛车带动。墨海书馆是西方人在华创办较早的文化传播机构,影响了很多中国人。咸丰六年(1856年),郭嵩焘替曾国藩筹饷,到上海拜访各国领事并访问墨海书馆,会见了伟烈亚力、艾约瑟,以及在那里做助译的李善兰、王韬,郭嵩焘这位"孤独的先行者"对墨海书馆"刷书用牛车""出入以机推动之"的技术大为赞叹,称"西人举动,务为巧妙如此"。同时郭嵩焘的日记中还留下了对正供职于墨海书馆的王韬的印象,称"王君语言豪迈,亦方雅士也"②。

王韬第一次去参观墨海书馆要比郭嵩焘早了数年,但他对墨海书馆的印象和郭嵩焘可谓所见略同。他是这样记载初入墨海书馆时的情形的:"时西士麦都思主持'墨海书馆',以活

---

① 创立于道光二十三年的墨海书馆,"是上海有铅印设备的第一家",设立原因,是英国第一任领事巴富尔到沪,随行人员中有雒魏林、麦都思两位传教士,麦都思在上海麦家圈(今上海山东路)附近先建基督教堂,因为传教需要印《圣经》,于是在周边创办墨海书馆,用铅字排印《圣经》和其他宗教宣传小册子。参见郑逸梅:《最早的铅印出版机构——墨海书馆》,《郑逸梅经典文集·艺林旧事》,北方文艺出版社2016年版,第1页。

② 郭崇焘:《郭崇焘日记》第一卷,湖南人民出版社1981年版,第33页。

字板机器印书，竟谓创见。余特往访之……后导观印书，车床以牛曳之，车轴旋转如飞，云一日可印数千番，诚巧而捷矣。书楼俱以玻璃作窗牖，光明无纤翳，洵属琉璃世界。字架东西排列，位置悉依字典，不容紊乱分毫。"① 王韬参观了活字板机器印书的整个过程，西人印书的高效率令他称赞不绝，也为他日后正式供职墨海书馆埋下了伏笔。

道光二十九年（1849年）九月，二十二岁的王韬迫于生计，决定接受麦都思的再次邀请，前往墨海书馆从事编校工作。在墨海书馆，王韬的主要工作是帮助麦都思修改、润色他的译著，包括重译《新约全书》等，一年报酬是二百余金，远较乡间课徒丰厚。墨海书馆给出的报酬可谓优厚，这是令王韬心动的最重要原因之一。但是，19世纪50年代的晚清中国，尽管经历了第一次鸦片战争的挫折，却仍然闭关锁国，朝野士大夫阶层普遍盲目自信、排斥西洋文化，如蒋廷黻先生不无惋惜地称："可惜道光、咸丰年间的人没有领受军事失败的教训，战后和战前完全一样，麻木不仁，妄自尊大。直到咸丰末年，英、法联军攻进了北京，然后有少数人觉悟了，知道非学西洋不可。所以我们说，中华民族丧失了二十年的宝贵光阴。"② 因此，在普遍贬视洋人、"严夷夏大防"的特定时代背景下，王韬此举被家乡人指责为"卖身事夷"，承受着"物议沸腾""姗笑者蜂起"的巨大压力。③

可以说，在咸丰九年（1859年）以前，王韬本人同样受"夷夏大防"的局囿，甚至自视入墨海为"失足"之举。咸丰八年十月四日（1858年11月9日），是王韬生日，这一天他在日记中慨叹道："堕地以来，寒暑三十易。精神渐耗，志气渐颓，而学问无所成，事业无所就。徒局天脊地于西人之舍，

---

① 王韬：《漫游随录》卷一《黄浦帆樯》，岳麓书社1985年版，第58-59页。
② 蒋廷黻：《中国近代史大纲》，东方出版社1996年版，第16页。
③ 方行、汤志钧整理：《王韬日记》，中华书局1987年版，第67页。

仰其鼻息，真堪愧死。思之可为一大哭。"① 咸丰九年三月的日记又记载："当余初至时，曾无一人剖析义利，以决去留，徒以全家衣食为忧，此一失足，后悔莫追。苟能辨其大闲，虽饰饿死自牖下，亦不往矣。"② 他与传教士工作一天后，常常反省自己"逐臭海滨""败坏名教"。巨大的心理压力令三十余岁的王韬生活放荡、行为怪异，身体过早发福，号称"吴门王胖"。但此后，王韬的思想和观念逐步转变，对西学的认可程度日益提升，尤其强调中国有引进学习西方科学技术的需要。他在后来的自传中称，"老民欲窥其象纬舆图诸学，遂往适馆授书焉"③。

王韬从"卖身事夷"的困惑中走出来的原因有三个：一是西方传教士的影响，像麦都思、伟烈亚力、艾约瑟、林乐知等，都受过西方文明洗涤，精通自然科学，在与他们的交往中，王韬眼界大开。二是亲身体会了包括医学在内的西方先进科学技术的作用。因为生长在江南水乡，王韬一直患有"老烂脚"，这是一种慢性皮肤溃疡，严重时会影响走路。王韬深为苦恼，遍谒吴门名医而不得治。一次偶然的机会，主持与墨海书馆毗连、位于山东路麦家圈仁济医馆的英国医生合信④发现了他的足疾，并很快根治，王韬可以远行二十余里，这件事情彻底改变了王韬不信西医的态度，声称"西人于医学最严"。三是作为通商口岸，王韬受到了李善兰等其他知识分子

---

① 方行、汤志钧整理：《王韬日记》，中华书局1987年版，第34页。
② 方行、汤志钧整理：《王韬日记》，中华书局1987年版，第92页。
③ 王韬：《弢园老民自传》，江苏人民出版社1999年版，第2页。
④ 仁济医馆创建于道光二十四年（1844年），是上海开埠后的第一所西医医院，取"仁爱济世"之意，也称"山东路医院"，现为上海交通大学医学院附属医院。合信为仁济医馆第二任馆长，毕业于伦敦大学医学专业，作为医学传教士被派往中国。合信先在澳门、广州行医，咸丰七年（1857年）到上海仁济医馆，先后编译出版了《西医略论》《妇婴新说》《内科新说》《全体新论》《博物新编》五部重要医学科学书籍，人称"医书五种"，是西方医学理论传入中国的标志之一。

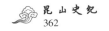

的影响。

由于王韬深厚的国学造诣,他参加编译的著作,无论是宗教作品还是科技作品,均文辞雅致可读,得到了读者的认可。但王韬对翻译宗教著作不无反感,对翻译西方科技书籍却兴趣极大。王韬在上海参与翻译的科学著作有五种,分别是《格致新学提纲》《光学图说》《重学浅说》《华英通商事略》《西国天学源流》,后与《泰西著述考》一起编辑成册,名为《弢园西学辑存六种》。这些书籍和《新约全书》都成为市场畅销书,被文人学子所认同和推崇。

很显然,王韬后来之所以能成为开风气之先的启蒙思想家,与其入墨海书馆任职十三年有极大关系。或者说,墨海书馆的所见所闻直接促成了他的思想转变。

(四)游历欧洲,眼界大开

尽管对西学已经有了初步了解,但此时的王韬仍然是一个有着"治国平天下"情怀的儒者,自负有王佐之才。换言之,王韬认为自己只是因为科举失利,无法通过正途步入官场,才迫于生活压力,选择了供职墨海书馆。因此,王韬在为墨海书馆效力的同时,于咸丰八年至同治元年(1858—1862年),接连上书清朝大吏,包括两任江苏巡抚徐有壬和薛焕、苏淞太道吴煦等,试图以上书这一方式作为进身之路。对王韬个人来说,不无遗憾的是,他的上书均不受重视,石沉大海,但从另一个角度来看,如果王韬上书受到大吏的赏识,从此步入官场,那么中国近代思想史上最早睁眼看西方,并将西学介绍到中国的极少数先进思想家,又将缺席一位。

不仅如此,王韬为了实现他的济世情怀,还向太平天国高层上书。太平天国后期,忠王李秀成攻略江浙,兵锋所指,一度所向披靡,江苏巡抚所在地苏州、浙江巡抚所在地杭州都被太平军攻克。李秀成还在咸丰十年(1860年)六月至同治二年(1863年)六月的三年多时间中,数次攻打上海。其间,王韬至少参与了两项对抗太平天国的行动,包括为"借夷助

第十八章 近代先声

剿"四处奔走和组织团练与太平军作战。咸丰十年七月,王韬还被苏淞太道吴煦任命为诸翟(今上海市闵行区诸翟镇)团练局董事。屡次上书均无果,王韬对清廷失望至极,再加上太平军的强势,王韬遂于咸丰十一年(1861年)冬天,携家眷逃离上海回到太平军占领下的老家甫里。

王韬回到家乡后不久,即难以抑制向新政权上书建策图功的冲动,于同治元年二月,向太平天国苏福省民政长官刘肇均上书一封,并请后者转呈忠王李秀成。然而,王韬的上书一直被压在刘肇均的军营中,直到同年四月,刘肇均部围攻上海失利,清军搜检败退的刘部军营时,发现了王韬这份以"黄畹"名、"兰卿"字的上书。由于王韬通晓大势,因此他在上书中,提出了太平天国的主要敌人是清廷而非英、法的洞见,并提出了太平天国应先图长江上游、再谋上海的长远战略,令清廷深为忌惮。于是,王韬很快成为清廷明令通缉的叛逆要犯,这份上书则是铁证。

面临清廷的抓捕,王韬不得不躲入昆山乡间。幸而此时,与王韬私交极好的墨海书馆主事者慕维廉、英国领事麦华佗(墨海书馆前主事者麦都思的儿子)伸出了援手,在两人的帮助下,王韬先入墨海书馆,后入英国领事馆避难。但是,清廷仍然不放弃对王韬的追捕,通过总理衙门向英国公使卜鲁斯施加压力。卜鲁斯坚决顶住了清廷的压力,但王韬也因此整整四个多月、一百三十五天寸步不得离开英国领事馆,其间,老母含悲而逝,王韬也无法亲往送终。同年八月十一日,王韬在麦华佗的帮助下,乘英国怡和洋行邮船鲁纳号前往香港,并在香港和欧洲度过了二十三年流亡生活。

如果没有西方传教士朋友,作为叛逆要犯的王韬肯定无法躲过清廷的缉拿,一旦被抓,他的生命历程很可能戛然而止。因此,当王韬以"通缉犯"的身份黯然离开上海时,心情是颇为沮丧的,但见识过香港另一种风情的王韬很快就振作起来。毕竟,命运在他面前打开了另一扇窗户,走向世界的王韬从此眼界大开,成为中国现代化路途上不可多得的一个引领人。

在香港,王韬将自己的名字由王瀚(中秀才后所改)改为王韬。由于经学功底深厚,王韬得到了英国传教士、英华书院院长理雅各的聘用。理雅各当时正在从事宏大的文化建设项目,欲将中国儒家经典即"四书五经"译成英文。由于儒家经典文献的难读,苦于助译无人,早在王韬藏匿于上海英国领事馆时,理雅各就与麦华佗联系,邀请王韬来港。王韬的到来令理雅各极为高兴,两人经过近三年的通力合作,《中国经典》的第三、四、五卷相继完成并发行,并在欧洲引起了强烈反响,理雅各获得一片赞誉,英国爱丁堡大学特颁理雅各汉学奖和荣誉博士学位,牛津大学又于光绪二年(1876年)聘理雅各为第一任汉学讲座教授。显然,王韬高水平的助译对《中国经典》的公开出版功不可没,因此理雅各也高度评价王韬,在《中国经典》的第三卷"前言"中称:"译者亦不能不感谢而承认苏州学者王韬之贡献。余所遇之中国学者,殆以彼为最博通中国典籍矣……并以满怀热忱,进行工作,随处为余解释或论辩。彼不特助余工作,且于工作辛劳之际,并为余带来乐趣也。"[1] 王韬对理雅各也极为感谢,视为知己,两人结下了深厚的友谊。

同治六年(1867年)年初,理雅各因事回国,临行前邀请王韬历游西方诸国,同时佐辑群书。王韬欣然同意,同年十二月十五日,两人搭乘普鲁士轮船离开香港,前往欧洲。王韬这次出游的路线是这样的:自香港南下,经新加坡、槟榔屿,入红海亚丁湾,至苏伊士运河,改乘火车到开罗,换车到亚历山大港,易船过地中海,经意大利港口墨西拿,到法国马赛港上岸,陆行经巴黎至戛雷港口,换乘轮船过英吉利海峡至伦敦,再乘火车至理雅各家乡苏格兰杜拉村。到英国理雅各家乡

---

[1] 转引自张海林:《王韬评传》,南京大学出版社1993年版,第104页。

后,王韬继续参与理雅各的译书事业。两年后,两人合作翻译的《春秋左氏传》《易经》《礼经》相继完成并出版,引起极大轰动。

在王韬之前,清王朝也曾有极少数人士出游欧洲。如同治五年(1866年),年已六十三岁、原任知县的斌椿,应海关总税务司赫德的邀请,率同文馆学生游历欧洲,成为清王朝第一位官派出国考察的官员。李善兰对斌椿等出游就极为羡慕,称"举天下之人,其足迹有不出一郡者矣,有不出一邑者矣,甚至有终身不出里巷者矣……即曰不畏风涛,视险若夷;而中外限隔,例禁綦严,苟无使命,虽怀斗志,徒劳梦想耳"①。斌椿游历欧洲多国,回国后著成《乘槎笔记》,但限于见识和地位,斌椿这位第一个出国考察的正式官员,并未给清廷带来思想上的显著变化。

而王韬的见识远超斌椿等人,他把沿途所见所闻、所感所慨,记为《漫游随录》并刊行于世,成为国人开启眼界之书。王韬本人的思想变化也从中可以探得。王韬刚到法国马赛、巴黎,便感到"眼界顿开,几若别一世宙",但他并没被五光十色的百货商品所迷惑,在巴黎他所关注的是卢浮宫的文化宝藏和万国博览会的盛况,"凡所胪陈,均非凡近耳目所逮,洵可谓天下之大观矣"。到伦敦后,他更是"每日出游,遍历各处。尝观典籍于太学,品瑰奇于各院,审察火机之妙用,推求格致之精微"。②王韬广泛游历英国各地,参观各种新奇事物,亲眼看见了工业革命后资本主义在政治、经济、文化等方面繁荣发展的盛况。他还专门前往英国的议院参观,并旁听英国下院的会议,对"君民共主"的英国政治制度兴趣浓厚。王韬最后是这样认为的:"盖其国以礼义为教,而不专恃甲兵;以

---

① 李善兰:《乘槎笔记·序》,斌椿:《乘槎笔记·诗二种》,岳麓书社1985年版,第86—87页。

② 王韬:《漫游随录·伦敦小憩》,岳麓书社1985年版,第96页。

仁信为基,而不先尚诈力;以教化德泽为本,而不徒讲富强……英土虽偏在北隅,而无敌国外患已千余年矣,谓非其著效之一端哉!"①

在大量接受西方的新知识、新思想的同时,他还前往各地演讲,积极宣扬中国文化。在和理雅各合作的《中国经典》出版后,王韬也名噪一时,为英国学术界甚至整个社会注目,并应邀到英国最著名的学府牛津大学登台演讲,为英人分析了"中国孔子之道"与"泰西所传天道"的异同。

在游历欧洲期间,王韬的新型世界观逐渐形成。他彻底抛弃了传统的朝贡天下观和文化优越感,视西方各国为独立于中国皇权之外的政治实体,并承认西方文化是与儒学并列的文明存在,这在当时可以说是惊世骇俗的。不仅如此,王韬高度评价西方各国的制造之精、制度之美、民风之淳等,在亲眼看见了西方发达的商业文明后,他还摆脱了中国传统的"重农抑商"说,力倡"商为国本",以全新的姿态呼唤和赞颂商业文明,同时肯定西方的政治体制,呼吁中国开展政治改革,实行"君民共治"。

正是基于上述认识,王韬呼吁晚清中国变法自强。同治八年(1869年)春,四十二岁的王韬曾痛陈:"以时局观之,中外通商之举,将与地球相始终矣,此时而曰徒戎攘夷,真迂儒不通事变者也。"他又预言:"吾恐不待百年,轮车铁路将遍中国,枪炮舟车互相制造,轮机器物视为常技,而后吾言乃验。呜呼!此虽非中国之福,而中国必自此而强,足与诸西国抗。足下以为然乎?否乎?所望豪杰之士及早而自握此一变之道也。"②

(五)回归香港,著书立说

同治九年(1870年)二月,王韬和理雅各一起回到香港。此时的王韬,称得上是历经沧海,眼光和见识早非昔年可比,

---

① 王韬:《漫游随录·游博物院》,岳麓书社1985年版,第127页。
② 王韬:《弢园尺牍·答荐洲明经》,中华书局1959年版,第92页。

甚至可以说判若云泥。他在英国写给妻兄杨醒逋的信中，历数自己的思想变化：弱冠之年"思得一通籍"即步入仕途，"博庭内欢，他非所知耳"；考试不第，外出谋生，"但求得五百金，可作归耕计"；自上海抵欧洲后，又经历三次变化，"初变为征逐之游……直作信陵醇酒妇人想"，欲仿效信陵君终日沉湎酒色，"再变而殉名利……妄欲以虚名动世"，最后才认识到士生于世，"所望者中外辑和，西国之学术技艺大兴于中土"。①

王韬在香港先后撰成《法国志略》和《普法战纪》两本书，令国人对欧洲有了更多的了解。同治十二年（1873年）春，理雅各回到英国任职牛津大学汉学讲座教授，王韬也结束了与理雅各合作译书的生涯，遂集资购买英华书院的印刷设备，设立中华印务总局，并于同治十三年（1874年）二月创办《循环日报》。这是历史上较早由中国人创办的日报，编撰和发行人员也全部是中国人。报学史专家戈公振著的《中国报学史》中指出："我国人自办之日报，开其先路者，实为《昭文新报》，《循环日报》次之……今硕果仅存者，惟《循环日报》耳。"② 但《昭文新报》很快就停刊了，影响力难以与《循环日报》相提并论。戈公振先生对王韬的评价是："其学识之渊博，眼光之远大，一时无两。"③《循环日报》仿照西报成例，每天在首栏发表论说即政论一篇，力主变法图强，同时学习西方，"尽用泰西之所长"，一时声名大噪。从同治十三年五月至光绪十一年（1885年）十二月，《循环日报》发表政论文章约八百九十篇，其中，大多出自王韬手笔。

此时的王韬，其思想已然成熟，卓然可观之处可归结如下：一是彻底抛弃传统的朝贡天下观和文化优越感，视西方各

---

① 王韬：《漫游随录·屡开盛宴》，岳麓书社1985年版，第155页。
② 戈公振：《中国报学史》，上海古籍出版社2003年版，第151页。
③ 戈公振：《中国报学史》，上海古籍出版社2003年版，第153页。

国为独立于中国皇权之外的政治实体，进而承认西方文化是与儒学并列的文明存在，试图打破国人拘泥天朝的闭塞状态，向西方学习。如王韬在《循环日报》上多次发表文章，要求清廷选公使、派领事。① 二是大量介绍并肯定西方的政治体制，呼吁中国开展政治改革。王韬在报上花费大量篇幅介绍西方议院、国会等政治制度，大声呼吁晚清朝廷尽早实行改革，极大地推动了晚清中国的富强和变法运动。三是否定"重农抑商"说，力倡商为国本，以全新的姿态呼唤和赞颂商业文明。

光绪十年（1884年），在李鸿章的默许下，王韬移家返沪，结束了长期的流亡生活。后王韬在上海出任格致书院山长，并任《申报》编纂主任，成为沪上文化名人。格致书院是中国近代第一所以西方科学为主要教学内容的教育机构，不仅造就了一大批人才，也影响了当时的社会风气。

光绪二十三年（1897年），王韬在上海病逝，享年七十岁。

二、胡石予：桃李天下的近代著名教育家

胡石予，名蕴，字介生，号石予，别署石翁、瘦鹤、半兰旧庐。我国近代著名教育家、诗人和画家。如果说，王韬通过与结识西方传教士为友、亲身游历英法诸国，从而眼界大开，成为近代中国的先进知识分子，那么胡石予则是近代著名的教育家，富有共和、民主等近代理念，一生桃李遍天下，为中国的近代化培养了大批人才。

（一）生平概要

胡石予出生于同治六年（1867年）②，名蕴，字介生，号

---

① 1876年，郭嵩焘出使英国、法国，他的日记被总理衙门刊印，名为《使西纪程》，因为正视西方文明，遭到群攻，慈禧下令将《使西纪程》毁板。1878年郭嵩焘回国，此后终生未能起用。

② 胡昌治：《我父亲胡石予生平事略》，中国人民政治协商会议江苏省昆山县委员会、文史征集委员会：《昆山文史》第7辑，内部资料1988年，第85页。

石予,又号石翁、瘦鹤、半兰旧庐。妻子曹桂贞,同街曹万和药铺店主曹祥兴之女,两人同年岁。胡石予祖上在明朝末年从安徽徽州迁居至昆山蓬朗镇,世代经商,在北街建有大宅第,太平天国时被焚,仅余一幢无楼板的楼房,胡石予父亲修葺后居住于此。由于其砖雕门额"兰生桂秀"中的"兰"字受损,胡石予将这幢楼称为"半兰旧庐",其文集著作也以"半兰旧庐"命名。

蓬朗在南宋时属昆山惠安乡,明初洪武年间,因境内瓦浦河上漂来一块土地神牌,乡民以为吉祥而取名"牌落镇"。明弘治年间,昆山知县杨子器觉得"牌落"与方言"败落"相近,寓意不吉利,于是改称"蓬阆镇"。① 1966 年,经江苏省政府批准,改称"蓬朗"。蓬朗位于昆山市东部边缘,与太仓市南郊镇和上海市嘉定区外岗镇相接,交通相当便捷,因而近代能得风气之先。

光绪十年,胡石予父亲去世,家境中衰,十七岁的胡石予遂在家中设塾授徒,一边教书,一边刻苦自学,十八岁时考取秀才,次年赴江宁(今南京)参加乡试,不中,从此不再应试,安心教书,教学之余以诗、画自娱。光绪三十一年(1905 年),清王朝推行新政,取消科举制,年近四十的胡石予遂停办私塾,入上海东城师范传习所学习。半年后毕业,经介绍于光绪三十三年(1907 年)任教苏州公立第一中学堂②,教授国文和修身课长达二十余年,还曾陆续在私立振华女校、省立第一师范和省立第二女子师范学堂兼课。

胡石予不仅学识渊博,术业精深,还擅作诗、绘画、篆刻、书法。胡石予是一直鼓吹革命的南社成员,被尊为"南

---

① 金吴澜、李福沂修,汪堃、朱成熙纂:光绪《昆新两县续修合志》卷八《市镇》载"明洪武初有土神牌漂至其地,因名牌落。宏(弘)治中知县杨子器易今名",江苏古籍出版社 1991 年版,第 145 页。

② 苏州公立第一中学堂:俗称"草桥中学"。民国后更名为江苏省第二中学,今为苏州市第一中学。

社诗翁",柳亚子就盛赞他才思敏捷,其好友金松岑称他的诗"尤清缜婉妙,善状天地百物之态"①。胡石予年轻时,才气横溢称道乡里,"十九岁即以诗文称于里间,和同学七人结文社"②,与同乡友人张景云、张顽鸥、杨雪庐等人相从,经常作诗唱和,影响和带动了蓬朗镇的读书风气,家家书声琅琅。后胡石予汇集众人诗作编《蓬溪诗存》,成为蓬朗镇的一段佳话。

胡石予一生嗜书,在草桥时,每得闲暇,最喜欢逛的就是当时名为护龙街、今为人民路上的旧书店,寻访古籍,乐在其中。不过数载,宿舍里就放满了书。他的学生回忆说,到胡先生的宿舍,要先曲折绕过宿舍里数排书架,才能见到书桌前的胡先生。他从苏州草桥中学返回蓬朗镇时,还安排数船专载古籍。绘画方面,胡石予尤擅画梅。胡石予十九岁时,与七十高龄的太仓薛葭泾管少泉定为忘年交,管翁工画梅,胡石予从之学。胡石予曾赠给柳亚子梅花图数幅。今地处昆山市城市广场科技文化博览中心三楼的昆仑堂美术馆,就藏有胡石予所绘的折桂梅花二幅,神清骨秀、幽独逸远。其中一幅题有陆游诗句"烂漫却愁零落近,丁宁且莫十分开",隐隐然正是胡石予读书一生、诗画自娱,无视名利、超然物外的真实写照。

胡石予一生著述不少,有《半兰旧庐诗稿》《半兰旧庐文稿》《半兰旧庐诗话》《画梅赘语》《梅花百绝》《诗学大义》《四史要略》等十余种,可惜大多都未能付梓。

(二)力倡共和,以诗记史

辛亥革命是中国历史上的一件大事,尽管有诸多不尽彻底的地方,但仍然是近代中国"具有比较完全意义的资产阶级

---

① 金天羽(即松岑):《天放楼文言(附诗集)》卷三《胡石予诗评》,沈云龙主编:《近代中国史料丛刊》第三十一辑,台北文海出版社1969年版,第117页。

② 郑逸梅:《先师胡石予先生》,《郑逸梅经典文集·世说人语》,北方文艺出版社2016年版,第351页。

革命","大大提高了中国人民的觉悟,把近代中国的民主革命向前推进了一步,在历史上有其重大意义"。① 辛亥革命后,历时两千余年的君主专制国家一跃而为民主共和国,如梁任公所指出:"'中华民国'一名词之成立,即中华民国在人类进化史上之一奇绩也。"② 民主、共和时观念从此深入人心,给中华民族带来的思想解放可以说是前所未有的,社会改革更影响到每一个人,普通民众的日常生活方式,包括饮食、服饰、日常交往等,也在平等观念的推动下,日益呈现出近代色彩。

辛亥革命的成功,固然应归功于革命党人的不懈努力和勇于牺牲及立宪派或明或暗的支持等,但除此之外,还有一个为大家所忽略的观念性因素,那就是平等、民主、共和等近代理念在19世纪末20世纪初传统中国的广泛传播。正是在谭嗣同、梁启超、章炳麟、孙中山等先进人物的奔走呼吁、鼓动倡导之下,民主、共和等近代观念才能滋生蔓延,最后深入人心,辛亥革命才能由猝然发动的武昌一地起义,迅速呈燎原不可阻挡之势席卷全国。

胡石予应该说就是辛亥革命前后,无数具有民主和共和等先进观念,并用手中的笔杆来宣传革命的近代知识分子之一。

胡石予擅长用他的诗作来鼓舞有志青年投身革命事业。昆山人余天遂是胡石予的弟子之一,他在辛亥革命后一度担任过孙中山的秘书,后与叶楚伧(昆山人,南社成员,后曾任国民党中央宣传部部长、国民党中央执行委员会常委兼秘书长等)一起南下参加姚雨平③粤军北伐。胡石予专门写下《送疚侬入粤军》诗,云:"杯酒分襟欲暮天,送行诗句补驰笺。征

---

① 陈旭麓:《辛亥革命》,《陈旭麓学术文存》,上海人民出版社1990年版,第454—455页。

② 汤志钧、汤仁泽编:《梁启超全集》第11集《论著十一·历史上中华民国事业之成败及今后革进之机运》,中国人民大学出版社2018年版,第220页。

③ 姚雨平:同盟会员,参加过黄花岗起义、讨袁护法运动、讨伐陈炯明战役等,民国时获授陆军中将加上将衔。

途风雪三千里,旧业文章二十年。忧国自应歌当哭,去家无复梦相牵。却劳病眼登高望,万里平沙漠漠烟。"①

　　胡石予讴歌革命的诗作中,影响最大的要数《秋风诗》。武昌起义的消息传到苏州后,胡石予备受鼓舞,他每日必看报载新闻,密切关注革命形势的发展,不仅在苏州发表慷慨激昂、富有鼓动力的演讲,还每天作诗记录重大事件,其中一部分曾在友人、著名诗人陈去病主编的《大汉报》上发表,表达了对民主共和制度的拥护和向往。据胡石予的儿子胡昌治回忆称:"第一首诗作于农历八月十日,至十月十三日,在近三个月时间中,共作诗六十四首。其眉批摘录上海大报所载新闻,事实与诗篇对照,读之更觉亲切生动。其时正值秋风迅厉之季,其第一首即以'秋风'两字开始,故我父亲总称之为《秋风诗》。"②

　　如《秋风诗》第一首:

　　　　秋风吹客动寒吟,江汉潮流发大音。
　　　　纷递友书连牍写,多沽村酒满瓯斟。
　　　　百年终有出家日,一醉难忘忧世心。
　　　　慨想神州古豪杰,救时智勇尽深沉。

　　诗后胡石予注云:"辛亥八月十九日,武昌起义,电达全国,所在震动。"

　　又如第十九首:

　　　　昔闻战伐千家哭,今见共和万众欢。
　　　　编户白旗无定式,空间红妇尽来观。
　　　　苏深保障新开府,谊重贤劳故长官。
　　　　却有望乡未归客,秋风羁旅在长安。

---

　　① 柳亚子主编:《南仕诗集》第 3 册,上海中学生书局 1936 年版,第 206 页。

　　② 胡昌治:《我的父亲胡石予生平事略》,中国人民政治协商会议江苏省昆山县委员会、文史征集委员会编:《昆山文史》第 7 辑,内部资料 1988 年,第 88-89 页。

诗后胡石予注云:"程雪楼都督宣言,此身与吴中死生存亡共之。措置已定,都督府首悬白旗,阖城皆应,鸡犬不惊,街衢各铺户所制旗式不一,书'光复兴汉''民国万岁'者尤多,贫家单户有以旧巾一幅揭门外者,妇人孺子空巷来观。"①

这六十四首纪事诗,从武昌起义始至孙中山任临时大总统止,最后结为《秋风诗》。整组诗的风格激越豪放,加上"其眉批摘录上海大报所载新闻,事实与诗篇对照,读之更觉亲切生动"②,故颇有史料价值,郑逸梅先生曾称:"《秋风诗》可作史诗读。"胡石予的高足之一、著名史学家顾颉刚也十分推崇《秋风诗》,赞为"诗史"。

(三)平等宽容,桃李天下

胡石予教书一生,门生弟子遍及天下,如叶圣陶、顾颉刚、吴湖帆、王伯祥、范烟桥、郑逸梅、顾廷龙、胡伯翔等,这些近现代史上的知名人物,均受过他的教泽。又因他本人习儒,身体力行,教人立德,常被尊称为"夫子"。与胡石予相交甚深的清末民初国学大师、吴江同里人金松岑评价称:"并吾世负文学资性足推崇者,大江以南,得三人焉。曰武进钱梦琴,昆山胡石予,金山高吹万。"③ 故世有胡石予"江南三大儒"之一之称。④

胡石予之所以受到学生的极大爱戴和尊重,并不仅仅因为

---

① 胡蕴:《〈秋风诗〉诗稿选》,中国人民政治协商会议江苏省昆山市委员会、文史征集委员会编:《昆山文史》第10辑,内部资料1991年,第25—27页。

② 胡昌治:《我父亲胡石予生平事略》,中国人民政治协商会议江苏省昆山县委员会、文史征集委员会编:《昆山文史》第7辑,内部资料1988年,第88页。

③ 金天羽(即金松岑):《天放楼文言(附诗集)》卷三《吹万楼文诗集序》,沈云龙主编:《近代中国史料丛刊》第三十一辑,台北文海出版社1969年版,第118页。

④ 又有"江南四大儒"之说。郑逸梅《回忆叶圣陶》一文载:"尤其圣陶与我,同学文于昆山胡石予先生,胡师与国学大师唐文治、南社耆宿高吹万、爱国诗人钱名山,在清末民初被誉为江南四大儒。"(郑逸梅著,朱孔芬编:《郑逸梅笔下的文化名人》,上海书画出版社2002年版,第192页。)

他是一位立身严谨、知识渊博的儒家长者，还在于他的教学理念和方法颇富近代色彩，表现在他的教学方式和手段上，即以一种师生平等的姿态共同探讨和学习，并提倡独立思考。

胡石予主要教授国文，相当于今天的语文课，他本人常以儒者形象出现在学生面前，最难能可贵的是，他坚决反对历代神化孔子、朱熹等人的做法，力主恢复儒家先贤们的本来面目。也就是说，胡石予要求学生不要盲从和迷信，而要相信自己的理性和判断。在教学过程中，胡石予经常将自己的读书心得与学生分享，正是在这种师生平等探讨、共同学习的过程中，形成了极为融洽、亲切的师生关系。据叶圣陶先生回忆，胡石予教授作文的方法比较特别，每次布置题目后，都会亲自示范，创作例文一篇，同时又鼓励学生独出机杼，既给学生很大的启发，又给学生足够的创新空间。

由于平等对待学生，胡石予与他的弟子的关系常介于师友之间，他本人因此更受到学生的推崇。素有"补白大王"之称的著名作家郑逸梅，与胡石予亦师亦友，一生交谊情深，曾多次撰文怀念中学时代的老师胡石予，如《名师门下》《先师胡石予先生》《胡石予事略》《先师胡石予之画梅》等。《名师门下》一文开篇便说："在我的读书生涯中，最使我不能忘怀的是在草桥学舍那几年。"草桥学舍即苏州公立第一中学，是当时苏州最好的中学之一，英才辈出。胡石予于光绪三十三年（1907年）四十岁时进校任教，民国二年（1913年）十八岁的郑逸梅就读于苏州公立第一中学，胡石予就是他的修身课老师。郑逸梅对胡石予充满了敬重和感谢，他回忆称："他（胡先生）教育弟子主要不是靠宣传，而是靠身教，他的言，他的行，他的风范，本身就是一部'修身'书。"郑逸梅和同学叶圣陶经常向胡石予借阅他的诗作，"石予先生工古文辞，又擅诗章，且才思敏捷，有所成，辄录之于册，名《半兰庐诗集》，以部分付诸油印，分贻门生故旧，我与圣陶以未窥全豹，不自满足，频向胡师借阅诗稿，录为副本。因此师生之契,益复深挚"①。在《师生情谊可永存》一文中,郑逸梅回忆了包括胡石予在内的苏州草桥中学数位老师,并真诚地表达称"真正的师生情谊是永存的"。胡石予和郑逸梅也一直保持着联系。郑逸梅后来主要在上海发展,胡石予常为郑逸梅任编辑的《消闲月刊》《明星日报》《联益之友》等文艺刊物撰稿。

著名教育家、苏州人叶圣陶也曾受教于胡石予。据叶圣陶先生回忆,他在苏州草桥中学读书五年,受业胡石予三年,胡石予教授他国文。在叶圣陶眼里,胡石予俨然是儒家长者形象,立身严谨,布衣蔬食;笃好学问,一生嗜书;不言之教,终身受益。1983年,叶圣陶致信胡石予之子,信中称:"清末肄业于苏州公立中学五年,受业于介生(胡石予字)者三年,所受学科为国文,而七十余年间自省,受用者乃远越于国文。盖夫子崇德笃行,布衣蔬食,其言之教,当时门弟子莫不敬而慕之,且以律己。"胡石予一生布衣朴素,生平不穿绸、不御裘,请人刻"大布之衣"印章一枚,借以自励,因此人们尊称他为"胡布衣"。

胡石予晚年患病,专程往上海治疗,但效果并不理想,反致不能步行。抗日战争爆发后,他先避居锦溪,又辗转到安徽铜陵,由于缺医少药,最后客死异乡。后郑逸梅与高吹万、范烟桥、赵眠云四人,一起在上海法藏寺为胡石予举行公祭,包天笑、姚石子、蒋吟秋等人均有参加。

---

① 郑逸梅:《回忆叶圣陶》,《郑逸梅笔下的文化名人》,上海书画出版社2002年版,第192页。

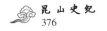

第十九章 红旗飘飘

昆山是一个英雄辈出的地方,素有抵御外族入侵、反抗黑暗统治和民族压迫的革命传统。早在清军入关、征服内地的过程中,以顾炎武等为代表的昆山人民就曾自发掀起过抗击清军野蛮屠杀的军事活动。在波澜壮阔的新旧民主主义革命中,昆山人民用自己的实际行动,向世人反复证明"不愧是中华民族的优秀儿女"。

在社会主义革命、建设和改革的不同历史时期,昆山人民传承红色基因,永葆革命激情,将党的方针、政策灵活地运用于昆山地区的具体实践之中,取得并积累了一系列既具有地域特色,又具有某种普遍意义的历史性成就和经验。

一、旧民主主义时期昆山人民的革命活动

清末时期的昆山同全国其他地方一样,既受到西方帝国主义国家的侵略和掠夺,又受到本国封建势力的压榨和勒逼,民众生活日益困难,地方治理濒于失控。因境内水网密布,且通江达海,盗匪猖獗,行踪飘忽不定;加上吏治窳败,军纪松弛,兵匪一家,每届冬日,苏北徐、淮、海一带流民蜂拥而至,强行乞讨,乃至公然勒索富室,聚众抢劫,奸淫妇女,地

方官员为免扩大事态，激起民变，多以息事宁人为应对之策，民众不胜其扰，屡屡酿成土客冲突。最严重的一次于清宣统二年（1910年）十二月初发生在西南的大墅乡，五六百名流民在冲突中被烧、被杀身亡，当地居民也有数十人伤亡。[①] 官兵下乡，名为捉赌和剿匪，实质"变卫民为害民"，甚至公然参与或协助土匪抢劫来往客商，以致土匪越剿越多，这在当年的《申报》等著名报纸上均有报道。民众的反抗情绪日积月累，遇到歉收之年常常演变成规模不等的抗租斗争。所有这些都说明，清王朝的统治已处于风雨飘摇之中，呈现出江河日下之势，任何一次风吹草动都可能演变为埋葬清王朝统治的政治运动。

严格意义上的昆山地区的革命斗争是从20世纪初正式开始的，此前的民众抗阻抗暴活动多是偶然、自发的群众运动，没有明确的政治目标和纲领。

（一）南社活动与昆山

宣统元年十月初一（1909年11月13日），经过多年酝酿和准备后，由吴江人陈去病、柳亚子等人为主发起的20世纪中国第一个革命文学团体——南社，在苏州近郊虎丘山纪念反清义士的张公祠正式成立。出生于昆山周庄的叶楚伧与陈去病、柳亚子等人过从甚密，积极参与南社成立的筹备工作。之所以定名为"南社"，取"操南音，不忘本"之意[②]，南社创始人陈去病的说法是，成立南社的目的是"欲借文字以促进革命之实力"[③]。柳亚子则称：它的宗旨是反抗清朝，它的名

[①] 《昆山乡民大战难民详志》，《申报》1911年1月21日，第13636号第3页；《昆山乡民难民激斗详情》，《申报》1911年2月21日，第13661号第10页；《江苏巡抚程德全奏昆山县流土格斗互毙多命，请将办理不善之官绅，分别革惩折》，《申报》1911年4月4日，第13702号第26页。

[②] 宁调元：《南社序》，杨天石、曾景忠编：《宁调之集》，湖南人民出版社1988年版，第213页。

[③] 此为陈去病的说法。杨天石、王学庄编：《南社史长编》，中国人民大学出版社1995年版，第323页。

字叫南社，就是反对北庭的标志了。说辞虽略有异，实质却是相同的，就是用文学创作的手段参加"反清大合唱"。简言之，就是"欲凭文字播风潮"。

南社成立后，邻近吴江的昆山县有不少知识分子纷纷加入，其中，著名的有胡石予、王大觉（德钟）、余天遂、朱翊新、朱云光、陈蕺人等人。这说明，推翻清王朝的腐朽统治早已成为各地要求进步的人们的共识。他们参加南社后，发挥各自特长，在辛亥革命前，积极宣传民主革命思想，反对封建专制统治，起到了动员民众的作用。推翻清王朝腐朽统治的思想、社会条件已日益成熟。

辛亥革命爆发时，昆山南社成员展现了热烈欢呼的态度。昆山著名教育家胡石予在得悉武昌起义的消息后，当即发表慷慨激昂的演讲，听众积极呼应，纷纷报以理解和认同的掌声；他平时看到报载重大新闻时，就作诗记述和庆贺，到12月底孙中山当选为临时大总统时，共成《秋风诗》66首，热情讴歌了以孙中山为代表的革命志士，无情鞭挞了昏庸腐败的清王朝统治者，表达了对民主制度的拥护和向往，其中一首写道：

> 秋风吹客动寒吟，江汉潮流发大音。
> 纷递友书连牍写，多沽村酒满瓯斟。
> 百年终有出家日，一醉难忘忧世心。
> 慨想神州古豪杰，救时智勇尽深沉。①

诗作尽管不无理想主义成分，对辛亥革命寄予了过高的期望，但对当时的中国来说，起到了振奋人心、鼓舞士气的积极作用。

（二）昆山光复

武昌起义爆发后不久，上海等地群起响应，得到了昆山人

---

① 转引自王清主编：《昆山近现代人物传》，古吴轩出版社2017年版，第159页。

民的有力支援。昆山人狄膺、邵汝干直接参加了光复上海的军事行动,时任教员的钮永建则在昆山震川学堂(书院)振臂高呼:"驱逐满奴,振兴汉族,此其时矣!"并从学堂中挑选了数十名年龄较大的学生,奔赴上海,参与了革命党人攻打高昌庙兵工厂(俗称"南铁厂")的军事行动。1911年11月4日,经过16个小时的战斗,上海宣告光复。

上海光复后,即派出由50多人组成的民军乘火车到达苏州,上海革命党人柳成烈积极策动驻扎苏州枫桥的第四十五、四十六标下级军官举行起义。江苏巡抚程德全举棋不定,时任第四十五标一等参谋的昆山人朱葆诚,主动进入抚署,劝程德全反正。苏州的立宪派人士、开明士绅和一些大中学校的学生也纷纷要求程德全立即反正,上海民军则明确表示拥护程德全当都督,以消除程德全的顾虑。在内外交困的情况下,程德全不得不同意反正,苏州宣布光复。程德全命人用竹竿挑去巡抚衙门上的几块瓦片,以示与清王朝决裂。

沪、苏相继宣布独立后,夹在两地之间的昆山的革命形势日益成熟。1911年11月16日凌晨,昆山著名立宪派人士方还手持白旗上街,一边走一边喊:"不怕杀头的跟我来!"随后与民团团长沈光第一起率民团成员数十人冲进县署衙门,没遇到什么抵抗,就兵不血刃地实现了政权的和平过渡,昆山宣告光复。昆山光复后,与新阳县重新合并,方还担任民政长。

(三)创办《新周庄》,坚持革命

辛亥革命胜利后,政权很快就落到了以袁世凯为首的北洋军阀手中,中国资产阶级民主革命的任务远未完成。昆山南社成员继续为彻底完成民主革命任务而奋力地鼓与呼。1920年,在柳亚子的支持和鼓动下,昆山南社成员取韩非子"其声大而远"之义,在周庄创办《蚬江声》(1921年改名为《新周庄》)报纸,每月出版两期。不久,王大觉被聘主持笔政,提出办报宗旨为"提倡新思想,研究新文化,打倒旧势力",以"发表自己的意见,拿世界局势做参考,拿自己的人格做保证,在进化道路上步步向前进,不因摧残而有戒心,不因瞻徇而留情面"作为发文原则。昆山名士陶惟垤撰文揭露地方豪强势力的专横霸道和广大民众的悲惨处境,表达了要将革命继续推向前进的思想。

《新周庄》还高度重视启发国人的爱国意识。面对帝国主义步步紧逼的侵略行动,《新周庄》号召国人要勇于并敢于奋起抗争。该报第 9 期发表的《抵抗野心国的宣言》一文,针对日本帝国主义逼"我"签订亡国灭种的"二十一条"的狼子野心,明确提出:"如果让野心家得逞,我国民的痛苦,岂堪设想?"并发出那个时代的最强音:"我们横也死,竖也死,倒不如大家起来抵抗,抵抗!"在帝国主义国家日甚一日的侵略行动面前,一味妥协退让,并不能换来侵略者的同情和怜悯,更不会使他们停下那得寸进尺的贪婪脚步,可行的方案只能是奋起直追,尽快把自己发展壮大起来,同时要进行针锋相对的抗争。《新周庄》第 32 期发表了王大觉撰写的《一条短短的联合战线》一文,文章指出:"帝国主义的病菌布满了我们社会,军阀的毒汁染遍了我们的国土……我们的社会,真正到了最危险的地步了。"因此,他号召人们要"联合起来向前进攻,我们战线虽短,但是真正联合起来,一起向前开步走,自然会发出很大的力量来"。历史已经证明上述论断的正确,原先一盘散沙的中国民众在全民族的抗日战争中,高举民族联合抗日的正义大旗,共同抵御外侮,并联合全世界反法西斯力量,最终取得了反侵略战争的胜利,创造了落后国家打败强敌的成功战例。

1923 年,柳亚子等人鉴于旧南社已陷于分裂、不少成员革命意志衰退的现实,在上海发起成立新南社,一贯关心民众疾苦的 68 岁昆山名士陶惟垤经人介绍加入了这一团体,并积极参加和支持该团体的活动,颇有"老骥伏枥、壮心不已"的意味。

(四)昆山人对区域外革命活动的影响和贡献

昆山人民的革命斗争精神,不仅表现在县域范围内适时发

第十九章　红旗飘飘

动革命运动，还表现在积极参与县域外的革命斗争活动上面。

1. 余天遂参与辛亥革命中的北伐斗争

1910年，在苏州苏苏女校教书的昆山人余天遂，经柳亚子介绍加入了文学革命团体南社。余天遂加入南社后，参加活动比较积极。在南社总共18次正式和4次临时雅集中，余天遂共参加了6次，其中，他参加的2次正式雅集分别是1910年8月在上海张园举行的第三次和1919年4月在上海双清别墅举行的第十七次。除此之外，他还参加了1928年11月由南社创始人之一陈去病等人在虎丘冷香阁举行的南社成立20周年纪念活动。不仅如此，余天遂还充分发挥所长，频繁撰写诗文，抒发革命理想和豪情壮志。据统计，他有47篇诗作、10篇文章、10首词收录在《南社丛刻》之中。首篇入选《南社丛刻》的诗作是于1910年夏出版的第二集中的《寄南社诸子》，其中有这样的名句："已残国运新秋笛，未死人心午夜钟；犹有山河好吟咏，招魂应许上穹隆；王孙怨慕车尘倦，壮士悲秋匣剑鸣。"这反映了作者胸怀家国、志存高远的情操。

南京临时政府成立后，余天遂受聘担任临时大总统府秘书，他对孙中山开官场新风的平民风格甚为赞赏，赋诗道："平民领袖亦风光，雅度终殊旧帝王。出入无须劳警跸，随从聊许有军装。""江督官衙改白宫，垩涂粉饰有欧风。出延民众频携手，来观宾僚只鞠躬。"对部分革命党人欲以军事手段讨伐袁世凯掌控的北洋势力、以将革命进行到底的主张，余天遂极表赞成。不久，以姚雨平为总司令、叶楚伧为参谋长的粤军北出徐州，讨伐严重威胁南京临时政府安全的袁世凯亲信张勋所统帅的辫子军。余天遂投笔从戎，随军北上，并赋诗表达了自己的万丈豪情："身世最怜趋俗惯，心期最恨有家牵。阿侬此去真豪放，踏破黄河万里烟。"

按计划，粤军与泗淮讨房军、浦军和镇军兵分三路，在攻占徐州后，再一起北上直捣北洋势力的老巢京津地区。1912年2月，粤军在成功粉碎张勋偷袭安徽固镇的军事行动后，乘胜北上攻占宿州,并拒绝张勋的求和,占领徐州。遗憾的是,处于内外交困之中的南京临时政府对袁世凯抱有不切实际的幻想,希望通过南北议和实现政权的平稳交接,并以此来维护辛亥革命的果实,因此既无心又无力支持北伐行动。北伐军只能班师南撤,余天遂无可奈何,一腔豪情付之东流。他在《战战》一诗中写道:"战战阴风欲雪天,议和声里困豪贤。参军近事浑无赖,红板桥边上画船。"这表达了他十分遗憾却又无力扭转局势的复杂情愫。

2. 朱葆诚在"二次革命"中献身

另一位昆山人朱葆诚则为将辛亥革命进行到底献出了宝贵的生命。朱葆诚出生于昆山城高板桥西堍的东塘街,年幼时喜读李陵的《答苏武书》,仰慕岳飞、文天祥等著名军事将领,对顾炎武的"天下兴亡,匹夫有责"深为认同。

读完私塾后,朱葆诚先到苏州武备学堂学习,随后进当时中国成立最早、规模最大、设施最完整、学制也最正规的军事学府——保定陆军速成学堂骑科继续深造。1909年,以"上等"成绩毕业。1910年,以陆军步科副军校职衔充任驻苏州新军第九镇二十三混成协四十五标排长,旋升为马队队长。追求进步的他不久便秘密加入同盟会。辛亥革命前夕的1911年9月,他被提升为教练官。

苏州光复时,朱葆诚曾飞身进入抚署劝程德全尽早采取行动。苏州光复后,他率军参与了攻打南京的军事行动,任沪军先锋队第二联队队长。南京光复后,他回防苏垣。到苏州后,他先是驻扎在沧浪亭对面的可园,继而移驻宝带桥营房,后又移防虎丘张公祠一带。驻防期间,他不断招募兵员,所部扩编到3个营,奉命改为"先锋团",兵士多为昆山一带青年人。先锋团多次平定了各守旧势力发动的兵变或骚乱。

由于先锋团名义上隶属江苏军政府,实际上却接受上海军政府的领导,因此不可避免地卷入了沪苏之间的权力之争。这一争端实际也是革命派与旧官僚及立宪派之间的权力之争。

第十九章 红旗飘飘

众所周知,江苏在辛亥革命中,上海率先宣布光复。按"谁首义谁当都督"的不成文惯例,上海都督陈其美理应就任江苏都督,但上海不仅在地理上偏处江苏东南一隅,而且在客观上实力也很不够,自然难以号令全省。因此,省府所在地苏州宣布光复后,程德全自然成了江苏都督,但程德全手中并没有什么实力,省内的大小山头如镇江都督林述庆、扬州都督徐宝山、江北都督蒋雁行也都自作主张,有的还觊觎江苏都督的位子,加上出身于旧官僚,程德全得不到革命党人的信任。双方之间的矛盾不仅一直存在,且不断趋于激化之中。

1912年5月底,从南京临时政府内务总长回任江苏都督的程德全,遵袁世凯的命令,即将接收原由革命党人黄兴负责的南京留守府,这意味着除上海以外的江苏全境都将全部被程德全控制。革命党人心有不甘,为了将江苏控制在自己手里,由陈其美策划、主导了一场欲以武力驱逐程德全的活动。

为了实现这一目的,陈其美打算利用跟其素有联系的同盟会苏州组织进行发难。早在辛亥革命爆发之初,同盟会在苏州的骨干分子蒯际唐、蒯佐同兄弟及程宏、徐国华、吴康寿、朱葆诚等人在上海方面的影响下,就准备在苏州发动武装起义。江浙联军进攻南京时,朱葆诚、吴康寿、程宏等人都参加了沪军洪承点的部队。攻占南京后,吴康寿为朱葆诚部第一营营长,程宏也在该部任职。南京临时政府取消后,陈其美加紧了在苏州的活动,任蒯际唐为沪军都督府特派联络员,蒯佐同为上海"共和协进会"苏州分会负责人。

根据陈其美的安排,一旦条件成熟和时机合适,就准备利用柳成烈、蒯际唐、蒯佐同和朱葆诚掌握的先锋团,联合驻苏州的原新军第四十五、四十六标,发动兵变,把程德全赶下来。

黄兴去职后,陈其美认为"倒程"的时机已经成熟。在陈其美的授意下,柳成烈等分别在留园、虎丘发起并组织由各部队代表参加的会议,被称为"洗程会",以统一领导和具体部署"倒程"的所有活动,以马大箓巷蒯氏兄弟住处为联络点,策划在6月1日由先锋团首先发难。在事变成功后,举陈其美为江苏都督。为掩人耳目,朱葆诚等人频繁出入阊门一带的声色场所。

但是,由于保密工作做得不够,密谋活动被程德全的亲信卢鹿平所察知。程德全决计进行反扑,并于5月31日提前行动,派巡防营官兵将事件主谋蒯际唐、蒯佐同、程宏和吴康寿等人以准备"洗城"为名加以捕杀,但程德全并没有大肆株连,与革命党人彻底反目成仇,而是见好就收,适可而止,且不事张扬,将搜获的文件、名册阅后即行全部销毁,枪弹予以转移,社会上平静如常。事发时,柳成烈闻讯逃脱。陈其美在获悉事变失败后,曾以明码电报询问柳成烈的下落,程德全平和地答复说:"我这里也不知道柳成烈近来在哪里,做些什么事,蒯案中也没有听说有他的事。"朱葆诚被捕后,于6月4日被判处终身监禁,其所率先锋团除第三营被改编外,其余均被遣散。

1913年7月,"二次革命"发生后,黄兴等要求程德全将朱葆诚释放。16日,获释后的朱葆诚立即前往南京领命,应其本人要求,复被派往苏州联络旧部。因朱葆诚与上海方面的紧密关系,程德全对其加强戒备。27日,由黄兴从南京运往上海的20万发子弹在路经阊门时被程德全查获,守旧派乘机放风说朱葆诚要图谋不轨,程德全乃以"煽惑军心,欲图举事"为由,将朱葆诚抓捕起来,并连夜由卢鹿平进行审理后,执行枪决。革命党人虽然进行了营救,但未获程德全同意。

朱葆诚被处死时,年仅24岁。这是昆山人对辛亥革命所做出的重要贡献,但朱葆诚并没有白白牺牲。1927年南京国民政府成立后,担任江苏省政府主席的钮永建对朱葆诚进行了褒扬。1928年,奉省府命令,朱葆诚入祀忠烈祠。同年,在昆山马鞍山公园(今亭林园)东门内大草坪东北角建起了一座5米多高的钢筋混凝土的朱葆诚纪念碑。碑的外形似一柄白色长剑直刺云天,碑脊上有当时昆山名贤方还题写的"故先锋团团长朱葆诚烈士纪念碑"。"剑脊"上端有一个十二角星的国民党党徽,"剑柄"处刻有朱葆诚的生平简介,由钮永建撰文、方还书写。

二、共产党领导的新民主主义革命

五四运动,特别是在中国共产党成立后,中国的民主革命进入新民主主义阶段。在这一时期,一方面,因为在地理位置上,昆山靠近党的领导力量一直比较强大的上海,因此几乎在历次政治运动中,英勇的昆山人民均有不俗的表现,用实际行动,为新民主主义革命的最后胜利,做出了自己的独特贡献;另一方面,又因地处国民党(日伪)统治的中心地带,昆山人民的革命活动受到了很大限制,付出了巨大的牺牲。

(一)全面抗战爆发前的革命活动

全面抗战爆发前,昆山地区的革命活动受到上海的明显影响,在不同的历史阶段虽均有所开展,但总体来说,随着国民党专制独裁统治的不断巩固和日益强化,革命活动的规模和影响均较有限。

五四运动爆发后,紧邻上海的昆山青年学生也纷纷行动起来。运动刚一传到上海,澄衷中学的昆山籍学生就向设在夏家桥东庄的县立第二高等小学校寄送了不少爱国传单。受此影响,该校师生举行了声援北京学生的反帝宣传活动,并在操场边的围墙上悬挂"还我青岛""抵制日货"等标语。1919年5月8日,角直境内区立第一国民学校会同其他学校师生,不顾省教育厅禁令,在保圣寺召开国耻纪念联合会,宣讲"国耻日"的由来、"二十一条"卖国条约的内容及青岛问题交涉的过程等。菉葭浜乡立第一国民学校教师在图画手工课上,指导学生制作了卖国贼曹汝霖、章宗祥、陆宗舆的丑照和各种标语小旗,在午间休息和放学后,高呼"打倒曹、章、陆!""取消二十一条!""勿忘五九国耻!"等口号。这说明,在新民主主义革命序幕刚刚拉开之时，昆山人民就积极投身到了这一伟大的革命洪流之中去了。

1921年7月中国共产党在上海成立后，很快就在昆山开始了筹建党组织的活动。1925年5月底，中共上海地委决定派党员侯绍裘、刘重民等人参加国民党江苏省临时党部的工作。五卅惨案发生后，刘重民等人从上海赶到昆山进行反帝爱国演讲，号召听众行动起来，投入反帝爱国运动。青年学生再次成为运动的主力。他们纷纷走上街头，要求民众抵制日货、倡用国货，并发起募捐活动，县立中学募得大洋134元、小洋597角、铜钱114千830文；蓬朗第一小学募得大洋60元、小洋6角、铜钱109千；昆山籍旅外学生则募得大洋472元、小洋522角、铜钱71千480文，悉数汇往上海，用于救济罢工工人的生活，支持他们的罢工斗争。①

1926年8月，中共党员王芝九受组织派遣，到昆山县立中学任训育主任，开始了在昆山建立党组织的活动。不久，成立了中共党团昆山独立支部。尽管该独立支部仍以国民党的名义进行公开活动，发展的成员数量也很有限，但这毕竟是昆山历史上的第一个党组织，开创了昆山革命斗争的新局面。

国共十年对峙期间，中共中央的领导中心曾一度设在上海。受此影响，昆山的革命活动几乎从未停止过。1927年8—9月，中共昆山独立支部恢复活动；1929年1—2月，成立昆山县委。但由于其地处国民党统治的中心地带，加上时受党内"左"倾错误的影响，党的组织频遭破坏，领导人屡被逮捕、杀害，党所领导的革命运动，横遭国民党的镇压和摧残，因而在一个较长时期里"并无大的发展"②，只能领导和发动一些

---

① 中共昆山市委党史研究室：《中共昆山地方史·第一卷（1919—1949）》，中共党史出版社2008年版，第9页。

② 中共昆山市委党史研究室：《中共昆山地方史·第一卷（1919—1949）》，中共党史出版社2008年版，第28页。

零星的工农运动。

出于秘密工作的需要,这一时期各地间党的组织关系几乎没有横向联系,一些反抗活动也多是各自为战,缺少相互间的密切配合,因而影响也就比较有限。这是由昆山地处国民党统治的核心地带这一客观情况所决定的。

1932年上海"一·二八"事变发生后,昆山民众积极支持国民革命军第十九路军的抵抗行动,不仅捐出大量钱款和物资,而且踊跃赶制年糕,冒险送给前方将士,邻近上海的安亭、徐公桥等地在很短时间内就采购了大米7 000多石,运到前线。昆山人民的上述举动有力地支持了国民革命军第十九路军的抗日行动,并进一步激发了广大民众的爱国热情。此后,随着日本军国主义侵略活动的步步紧逼,昆山人民又相继掀起了抵制日货等活动,不断进行抗日宣传,为"七七事变"后全民抗战的兴起做了思想上和组织上的准备。

(二)全面抗战爆发后的革命活动

"七七事变"的爆发,标志着中华民族全面抗战时期的到来。在全面抗战时期,昆山地区的抗日活动主要是中国共产党领导的敌后抗战。

1. 沦陷初期的抗日活动

日军在进攻昆山的过程中,烧杀抢掠无所不用其极,造成了巨大的人员伤亡和财产损失。1937年8月18日,9架日机轰炸正义铁路大桥,4艘民船被炸,100多名难民大多遇难,河面漂满了尸体。11月14日,日军发起对昆山的正面进攻。15日,昆山县城沦陷。9 000余间房屋被炸毁,大量人员死伤,妇女遭奸淫,财物被掳掠。12月间,一些日军在正仪镇宿营,在烧房取暖时,致500余间房屋被烧,镇中商铺几乎被烧光。1938年1月26日,日军因偷袭国民党游击队路有才部未果,迁怒当地民众,制造了惨绝人寰的"马援庄惨案"。在不到2小时的施虐中,采用刺刀戳、马刀砍、把人捆起来丢入湖中等手段,残忍杀害了100多人。村民王小弟一家三口同时遇难，陶小弟一家五口仅剩 1 个人，陶再连一家祖孙三代中仅剩 1 位老太，沈惠照一家八口仅剩 2 名子女，陈发荣祖母被推入火中活活烧死。另有 204 间房屋、7 座船坊、36 万斤稻谷被烧，32 头耕牛被杀。据 1939 年 1 月对县城和 9 个乡镇的不完全统计，日军进攻昆山期间共毁坏房屋 10 961 间（另有 800 余户未统计间数）、死亡 3 700 多人，财产损失 69 亿多元。①

日军的野蛮行径，激起了广大人民的强烈仇恨，这也是昆山的抗日活动始终不断的根本原因。还是在日军进攻上海期间，昆山人民就积极支援上海守军的抗日斗争，城乡遍设抗敌后援会，组织群众运送粮食、弹药上前线；帮助守军挖掘战壕、抢修被炸的公路、桥梁；筹集粮食、衣服等军需民用物资，并派人到前线进行慰问；组织自卫队、联防队等，开展防奸、防空、治安、消防等工作；积极收救并协助转运难民和伤兵。

同时我们也要看到，昆山沦陷后，特别是在汪伪政权建立后，国民党主力远遁西南，且越来越消极抗战，对昆山鞭长莫及；为巩固对昆山的统治，确保对上海的控制，汪伪政权更是积极配合日本侵略者，不断强化对昆山的统治，昆山的抗日活动举步维艰，除了少数零星的抵抗活动外，比较有声势和影响的抗日斗争则是在新四军进入江南地区后才兴起的。

2. 昆东抗日根据地的形成

按照中共中央关于新四军应"向南巩固、向东作战、向北发展"的方针，新四军领导的江南抗日义勇军（以下简称"江抗"）第三路军副司令何克希与周达明率领江抗独立一支队共 400 多人于 1939 年 7 月进入昆山。不久，由叶飞任团长的新四军第六团也一度进入昆山。从此，昆山地区的抗日活动日益活跃起来。

---

① 中共昆山市委党史研究室：《中共昆山地方史·第一卷（1919—1949）》，中共党史出版社 2008 年版，第 38—39 页。

江抗部队主要担负起了打击土匪、伪军、维护百姓利益的任务，同时在有利条件下也会主动袭击小股日军。江抗部队初到昆山，就攻击了伪周墅乡公所、自卫团一分团部和警察分驻所，缴获了8支步枪，处决了罪行深重的伪绥靖队中队长柯玉山。在攻击伪蓬朗乡公所、警察分驻所时，处决了伪乡公所助理龚笠民，并在对7名伪警察进行教育后予以释放。这些活动的开展，一方面震慑了土匪和伪军，另一方面扩大了新四军的影响，同时提振了广大民众的抗日信心。

中国共产党还十分注意发动昆山上层人士投身到抗日活动中来。陶一球家境富裕，在地方上有一定影响，昆山沦陷前夕，他曾远赴四川万县避难。在万县期间，他受到中共万县县委委员胡昌治的抗日救国教育。1938年6月，陶一球从避难地返回昆山，不久担任国民党蓬朗区区长。在上海的中共中央特科所属外围组织华东人民武装抗日会（以下简称"武抗"）随即通过何克希做陶一球的工作，并帮助陶一球建立了一支由10多人组成的武装队伍，开展抗日游击活动。1939年8月下旬，应陶一球的要求，武抗派人到陶部参加领导工作，中共江苏省委也动员、组织了10多名青年工人、店员、学徒、学生等参加陶部，使其实力得以加强。

1939年9月初，在中国共产党的支持和授意下，陶一球派人和国民党菉葭区区长赵宗尧就合作抗日问题进行商谈，随后双方组成联合抗日大队（以下简称"联抗"），陶一球任大队长。为筹措经费、保证军队给养和购置装备，陶一球一边通过伪乡、保长设立税卡，向过往商船征税；另一边还多次变卖家里的土地。由于联抗成员思想落后、原实际负责人的旧军阀作风比较严重，武抗于12月底决定将联抗交由江南抗日义勇军东路军领导，并进行改编。1940年3月下旬，中共中央东南局和新四军军部决定派谭震林到苏南地区组织东路军政委员会。不久，江南抗日义勇军东路军改为江南抗日救国军东路指挥部（以下简称"江抗东路指挥部"，对外也仍称"江抗"）。与此同时，成立中共江苏省委京沪线东路特别委员会（以下简称"东路特委"）。党对昆山一带抗日活动的领导力量得以加强。

1940年2月起，在江南抗日义勇军东路军的领导下，对联抗的主要领导人进行调整，高山出任政治处主任兼政治指导员，郭森林任队长，同时加强对军队的政治教育和组织整顿，果断清洗掉几名兴风作浪的坏分子，清退掉一些兵油子和老弱病残人员，同意部分家庭确有困难的成员返回家去；对干部和战士开展抗日形势和任务、军队优良传统、军民关系、游击战争知识等教育，开展文化娱乐活动，增强了部队的凝聚力和战斗力；积极吸收新成员加入其中，到1940年5月，部队发展到100多人，有长短枪100余支；活动在东到安亭、葛隆，南到菉葭浜、花家桥，西达青阳港，北抵太仓塘等较广的范围内，积极寻找机会，主动打击日伪顽势力，形成了昆东抗日游击区。

为了加强对昆山、嘉定、青浦一带抗日武装的统一领导和指挥，江抗东路指挥部于1940年5月按照中共江苏省委的指示，决定将昆、嘉、青和常熟一带的地方抗日武装整编为江抗第三支队，昆山联抗为第一中队，和第二中队一起在昆北、昆东一带穿插行动。江抗第二支队也曾一度到昆山东部活动。一时间，昆东的抗日活动相当活跃。石牌镇大凤湾村的对日遭遇战、主动袭击安亭镇伪军据点等战斗活动，不仅锻炼了抗日部队，而且提升了昆东地区抗日活动的影响力。相应地，党建、政权建设、武装力量、民运工作、打击匪霸等活动也开展得有声有色，形成了较为巩固的昆东抗日根据地。

3. 昆南抗日根据地的建立

1940年10月，东路特委根据东路军政委员会的决定，成立淞沪中心县委，统一领导昆山和上海几个郊县的抗日工作。10月下旬，在大慈组建了江抗淞沪游击纵队（又称"青昆支队""江抗第三支队""淀山湖游击纵队""昆山部队""青浦部队"等)。11月上旬,东路军政委员会确定东路的发展方针为:以昆东抗日根据地为立足点,向南发展,开辟淀山湖抗日游击根据地,打通与浦东的联系。不久,组建了昆山县常备队(又称"大慈常备队")。同时,积极帮助群众组建夜防队。淞沪游击队、县常备队、民众夜防队常常一起或单独行动,打击日伪军和土匪势力,发动群众开展减租减息、反对苛捐杂税和强征壮丁等活动,并积极做国民党上层的统战工作,成功地争取到了驻陈墓、周庄一带的国民党54旅735团团长陈耀宗对党所领导的抗日武装和活动的支持,初步形成了昆南抗日根据地。

4. 昆山抗日斗争的胜利

皖南事变后,国民党的抗日活动日益消极,国共摩擦不断增加。太平洋战争爆发后,日本为了集中力量对美作战,加强了对中国的政治控制和经济掠夺。中国共产党在各地所领导的抗日斗争相继进入最为困难的时期,昆山地区的抗日活动也不例外,但这只是黎明前的黑暗,昆山人民并没有被国民党反共摩擦的加剧和日本控制的加强所吓倒,反而迎难而上,在尽力保存自身实力的同时,利用一切有利时机和条件,积极主动地对国民党的摩擦行动和日伪方面的"扫荡""清乡"进行反击,为争取抗日斗争的最后胜利创造条件。

昆山属于日伪第一期"清乡"范围,是相当野蛮和凶狠的,主要是为日后其他地区的"清乡"活动提供示范,实际上也是对抗日活动的严重反扑和疯狂报复。在1941年7—12月为时半年的昆北"清乡"活动中,日军强征军粮200多万斤;为便于运输军用物资及制造隔离区,毁坏房屋240多间,杀害无辜群众400多人。

针对国民党顽固派日益加剧的摩擦活动和日伪军的疯狂"清乡",中国共产党决定主动撤退在昆北、东、南等地的主要抗日力量,以保存实力,只留下少数党员和抗日武装,开展隐蔽斗争和袭扰活动,同时伺机对伪军进行打击。如1941年

2月11日凌晨，淞沪游击纵队70多人突然袭击张浦镇张家埭村，抓获正在聚赌的伪镇长妻子及伪保长数十人。不少党员还根据组织上的安排，打入日伪组织，担任伪乡保长，以灰色面目出现，尽可能合法地开展斗争。

从1943年下半年开始，随着日本在太平洋战场逐步转入守势，中国人民的抗日战争相继进入局部反攻阶段，地处日伪统治核心地带的抗日活动也日趋高涨。昆山地区的抗日活动是从1944年下半年逐渐活跃起来的。

1944年9月，苏常昆太武工大队成立。昆东一带有20多名成员、昆南西古一带有15名成员，分别组成若干行动小组，从事搜集情报和组织联络等工作。昆山东南的官里、金家塘、金家庄、商榻、尚明甸、冯家坝、珠泾、汪家埭、兵希、蓬朗等村镇均成了党所领导的抗日游击武装公开或半公开的地方。

1945年2月，按照党中央关于新四军应向东南地区发展、控制苏浙皖的战略部署，在浙江长兴成立了苏浙军区，粟裕担任司令员，统一领导淞沪、苏南和浙西北地区的抗日斗争。昆山一带的抗日武装隶属苏浙军区第二游击纵队（又称"浙东纵队"）淞沪支队。3月，昆南工委成立，其任务是：向东嘉定、青浦开展，向北越过京沪线至太仓塘南，争取接通苏常太地区，为进一步开展淀山湖地区工作打下基础。4月初，活动在昆山东南一带的地方武装浦西支队一中队被改编为黄山部队。此后，昆山地区的抗日活动日趋高涨，经常主动出击国民党江苏保安队和日伪部队。到7月初，黄山中队已控制了菉葭、蓬朗、兵希、茜墩、张浦、石浦、大慈、虹泽、陈墓和杨湘泾等地区。

8月15日，日本政府宣布投降，中国人民历经14年浴血奋战、付出巨大牺牲的抗日战争取得胜利。活跃在昆山各地党所领导的抗日武装跟国民党武装积极争夺广大乡村地区，为日后国共内战的全面爆发做好准备。

（三）昆山地区的解放

1946年6月26日，国民党发动对中原解放区的军事进攻，标志着国共内战的全面爆发。自此，昆山人民和全国人民一起进入了推翻国民党反动统治的解放战争时期。在这段时期，从战略上说，昆山人民的反抗斗争总体上属于反对国民党统治的第二条战线。

全面内战爆发前，按照国共停战协定的规定，中国共产党要把江南地区的军事力量撤到长江以北地区。

昆山是党所领导的浙东纵队北撤的必经之地，主要任务是负责北撤军队经过时的安全和给养的供给。在完成了北撤军队的安全撤离后，本地武装的主体部分也相继撤到了苏北地区，只留下少数武装人员（武工队）和地下党员坚持斗争。武工队主要通过上门"拜访"或写警告信等方式，向国民党军政人员陈以利害、晓以大义，劝其少作恶。地下党员则密切配合全国革命形势的发展，在昆山地区领导发动相应的革命运动，是全国国统区第二条战线的有机组成部分。1945年昆明"一二·一"血案、1947年的"反内战、反饥饿、反迫害"运动，以及抢米风潮中，昆山民众特别是青年学生均积极响应，并有不俗表现。

在全国战场形势发生了明显有利于中国共产党一方的转变后，昆山地下党的统战工作也取得了越来越明显的成效。例如，国民党昆嘉青剿匪指挥部副指挥蔡用之眼看国民党大势已去，便积极寻求政治上新的出路。中共地下工作人员了解到这一情况后，于1949年春先后派出王锡珍、甘学标、王正等人对蔡用之进行了积极争取工作，同时派出徐震生、熊国华等党员到指挥部开展工作。蔡用之的立场日益进步，对共产党开展的一些正义行动采取默许或暗中支持的态度。如在征得蔡用之的同意后，成立了以党员为骨干，由学徒、店员等组成的朱家角工商自卫队。青东游击队在昆嘉青松边界地区袭击了一些劣迹昭著、民愤极大的国民党乡政府、保安队时，蔡用之佯装不知,甚至还给游击队赠送了60条大夹被。甘学标、王正还通过蔡用之做了国民党昆山县保安团第二营营长的工作。1949年4月,在甘学标、王正的争取下,蔡用之对国民党令其代购10万石军米的要求虚予周旋,最终使这一计划破产。

与此同时,昆山地下党工作人员还对地方上层人士如周梅初、余楚白等人积极开展统战工作,并取得了很好的效果。在党的争取下,周、俞等人频繁奔走于昆山教育、工商界上层人士之间,宣传共产党的政治主张,在稳定民心、保护民族工商业等方面起到了明显作用。

活跃在昆山地区的地下党员还积极搜集情报、绘制地图、摸清国民党军、警力量的部署情况,并及时地提供给准备渡江南下的解放大军。

1949年4月20日,国共谈判因国民党代表拒绝在和谈协议上签字而宣告破裂。21日,中国共产党发出《向全国进军的命令》,人民解放军以排山倒海之势顺利渡过长江天险。昆山的解放指日可待。

1949年5月12日,在完成各项准备工作后,解放军26军发起了解放上海的外围作战行动。当日晚6时,该军78师232、233团由昆西向县城之敌发起正面进攻。234团迂回到县城东北,切断敌人与嘉定方面的联系。县城守敌未做有效抵抗,即弃城东逃,县城宣告解放。在发起正面进攻的同时,26军76师226、227、228团向西巷、陆家浜和青阳港方面迂回,阻击东逃之敌。13日,226团攻克西巷车站,歼俘1 700多人及大批军用物资。227、228团进抵陆家浜、青阳港一带,歼俘东逃残敌200多人。昆山全境宣告解放。

从此,昆山的历史翻开了新的一页。

三、社会主义革命和建设成就

从1953年起,完成经济恢复任务后,昆山地区进入社会主义改造和"一五"计划建设时期。

为了快速推动并正面指导各地的农业合作化运动,毛泽东在 1955 年下半年要求各地认真总结办社经验。中共苏州地委和昆山县委根据地委在昆山县茜墩区西宿乡试办初级农业生产合作社的经验,于 10 月 14 日联合写出《中共昆山县西宿乡支部是怎样领导全乡走向合作化的》的总结材料向上级报送,后被毛泽东改为《这个乡两年就合作化了》,并被收录在由中共中央办公厅编辑、毛泽东亲自审定的《中国农村的社会主义高潮》一书之中。12 月,毛泽东为该文加了一段近 600 字的按语,对处在"晚解放区"的昆山西宿乡农民要求走社会主义道路、"不是三年合作化,而是两年就合作化了""走到许多老解放区的前面去了",表示极大的赞赏和充分的肯定,并指出:"群众中蕴藏了一种极大的社会主义的积极性。"① 需要指出的是,尽管包括昆山地区在内的农业合作化运动都存在要求过急、速度过快、形式也过于简单化等问题,但这篇文章中所提出的加强党的领导、充分发挥人民群众的积极性等思想,其所体现的方法论意义还是具有长远的指导意义的。

社会主义改造于 1956 年下半年基本完成后,昆山地区在社会主义建设过程中,尽管也受到"左"的指导思想的严重影响,并产生了一些消极后果,随后不久又陷入"文化大革命"的十年内乱之中,但昆山人民在中国共产党的领导下,在社会主义建设中还是取得了明显的成绩。例如,经过多年的努力,农田水利建设得到明显改善,建成一批高产、稳产良田,成为国家的重要商品粮基地,为工业化建设做出了重要贡献;乡镇企业开始在艰难的环境中起步、发展,为日后"苏南模式"的形成打下了较为坚实的基础;一举消灭了为害已久的血吸虫病,初步建立起了具有一定水平的覆盖城乡的医疗卫生体系;基本普及了中等教育;由于实行了大体平

---

① 毛泽东:《毛泽东选集》第 5 卷,人民出版社 1977 年版,第 229-230 页。

均的劳动分配政策,基本实现了较低水平条件下社会保障的全覆盖。

四、"昆山之路"的形成

改革开放以来,昆山人民艰辛探索,成功开拓出了一条"昆山之路",并在江苏乃至全国率先建成了高水平小康社会。

在20世纪80年代招商引资逐步展开、大力推进外向型经济发展的过程中,苏州逐步意识到:乡镇工业是在所谓"船小好调头"的思想指导下起步的,逐步形成了"村村冒烟、遍地开花"的布局,要使乡镇企业与世界经济接轨,实现质态提高,原有的分散格局显然不利于资源的优化配置和投资环境的改善,必须逐步向基地化、集约化、城市化方向推进;受城区空间制约的国有企业和县属企业,原来的存量资产经过一个阶段的"嫁接"之后,迫切需要开辟新的、更为有利的发展空间;苏州虽然不是经济特区,但也可按照邓小平特区开发的思想,探索进行开发区建设,在一定的区域,赋予特殊的政策,以局部突破拉动整体发展。[①] 正是基于这样的认识,在"不等不靠、敢想敢试、没有条件创造条件也要上"的思想指导下,昆山于1985年率先创办自费开发新区,并得到上级部门的肯定和鼓励。苏州市于1988年总结、推广昆山的经验,提出了开发区建设的指导思想和目标:成为改善投资环境、实现大开发大发展的示范区,实施全方位开放、高层次引进外资的前沿区,引进和发展高新技术产业的先导区,优化结构和推动经济上水平、增效益的启动区,深化改革和建立社会主义市场经济体制的试验区。受昆山初步成功经验的启迪,全市各地结合小城镇建设和县城改造,搞开发区建设,由分散投入变集

---

① 孟焕民、陈楚九:《第二次突破——苏州开发区建设实证研究》,人民出版社2002年版,第2、21—22页。

约投入，形象地说，"即由原来的'巴掌路线'，伸开五指，变为收拢五指，形成'拳头方针'"①。到20世纪80年代末，各县工业新区和一大批乡镇工业小区拔地而起，苏州新区也拉开开发建设的序幕，成为苏州发展外向型经济的一大重要载体、外商投资的一片热土，同时也成为全市经济发展战略大转移的一个重要标志。

昆山是江苏省的东大门，东临上海，西连苏州，水陆交通便捷，腹地广阔。改革开放之初的几年，昆山背了田多劳少、每年要向国家上缴4亿斤商品粮的包袱，错失了苏南乡镇工业第一波大发展的机遇，经济发展尤其是工业明显地落到了苏州所辖6县（市）的后面，被称为"小六子"。1984年年初，昆山县委组织全县干部大讨论后做出大力发展工业的决定，在论证时，县领导意识到，如果昆山沿袭周边县乡的发展老路，小打小闹起家，肯定是行不通的，必须另找捷径。当时上海城市工业开始向外释放能量，正在寻找新的出路，于是提出到上海找"靠山"。不久，通过与上海的横向联合，14个500万元以上、有较高技术含量和市场竞争力的项目达成了意向。紧接着遇到的问题是：这些项目放在哪里？当时县城玉山镇镇区4.2平方千米，居住了5万多人，已经很拥挤，不可能再建新工厂。也设想将上海来的企业引导到乡镇去，但条件不成熟，上海人一见尘土飞扬的砂石路和慢吞吞的轮船就摇头。经过反复酝酿、论证，作为著名的阳澄湖大闸蟹主产地的昆山毅然决然要"第一个吃螃蟹"。1984年8月，昆山县决定在玉山镇的东南侧开辟一个工业新区（当初名为"玉山新区"）。这比国务院批准建立的全国第一个（除特区之外）开发区——大连经济技术开发区的时间还要早一个多月。翌年1月，昆山成立县城新区开发领导小组，对3.75平方千米开发区进行统一规划、

---

① 孟焕民：《崛起的热土——来自苏州各级开发区的报告》，上海科学普及出版社1994年版，第2页。

统一管理、统一办理土地征用、统一筹集建设资金、统一安排建筑物,指挥部靠向地方财政暂借的100万元资金,遂即组织开展道路、桥梁建设。昆山开发区由此成为全省第一个启动建设的以招商引资、发展现代工业和外向型经济为目标的开发区,其启动建设的时间比江苏省内南通、连云港两个国家批准的开发区要早半年多。

  昆山工业新区建设之初,没有国家给的名分,也没有国家给的资金和政策优惠,属于一个县级的自费开发区。昆山县借鉴沿海城市开发区的经验教训,从当地实际出发,发扬自力更生、艰苦奋斗、勇于创新、锐意进取的精神,克服各种困难和矛盾,顶住各种压力和非议,走出了一条投资少、速度快、效益好、自费开发的成功之路。在开发方针上,坚持富规划、穷开发,着眼长远,面向现代化,整个开发区一次性总体规划好,力求设计新、功能全、配套全、标准高;开发中,勤俭节约,艰苦创业,少花钱、多办事,先搞1平方千米启动区,土地按项目需要随用随征,不搞超前征收,不闲置抛荒。在开发模式上,采取"依托老城、开发新区"的策略;注重利用好老城区的各种资源和优势,推动新区开发建设。在开发步骤上,实行"滚动发展,逐步延伸"。在服从总体规划的前提下,按照"三先三后"(先生产后生活,先外后内,先上马后完善)的顺序,突出重点,逐步推进,开发一片,成功一片。1986年10月,工业新区规划面积扩大到6.18平方千米。在开发目标上,实行"三个为主,一个致力,四个一起上",就是资金以引进为主,项目以工业为主,产品以出口为主,致力于发展高新技术,内联企业、中外合资企业、中中外合资企业、外商独资企业同时并举,一起发展。初创阶段,昆山工业新区明确提出:"外商投资我服务,外商发财我发展。""硬件不足软件补,政策不足服务补。"讲究办事节奏快、工作效率高、服务态度好,做到"三个一",即一站式管理,一条龙服务,重要项目一个人跟踪服务到底。为此,昆山工业新区首创了联合办公制度，对项目审批、土地征用、工程建设、水电供应、职工招聘、工商登记、银行开户等实行一条龙服务，深受投资者的欢迎，也成功地吸引了许多项目。

昆山工业新区从零起步，经过3年开发建设，到1987年共投入资金1 200万元用于基础设施建设，基本达到"五通一平"要求，平均每平方千米开发成本322万元，不到"国批"开发区的1/10；从1985年2月区内第一家中外合资企业苏旺你公司竣工投产，到10月区内第一家内联企业上海电视机厂昆山分厂投产，再到第一家军工企业897厂与昆山联营的万平电子实业公司落户，区内先后建起了17家企业，其中，中外合资企业4家；1987年完成工业总产值3.1亿元，外贸出口834万美元，实现利税1 528万元，财政收入350万元。①

1987年11月，中共中央总书记到昆山工业新区考察，在听取新区的开发成绩时，问：为什么不叫开发区？县领导说：国家没有批准不敢叫。总书记想了一下说："你们是自费开发区。"从此"自费开发区"的名称就这样流传开来。总书记还问：资金是哪里来的？县领导怕上面追究资金来源不正，便含糊其词地说：借的。总书记随即要求随行的中央农村政策研究室和国务院特区办公室主任回去帮助解决。之后，在国务院特区办公室和财政部的帮助和运作下，把昆山的财政包干年上缴基数减少了500万元，这对昆山开发区的开发建设是个很大的支持。②

1988年6月，昆山工业新区更名为昆山经济技术开发区，开发建设的力度进一步加大，并又有一些创新和突破，第一家外商独资企业、第一家欧美投资企业、第一家台资企业在半年

---

① 顾厚德：《"昆山之路"的由来》，昆山市政协学习与文史委员会：《昆山文史》第20辑，内部资料2008年，第14-16页。

② 吴克铨：《初创阶段的昆山经济技术开发区》，昆山市政协学习与文史委员会：《昆山文史》第20辑，内部资料2008年，第4页。

内相继进区,六丰机械、沪士电子等一批合同外资 1 000 万美元以上的大项目也相继进区。引进一个,带来一批,昆山开发区很快成为上海产品的扩散地、"三线"军工企业的聚集地。几年时间里,贵阳风华冰箱厂、四川红岩汽车厂、陕西汉江机床厂、贵阳虹山轴承厂、江西景华电子器件厂等"三线"企业先后落户,有的还在区内与外商合资合作,成为吸纳外资的重要载体。1988 年 8 月,江苏省政府批准昆山开发区率先进行土地使用制度改革和以地招商试点。翌年 4 月,昆山县与中外合资申大公司正式签约出让开发区内的 10 000 平方米国有土地的使用权,期限 50 年,用途为工业用地,每平方米出让价 100 元,开创了全国县级城市工业用地有偿出让的先例。此举不仅缓解了开发区建设资金不足的困难,而且因其政策透明、制度规范,对投资者产生了巨大的吸引力。1991 年 5 月,国务院批转《昆山市土地管理情况调查报告》,国务委员陈俊生批示,要求全国各地研究推广昆山市有偿出让国有土地、搞好土地资源开发利用和保护管理方面的经验。

昆山自费开发区越办越红火,开发建设成效日益显著。1989 年昆山经济技术开发区工业产值名列全国开发区第三位。该开发区经济的发展推动昆山经济很快走出了低谷,有了很大的发展,1990 年昆山市人均国民收入名列全省第一位。到 1992 年年底,昆山开发区累计投入建设资金 2.5 亿元,形成了"七通一平"(即通路、通水、通下水、通电、通讯、通暖、通气,平整土地)的基础设施和一应俱全的配套服务设施;累计建办中外企业 133 家,其中,外商投资企业 106 家,合同利用外资金额 3.53 亿美元;区内企业累计完成工业产值 53 亿元,实现利税 2.8 亿元,出口创汇 2.3 亿美元。① 一座现代化的工业园和昆山新城区呈现在世人的面前。

---

① 孟焕民:《崛起的热土——来自苏州各级开发区的报告》,上海科学普及出版社 1994 年版,第 68 页。

昆山自费开发区的崛起引起中央媒体的高度关注，他们做了大量的宣传报道。1988年7月22日，《人民日报》在头版刊登《自费开发——记昆山经济技术开发区》的长篇通讯，并发表《"昆山之路"三评》的评论员文章，指出："尽管中央确定的沿海开发区没有它，尽管国家投资的计划表上找不到它的份额，3年之后，昆山经济技术开发区却初具规模，奇迹般地出现在人们面前。"赞扬昆山开发区发扬自力更生、艰苦奋斗精神，不要国家一分钱，靠内部挖潜，靠量力而行，靠精打细算，靠因陋就简，走出了一条"富规划、穷开发"的"昆山之路"。"昆山之路"由此而来。

昆山自费创办开发区大获成功，引起了国家、省、市的高度重视。1991年1月，江苏省政府发出《关于加快昆山开发区建设问题的通知》，确定昆山经济技术开发区为省重点开发区。1992年6月，国务院召开长江三角洲及长江沿江地区经济发展战略规划座谈会，充分肯定昆山自费建设开发区的做法："各个省各个地方这方面（指申办开发区）积极性很高，要求很强烈，怎么解决这个矛盾呢？我们考虑，可以按照昆山的办法……各地可以选择一些地方，进行自费开发，建立自己的开放城市或是经济开发区，发展到一定程度以后，国家进行验收，然后再戴帽。"① 同年8月，国务院批准将昆山经济技术开发区列入国家开发区序列，开创了一个县级自费开发区进入国家级序列的先河，也成为苏州第一个获批的国家级开发区。

"昆山之路"的意义，不仅仅在于昆山经济发展的本身，还在于它在宏观机遇与微观实际的结合上走出了一条成功之路，它为苏州经济在20世纪90年代寻求第二次突破提供了一个成功范例，使苏州市的决策者在筹划第二次突破时有了经验

---

① 孟焕民、陈楚九：《第二次突破——苏州开发区建设实证研究》，人民出版社2002年版，第23-24页。

的积累和坚定的信念。

此后，昆山人民在党的领导下，沿着"昆山之路"继续前进，在建设小康社会的征程中，不断进取，迭创佳绩。到21世纪初，在全国率先建成小康社会。时任中共中央总书记的胡锦涛于2004年5月初到昆山视察指导工作，当了解到昆山市近年来为农民构筑了失地、养老、医疗三道保障线时，肯定其已达到了小康水平。

当前，昆山人民正在党的领导下，以习近平新时代中国特色社会主义理论为指导，改革再出发，为建设高水平小康社会、实现"强富美高"和基本现代化而奋力前行。

后 记

2017年，应中共昆山市委宣传部的邀约，由我主持为《昆山史纪》电视系列篇撰写史学台本，后因行政机构裁并等原因，具体落实单位有所变化，导致进度迟滞。而今在中共昆山市委宣传部、昆山市文体广电和旅游局领导的关心和支持下，在课题组成员的共同努力下，终于完成了书稿的撰写工作。承担本书编撰任务的都是苏州高校及苏州市相关领域的专家学者，各章具体分工如下：第一、二章，丁金龙；第三、五章，赵琪；第四、六、八、十八章，沈骅；第七、十三、十五章，丁国祥；第九、十、十六章，朱琳；第十一、十二章，侯德仁；第十四章，朱小田；第十七、十九章，王玉贵。全书由我组织主持，修改定稿。

昆山以其历史文化丰厚、现代经济社会高水平发展而备受瞩目，相关著述颇多。为了避免重复，本书在资料和著述方面进行了深入探索。但限于我们的能力和水平，在选题方面难免存在问题，且书出众手，体例、文风或有不一，敬请学界同人不吝指正！

王卫平
2020年11月1日